本书由绍兴文理学院出版基金资助

清代云南地区土司的政治确认与法律认同

葛天博 著

QINGDAI YUNNAN DIQU TUSI
DE
ZHENGZHI QUEREN YU FALÜ RENTONG

法律出版社
LAW PRESS·CHINA
北 京

图书在版编目(CIP)数据

清代云南地区土司的政治确认与法律认同 / 葛天博著. -- 北京 : 法律出版社, 2023
ISBN 978-7-5197-7756-2

Ⅰ. ①清… Ⅱ. ①葛… Ⅲ. ①土司制度—研究—云南—清代 Ⅳ. ①D691.4

中国国家版本馆 CIP 数据核字(2023)第 058169 号

清代云南地区土司的政治确认与法律认同
QINGDAI YUNNAN DIQU TUSI DE ZHENGZHI QUEREN YU FALÜ RENTONG

葛天博 著

策划编辑 张 珺
责任编辑 张 珺
装帧设计 汪奇峰

出版发行 法律出版社
编辑统筹 法商出版分社
责任校对 王 丰
责任印制 胡晓雅
经 销 新华书店

开本 710 毫米×1000 毫米 1/16
印张 26 **字数** 376 千
版本 2023 年 5 月第 1 版
印次 2023 年 5 月第 1 次印刷
印刷 唐山玺诚印务有限公司

地址:北京市丰台区莲花池西里 7 号(100073)
网址:www.lawpress.com.cn
投稿邮箱:info@lawpress.com.cn
举报盗版邮箱:jbwq@lawpress.com.cn

销售电话:010-83938349
客服电话:010-83938350
咨询电话:010-63939796

书号:ISBN 978-7-5197-7756-2
定价:105.00 元

自 序

纵观历史，明代、清代在西南地区的改土归流对今日中国疆域的形成作出了重要贡献，尤其是清代云南地区改土归流更是影响巨大。其中，既有清王朝“以汉制汉”的经传，也有“以土治土”的纬略，更有流官土司“互为掣肘”的御术。这一段历史无论打上何种“滤镜”折射的烙印，都必须承认这样一个结果，即对于中华民族西南疆土底定起到了不可否认的作用。

无论是从政治学还是法学的视角来看，改土归流的过程中形成的凝聚民族大义的尊严感不仅可以从土司制度碎片化的整理中发现多民族大一统的观念，而且可以从清王朝官方体系化的实录中体悟多民族大一统的夙愿。云南地区大大小小的土司与清王朝之间围绕身份、权威、实益的博弈，最终从属于建立大一统的民族尊严，特别是鸦片战争后，云南土司地区反对外来势力自发的抗争、抗日战争期间土司自觉组织的抵抗，无不说明中华民族是一家人的民族记忆早已成为疆域内外中华各族人民的“祖地”。

自 2017 年 7 月至 2019 年年底，笔者每年利用两个月的时间以自驾方式探寻云南土司遗址。站在气势恢宏的碉楼上，俯瞰高高的宅门、宽大的演兵场、层叠的院落、对称的公房，以及巧夺天空的街道排水设计，一览无余的千亩良田，如同画卷。

透过闷热的雾气，武力镇压的血腥场景、流官土司的博弈场景、土官土民的生活场景，带着昨日尘土的气息和百年樟树的味道，一幕一幕蒙太奇般由远而近，又渐渐远去，消失在地平线下，带走了最后一抹落日的余晖。

五年来夜不能寐，常常半夜起身，泡一壶淡淡的白茶，坐在阳台上，望着窗外波光粼粼的湖面，难解萦绕心头的叩问。金戈铁马的昨日与中国式现代化的今天，中华民族是文化之神的具象还是政治之体的存在，抑或法律条文中儒道之化的外现，着实难以为民族绵延千年的嬗变提供超稳定的诠释。

付梓之日，还要感谢本书编辑张珺女士孜孜不倦地付出！

葛天博

2023 年 3 月 19 日 绍兴 · 鉴湖

目录

第一章 绪 论

在人类发展的历史长河中,早期相邻民族之间的斗争主要围绕着土地得失为内容而展开。经历数次战争,征服者成为统治阶级,被征服者成为被统治阶级。在统治与被统治的图景中,被统治者基于统治者的暴力而形成服从意识,久而久之转化为习惯,并通过制度的体系化运行转化为具有公共权威的权力基础。自人类有组织地建立了以权力作为统治工具的群体之后,最上层的决策权力经过中间权力枢纽的层层传递,到达权力执行的最底层之时,由于中间阶层与最底层之间面对最上层有着共同的利益,便形成了最高管理者与不同层级执行者之间的利益博弈。随着国家的产生,这种上下的利益博弈,逐渐演变为中央权力与地方权力围绕自身利益产生的诸如冲突、协调、共识甚至默契等各种利益表达形式。

经过资产阶级革命与社会主义革命,取得革命胜利的革命者在封建主义国家的废墟上,为权力的运行建立了制度性规范,建构了以制度执行为最高原则的权力运行机制,在消解中央权力与地方权力之间紧张关系的同时,形成了自上而下的利益共同体,并促成法治国家的出现。然而,即便是在法治国家出现以后,围绕整体发展与个人成就的需求,中央与地方围绕不同的利益层面依然会存在不同意见。在《宪法》作为国家根本大法这一集体性契约精神的前提下，中央权力与地方权力围绕地方事务同样存在博弈，这种博弈的方式不是通过武力，而是通过《宪法》允许的地方立法权得以完成，显示出人类文明发展过程中自我向善的主流意识。依据国家规范调整和约束中央权力与地方权力的现代统治形态，同样出现在封建国家的统治机制中，且始终贯穿着封建王朝存在的历史空间。

与现代法治国家不同的是，封建国家没有现代法治国家所谓的《宪法》一说，起到宪法作用的不是规范，而是以文字形式记载的皇帝个人关于某一事件作出的自我判断。与《宪法》相比，皇帝个人的口谕或者批注往往是个人的或者是少数皇族集体代表者的共识，失去了全体民众集体表决的公意内涵。人类国家文明发展史所体现的一般规律，同样在我国两千多年的封建制国家历史长河中存在，尤以在清朝这一长达 260 多年且由游牧民族统治农业民族的封建帝国。清朝与地方官僚和地方势力之间的利益博弈，更是体现出封建政权与地方治权围绕集权与分权、正统秩序与地方秩序发生的对弈权衡。基于权力的纵向结构而引起的权力高峰与权力低处形成的中央与地方之间的作用与反作用机制，是研究清朝这一具有国家形态的封建王朝的基本立足点。

中国疆域广阔，民族众多，朝代更迭频繁，每一次朝代变更都推动封建王朝统治技术的更加完备，每一次朝代更迭，在国家统治方面便是一次趋向成熟化的进步。封建国家中央王朝针对地方社会统治而与地方各种势力围绕各种权益发生冲突的情况更加复杂，历代封建王朝不断积累的统治经验，至清军入关之后，不仅在制度上日趋完善，而且在形态上也是逐渐系统化。特别是针对地方少数民族地区的统治，清朝在汲取前朝经验的基础之上，保留和发展了“以夷制夷”的统治理念，并长期使用各种手段维护和强化这种方式，达成建立国家统一的政治目标。在这个统一的过程中，清中央王朝与地方势力之间存在权威合法性的争夺，折射出清朝中央政治确认与法制认同的交互性。

权威作为强制性力量的代言词，无论是外在的强制权威，还是内在的魅力生发的权威，以及基于契约而达成的约定型权威，都可以视为支持统治的权威。一般而言，权威是强者的权利，在一定程度上往往表现为武力与话语权，基于利益分配而产生的内部性联系。尽管权威不一定能够引发对手发自内心的服从，特别是源于武力之下形成的权威，难以在被强制者心中认同权威的正当性与合法性。但是，倘若没有一定程度上的武力支持，恐怕权威也难以自动产生。特别是在两个没有任何联系的民族之间，武力往往是建立权威的有效途径。

在云南，土司地区独特的地理位置与相对独立的政治地位，在清军到达之后形成统一统治势力范围之前处于自治状态。清朝与土司在力量对比上，完全是非常不对称的两股势力。清朝以绝对的压倒性优势取代云南地区土司在其管辖地盘上的统治不无可能。然而，清朝并未采取如此彻底的军事措施，除针对个别具有谋反、叛乱以及勾结境外势力图谋不轨的土司实施了军事镇压之外，大部分土司都通过封授职位被保留了下来。令人感到非常疑惑的是，清朝入关的真实目的，在于建立大一统的国家统治，为什么会在云南地区保留土司，在土司与流官之间人为地构设了一场围绕权威合法性而展开的旷日持久的争夺性政治博弈。即便出于统治成本的考虑，也不影响清朝先实施统治之后再重用土司的官僚秩序安排，为何在进入云南之初就采取了沿袭旧例的措施。不仅如此，土司这一地方性政治符号直至清朝灭亡也未从国家政治图景中被彻底抹掉。比如，傣族车里宣慰司，直到民国，仍然保留着完整的土司体系。①

清朝与土司争夺权威的合法性，实际上是由清朝这一国家符号与流官这一代表国家符号的主体和土司这一代表地方势力符号之间的行动来完成的。起初，清朝以国家整体形象与土司争夺合法性，之后便以流官的官僚形象与土司争夺合法性。清朝作为国家代表则隐退幕后担当流官的强硬后盾，在权威争夺过程中起到了抑制争夺军事化、扩大化、持久化的作用。总体上看，流官与土司之间围绕合法性权威的争夺，在其实质上仍然是清朝与土司之间的争夺。权威合法性争夺的本质，是清朝既希望能尽用土司，又希望能控制土司，最终实现"循土施政""借土治民""驭土固边""以土掣土"的政治图谋。权威合法性的争夺掩盖了清朝剥夺、利用、监控土司先有统治权的真相，将土司与土民之间具有的传统统治关系转变为土司、清朝、土民之间的皇帝封建契约关系，改变了以往基于传统习惯而产生的权威，使之成为以国家法律制度为规范性基础的王朝国

① 参见古永继：《云南15种特有民族古代史料汇编》(上)，云南大学出版社2018年版，第3页。

家制度权威。

随着国家制度权威的建立,土民原先的权力认同逐渐倾向国家权力认同。土司当中具有政治敏锐性的精英,则通过接受国家的文化教育、频繁的经济来往与主动的政治投名,有力地彰显并强化土司权威的国家性。虽然从表面上看起来,土司在与清朝争夺权威合法性的过程中接受了国家认同,但是,由于国家认同是政治授权的前提,而政治授权则是合法性的前提。所以,土司借助国家认同的本质,强化了自己对土民施加统治的合法性。清朝认可土司统治其管辖地区的权威,看上去是权力半径鞭长莫及的结果,实际上则是通过制度设计,在土司与清朝之间形成了规范化关系,即土司已经从过去独立自主的地方势力转变为国家认可的地方性自治官僚。

在土司与清朝争夺权威合法性的过程中,土司的反抗行为不仅促使清朝不断地完善制度体系,而且提醒清朝不断调整针对西藏、新疆、青海与蒙古等地区的统治策略。尽管清朝在皇家官僚体制之外为土司建立了单行的准官僚管理制度体系,然而,这套制度体系是在清朝既有制度体系上,以皇帝口谕、朱批或者其他形式作为制度补充而形成的皇权规范,封建王朝中央集权的特质显而易见。这些个人主观性的不成文“金口玉言”,推动制度的不断完善。在清朝“垂法而治”的封建统治氛围下,虽然不具备现代国家部门法的特征,但是,实质上是被作为国家法律且发挥国家法律作用的规范。

清朝与土司之间围绕权威合法性争夺而持续不断博弈的过程中,存在一个令人不解的历史疑问。清朝为什么要采用这种比较温柔的规范监控方式,通过国家法律在土司地区持续且系统适用,而不是直接采用武力剥夺土司(个别土司例外)的权力,反倒采取这种渐进的制度渗透方式。从现有能够可读的文字记载来看,清朝封建统治集团内部在统治云南时期尚未出现现代意义上的民族平等观,但是,依法统治的认知与实践早在明朝建州卫所时期便已经付诸实施,这些经验被后来清军入驻中原实施成效的事实所证明。同时,作为仅仅只有武力占有上风的外来民族,或许,运用法律规范调控土司权力远比通过武力争夺权威更能增强统治合法性的说服力。

这种基于“服气”的更有利于统治的心理认知与早期清朝作为曾经统治者

眼中的戎狄观有着一定的联系,然而,强化国家法律调控土司权力并不意味着国家军事力量的孱弱。在国家法律失灵的地区,军事讨伐自然成为不可缺少的后备措施。通过国家法律的实施,从而实现权威合法性的争夺,隐藏着一种现代人可能难于理解的一面:基于制度形成的契约型合作,可能是强者与弱者之间最能推动整体性文明进步的方式,尽管制度本身可能包含着不平等和强制性。清朝与云南土司之间基于稳定而形成的法律监控生态,既是清朝"满汉有别"的狭隘意识体现,也是作为统治者希求"统治长久"的远大政治目标。在土司制度与清朝统治共存的二百多年间,体现了中华民族内部存在的整体性共识,这不仅是建构民族共同体的历史基因,而且是推动人类命运共同体发展的内在动力。

第一节 土司主体范围及土司制度性质

中国是一个"文明从未中断"①的统一的多民族国家,中华民族是一个崇尚统一并且为之奋斗的民族。自夏商周以降,统一就成为中华民族孜孜以求的民族观。尽管中华民族多元一体化格局往往表现为诸多松散的,甚至是国家权力高压下的地区性局部统一为基础的渐进过程,比如,曾经在西南地区推行过的土司制度。但是,土司制度的背后仍然是国家统一的需要。推行土司制度,不仅没有破坏统一多民族的地理格局,而且有力地推动了以统一多民族为基础的国家与民众的深度融合。

自公元前221年秦始皇统一六国推行郡县制以来,在统治国家疆域的体制机制上,已经开启了中央权力与地方权力、中央统治国家与地方管理局部之间的紧张。特别是在边疆少数民族地区,往往处于中央权力鞭长莫及的地带,朝廷官僚与地方社会有影响力的头人之间因为不同利益的维护而产生权威半径的对撞,即朝廷官僚的权威半径越大,地方有影响力头人的权威半径就越小,二

① 参见《习近平同希腊总统帕夫洛普洛斯举行的会谈》,载《人民日报》2019年11月12日,第1版。

者之间此消彼长。这种抵触在国家认同与整体有序的国家统治观念下，以形式上的“率土之滨莫非王土”和“率土之人莫非王臣”，形成了皇权不下县，基层社会秩序处于半自治状态的政治生态。

秦朝以后各个朝代的统治者，在历代封建王朝拓疆扩土的不断开进过程中，中央王朝与周边少数民族地区之间的关系，随着中原王朝疆界的外展而不断发展演变，历经唐、宋、元、明四个王朝更迭，至清朝时期，中央政府与边疆少数民族地区头人在中央官僚与地方头人之间围绕地方社会秩序统治形成了系统而默契的政治“合意”。中国古代中央王朝与边疆少数民族地区之间的政治“合意”，最早可见于天子分封制。虽然天子分封制是以皇亲国舅的姻亲战功作为接受天子赏赐的皇恩形式，但是，其实质是天子的中央权力与诸侯的地方权力围绕基层社会统治的政治共生机制，这一共生机制是封疆中央王朝通过国家法律控制地方诸侯的政治基础。

在秦始皇之后，至清朝终结之间两千年之久的历史时空中，随着中原统治者把疆界逐渐推远至直接毗邻少数民族地区，基于统治边疆的实际需要，“羁縻”制度应运而生。而元朝从北方马踏中原，直至云南地区，基于“羁縻”在云南建立了军屯制度。随着明朝的建立，羁縻制度、军屯制度逐渐演化为卫所制度，适用于边疆内侧地区。在云南，始于羁縻制度、长于卫所制度的地方少数民族统治制度转变为土司制度。土司制度作为我国西南少数民族地区的一种地方行政制度，大约开始于 13 世纪。蒙古宪宗三年忽必烈率大军平定大理政权以后，将西南各少数民族先后置入自己的统治之下。但是，由于各少数民族的激烈反抗，到处杀官抗赋，使蒙古统治者在很多地区难以直接委官统治。于是，便大量任用当地各部族酋长为各级官吏，史称土官或土司。① 自此，一种准国家官僚体制之外的新型地方政治主体出现在国家统治格局之中。

清朝是我国古代历史上最后一个封建中央集权朝代，也是元朝之后第二个少数民族作为古代中国国家权力被皇帝一统的郡县制国家。在清朝二百多年

① 参见张捷夫：《论改土归流的进步作用》。转引自中国社会科学院历史研究所清史研究室编：《清史论丛》(第 2 辑)，中华书局 1980 年版，第 200 页。

的统治过程中,既有对先祖统治制度的继承,也有对当时时势判断的制度创设。在政治制度、法律制度、经济制度、文化制度、社会制度以及其他制度体系的建设上,可以说清朝达到了中国古代封建集权国家的顶峰。清朝的版图超过了想象,然而,满族的人口在整个国家人口中所占比例实在太小,其统治难度不言而喻。因此,清军入关之后如何在边疆少数民族地区建成完备的国家权力体制,是清朝首要的政治思考。在这个背景下,清军进入云南之后,面对云南广袤、复杂且远离中央权力核心京畿的多民族地区,如何在土司地区建立长久的统治,成为清朝满族统治者必须着力解决的现实问题。

至 18 世纪,即清朝存续二百多年的中间时期,西方尤其是欧洲国家在工业化革命道路上迈出了向科技时代前进的步伐,制造业带来的商品市场需求与殖民主义观念的兴起,在世界范围内将清朝推进了扩张的工业经济与保守的小农经济的生存竞争之中。原有的以大清国为天下之中心的观念被外来侵略者用坚船利炮的现实认知而颠覆。自 1840 年第一次鸦片战争之后,清朝陷入了持久的外交沼泽。同时,基于各种原因而兴起的反清社会运动亦是接连不断。可以这样说,1840 年是推动清朝开始走上灭亡之路的时间零点。虽然后期的各种图强运动延缓了清朝统治的结束,但是未能挽救清朝的政治生命。辛亥革命的枪声,结束了清朝的统治,然而,清朝在云南地区以明朝卫所、羁縻、土官制度为基础而采用的土司制度,并没有因为清朝的灭亡而一同废除。直到新中国成立,土司制度不仅从制度上得以彻底根除,而且从形式上也不复存在。以人民当家作主为核心要义的民族区域自治制度取代了以头人统治土民的土司制度,云南实行土司制度的少数民族地区开始了社会主义的新生活。

在清朝统治云南二百多年的时间里,土司群体以及土司制度从未因为清朝统治环境的变化而遭受纯粹的废除。即便在清后期,土司个体对于清朝在云南的统治已经没有实质意义上的影响作用了,清朝仍然保留着土司,并给予那些犯了错的土司高于犯错流官的待遇。在封疆中央集权与地方势力分权的格局中,从清朝统治云南的历史来看,与其说清朝统治云南的历史是一部边疆史,倒不如说是一部土司史,可能会更突出历史的地方特性。甚至从国家史的层面上讲,倘若没有土司这一历史对象的存在,或许,清史将面临不完整的境地,中国古代封建王朝流变史同样也因此而不会完整。最为关键的是,如果没有土司史,现代人会很难理解我国古代历朝积累的政治经验如何与大一统的天下观融合而为,并内化为中华民族的世界观,也就很难理解新时代人类命运共同体提出的世界史意义。

因此,如若没有对云南土司这种地方权力的发生、发展与消亡做历史性的深刻研究,中国政治思想史在某种程度上很难甚至根本无法实现通识的可能,而中国政治思想史与中华民族文明史一样,是从未中断的。尽管云南仅是清朝疆域的一部分,并且与安南、老挝、缅甸接壤,人口不多,然而,云南以少数民族繁多、不同的民族杂居、面积宏大地势多变及矿产资源丰富的特点,起到了清朝与东南亚甚至欧洲联通的跳板作用,这都表明在研究清史的领域里,应为云南史研究保留一定的空间。就国家统治的角度而言,清朝如何做到破解古训,在远离京师的云南地区实现形式意义上的国家认同,如驻兵,并且实行了实质意义上的国家认同,如司法,在纵观土司制度的发展、存续后,可以做出一个初步的判断:土司制度是清朝在云南土司地区得以实现国家统治安全的基本制度。

“土司”是一个称谓性概念,“土”意味着守土,引申为地方。在国家权力的视野中,“土”意味着与中央相对,是一个表达地方权力单位的词汇。同时,“土”还有另一层意蕴,即不在国家官僚体制之内最底层的本土之人,类似于基层社会自治集体中当地的领头人。“司”在中国古汉语中既是官职的称谓,比如司寇;也是机构的称谓,比如司计。从字面的意义上讲,“土司”是位于国家最底层的管理一方事务且不隶属国家官僚体制的管理者的称谓。而之所以称之为“土司”,并非因为“司”这个字一直用于官名,而是因为“司”可以用于皇帝以下各级官员,即“司”在封建官僚体制中具有一定的通用性,指代的官位可高可低、可大可小,而“土”的规模也无标准,可大可小。由此一来,“土司”的称谓可能要比其他诸如“土职”“土官”等称谓更能够表达清朝中央权力看待土司一职的态度和地位,同时也体现了清朝使用这一称谓的谨慎态度。

“司”字的使用早在夏朝就有记载,而“土司”并非自夏朝伊始被后代传承的官方称谓。尽管自夏朝开始,天子与诸侯之间就已经出现以一体统治为基础的权力分配,但是直至秦朝设立郡县制之后,才有了真正意义上的中央与地方,并在开启皇权不下县的同时为基层社会留下自治的空间,由此而催生类似"土司"角色的出现。据考证,"土司一词,见于明史列传,司者,官职官守之谓,土司者,即以土著之人分封官职官守也"[①]。由此可以推断,土司的称谓最早可能始于明洪武十四年。最初,土司并非现在土司制度中被标识为官职的职官定制,而是明朝中央设置"司"的行政单位的一个统称。之所以有这个统称,是因为在明朝设置的"府、司"等处的职官,都是后来为了方便而改称为统一的官制,于是便有了统一概称。

按照明朝行政区划分设置,地方为"路、道、府、司、州"四级机构。其中,"路"相当于新中国成立之后设置的华北局、东南局的"局",即高于地方最高一级,低于中央的管理协调机构;而"道、府、司、州"则相当于当下的省、设有区的市、县这三级行政级别。"州"与"司"是平级的行政单位,但是,似乎"州"在人口、面积或者重要性上均要大于"司"。然而,"司"与"州"的规模大小,并不影响在司州行政区划内设置流官与土司。有的州比司管辖的地理范围小,也可能设置土司;有的司比州管辖的地理范围小,也可能设置流官。[②]

对于土司累世的司或者州,无论管辖范围大小,都以土司治之。从前文可以看出,土职既可以是司一级行政单位的管理者,也可以是州一级行政单位的管理者。然而,司与州的正统官位,无论是在官秩和官职上,都有区别。所以,"土职"的"职"字不是一个具体的官名,而是对所有官位的概括性用语。显然,"土职"不能更完整地表达中央权力对于享有管理地方权力这一角色的主体定位。因此,改用"土司"且"从其始"。在概括的意义上,可以认为"土司"很可能是"土职""司官"的简易性合成。当然,也有可能是州的土职与司的土司的合称。无论从何种角度作出何种意义上的解释,在明朝洪武时期,云南土司是当时已经具有明显行政区划标志的地方管理者,毋庸置疑。

最早体现"土职"官称这一角色的行政单位,是在秦朝"少数民族聚居地

---

① 佘贻泽:《中国土司制度》,正中书局 1944 年版,第 10 页。

② "明洪武十四年,大军至滇,梁王走死,遂置云南府。自是,诸郡以次来归,垂及累世,规制咸定。统而稽之,大理、临安以下,元江、永昌以上,皆府治也。孟艮、孟定等处则为司,新化、北胜等处则为州,或设流官,或仍土职。今以诸府州概列之土司者,从其始也。"

区”设置的“道”。秦朝的“道”与明朝的“道”有所不同,秦朝的“道”是由当地的少数民族首领自行管理的一级行政主体,秦朝中央王朝不过问“道”这一级地方机构的内部事务[①]管理,这可能是推行郡县制以后,地方势力成为国家行政体制中构成部分的最初形态体现。根据相关文献记载来看,秦朝在少数民族聚居区一共设置了十六个“道”级行政机构:“严道”“故道”“狄道”“义渠道”“除道”“豲道”“僰道”“湔氐道”“绵诸道”“月支道”“翟道”“督道”“下辨道”“雕阴道”“青衣道”“连道”[②]。秦朝灭亡以后,汉朝不仅沿袭秦朝设置的郡县制,同时也沿袭了秦朝在少数民族地区设置“道”一级行政机构的传统。不过,汉朝取消了“道”之行政名称,而改为“属国”。将边疆“蛮夷被征伐后之降者”设置为“属国”。此处的“属国”是在中央权力管辖范围之内的地域,与“藩”有着本质上的差别。

西汉时,将此前的“道”关停并转,设置了七个“属国”,即“上郡属国”“西河属国”“安定属国”“天水属国”“张掖属国”“金城属国”“五原属国”。东汉时,随着行政管理的细化以及疆土的日渐扩张,又新设置了七个“属国”,即“张掖居延属国”“犍为属国”“广汉属国”“涿郡属国”“辽东属国”“蜀郡属国”“巴东属国”。[③] 龚荫先生认为,无论是秦朝设置的道,还是汉朝设置的属国,皆属“土司制度的滥觞”[④]。夏商周虽然存在类似“道”“属国”的实质性地方职官,然而,当时双方之间是以平等名义建立从属关系的,即势力小的认同势力大的为盟主,并非严格意义的上下绝对服从的隶属结构。自秦朝设置“道”之后,尽管“道”独立管理自己的事务,然而,在秦朝权力格局中依然是中央与地方的关系。虽然“道”拥有自己的自主权,但是,与秦朝中央机构之间是上下级绝对从属的整体性关系,而非联盟性质的平等关系。

至西汉末期,随着西汉灭亡,魏、蜀、吴三国鼎立局面形成。在这个过程中,统治西南区域的蜀国,面临着筹划统治地方少数民族地区的治国布局。从当时

---

① 参见龚荫:《中国土司制度史》,四川人民出版社 2012 年版,第 31 页。
② 参见《史记》卷一二六《货殖列传》,裴骃《集解》引韦昭曰:“督道,秦时边县名”。
③ 龚荫:《中国土司制度史》,四川人民出版社 2012 年版,第 31 页。
④ 龚荫:《中国土司制度史》,四川人民出版社 2012 年版,第 32 页。

蜀国留下来的文字记载,不难看出,蜀国对于即将面临的周边军事形势所作的政治谋略。丞相诸葛亮在《隆中对》中有"西和诸戎,南抚夷越"[①]的军事战略描绘,一方面,蜀国以"和"的平等方式处理好西部即川藏地区,包括新疆东部"戎"的群体关系;另一方面,通过仁义之举安抚靠近云南、云南与西藏交接地区的"夷越"群体。建兴三年蜀国平定叛乱以后,为了加强对"南中"民族地区的控制,在云南境内设置郡一级行政机构。

设置建宁郡(治所味县,今云南曲靖县西)、朱提郡(治所朱提,今云南昭通)、云南郡(治所梇栋,今云南姚安北)、永昌郡(治所不韦,今云南保山东北金鸡村)、兴古郡(治所宛温今云南砚山县北小维摩附近)。[②] 上述郡的长官,蜀国采用旧习,选用地方有影响力的人作为郡的管理者。蜀国仍任命原先既有的"大姓""夷帅"作为管理地方事务的职官。对此,有的蜀国官员不理解。从当时蜀国拥有的军事实力来说,针对云南地区的统治,官员们对采用土著人持有异议。然而,蜀国统治者认为,在刚刚经历战争的云南地区,如果设置流官,对于当地土著而言,犹如外人。土著作为民与外人作为官之间必然存在不信任,这种不信任一来加重驻兵后勤保障的供给困难,二来因战事而相互杀戮留下来的恩怨加剧了日后矛盾。所以,与其交由外人统治,不如为土著人制定纲纪,通过土著人自治实现外人与土著逐渐相安无事。"纲纪粗定,夷、汉粗安故耳"[③]。显然,留用土著作为郡的长官,不是为了形式上的统治,而是通过夷汉相安维持稳定的社会秩序,减少战争,从而休养生息,增强国力,为日后大一统政治目标的实现奠定发展基础。

这一策略的指导思想和具体的实践,从中体现了我国古代各民族追求统一天下的民族观。蜀国采用留置地方官职的统治安排,可以作出如此推测,土司制度的"萌芽"[④]已是暗含其中。历史文明总是在不断地向前发展,并在发展中不断趋向成熟,国家官僚体制也是如此。虽然朝代更迭以战争的形式发生,然

---

① 《三国志·蜀书》卷三五《诸葛亮传》,第4册,第913页。

② 参见龚荫:《中国土司制度史》,四川人民出版社2012年版,第37页。

③ 《三国志·蜀书》卷三五《诸葛亮传》,第4册,第913页。

④ 参见龚荫:《中国土司制度史》,四川人民出版社2012年版,第42页。

而,新的皇朝政权并没有因为战争而全盘否定旧的皇朝的一切,特别是大一统的政治抱负与自上而下的官僚体制。中国古代两千多年的历史表明,这种个人的政治抱负与集体的官僚体制在朝代更迭的过程中不断发展,其目标始终沿着大一统的路线前行。

汉朝以后进入东晋、南朝时期,秦、汉时在云南境内设立的笼统含混的“道”和表示臣服的“属国”从一般意义上的地方行政管理机构,被一些不仅带有明显民族特点的机构,如“左郡”“左县”,而且带有鲜明民族属性的“僚郡”“俚郡”所取代。有学者从土司自带的民族特性出发,认为带有民族特色与民族属性土著官职的出现,意味着作为国家一级行政机构的土司制度(机构)算是正式出现。①沿着历史脉络来看,隋朝至唐朝时,云南地区在少数民族地区设置了发挥羁縻作用的府州县机构,实施国家权力的地方统治;宋朝时,云南地区取消了府一级机构,简化设置了起到羁縻作用的州、县;元军进入云南之后,在云南地区实行“蒙、夷参治”②之法,行政官员设有“流”“土”之分,一改以往纯粹的土著官员行使管理事务的原初形态,形成地方统治的二元结构。

至此,“土司制度”日渐成型并为明朝分娩系统的土司制度提供了胚胎。就“土司”这一带有“本地”“土著”含义的称呼而言,元朝攻入云南之后建立的行政机构,采用了朝廷命官与土著头领各司其责的双轨制行政系统,既体现了元朝国家权力下沉至少数民族地区的统治半径的探索,也显现出在国家权力范围内土著人自治的基层行政政治形态。元朝推行的双轨行政管理体制,为元朝在云南地区建立稳定而系统的国家统治提供了中央权力与地方权力相互融合的运行基础,亦为明朝建立完备的土司制度奠定了运行基础。从前述的历史记载中也可以看到,在明朝的行政区划中,司与州是同等位阶的一级行政。

在云南新化、北胜这样的州,流官并非明朝必须设置的官职,有的州存在土职同理状态。这说明,在明朝攻入云南之前,履行“土职”这一具有实质性管理责任的角色就已经存在了。但是,土职不是具体的官称或者具体的职位,而是

① 参见龚荫:《中国土司制度史》,四川人民出版社2012年版,第62页。

② 例如,云南行省,元朝廷派遣蒙古王族中的人坐镇统治,由驻云南的蒙古军军官们任各地方的大元帅或都元帅驻守监督,各少数民族地区任用当地有威信的民族酋领(称“参用土人”)充当官吏管理。

封建王朝基于自身正统性对这种“地方头人”的称呼,甚至含有某种看不上眼的味道。所以,就此而言无法区分土职相互之间的大小。同时,或许是为了消除“土职”中“职”字可能带来的误解,即误认为是国家在地方设置的流官称谓,而一概称之为“土司”。“土职”是明朝入滇之前对已经存在的掌管地方行政事务管理者的称呼,如果不争论“土司”这一概念而考虑这一概念指代的实质性主体,“土职”“土司”“土官”这一概念下的角色应在明朝之前就已经开始管理云南地方的事务了。

那么,元朝对于云南地区这一角色的称呼,可能存有实质高于形式的心态,只要有利于云南地区的统治,不管如何称呼地方上负责管理事务的主体,并没有上升到国家政治高度。可能也正是由于先前云南境内存在的“土职”所包含的内容不清晰,所以,明朝根据自己的统治需要和行政设置而采用“土司”这一称谓。自此,“土司”成了云南地区管理地方事务的本地管理者的官称。

土司的由来,与中华民族疆域的历代变迁、中央王朝戍边边界的进退以及统治国家能力强弱的变化有着直接的关系。按照我国历史记载的朝代元点,夏朝是我国历史上的第一个朝代,自它开始了皇权统治历朝历代的发展史。每一朝代都有中央、地方、边远地区的划分,针对距离中央权力势力的远近,在不同的时期对于边疆地区则有不同的称谓,且随着中央权力驾驭边疆能力大小的变化,版图上的边疆与中央权力机关所在地远近也有变化。夏、商、周王朝政治区划“五服”中的“要服”和“荒服”是边陲地带。“要服”为“夷”人居住;“荒服”是荒远地域,为“蛮”人居住。“二服”是少数民族住牧的边疆地区,与中央的关系则是“声教不达”,只要不为乱,也是相安无事,少数民族的界定与格局便因此而成。[①] 自公元前221年秦始皇统一中国推行郡县制以来,不仅形成了中央与地方分权治理的统治格局,而且存在中央与边疆分界治理的蛮夷之分。边疆居民多以少数民族为主,故在中央地方二元结构的事权格局中便有了特殊的地方之治:边疆治理。纵观秦统一六国之后,至中华人民共和国成立之前,在边疆少数民族地区,中央王朝如出一辙地推行了本地人治理的政策。一方面,本地人治

① 参见龚荫:《中国土司制度史》,四川人民出版社2012年版,第10页。

理在本地有着数千年的历史传统,中央王朝难以彻底改变这种既有的统治状态;另一方面,虽然中国从形式上实现了统一,但是内地与边疆之间的流通,包含人口、经济、政治、文化等方面,尚未融为一体,这就导致边疆地区成为版图中的内地,而在中央权力的统治版图上却是畿辅之外。

从制度发生学的意义上讲,历史上的土司制度兼指土司与土官两种统治制度。[①] 土司制度起源于最先在云南施行的土官制度,后经明朝系统改造推广至广西、湖南和湖北。关于土司制度这一概念能指和所指之间的差异化研究,当推李宗放先生的论断:"元明清朝在民族地区以各族首领为世袭土职的通知制度称为土官土司制度更准确。"[②]在设置土司的省份中,"中国土司以云南为最多"[③],存在时间最长,达"五百七十余年"[④]。土司制度形成时间的研究存在某些小争议,话题主要集中在始端与末端的时间节点的界定。

曹相先生认为"土司制度始于元,备于明"[⑤],韦文宣先生则认为土司制度始于宋元,完备于明代,清代因袭沿用[⑥];张永国先生认为"土司制度是封建王朝统治南方少数民族重要的政治制度,是封建王朝制定的一套管理土司的制度,它形成于明代而非宋元"[⑦];史继忠先生否定了土司制度始于唐宋的观点,认为"土司制度始于元,盛于明,衰于清"[⑧];吴永章先生认为"土司制度渊源于秦、汉,中经魏晋南北朝隋唐宋时期,不断得到充实,正式形成于元代,完备于明和清初,

---

① 参见戴逸:《简明清史》(第2册),人民出版社1980年版,第192页。

② 从出现时间上看,元代至明嘉靖中期没有"土司"名称,嘉靖四十一年才出现"土司"名称。从土司这一概念指代主体上来看,嘉靖、隆庆时土司是对武职个体的专称,在四川、贵州少数地方使用。明嘉靖至万历时,土司、土官区别明显,土司主要指属兵部的武职带"司"的职衔、衙门和官员,土官指属于吏部的文职。万历至天启、崇祯时,土司扩大为武职、文职的统称。清承明制,只是兵部所辖武职称土司,吏部所辖文职称土官。从土司适用范围上来看,明代湖广、四川、贵州、云南、两广使用土司名称,东北诸夷、西北诸夷和属藩的同类职衔没使用土司名称。清乾隆时,土司使用范围增加了甘肃、青海、西藏的土司。基于此,土官土司制度较土司制度更为准确。参见李宗放:《对"土司"名称的出现、内涵、使用范围的考析》,载《民族学刊》2018年第2期。

③ 胡绍华:《李定国实现联明抗清的原因分析》,载《商丘师范学院学报》2004年第4期。

④ 龚荫:《关于明清云南土司制度的几个问题》,载《西南民族学院学报(社会科学版)》1986年第3期。

⑤ 曹相:《云南土司制度源流》,载《云南师范大学学报(哲学社会科学版)》1984年第4期。

⑥ 韦文宣:《西南地区土司制度略述》,载《历史教学》1985年第3期。

⑦ 张永国:《关于土司制度研究中的几个问题》,载《贵州文史丛刊》1987年第4期。

⑧ 史继忠:《略论土司制度的演变》,载《贵州文史丛刊》1986年第4期。

清雍正改土归流后,则逐渐衰微”[①];龚荫先生认为土司制度正式形成于元代,盛于明代,衰于清代[②];李世愉先生也认同“土司制度初建于元、发展于明、衰落于清”[③]的结论;白耀天先生认为“土司制度是封建中央王朝继羁縻制之后在僻远和边疆少数民族地区实行的一种政治制度,论证了土司制度形成于元代”[④],并进一步提出“土司制度盛于元溃于明”[⑤];成臻铭先生认为“土司制度发端于北宋中后期,形成于元朝,完善于明朝,衰落于清朝,苟延残喘于民国时期,结束于中华人民共和国民族改革完成之时,前后共有八百余年历史”[⑥];陈庆德先生认为土司制度滥赖于元,完备于明,在清代既建又改的过程中已逐步趋于衰落[⑦];张晓松先生认为“土司土官制度始于元代,盛行于明代,衰落于清代,其残余一直延续到新中国成立”[⑧]。目前学术界绝大部分学者认同土司制度始于元,完备于明,衰于清的观点,至于土司制度何时终结仍存在不同的观点,结论尚存争议。

土司制度如何定性,也存在不同看法。毫无疑问,土司制度是一种统治地方的制度。如果从这一制度具体运行的体制机制来看,土司制度可划归于行政制度。当然,也有些学者称之为政治制度。鉴于清朝并没有现代意义上的法律部门,土司制度的内容却涵盖了行政法、刑法、程序法、监察法等现代法律体系的内容。因此,从法律规范的角度来分析土司制度的性质,根据其规范内容,土司制度应属于清朝国家法制体系中的特别规定。土司制度中的有些内容具有单行条例的性质,有准确的主体性定位和比较清楚的权利义务内容。也正是基于土司制度具有法律属性的这一定性,为研究者从法律监控的角度来剖析清朝监控土司制度运行的价值和意义,提供了可能性。

---

① 吴永章:《中国土司制度渊源与发展史》,四川民族出版社 1988 年版。

② 龚荫:《中国土司制度》,云南民族出版社 1992 年版。

③ 李世愉:《清代土司制度论考》,中国社会科学出版社 1998 年版。

④ 白耀天:《土司制度确立于元代说》,载《广西民族研究》1999 年第 4 期。

⑤ 白耀天:《土司制度盛于元衰于明论》,载《贵州民族研究》1999 年第 4 期。

⑥ 成臻铭:《清代土司研究:一种政治文化的历史人类学观察》,中国社会科学出版社 2008 年版。

⑦ 参见陈庆德:《云南民族经济在皇朝中央集权制度框架中的开发进程》,载《云南社会科学》1998 年第 5 期。

⑧ 张晓松:《论元明清时期的西南少数民族土司土官制度与改土归流》,载《中国边疆史地研究》2005 年第 2 期。

土司制度的历史价值和现实意义,在不同时期不同学者亦是各执一词。仁者见仁、智者见智的评价,也反映出土司制度需要多角度深化和多面向研究的必要性。龚荫先生认为"土司制度的本质就是一个剥削压迫人民的制度。……具有浓厚的封建割据、隔绝、保守性"[①]利弊各有[②];李世愉先生认为土司制度利弊参半[③];曹相先生从土司制度的初期具有的积极性作用和后期具有的消极性作用两个方面认为:土司制度具有两重性[④];陈庆德先生认为推动中国多民族社会经济结构多元一体化的发展趋向是土司制度的根本性意义。[⑤] 土司制度的价值与意义可从多学科、多维度对之进行解释,土司制度的存在、发生是在封建国家权力高度集中与地方权力争取独立为背景下的一家之主与一地之主的博弈。因此,土司制度的本质体现了统治阶级内部关于国家利益与地方利益之间划分的比例原则,折射出多民族统一国家在封建阶段特有的制度策略。

从土司制度的定义和理解来看,多数学者认为土司制度是政治制度或者行政制度,鲜有把土司制度归属于法律制度体系。土司制度所具有的法律特征,不应因为土司制度被作为宏大叙事的行政制度或者政治制度来研究而被遮蔽。换个角度讲,土司制度既可以仅被视为行政制度、政治制度,也可以被视为清朝法律制度。无论是从内涵上还是从外延上来看,制度与法律有着种属关系。土司制度这一概念是现代制度学意义下的概括性定义,从土司制度的内容来看,

---

① 龚荫:《明清云南土司通纂》,云南民族出版社 1985 年版。

② 土司制度的积极作用表现为使国家空前的统一、使封建王朝增加了收入、使少数民族地区社会秩序安定、生产发展、使少数民族地区文化教育逐渐兴起并发展、土司武装力量在保国卫疆中作了很大贡献。土司制度的弊端表现为土司统治是一种特殊的地方政权形式,具有浓厚的封建割据性;土司残酷压迫百姓;土司野蛮掠夺土民;土司荒淫腐化。参见龚荫:《略论土司制度的作用与流弊》,载《西南民族学院学报(哲学社会科学版)》1989 年第 2 期。

③ 积极作用在于实现了对边疆地区的间接统治,加强了对边疆地区的控制;沟通了边疆地区与内地的联系,推动了偏远各民族经济、文化的发展。消极作用表现为阻碍了封建经济的发展;土司制度的长期存在也有不利于多民族国家的统一和巩固的一面。参见李世愉:《清代土司制度论考》,中国社会科学出版社 1998 年版。

④ 初期起到了安定地方的作用,为社会经济的发展提供了前提条件;促进了民族地区经济的发展和各族间的交流,使土司地区内部封建经济因素迅速成长,封建地主经济也逐渐强大并在一些地区占据统治地位;维护了祖国的统一。后期反动的、消极的表现为相互之间兵戈常起。小则一方不宁,大则祸乱连年,民不聊生,严重危害了地方和国家的稳定。参见曹相:《云南土司制度源流》,载《云南师范大学学报(哲学社会科学版)》1984 年第 4 期。

⑤ 参见陈庆德:《云南民族经济在皇朝中央集权制度框架中的开发进程》,载《云南社会科学》1998 年第 5 期。

关于土司管理的规范基本上都是清代律例体系的延伸或者补充,表现为附例形式。因此,将土司制度作为行政制度或者政治制度对待并无不当,但是,却有失土司制度中法律特质的涵摄。土司制度的行政属性、政治属性并不排斥这一制度具有的法律属性。也就是说,土司制度可以被看作行政制度,也可以被看作政治制度,然而,这不妨碍土司制度被看作法律制度,并作为法律制度被研究的必要性。

在清代作为政治国家的前提下,土司制度的制定主体是清朝历代皇帝以及所属清朝吏部等封建最高权力机关,皇帝意志与国家意志虽然被人化为个人意志,然而,是以国家意志为表现特质的;吏部在制定管理土司行为规范的过程中,并非吏部长官个人所为,而是经过了一定的程序;皇帝本人虽然可以通过口谕、敕令等非程序化方式作出规范性规定,然而其实际产生过程也有一个简约化的程序,即皇帝通过询问方式象征性地表达程序,因此,关于土司行为规范的制定过程体现了程序意义;土司行为规范调整的对象虽然是为数不多的土司群体,然而,就土司群体而言,土司行为规范具有普遍性,体现了从个人调整到国家调整的法律制定路径;土司制度的存在以国家律例为表现形式,虽然土司制度内容零散分布于清朝律例体系之中,但是,律例母体的体系化同样反映了土司行为规范内容分布具有体系化的特征。

除此之外,清朝律例可以直接适用土司。除承袭、安插、请封、卓异等直接调整土司行为的规范以外,关于清朝官员的职官处分、晋升、奖惩等都可以直接适用于土司。这就在清朝国家法律体系中形成了一般法与特别法的分野,即清朝律例对于土司而言是普通法,而以土司制度为称谓的土司行为规范是特别法,也可以用当下的单行条例这一概念称之。虽然关于土司管理的一系列规定被现代人称为土司制度,是在不太严格的性质判断基础上作出的定义。从土司制度的内容和效力来看,土司制度是一套围绕土司行为调整的不成文规范,体现了国家法律的属性与特征,具有被视为法律制度的内在要素。也正是在这个意义上讲,土司制度是清朝用来监控土司行为的法律规范,并借此孕育清朝通过法律监控土司的研究命题。

第二节　研究土司的原点、立场与结论

土司研究始于1908年云生先生发表的《云南之土司》，自此，土司及土司制度的研究从开启逐渐进入如火如荼的阶段，至今已百余年。

围绕土司及土司制度进行的研究，在2010年之前学者们主要集中于制度本体论、制度差异化、制度史及训诂方面[①]的研究，2010年后土司研究进入了专有学科论的研究。随着具有不同学科背景的学者关注，推动了研究方法的多样化。与此同时，研究视角从单一学科转向多学科、跨学科，反映了土司制度涵盖的多学科内涵；多学科的工具视野，促使研究方法也从“论从史出”转向田野调查、问卷分析、口述史以及深度访谈等实证方法；研究方法的多样必然释放了更多的史料进入研究者的视域，并促进研究对象的横向拓展与纵向深掘，研究内容从初期的土司制度整体性转向授权、承袭、贡赋、教育、司法、奖惩等制度细节。然而，在“国家政权建设分析模式”视野下，元明清三朝如何“通过土司制度切实掌握土司官职权力，从而实现有效控制”[②]距离系统研究还有值得探索的前途。

20世纪初期，赵南森先生撰写了《改土归流之计划》，由此推进了土司制度相关性研究。随后，1930年葛赤峰提出“土司制度”一词，成为土司研究的样板概念，而佘贻泽先生的《清代之土司制度》，则是我国近百年来尤为系统全面研究土司制度的金石之作，其硕士论文《中国土司制度》也是我国土司制度系统研究的奠基之为。同一时期，朱祖明、江应樑、凌纯声等学者多角度地研究了土司制度的历史、现状、利弊以及边政等问题。至民国时期，土司研究聚焦土司制度的起源和发展脉络，提出了土司制度已无生命力的结论；与此同时，土司制度研究开始问鼎国家治理必要性的探寻，在国家认同基础上提出了解决民族政治冲

---

① 参见成臻铭：《“土司学”的提出与推进》，载《吉首大学学报(社会科学版)》2017年第4期。

② 方铁：《土司制度与元明清三朝治夷》，载《贵州民族研究》2014年第10期。

突的对策,同时,前期的土司研究也为之提供了历史读本。

1949 年新中国成立以来,随着一代学者的艰苦付出,在进行长久资料检索后,关于土司制度的研究进入系统化时代。其中,代表性专著有吴永章先生的《中国土司制度渊源与发展史》、龚荫先生的《中国土司制度》和《中国土司制度史》,他们以历史大视野的视角梳理、定义了土司制度的理论及具体概念;李世愉先生的《清代土司制度论考》把研究层面推进到土司与家族村社之间;成臻铭先生的《清代土司制度研究——一种政治文化的历史人类学观察》则开启了土司制度与发展史的整合性研究,为土司学这一专学的建设劈开一道学科之路。

与土司法律监控相关的研究始于 20 世纪 40 年代,如凌纯声先生的《中国边政之土司制度》,其研究落脚点根植于土司制度与国家边疆治理的有机结合上面;与之同类的研究还有黄慕松先生的《我国边政问题》、徐益棠先生的《边官边民与边政》、杨敏生先生的《西南夷情暨治理之我见》、唐陶华先生的《清代对于苗夷之治理政策》等。随着十一届三中全会之后国家档案的逐步开放与民间资料的日益增多,从 1999 年开始,土司研究随科学新风进入了一个新的历史阶段。如方铁先生的《土司制度及对南方少数民族的影响》、曹正汉先生的《中国上下分治的治理体制及其稳定机制》等论文,马大正先生的《中国边疆经略史》、马汝珩先生的《清代边疆开发》等专著,以及林士俊博士的论文《清末边疆治理与国家整合研究》,学者们自觉地将土司制度纳入国家治理西南边疆的研究之中。

针对中央王朝如何通过土司制度法律化形式的实现,实现对土司权力的控制,迄今为止,国内仅有洪涵先生的《国家权力在民族地区的延伸——以云南德宏傣族土司制度为例》、方铁先生的《土司制度与元明清三朝治夷》,这些鲜见的研究成果与本课题直接相关。上述两篇文章对法律制度监控土司统治的作用有所提及,不过,法律监控未能成为作者分析土司制度的主线,以至于从土司权力的法律控制角度,深入剖析清朝是如何通过国家法律控制土司权力,进而实现国家权力建设的内容被其他研究遮掩。在以土司制度作为研究视域的学术群体中,“从动态的法律制度对土司承袭问题研究还不充分”①。这一结论不仅可以适用土司承袭制度的研究,而且可以扩展至围绕土司制度研究的全视域,即从法律制度的角度来认识、界定、分析和理解土司制度这一地方权力管理的历史章节。因此,有必要以国家通过法律监控土司作为研究的角度和重点。

随着“土司制度的研究正在逐渐成为一门显学,近五年来,土司制度的研究又上了一个新的台阶,全国性和国际性的土司制度与土司文化研讨会的召开为研究土司制度和土司文化提供了平台”。② 在研究土司的过程中,队伍逐渐壮大,视角更加多维度,同时对于历史资料的见解见仁见智。尽管土司研究引起了诸多学者的兴趣,推动了“土司研究逐渐从一个不太受人关注的领域发展成学术研究热点,同时研究的碎片化问题也随之出现,主要表现为土司制度研究缺乏整体性、史料的碎片化运用以及土司文化的碎片化研究”③,但是碎片化研究带来的问题是显而易见的,“除消解土司制度的整体性,阻滞人们对土司制度与土司文化总体的把握外,还带来了几个不良的后果。例如,对一些基础和核心的问题长期争论,难以达成共识,影响了研究的深入,以及将土司和土司制度泛化、美化等”。④ 碎片化的研究不利于推动土司研究的深入,而碎片化研究的起因源于尚未达成共识的基本概念的界定。

围绕土司制度研究过程中基本概念定型的争论,历时弥久。比如,针对“土官”“土司”的争论,所引发的分歧源于概念属性的定位,从职官称谓来看,围绕土司这一角色形成的制度应属于行政法律体系,当时的语境下则属于国家律例体系的构成内容。

“土官”“土司”这两个名称,所产生的时间不同。此外,各个朝代各时期的含义也是不同的,不应一概而论。⑤ 从概念出现的年代来看,“土官”一词是自古以来就有,宋代“土官”已开始成为统治少数民族的官职、官员的称呼。“土司”

① 蔡燕:《论明清时期的土司承袭立法及其特点》,载《贵州民族研究》2019 年第 7 期。
② 钟义见:《土司研究逐渐成为显学》,载《中国社会科学报》2013 年 10 月 23 日,A02 版。
③ 邹建达:《土司研究应避免碎片化》,载《遵义师范学院学报》2015 年第 3 期。
④ 邹建达:《土司研究应避免碎片化》,载《遵义师范学院学报》2015 年第 3 期。
⑤ 参见曹相:《土官与土司考辩》,载《云南民族学院学报》1984 年第 4 期。

一词的原意是指统治少数民族的官府衙门,明代嘉靖年间开始出现。“土司”分为文武两个系统。明代中叶以后“土官”与“土司”被混同了起来。土司制度是以设置在少数民族地区的地方行政机关——土司为中心而实施间接统治的政治体制,因此它不应称为“土官制度”,而应称为“土司制度”。[①] 就云南地区而言,土司分布的地理特点也往往被学者作为分析这一概念的元素。

有学者总结,明朝从云南西部的永昌到东部的元江作为界线,界线以北的地区为内地,以南的地区为边地,在内地设置知府、知州、知县,由明朝派任的流官担任正职,同时设置土知府、土知州、土知县,担任副职,称为土官;边地则设置宣慰司、宣抚司、长官司以及御夷府、御夷州,由明朝任命的地方首领担任正职,称为土司,而明朝派任的流官担任副职。[②] 清初,雍正年间推行改土归流的过程中,沿着澜沧江划线,澜沧江以东的土司必须改流,而以西地区暂时保留土司或者土流兼治。实际上,改土归流的“土”,既包括土官,也包括土司。[③] 因此,土司这一称谓在清代以后是一个概括性称呼,是对各种地方土职的总括性俗称。

虽然土职包含了不同成分和不同层级的地方土著管理者的各种称谓,但作为文化意义上的“土官”,这一称谓似乎更适合于各种土职的表达。尽管土司之名后来居上,成为对各种土职更为普遍的俗称。然而,这并不意味着“土官”这一称谓失去了其原有的传统意义,故在《清史稿》以及其他历史文本中不时出现“土官”一词。所以,“将土官、土司分门别类,并试图从‘实质’上加以区别的种种做法,都是与土司一名的演变史实不符的”。[④] 从后人挖掘资料所得以及分析官职功能的角度来看,如果从称谓的内涵上分析,土官与土司的实质性区别在于是担任副职还是正职,实质性的相同点在于无论是担任副职的土官,还是担任正职的土司,都是当地土著的头领。而之所以出现了土官与土司的区别,主要的目的是区别该管理地区的行政权力倾向于流官还是倾向于土著头领。

---

① 参见[日]谷口房男:《土司制度论》,杨勇、廖国一译,载《百色学院学报》2007年第3期。

② 参见李道生:《峡谷深处的土司制》,云南教育出版社2007年版,第5页。

③ 参见李道生:《峡谷深处的土司制》,云南教育出版社2007年版,第10~11页。

④ 杜玉亭:《土司职称及其演变考释》,载《学术研究》1963年第6期。

无论土官、土司这一概念性表述的争论如何难解难分,对于土司制度的总括似乎没有争议。然而,学界对于土司制度的定义、内涵、外延及其具体的指向,基于历史年代划分、资料占有考证以及制度内在变迁等因素,却存在尘埃未定的理解,以至于"土司制度"这一概念自出现之后就存在被泛化运用的可能。大概是由于"土司制度研究中一些基本概念的共识缺失,导致了土司研究的泛化。土司制度的基本特征是以本地性'立蛮酋、领蛮地、治蛮民'的治理方式而体现出来的自治权;土司制度实施的主要地域是我国西南地区;土司制度与扎萨克制度、羁縻卫所制度、僧官制度、土屯制度有根本性的区别,不能归纳为同一种制度。对土司制度的基本概念予以规范并达成共识,是土司制度研究的基础工作之一"。[①] 没有比较,就难以得出真实的面相。[②] 格物致知方能通理达明。对不同专家学者关于土司制度的理解,做一简单的梳理和分析,不仅是严格土司制度研究的必要功课,而且也是能够在学理上为云南土司何以成为清朝国家法律监控的对象提供非常有力证据的支持。

第三节　土司制度已有研究成果的述问

任何一项制度在历史的长河中,都遵守着顺应发生、发展、高潮,最后走向灭亡的规律,旧的制度不是被新制度替代,就是不断地吸收新元素而处于改良之中,直至完全被替换,土司制度也是如此。关于土司制度终结时间的争论如同土司制度内涵的争论一样,也有不同的见解和定论。学界对于土司制度的终结话题存在不同的见解与判断,如同学界对于土司制度何时存在的话题的分歧一样。有学者从土司制度是以贵族专制政体作为诞生与延续的前提条件,从而

---

① 罗中、罗维庆:《共识缺失:土司研究泛化的成因》,载《云南师范大学学报(哲学社会科学版)》2015 年第 2 期。

② 关于这方面的研究,有韦文宣、严英俊:《羁縻制与土司制名异质同论略》,载《广西民族研究》1991 年第 3 期;何威:《家族视域下的西北土司与西南土司比较研究》,载《中央民族大学学报(哲学社会科学版)》2016 年第 5 期。

提出辛亥革命的爆发,是土司制度宣告终结的印记,并对辛亥革命之后土司制度的残留做了合理性解释。[①] 土司制度确实已经在事实上消亡走向终结,这是历史的结论。然而,土司制度究竟终结于何时?其标志是什么?学界一直尘埃未定,存在争议。

如果从国家权力的属性来看,辛亥革命推翻清朝封建专制统治后,中国的国家政治体制发生了史无前例的更替,这是土司制度终结的根本性标志;如果从土司应向国家履行的义务来看,民国政府对土司义务的彻底解除,可以看作土司制度终结的重要标志。从不同角度探讨土司制度终结的标志,可得出学界对土司制度相关问题有着更加深入的研究。[②] 不过,如果从社会类型来看,清朝作为我国历史上最后一个封建王朝,在辛亥革命之后,无论土司以何种形态存在,土司制度是否改变其内容,国家性质发生了根本性变化。因此,作为国家行政制度体系中的土司制度的性质也必然发生变化。所以,才有学者认为,立足于国家行政体制的整体性和民族文化的整体性,通过对土司制度实质的剖析,辛亥革命才是土司制度终结的标志。[③] 对于土司制度何时终结的讨论,尘埃尚未落定。导致这一争议未能盖棺定论的根本原因在于研究者尚未针对土司制度给出一个具有共识性的界定,以至于基于土司制度存在的不同前提条件,学者就会得出不同节点作为终结时间的判断。

国外学者对于土司制度的研究,由于对汉语的理解存在文化上的差异,存在偏颇之见。从学科种类上来讲,土司制度不只是民族学、人类学、历史学研究的视域,同样可以作为社会学、政治学、行政学、法学甚至管理学的研究视域。

---

① 土司制度是元明清三朝主要在我国西南地区普遍推行的行政管理体制。土司制度的诞生与延续都植根于贵族专制政体。因而,土司制度的终结自然也应当以专制政体的终结为转移。此前的研究工作因为各种原因以至于对土司制度终结的认定出现各种分歧。然而,土司制度既然延续了六百余年,对我国西南近两百万平方公里的土地实施了有效统治,那么,这片辽阔的土地成为我国领土不可分割的一部分,其合法性和正当性就必然与土司制度的性质直接关联。结论十分清楚,即中国的土司制度随着"辛亥革命"的爆发就已经宣告其终结。至于土司制度的后续影响,这是一切制度都必然会有的历史问题,部分土司残留至其后一长段时间,显然不应当干扰对土司制度终结的认定。参见杨庭硕、彭兵:《对土司制度终结的再认识》,载《吉首大学学报(社会科学版)》2016年第5期。

② 参见李良品:《土司制度终结的三个标志》,载《吉首大学学报(社会科学版)》2016年第5期。

③ 参见杨庭硕:《试论土司制度终结的标志》,载《云南师范大学学报(哲学社会科学版)》2012年第3期。

作为人类文明发展史的一部分,存在700余年的土司以及由此而形成的土司制度,其多学科的特质,不仅仅引起了国内学者的研究兴趣,对于中国土司制度的研究,西方学者当中同样有少数学者对此进行了深入而细致的探讨。由于研究者各自的学术背景以及分析历史现象的出发点与归宿点有着差异,所以尽管西方学者的一些结论,虽然有其可供参考的价值,也有启发的作用,并提出了一些让国内学者打开研究思路的概念性关键词,但是,西方中心主义的学术立场,难免存有不能"同情理解"的情绪,甚至出现歪曲中国传统王朝历史的文化无解现象。

近年来西方在中国边疆史研究领域出现了新的研究取向,从人类学的中国族群研究逐步向历史学的中国边疆社会与文化研究纵深发展。提出了诸如帝制时代多元文化政治、中心边缘、文明进程、朝贡朝圣体系、地方主体性建构[①]等更加宏观的概念。国外针对土司制度的研究,对国内土司制度的研究具有建设性的借鉴作用,也开启了国内从人类文明发展角度、地缘政治文明教育以及国家内部统治体制建构等新角度的研究。然而,这些研究更多地集中于政治学、人类学和民族学的中西方横向比较研究,或者本国历史的纵向研究,形成了历史大视野,但是,却忽略了土司制度属性与制度细节的问题。特别是中央王朝与地方土司之间如何围绕权力分配、权威建构而形成的制衡与反制衡的关系。

导致这一研究范式的原因是西方学者往往站在分裂中华民族的立场,如视南诏国与清朝为平等的两个国度,割裂了历史上云南与内地的联系。将云南与清朝看作两个平等主体来研究它们之间的关系时,是不可能将土司放入清朝权力的视野下进行分析的,更不能深入理解清朝通过法律监控土司的真实目的。

百年土司制度研究虽有成就,但起步距离历史发生较晚。已有的研究,虽然近年来有学科发散趋势,不过,集中于民族学视域的强势研究依然是这一领域里的主流。从制度属性的视角出发,就土司制度的法律属性、价值、意义与实践方面的研究,显然有着薄弱之处:一是未对清代土司制度法律化进行专门性研究,通过国家法律实现对土司权力的监控、约束、直至革除等制度运行机理作

① 参见彭文斌:《近年来西方对中国边疆与西南土司的研究》,载《青海民族研究》2014年第2期。

为研究对象的成果不多;二是在清代针对新设土司程序、土司承袭、土司赋税、奖惩制度和司法安排等方面的法律性研究出现学术闲置;三是对土司权力法律化和清代地方治理目标之间的关联性说理尚需要进一步澄清,对土司权力的法律化及其发展变迁与改土归流的法律基础等方面的探讨有待于进一步系统深入。涉及制度运行机理,特别是涉及中央王朝如何通过国家法律实现对土司权力监控的研究还有待深入和拓展。

以国家法律实施土司监控作为研究土司制度的切口,就该选题的学术价值而言,在目前可以检索的文献范围内,具有推动土司制度研究更加全面化的作用。从前文中的学术综述不难看出,历来的关于土司制度的研究,主要集中于土司制度的内部生成、发展历程、衰败原因与终止标志,围绕土司制度的影响拓展了关于土司文化、土司功能、土司政治等方面的研究。此外,在上述拓展基础之上进一步延伸至土司建筑、土司习俗以及土司法律等外围方面的研究。然而,针对土司权力的监控,特别是封建中央王朝如何通过法律实现对土司权力的监控以及其背后调控机制的研究,目前来讲尚未看到专门且系统性的集成成果。

选择清朝通过法律监控土司的视角作为研究的切入点,其意义在于当下推进国家治理体系和治理能力现代化的过程中,尤其是在深入推动社会现代化进程的转型时期,国家总体安全与边疆稳定的价值举足轻重。读史鉴今,从清朝治理边疆的制度和经验中汲取有益养分,对于增强边疆地区少数民族的认同情怀,全面实施依法治国,塑造中华民族文化共同体,促进民族地区和边疆地区的和谐发展,整体推进国家治理体系和治理能力现代化中的边疆转化,具有重要的观照价值。借此,研究清代云南地区土司的法律监控,是土司制度研究的深化,也是深化土司学这一学科建设过程中不可绕开的环岛。这部分研究可能在土司学的理论体系中只占有很小的一部分,然而,如同枪械的扳机,细小却不可或缺。否则,土司学研究的整体性价值和意义,就会不可避免地打了一个折扣。

第四节 土司的法律监控作为选题立意

从土司存在的作用上看,土司这一官位实际上是中央政府所封。然而,事实上土司又是割据一方的地方政权,包括宣慰司、宣抚司、安抚司;而土官则是按照汉族地区行政建制设立的府、州、县,由少数民族头人担任官职的官位,包括土知府、土知州和土知县。[①] 土司与土官的区别,在于土官隶属国家官僚体制,而土司则属于国家官僚体制之外的专设体制。或者说,土官是国家官僚体制中由当地民众中的人担任的行政职位,而土司则是在国家官僚体制外由国家认可的当地人担任的管理角色,具有行政职能的非正式官方主体。从产生的程序上看,土官是中央任命,土司则是中央委任,有权力代理人的含义。

进入清朝之后,土司从中央认可转向中央委任,土司制度的法律性逐渐丰富。清朝期间,土司制度从发生、发展到改土归流,整个过程贯穿着由地方分权向中央集权的转变。土司制度的存留,尽管不能离开清朝的扶植,但是控制土司权力、防止土司势力扩张,直至彻底实现统一则是清朝始终坚定的法制目标。土司是历史的产物,土司不仅拥有着私人武装以及自给自足的经济实力,而且拥有个人权威。按照马克斯·韦伯关于权威的分类[②],土司权威可以视为传统权威、个人权威和法理权威的合体,而清朝需要在土司地区建立的权威也是传统权威、个人权威与法理权威的合体。土司家族的延续、土司个人魅力与土司习惯法分别是传统权威、个人权威与法理权威的基础,清朝作为封建王朝,通过国家法律建立法理权威、通过天赋皇权建立个人权威、通过朝代国号家族内部传承建立传统权威,从权威建立的内容上看,土司与清朝在土司地区的核心目标是权威的地域性建立与转移。

对于应通过何种途径实现对土司权力的监控,从而赢得清朝在土司地区的

---

① 参见戴逸:《简明清史》(第2册),人民出版社1980年版,第192~193页。

② 参见[德]马克斯·韦伯:《经济与社会》(上卷),林荣远译,商务印书馆1997年版,第238~241页。

统治权威,清朝采取了一系列的手段,包括政治上的授封、经济上的扶持、律例上的约束以及文仪上的教化,还有其他辅助的手段。这些手段有时候独立运用,有时候交叉运用,有时候多管齐下,形成了一道监控土司的大网。其中,法律监控随着清朝律例体系的不断完善而逐渐地发挥越来越大的调控作用。

就土司制度的法律监控意义而言,以云南土司制度为研究对象更具有代表性与系统性。清代在总结元明两朝的经验和制度的基础之上,不仅通过土司制度的法律化实现了清朝对土司权力的监控,而且实现了国家权力的下沉、渗透,继而为稳定云南土司地区社会秩序、促进少数民族经济发展铺垫了社会基础。与历朝历代的统治者一样,建立统一的国家也是满族入关之后逐渐建立的政治主张,表现为历代清朝统治者始终如一地坚持"一统观"。站在清朝中央集权强化大一统的政治立场来看,对土司实施法律监控是清代土司制度发展和制度执行的集中体现。

清中央王朝采取了土司制度法律化的手段,一是通过土司制度的法律化监控土司权力,二是通过国家法制下沉土司社会实现国家司法认同。土司制度法律化取得的成效,为地方权力制约法制化提供了历史借鉴和理论支持。虽然自1840年第一次鸦片战争之后,这种"一统观"因数次割地赔款而在实质上被撕裂,不过,这并不影响"一统观"的形式主义在国内的维护与坚挺。由于"一统观"成为历代清朝统治者的政治基因,因此,清政府在对包括云南土司在内的民族地区、边疆地区进行国家治理过程中的制度设计、统治手段、达成目标等方面的举措,均是为了国家权力在土司地区的延伸与深入奠定坚实基础。

就选题的应用价值而言,土司制度与当下的民族区域自治有着历史上的牵连,这种牵连主要体现在边疆少数民族地区人民往内地的较少迁移,其保留的民族风俗具有历史的传承性。在公元前221年秦始皇统一六国以后,封建中央王朝与边疆少数民族之间的关系从主体意识上可以一分为二,主要的中央地方关系表现为:以汉族为封建统治者的中央王朝与边疆少数民族地区的华夷意识;次要的中央地方关系表现为:以少数民族头领为封建统治者的中央王朝与边境地区和边远汉族"因俗而治"、"因族而治"以及"多制而治"的无区分意识。比如,元清时期。

至清朝之后，在统治主体上混合了此前历史上的中央与地方关系。一方面，满族作为清朝的中央权力统治者，在国家权力上体现了少数民族与汉族之间的统治与被统治关系；另一方面，自中央以下的官僚体制来讲，由于地方直接施政的主体与中央以下至地方的官员以汉人为主，中央王朝与边疆地区的关系表现为汉族与少数民族之间的关系。因此，研究清代中央王朝与云南地区土司之间的法律关系，既可以透视历史上中央与地方关系如何在法制化过程中逐渐推进稳定，又可以为当下中央地方关系如何从政策化转向法制化，再纵深完成法治化建设提供可参照的历史借鉴。

从关照现实的学术目标来看，通过重读清朝中央政府治理土司及土司地区的历史记载资料，不仅可以汲取有益于边疆少数民族地区地方治理的历史养分，而且为边疆地区治理权力配置提供法制化借鉴，还可以为制定民族政策提供民族性的参考摹本，从而为边疆少数民族地区地方经济社会秩序的央地共治提供本土性的理论指导。不仅如此，以清代云南地区土司的法律监控为切入点，分析清代云南地区靠近边境的边地土司，与周边国家诸如缅甸、越南、老挝、印度等存在各种各样的微妙关系，甚至有些土司的势力范围跨越边界，还有的土司与境外有着姻亲关系，能够为当代治理边疆提供源自历史的可循经验。

从清朝处理云南与外国外交关系来看，如何处理这些带有国家外交性质的关系，土司的倾向性往往是清朝考量如何处理中央与土司关系的主要因素之一。特别是英法进入缅甸之后，这些因素所显示的重要性更加突出。马嘉理事件之后，边地土司的监控对于清朝的国土安全和外交策略具有的直接影响，更加突出。所以，研究清代云南地区土司的法律监控，不可避免地提及国土安防问题。由此一来，这个课题对于中国、缅甸、老挝三国边防常态化与建立稳定的外交关系也具有一定的现实作用和政治意义。

从土司制度存亡的历史来看，尽管土司制度何时终结尚无定论，但是，清朝时期土司制度是在明朝完备之后，清朝灭亡之前始终存留的制度。因此，在清朝通过国家法律实现土司监控的研究镜像下，无法截取中间以断代史的形式展开研究，由此内容的完整性既要依赖于清朝统治的整个跨度分析，又不能脱离清朝之前的朝代为土司制度形成的历史积淀。

纵观土司制度的发展史，以明朝土司制度为分析原点，清初攻占云南之后作为分析起点，至1840年第一次中英鸦片战争为终点，作为分析清朝通过国家法律实现土司监控的时间跨度。选择1840年作为土司制度研究的结束节点，是因为自第一次鸦片战争之后，一方面，云南土司通过政治博弈向清朝争取更大利益的地方观转向了以维护国家边境安全和领土完整的国家观①；另一方面，清朝统治云南地区土司的重心由此前的控制转向合作，以求得在国际事务争端中实现国家利益的最大化。

以清代云南地区土司制度的法律监控作为研究视域，既对国家治理现代化背景下民族区域权力的配置裨益丰厚，又为如何处理中国与缅甸、越南、柬埔寨和老挝之间的陆地边界关系提供历史文本。与此同时，既是对清代土司管理法制化研究的尝试，又是对我党加强民族地区政治权力科学配置的深入探索，更是为国家治理能力地方化、民族区域治理法治化充实和完善相关理论提供了智力研究支持。

第五节 选题预设的目标、方法与技术

本研究成果以清朝通过国家法律对云南地区土司实施有效监控为研究对象，属于民族学、历史学、法学等多学科的综合跨学科研究，其主要研究内容分为4部分，具体如下：

第一部分，基础理论，拟研究两个方面的问题：一是加强土司制度与国家法律、国家治理等相关理论及相互关系的研究；二是侧重在国家法律控制土司权力运行的原因、特点、规律及作用方面的研究。

第二部分，事实分析，一是阐述国家法律制度下云南地区土司的沿革、发展、嬗变与改土归流的历程；二是研究国家法律框架内云南土司践行职衔、承

① 1911年英国以“勘测”名义入侵滇西南片马地区，怒江土司独立组织民众武装，抗击英军。参见李道生：《峡谷深处的土司制》，云南教育出版社2007年版，第51页。

袭、征调、贡赋、奖惩、文教、礼仪等专项制度;三是探讨国家法律制度下云南土司在不同时段、不同民族、不同地区的差异。

第三部分,法律监控篇。深入探讨清朝从五个方面的制度设计云南地区土司实施法律监控,其内容如下:一是从土司的职衔制度分析,通过职衔限制、程序法定、朝廷亲准和连带责任的法律化,得出职衔议叙的程序、限制和效果;二是从土司的承袭制度分析,通过承袭顺序范围、承袭资格限制、承袭程序启动和承袭禁例惩戒的制度设计,总结承袭制度法律化的沿袭、变革;三是从土司的司法制度分析,通过治安连带、诉讼限制、流官终审核和律例统一的权限配置,得出不同纠纷类型配置不同的司法管辖权与司法终审权的结论;四是从土司的奖惩制度分析,通过安抚土民、缉捕盗贼、完纳钱粮和驻防御侮等手段完成责任义务,总结奖惩制度的制定、执行与效果;五是深入研究清代中央政府运用国家法律体系对云南土司实施有效监控的绩效。

第四部分,总结建议篇。主要探讨三个问题:第一,清朝对云南地区土司的法律监控是国家法律主导、权限界定清晰的举措;第二,清朝对云南地区土司的法律监控为国家权力在该地区的延伸、下沉、渗透及改土归流奠定了坚实的基础;第三,在此基础上得出了"民族地区采取'权力法制化''纠纷解决司法化''中央地方共治'相结合,有助于推进国家治理现代化"的结论。

经过前期的资料研读与分析,对于清代云南地区土司的法律监控体制机制,可以作出初步的判断,具体如下:第一,土司权力的法律化是清朝控制土司势力扩张的主要手段之一,清政府通过法律控制土司权力,为在土司地区实现观念上的国家认同提供了法制统一的制度基础,从而使后期实施改土归流的社会基础得以奠定;第二,控制土司权力的目的在于稳定土司地区的原生社会结构,从而避免中央王朝与土司、土民之间的紧张关系,特别是要减少最好是消除土司之间的争斗,这是清朝在土司地区施政的基本要求;第三,清代中央政府通过国家法律与土司地区民间法相结合,实现了国家法制与地方民间规范对社会秩序的协同共治。地方制度法律化与地方治理权力的配置应体现"多元共治、上下互动、法制统一、国家认同"的思想,而土民对清朝国家法律的认同与接受,意味着国家法制与国家权力同时延伸至社会基层并发挥着合力统治的作用。

我国古代法律体系中法律有多种起源，清朝国家法律体系中包括律、令、科、比、格、敕，还包括清朝皇帝的朱批、口谕以及皇帝针对各级官员奏疏的各种形式的批复等。清朝作为封建专制国家，尚未建立起现代立法体系。清朝虽然自称国家，但是，在法制建设方面并未体现国家法律立法的程序化和国家化，而是以体现清朝皇帝意志的“人治”意义上的立法。因此，在清朝通过法律监控云南土司的过程中，并未出现专门为云南土司制定专门性法律，而是通过大臣奏疏清朝皇帝口谕朱批等形式，形成了针对土司的具有“案例法”意义的不成文的法律条文。由此一来，虽然清朝西南版图中存在不少土司，而针对土司的法制监控并无体系化法律制度。随着雍正改土归流，这些散见的法律条文逐渐归拢至律例的尾部，作为附例出现，逐渐形成了较为系统的针对土司的单行法律条文。对于监控土司的法制条文和内容，在《清史稿》《清史列传》《清实录》中都有表述。其中，尤以《清实录》中皇帝的口谕朱批较为常见，其基础是诸如鄂尔泰等大臣的奏疏。因此，本课题以“法律”作为主题词。而实际上清朝控制土司的律例条文并非现代意义上的法律，因此，本选题不把笔墨用于各种法律起源的追根求索上，而是以较为概括性的笔法，把研究重点集中在清朝针对土司权力监控实施的专门性立法及其法律规范的适用条件和机制上，主要表现在探究清朝中央政府在土司地区推动国家法制地方化，透析土司权力监控的机理，即清朝采取何种方式把土司纳入国家法律控制范围之内，然后又是如何一步一步让其接受国家法律监控的过程，据此作出初判：土司制度的贡献在于“循土施政”“借土治民”“驭土固边”“以土掣土”，而土司监控的目标在于上述四方面的法律化，从而实现“大一统”多民族国家的政权统治与社会稳定同步发展。

学术研究是为了实现历史与逻辑的统一，读史鉴今的概括总结也是为当下提供解决问题的思路与方法。选取清朝时期云南地区的土司作为研究素材的主体，属于局部的历史检索。然而，土司制度的地方属性，意味着土司制度研究与当下如何推进民族地区自治制度之间具有一定的内在联系，并由此决定了研究的目标，进而决定了研究方法。一是为中国土司制度的精细化研究提供针对性更强的研究成果，二是为民族区域自治地区的政治权力配置与治理能力的深入探讨提供历史的影像与现实的思考，三是为当前在民族地区、边疆地区推进国家治理现代化提供历史借鉴和民族理论的支持。

围绕这一目标,所采用的思路方法也与此前关于土司制度的研究略有不同。基本思路沿着以下逻辑路线展开,广泛查阅民族学、历史学、法学、地方府县志及地方档案资料,拟用历时性方法纵向研究云南地区土司制度的历程与演变,运用共时性方法横向研究云南土司践行职衔、承袭、征调、贡赋、奖惩的各项制度以及云南土司在不同时段、不同民族、不同地区的差异;在理论梳理和事实分析的基础上,综合运用民族学、历史学、法学、文献学等学科理论,深入探讨清朝从职衔、承袭、司法、奖惩等方面对云南地区土司的法律监控,最后进行总结,提出建议。课题按照“资料收集与梳理—提出问题—理论梳理—事实分析—法律监控—总结建议”的逻辑思路进行研究,最后形成学术专著,为当前在民族地区、边疆地区推进国家治理现代化提供有益借鉴和智力支持。

在具体研究方法的选择与使用上,采用综合中有交叉,分析中有综合的技术整合,坚持运用辩证唯物主义和历史唯物主义方法,实现宏观与微观研究并重、整体性与个案性研究并重、历时性与共时性研究并重,具体运用以下三种研究方法:第一,文献法。广泛查阅中国史、社会史、制度史、法制史、云南地方志、云南土司家族谱牒、国家治理等文献资料,厘清思路与体例。第二,比较法。对清代实施土司制度的过程中不同时期、不同民族、不同类型土司的差异性比较,对清代国家法律功能与当今国家法律功能予以异同比较。第三,系统范式研究法。该方法将国家法律与土司权力运行视为一个复杂系统,综合运用民族学、法学、历史学、政治学、社会学、文献学等学科理论,深入研究诸多要素的结构、关系及动态调适,总结国家统一发展进程和国家法律推进地方治理的特点与规律。

将土司制度定位在国家治理土司地区的视角下,体现了国家统一与地方自治的关系,提出地方制度法律化与地方治理权力的配置应体现“多元共治、上下互动、法制统一、国家认同”的思想。第一,提出国家法制统一的前提下在边疆地区实施中央与地方共治的治理观点;第二,提出地方权力配置应与地方社会原生结构相结合的权力制衡观点;第三,提出大系统下通过国家法制化实现吏治的观点。主要采用“系统范式研究法”,兼顾整体性与个体性,综合运用民族学、历史学、政治学、社会学、法学、文献学等学科理论,突出中国传统哲学整体性研究。

土司制度历史悠久,而云南地处清朝版图南端,少数民族众多,每个民族各有自己的民族文化,相互之间保持传统的交流方式。这就导致了关于土司制度的场景回忆,很难得到回溯性理解。其一,年代久远,很多文献失传或者再现经历很久,文献的不完整必然导致理解上的残缺;其二,土司毕竟是特设官制,尽管《清史》《清史稿》《清史列传》《清实录》中有不少关于土司制度的记载,但是并不能直观反映清朝与土司之间的博弈。此类史籍或者为制度汇编,或者为清朝歌功颂德,这就是正史给历史研究带来的可能性偏差;其三,有些土司的寄生民族已经拥有了比较成熟的体系化文字表达系统,如傣族,这些用民族语言记载的文献很难为今人所理解;其四,现今官方档案馆保存的档案,由于各种原因,出于保护珍贵文献的目的,在一定程度上实现有条件地开放。

所以,云南地区不仅土司众多,而且民族众多,其语言文字大不相同。除此之外,留存和发现的资料为数不多,且存在误读的可能。如傣族档案,虽然存留一些,但经过汉语意译之后,极有可能对文本原意在理解上存在偏差。所以,对不同民族、不同地区与不同类型土司之间土司权力法律化的规律性总结,实属难点。同时,清朝针对土司而另行制定的法律多以附则形式依附在《大清律例》末尾,而其主要的法律条文主体依然是《大清律例》,这就导致寻找惩罚土司的相关文献又增加了一分难度。

第六节 研究的主要内容、价值与创新

全书沿着元朝在云南地区施行羁縻制度开辟出以合统治与外交为政治安全目的的藩属国策略之路,并为明朝建成较为完整的土司制度奠定了政治基础。清朝入主云南土司地区之后,作为地方势力存在的代表,云南地区土司与以流官为代表的清朝之间围绕政权展开了权威性争夺。元朝施行流官与土司互不干涉的并行机制和明朝以此为基础建成系统的土司制度为清朝通过法律

监控土司铺就了制度基础。土司之间自保的利益衡量、流官与土司之间围绕宠幸的明争暗斗为清朝适用法律监控土司提供了主客观条件,表现为以化解土司与流官之间对抗、破除土司地区传统习俗、消解地方与国家之间权力二元结构为目标的监控策略。清朝以军事压制为后盾,经济一体发展为举措,文教传播为辅助手段开辟了封建王朝国家通过法律监控土司、推动边疆稳定发展的政治图景。

据此,从国家法律监控土司的历史基础和条件、监控举措和效能、监控困境与突破四个方面研究清朝在云南地区针对土司通过法律监控,实现边疆少数民族地区稳定发展的过程与措施,在分析清朝通过法律监控获取政治收益的基础之上,提出推进边疆少数民族地区稳定发展的路径选择。

第一部分,主要研究四个问题,清朝通过国家法律监控土司的历史土壤、制度基础、问题目标与现实条件。云南地区土司作为地方势力存在的正当性,必然引起土司与流官之间围绕话语权合法性的冲突,其背后隐藏着清代中央王朝与土司围绕"政权"的争斗。元朝与明朝为清代通过法律监控土司提供了历史基础,元朝云南地区土司流官的别同,为明朝施治云南土司形成系统的土司制度建立的制度基础,而明朝土司制度的继承发展完备则为清朝适用法律监控提供了规范性条件。元朝与明朝为清朝铺就的土司制度基础,为清代通过法律监控土司指明了目标。通过法律监控要化解清代云南地区统治权力二元化的对抗,消解清朝朝廷与云南土司之间的矛盾构成,溶解土司地区传统习俗对国家统治的文化阻却。除元朝与明朝为清朝实施法律监控提供的历史基础之外,土司之间的利益争宠、国家封建经济对土司地区经济的吸附,以及明朝官僚体制内外两套职官制度的历史习惯也为清朝实施法律监控提供了现实条件。

第二部分,主要研究四个问题,即清朝通过法律监控土司的过程与举措。第一,通过法律监控,不断压缩土司权能。以土司制度的国家强化与控制为整体目标,不断"以法"限制缩小土司权力的管辖范围,借助准官僚式的制度收敛,形成了土司职能的外部约束;第二,通过严格承袭、限权分袭、虚职安抚、卓异请封、安插留用等制度,规范承袭制度程序的同时,又以流官荐举与国家授封建立土司遴选机制,周全了瓦解土司家族试图通过权力代际承袭控制地方企图的法律体系;第三,清朝为了推动国家法律地方化,消除土司习惯法在土司地区的历史影响,采取了民刑案件在一定范围内的分流与裁决,逐渐推进国家司法权替代土司纠纷解决权,开通了司法领域内法律监控土司的进路,消解了土司拥有传统权威的司法基础;第四,围绕国家法律的社会化,清朝以文教作为观念塑造工具,系统地在土司地区兴办公学、鼓励义学,不仅消除了土民文化与中原文化的对抗,而且起到了融合多民族文化共同发展的历史性作用。

第三部分,主要研究清代通过法律监控土司的运行困境以及采取何种极端的法律手段破解困境。清代通过撤设并分,虽然瓦解了土司权力的基础,但是,土司在土司地区的传统权威基础并未彻底根除。与此同时,清朝对于以汉人为主体的流官所持有的怀疑态度,决定了土司的存在对于清朝平衡流官具有一定的作用。由此一来,土司权势的政治地位导致法律监控策略实施陷入两难。最终,清朝建立改土归流的法律制度,在保留土司政治权利的前提下,实现了清朝官僚体制与土司乡绅体制并存的局面。

第四部分,主要研究清代通过法律监控土司的政治收益和对多民族统一国家边疆稳定发展的路径选择。清朝在实施法律监控的手段之外,同时又以政治、经济、文化为辅助措施,推进土司地区经济社会发展。以政治联合土司促进云南疆界稳定,经济输入土司地区推进当地经济发展,儒学文化传播推动民族文化多元发展。通过法律监控土司,清朝在云南土司地区不仅实现了"循土施政""借土治民""驭土固边""以土掣土",而且通过土司地区各民族力量的整合,实现了边疆稳定发展的统治愿景。土流结合促进云南少数民族居住地区秩序稳定,先进经济要素输入土司地区提高少数民族地区经济发展质量,儒学文化传播推动各民族文化多元互融发展等一系列辅助策略,在云南边疆地区建成了体系化的官僚行政管理系统。

与此同时,在国家法律监控下,土司从少数民族地区的统治者转变为清朝统治少数民族地区民众的榫接。赋予土司作为宗族话语权代表的地位,不仅有利于边疆地区开发,而且促进了民族认同与国家认同的一体化,宣示了国家主权的地理边界,为处理周边国际关系提供了鲜活的范例。进入21世纪后,在国家治理体系与治理能力现代化背景下,清朝通过法律监控土司实现云南少数民族地区稳定的历史记忆,为当代推进民族关系法治化、提升主流文化凝聚力、推进边地民族就业质量提升,稳定边地秩序,推进经济社会发展、维护国家总体安全提供了可检视的历史简片,并得到以下三点启示:

第一,民族关系法治化是统一多民族国家现代化进程中的实践理性。民族关系法治化是中国特色社会主义法治国家建设的内在规定,从政治构造转向规范构造,民族关系法治化对于稳定边疆治理、消除地缘政治生态内"西化"因素发酵具有持久的时效。首先,民族关系法治化是依法治国的政治实践;其次,民族关系法治化推进民族关系规范化融合;最后,民族关系法治化应坚持遵循《宪法》、坚持中国共产党的领导、坚持法治面前主体平等。

第二,社会主义核心价值观是中华民族的主流文化,是人类迄今为止站在每个民族的立场,以最广大各族人民的共识为基础的主流文化,也是中华民族推进各民族团结一体多元发展的软实力。应在各民族间系统培育主流文化意识,促进各民族文化融合,熔铸文化筋骨。首先,建构系统文化教育提升少数民族社会主义核心价值观认同的文化意识;其次,建构多层次文化教育体制促进少数民族地区国家主流文化内化的维度;最后,建构多种形式的文化教育组织促进国家普通话的传播与积淀。

第三,打通先进地区与相对落后地区之间生产力的沟通渠道,将代表先进生产力的技能与知识通过教育培训转化为少数民族地区个人的就业能力,有利于提高先进生产力在少数民族地区的实际运用质量。在少数民族地区形成一个良好运转秩序的经济生态和市场生态,能够和谐民族文化之间的关系,消除民族文化隔阂。首先,建立实用型技术培训体制提升个人就业创业能力;其次,建立企业用工性补贴制度促进少数民族人口内迁,不断改善进入内地务工人员的生活质量;最后,建立企业投资型减税制度拓宽内地人口规模外迁,鼓励企业到边地少数民族地区开办企业,以特别社会福利政策鼓励内地人外迁边疆少数民族地区,促进当地的经济发展,将更多的当地人与外来人融入一起,均衡国家人口分布,促进各民族间现代转型的一体发展。

第四,在突出以国家法制实施为政权认同的基础之上,厘清清代时期中央王朝与地方土司之间围绕法制施行的机理,提出解决"央地"关系、促进"央地"

两个机制和谐同力的规范基础在于国家法制的建设与统一。对于当下统一多民族关系在治理体系和国家治理能力现代背景下,全面推进法治化建设具有直接的对策性意义。

民族关系法治化有利于推进国家整体安全观战略目标的实现,为落实十九届四中全会关于“健全充分发挥中央和地方两个积极性体制机制”提供了可行性路径,并为当下法治中国建设过程中如何推动地方法治建设提供思路;民族关系法治化有利于中华民族命运共同体在历史新机遇面前凝聚民族力的结论,为解决统一多民族国家复兴过程中稳定边疆、推进团结、凝聚人心、协调发展提供了大视野思路,并为应对东南亚经济转型带来的政治冲击提供了对策性进路;跳出历史资料历史分析的窠臼,采用制度学的规范特质价值审视土司制度,一改此前认同土司制度为政治学范畴而非法学范畴的研究立场,将土司制度视为国家法律制度,不仅符合当时中国传统律例认知,而且开辟了土司制度研究的规范性视角。

第二章　土司地区政治确认的统治使然

中国封建王朝自古以来，尽管关于统治之术的争论主要表现为儒法之争，然而，从规范的意义上讲，儒家之教与法家之治均为治国所用。无论是儒教还是法律，无一不体现为规则之治，且都被封建王朝作为统治工具来使用，以此形成统治的合法性。清朝作为统治中国封建王朝史上的最后一个封建王朝，尽管在其中后期具有了现代意义上的国家属性，不过，通过法律实现封建统治并未因为具有国家特征而弱化封建国家法律的统治功能。相反，通过强化法律功能，实现封建王朝统治，是清朝日趋完善的统治手段。清军进入云南之后，针对土司的管理，清朝先是因循旧制，沿袭明朝旧律，而后主动修法，不断完善，最终形成了完备的土司法律制度。清朝通过法律监控土司，并非偶然现象，而是有着深厚的历史基础。首先，云南地区土司的存在具有数百年历史，明朝为之建立的土司制度，为清朝实施法律监控奠定了规范基础；其次，云南土司分布广泛，不仅有内外之分，而且有大小之别，军事后勤保障的难度决定了通过法律监控土司是一种高性价比的统治手段；最后，清朝在国家意义上是云南的统治者，然而，土司的地方统治形成的权威与清朝建立的封建王朝权威之间围绕地方“政权”展开了博弈。长期实践证明，封建王朝中央与地方土司之间围绕这种地方统治权威的冲突不到万不得已不用考虑武力。通过封建国家法律作为国家意志的载体和表达符号,更为有效地让清朝封建统治具有合法性,从而通过“以法统治”达到“驭土固边”。

第一节　云南地区土司作为地方势力存在的正当性

清朝作为我国封建王朝历史中最为成熟的末代王朝,在入关之前建州治所存在时期,其与云南在明朝政治版图中同属于藩夷范畴。在当时生产力只能提供有限物理能力的条件下,满族贵族统治下的建州与明朝已经建立体系化土司制度的云南之间,难以发生直接的联系,甚至如果没有明朝作为宗主国对藩属国朝贡的礼物有所回馈,双方很有可能互不知晓。对于宗主国与藩属国之间存在的权力博弈与势力制衡,满族贵族可谓是深有体会。清军进入云南之后,南明朝以及云南地区的土司面对势如破竹的军事攻势所作出的反抗基本上是徒劳的,无非是延缓清军占领整个云南的时间而已。

所以,清军进入云南之后就面临着手筹划中央王朝与地方土司之间的统治与被统治关系的问题。处理好中央王朝与云南土司之间的关系,不仅事关云南社会的稳定,而且关系到清朝建立大一统国家统治的政治进程。而处理好中央王朝与云南土司之间的关系,实质是二者在云南土司地区实现中央权威与土司权威的平衡问题,即既要能够保证清朝在云南土司地区推行大一统国家的封建帝制,又要能够驯服地方土司忠诚清朝,作为清朝在边疆少数民族地区的权力代理人,管治一方社会秩序。就中央王朝与土司之间的权力配置而言,云南土司监控体现了中央王朝与云南土司之间存在权威合法性争夺的博弈。

清朝与云南土司之间的关系,从形式上看是君臣隶属关系,然而,从各自权力的运行机制来看,尽管清朝能够利用文明的律例和强硬的武力实现对于土司的监控,但是,事实证明,在清朝与土司之间保持着某种程度上的合作关系,这不仅有利于清朝统治全国行政权,而且有利于云南土司地区的稳定。同时,云南土司地区的稳定降低了清朝治理边疆的风险,并为清朝将主要的力量放置其他边疆地区提供了运动空间。云南土司似乎也了解到自己在清朝整个政治格局中的重要地位和价值,意识到自己倘若反叛必然会面临危险。与其在诛杀中获得暂时的独立,不如在合作中获得长久的和平。于是,云南土司与清朝在处理二者相互间的关系上,基于政治考虑形成了以经济互助为基础,政治互荣为追求,文化交融为融合,国家认同为目的的互利“共谋”。

在历朝历代,地方势力的存在,对于中央王朝治理地方来说都是一把“双刃剑”。从顺治皇帝给予当地土司众多优厚待遇来看,可见当时清朝十分重视土司存在的事实以及前朝建立的土司制度,这说明清朝皇帝意识到了土司在清朝统治云南边疆地区的重要性。与此同时,顺治皇帝又实施了辅助性举措,如在去往云贵地区的路上设立驿站、加派满洲官员深入当地等。显然,清朝统治者并不完全信任当地的土司,否则,不会安排满洲官员入内管理。这种不信任体现了土司权力监控的实质,是皇帝与土司以国家作为媒介的权力博弈,其背后是国家整体观与地方独立观在国家政治图景中的冲突。

权力是一种无形的力量,然而,权力却有着层次分明的等级秩序,上一级权力能通过命令的形式让下级权力无条件服从且按照要求完成任务。即便上下级权力相隔千里,命令依然如同真实存在一样,以制度、文件甚至口谕形式传达的命令,带着上级权力的声音,将权力意志转变为下级执行。权力是政治的宠儿,而政治则是经济比例关系的集中体现。因此,权力关系实际上是经济关系在人们观念中的反映,经济关系的背后折射出自然资源与社会资源的控制力。自然资源是天然的地理环境给予人类发展需要的营养源泉,社会资源则是人类实现控制自然资源为人类自身发展的动力源泉。权力博弈的实质是自然资源与社会自然控制力的比拼,而这种比拼由于物理距离上的遥远,往往以文明的方式展现。即便在现代社会,美国与俄罗斯之间的矛盾,也正是因为物理距离的现实长度,而让冲突各方都有时间做好充分的准备。这种文明的方式,是以规则主义作为理念的法律制度。

在冷兵器时代,自然原始的交通系统与口耳相传的通信方式,在上下级权力之间形成了一道无形的障碍,不仅延缓了权力发生效应的时间,而且降低了权力意志力量的强度。当物理距离超出一定长度,上下级权力之间就会出现断裂,从而形成两个独立的权力主体。不仅如此,一旦上下级权力之间出现强度式微的信号,必然会在权力主体心理上产生两种截然不同的意识,下级权力主体会因此而出现脱离上级权力控制的想法,一旦条件成熟这种想法就会演变为具体的行动;上级权力主体会因此而琢磨如何强化自己控制能力,一旦此想法不能实现且收到下级权力主体可能脱离自己控制的信号,那么,战争就会发生。因此,通过何种方式,化解因为物理距离而导致的权力失控,是国家中央权力主体必须主动思考和行动的主要内容。一旦关系转变为制度,就意味着权力主体之间存在契约。违反契约可以获得利益,然而,违约者会因此而失去主体拥有权力的正当性。因此,国家法律加入权力关系是一种实践理性。

17 世纪中期的中国,在北京与云南之间,隔着千山万水。路途不仅遥远,而且艰险无比。例如普洱茶,作为朝贡之物,从云南西双版纳茶山出发,人背驴驮,从南往北穿越云南全境,经茶马古道到达云南北部驿站盐津,进入四川到达宜宾,经宜宾乘船沿长江一路向下至杭州,然后在杭州转运京杭大运河,历经数月,朝贡人员才能到达北京。反之也是一样,如果清朝一封敕谕要传到云南西双版纳地区,虽然有官道与快马,但是至少也要月余时间,这就为有所图谋的土司留下了用种种借口拒绝执行皇帝敕谕的空间。因此,清朝中央权力机关与云南土司衙门之间,无论是相隔数千里的物理距离,还是本就毫无通联的心理半径,必然在清朝皇帝与云南地方土司之间同时存在天然的物理时空关系。维护这种时空关系的持续和紧密,必须借助双方都能够认同的某种存在,事实证明,国家法律是双方共同的约束。

在唐朝之前,中原王朝与云南之间是一种藩属国关系,虽然云南也被称为"国",然而,如南诏、大理等均属于地方性质的政权,拥有更多的自治权。在蒙古族首领忽必烈南下建立元朝之后,云南从藩属国变为元朝行省。元朝在汲取唐宋统治云南的经验中受到启发,一方面,保留了土著人管治地方的做法,另一方面,在土司地区设置了中央派任官员,以此平衡土著人的权力。元朝时期针对远距离的云南的统治已经围绕中央权力与地方土司权力进行了有效的探索,并为明朝所沿袭,为清朝所改良而发展。围绕土司而形成的各种制度,在当时法学教育不发达,法学尚未分门别类的混沌时代,这些因需制定的制度已经表达了清朝封建法律内涵的本质与功能。

在中国历史上存在的中央权力与土司权力之间的远距离物理时空关系,对于中央权力与地方权力的维护所产生的消极作用早就已经显现,自秦始皇之后的历朝历代皇帝采取“和亲”“换子”“干亲”“羁縻”等形式,能够反映出物理距离对于封建王朝中央权力控制地方具有弱化的作用。通过一些各种各样的联姻,削弱物理距离带来的负面影响,增强心理情感的交融,从而实现对边疆地区安全与稳定的维护。从清朝国家权力体系的构成来看,土司权力虽然在最原初的时间上具有独立性,但是,在国家大一统的格局中,土司权力是中央权力体系中的一个子系统,从属于中央权力。然而,土司权力的存在并非因为中央权力的存在所存在,而是土司地区社会发展到一定阶段的产物,有着自己独立运行的系统。在封建王朝中央权力侵入土司权力系统之前,土司地区社会各种要素的发展与需要推动了土司权力的形成。清朝要欲控制这种先于自己统治具有正当性的地方权力,必须用一种国家正当性替代土司正当性。因此,获得国家认同是前提,而获得国家认同的前提可以通过法律认同来实现。

从权力主体发生学意义上讲,中央权力与土司权力各是一个独立的系统。同时,由于中央权力所在地与土司权力所在地之间的时空关系,导致土司权力与中央权力如同两个半径大小不一的圆圈。随着中央权力依靠武力实现了对土司权力的包围,二者形成了包含与被包含的关系。然而,这丝毫不能影响土司权力这个小圆圈在中央权力这个大圆圈内部保持着自我独立的系统与自我权威的存在。云南地区土司权力独立的运行系统,在整个清朝统治权力范围内,对清朝的统治不可能带来很大的影响,更不可能带来颠覆性影响。但是,清朝国家利益整体观的实质是为了维护封建贵族私有利益并实现长久维护,因此,土司权力独立的运行与发展不一定符合清朝的国家整体利益观,所以,清朝出于维护封建王权必须控制土司。

对于清朝中央权力来讲,土司权力的自主运行可以减少清朝的社会控制成本,然而,如果土司权力不能按照清朝的利益方向运行,那么,清朝不仅会因为纠偏土司权力而增加社会控制成本,甚至可能因为土司权力控制不能而引发云南地区众多土司“脱序”,从而削减清朝对于云南地区的统治能力。这样一来,不仅不利于清朝疆土的稳定,而且可能造成土司与汉民的联合,从而导致大面积和大规模的反清运动。如果土司权力独立运行产生这样的后果,必然对清朝的统治产生颠覆性的灾难。因此,如果说保留土司是为了更加有利于解决云南边地的社会治理问题,那么,清朝与土司之间的权力配置与约束则直接关乎清朝统治的长久问题。

化解中央权力与土司权力之间因为物理时空可能带来的"断链"效应,并进而消除靠近边地汉族反清的联盟基础,是清朝统治云南土司地区必须解决的现实藩篱。清朝与云南土司之间的物理时空关系,特别是基于物理时空关系而天然存在的物理性困难,倒逼清朝不断调整权力调控的方向,继而增加中央权力控制的力度与广度,争取投入很小的治理成本来实现很大的政治效益。随着清朝社会生产力的逐渐发达,中央控制国家实力的不断增强,中央王朝与云南土司之间的时空距离就由客观上不可逾越的自然环境转向主观上可以克服的人际关系。

云南土司起初的分布基于自然资源与人口迁移的结合,元朝南下云南之后,土司的分布基本上遵循旧制,而到了明朝之后,土司分布和规模略有变化。明朝出于强化国家大一统的封建统治需要,明朝在云南地区设置了大量的军事机构,不仅有军队驻兵,还有随军家属,形成了以军屯、商屯、民屯为服务目的的集中居住点。由于云南境内特殊的地理地貌,当时的生产技术无法在起伏跌宕的丘陵山脉修建便利的交通设施。因此,这些以屯为基本单元的军事机构一般而言,规模不大,相互之间距离很近。一方面,可以适应当时云南地区面积广袤,而人口居住分散的社会结构,另一方面,各个军事机构之间可以解决因距离导致的军事驰援难题,在遇到强敌袭扰的过程中可以互相增援,减少损失,提高胜算。

明朝设置卫所不仅起到军事驻兵强固国防的作用,而且负责监理所在地的民事政务。同时,各个军屯之间相互联系,构成了网格状,有利于强化社会秩序的军事统治。明朝在云南设置和大力建设的卫所,为清兵进驻云南初期解决了难以在短时间内建成针对地方统治而需要完备的地方官僚体制的困难。这些卫所基本上成为清朝统治云南的基础性设施,为清朝在云南地区快速建成系统性的行政官僚衙署奠定了前期基础。自康熙王朝之后，随着社会经济的不断发展，特别是清朝中央集权统治的管理需要，系统的地方行政管理机构逐步得以建成，清朝封建中央派任的流官也基本上在云南腹地站稳了脚跟。在这个过程中，大量的卫所被改制为州县衙署，在同一块区域出现两个权力主体，这就不可避免地在土司与流官之间引发了权威正当性问题。

在清朝推行的地方行政体制中，府是地方一级行政单位。这与明朝设置的土府在称谓上存在一定的冲突。实际上，土府是土司的行政衙署，既有中央王朝的公权力性质，又有土司地方权力的性质。土府是由明朝遗留下的原土司或少数民族头人管辖，世居其地的观念与土府拥有的私人武装力量融合为土府统治的正当性，意味着这些土府统治的存在必然产生一定意义上的势力割据，内隐着中央与地方趋向分裂的可能性。因此，土府的存在，从根本上讲不利于清朝中央集权的统治。雍正年间，在鄂尔泰等人的极力倡导下，雍正皇帝在明朝改土归流经验的基础上开始了又一轮的改土归流。

比如，对一些地方的土知府通过设置流官，实现对原土司地区的直接统治，如云南东川土府改为东川府等。[①] 这种直接的改土归流，以强大的军事压力为前提。在雍正皇帝委派鄂尔泰实施改土归流之前，基于中央权力半径控制云南地区的能力，并非对土司均采取了强硬的态度，而是有别对待，忍让态度的存在体现了清朝初期存留土司的无奈之举。云南地区的土司统治云南局部由来已久，正如前文所述，不是元明清创造了土司，而是云南地区发展到一定阶段产生了土司的需要。与其说土司的形成、发展、成熟于某朝某代，不如说是现代人定义与规定的土司制度始于某朝某代，是土司在事实上的存在推动了元明清为了统治而制定了关于土司的管理制度。

在清军占领云南之前，明朝在元朝羁縻制度的基础之上已经在云南地区推行了土司之治，经过明朝数代皇帝的政治努力与战争搏杀，不仅在实体上建立了屯边保民的土司，而且在文本上也同时完备了关于土司管理的一整套系统的土司制度体制。清军入关之后占领云南之前，即明末清初的重叠时期，云南地

---

① 参见吴吉远：《清代地方政府司法职能研究》，故宫出版社 2014 年版，第 155 页。

区土司的政治倾向复杂,有的土司追寻明朝后裔建立的南明朝,有的土司则投靠清朝,还有的土司开始支持南明朝后转而投靠清朝,更有甚者在南明朝与清朝之间举棋不定,反复易主。尽管清朝在吴三桂等一批明朝将领的鼎力支持下,比较顺利地清剿了南明朝以及支持南明朝的各方势力,但是,如何在实质上真正地降服云南地区的土司,实现清朝建立统一国家收拢统治权力的政治目标,不只是清朝在云南地区荡平明朝残余势力之后面对的应急问题,而且也是清朝统治整个国家的过程中必须慎之又慎的长期问题。这种艰巨性的源头,在于土司统治地方有其传统的正当性。

回溯清朝统治云南地区土司200多年的过程,满族贵族在入关前后就已经制定了"参以国制"的施治策略,通过严格的国家法律制度实现边疆地区的统治,是满族贵族占领云南之后的首选。尽管在占领云南之后曾采用过强大的武力强制改土归流,然而,总体上讲清朝在云南土司地区施治的主要策略是通过国家法律的拘束来实现土司的监控。在这个过程中,也不乏军事斗争的运用以及其他诸如经济手段、文化手段等具体举措,可以说是一个系统工程。因此,研究清朝通过法律调控土司,要对明朝时期土司的分布与清朝时期云南土司的设置、分布和流变做一铺垫性分析。

一方面,云南地区土司先于清朝在云南的统治;另一方面,因为清朝统治云南200多年间,云南土司并没有因为清初来势汹汹的改土归流而顷刻之间转变为流官管理的行政机构。反之,改土归流在初期作为一种军事目的,后来则转变为集政治、行政、律法于一体的国家制度,由此导致清朝在云南土司地区统治期间,清初改土归流的地区后来又重设土司。整个清朝统治云南期间,既有原先的旧土司,也有清朝自设的新土司;既有从元朝以来因承袭而存在的土司,也有因个人战功累累而获得清朝直接授封的土司;既有少数民族后裔的土司,也有汉人迁移云南之后经过一番经营成长为一方头人的土司。在清朝统治云南期间,从整体上讲云南版图并未发生较大变化,但是,土司分布、数目与存留时间能够反映出清朝通过国家法律监控土司的过程及其成效。

通过分析云南地区土司自清朝占领云南之后的设置分布和历史变革,不仅可以看出清朝在不同阶段对待土司的态度,而且可以总结清朝通过法律监控土司的效果轨迹,并有助于概括清朝地方治理的政治谋略。土司的发展是运动的,因此,可以把清初进驻云南之后实施的一系列治策的制定与流变作为分析对象,就能够在前后比较的基础上深化清朝运用国家法律监控土司的认识,从而能够理解清朝统治云南土司的难处,以及当初制定某些策略的出发点与后来取得的实效,土司分布的区域边界变革,能够反映出清朝国家法律制度运行的路线图,清朝国家运用国家法律监控土司的过程与效果体现在土司分布、数量变化与某个土司存留时间长短的变化上面,给予一个客观的历史评价。

土司是一方首领,中央王朝设置土司的目的是希望自己通过土司间接实施国家治策。因此,设置土司的地区,往往是人财物聚集之地,且土司在该地区的影响力达到了流官力所不能及的程度。比如傣族地区,就是一个最为鲜明的例子。在明初,西南地区设置的土官土司,以云南为最多,而云南的土司设置则以百夷地区最为完备。“凡百夷聚居区,都设土职。”[①]由此可见,傣族地区设置土司的原因在于这一地区是少数民族聚居区,而聚居区往往则是土司势力形成和具有影响力的中心区域。因此,清朝占领云南之后对于土司采取保留还是剿灭的政策,与明朝在云南地区设置土司还是设置流官的选择有着不同。

虽然在本质上明朝与清朝对待少数民族地区的态度具有一致性,即都是为了强化封建王朝统治而选择的一种治边策略。满族贵族深受中原文化影响,特别是儒家君臣文化,满族贵族至此深有感触。这对清军进驻云南之后,对土司采取一系列的安抚政策具有一定的影响。清朝不仅在形式上给予土司肯定性的政治荣誉,而且在实质上给予土司绝对的各种利益待遇。从清朝在大军进驻云南的过程中,对于云南地区的土司采取如此政策来看,清朝在国家统治认知上对稳定云南土司,以及稳定云南统治已经有了直觉意义上的统治意识。

清朝在云南少数民族地区的统治策略,可以说是初见体系。既有一般性的策略,比如“土司敕印”,也有区别对待,比如,“沐国公封爵”;既有对所有人的怀柔之策,如“豁免增添田钱粮”,也有针对个别人的特别照顾,如“家口养赡”;既有教育方面的启动,如“开科取士”,也有引才尽用,如“酌用投闲官员”;同时

---

① 江应樑:《傣族史》,四川民族出版社1983年版,第269页。

强化满洲官员的统治地位,也在其中。这些一系列体现系统性的施治策略,一方面,当时清朝刚刚建立不久,各项制度都不太完善,人心也比较涣散,像云贵这样偏远的少数民族地区对于刚刚建立政权且政权并不稳固的中央王朝来说无疑是一个巨大的隐患,需要系统的统治;另一方面,在云贵这样的少数民族地区,一直存有相当于地方官职能的土司角色,派设流官与保留土司并存是当时能够在战火之后尽快恢复社会秩序的良策。

满族贵族的统治者意识到土司在清朝统治云南过程中可能发挥的巨大作用,当时朝中具有远见卓识的汉官也对此提出了针对性的建议。顺治二年招抚云贵右侍郎丁之龙条陈滇、黔事宜,其重点在于"给土司敕印"[①]丁之龙的奏疏内容不多,但是条条击中治边要害。通过安抚土司、宽宥罪犯争取土司上层支持;完善流官系统、更新国家印信完善国家权力系统;豁免钱粮、养赡家口获得基层民心所向;开科取士建立持续性统治的人才来源通道。上述条奏一旦得到顺治皇帝的朱批,根据清朝时期的律例体系,这些以朱批形式认可的条奏就可成为清朝管理土司的法律制度内容。顺治二年,顺治皇帝对云贵地区的土司,一方面,采取了封官加爵、给予专门印信、免除赋税等优厚待遇;另一方面,又在去往云贵地区的路上设立驿站、派驻满洲的官员直接管理。应当说,此时清朝已经酝酿并开始实施双轨制官僚体制,推进在云南少数民族地区的统治。

土司从来都是自己利益的代表者,面对清朝的统治,可能会有些大户土司依仗自己的势力和有利的地理位置,拒绝归顺清朝。因此,并不是所有的土司都认同、接受清朝入主云南之后主动示好的政治恩惠。面对那些坚持不归顺的土司,一方面,清朝继续采取拉拢安抚的策略,表达德安之情,希冀和平解决;另一方面,清朝也同时做好了军事准备,等待实施武力征剿的机会。这种恩威并用的手段被现实中有效结合起来使用取得的成就所证明,在清朝正史中的记载毫无掩饰。恩威两法自清朝统治云南之后,一直相辅相成。

---

① "一酌用督、抚、监司。一给土司敕印。一沐国公宜封王爵。一豁免增添钱粮。一仍留旧设兵马。一宽宥罪犯。一速设驿站。一暂免薙头。一开科取士。一酌用投闲官员。一换给印信。一请设满洲官。一自请加衔。一请给家口养赡。"下所司知之《清实录·世祖实录》卷一八,台北,华文书局总发行 1989 年版,第 220 ~ 221 页,"顺治二年六月己酉"条。

就一国统治者而言，清朝希望通过文德统治，体现作为皇帝应有的爱民之仁。然而，对于那些偏远土司来讲，清朝并非采取容忍态度，而是采取“欲擒故纵”。从作为统治者的政治利益出发，清朝派设满洲官员统治云南土司地区是其最为根本的目标预设。其寓意在于“各地土司，已顺者加意绥辑，未附者集信招怀，务使近悦远来，称朕诞敷文德至意”。[①] 从顺治敕谕的内容中可以看出，中原文化对于满族贵族的统治观念具有一定的影响，仁君思想尤为显著。但是，一旦仁君思想不能实现封建王朝的集权统治，那么，暴君的另一面则以战争的形式而显现。在标榜厚德善待的文辞外表下，实则是强化中央集权统治的政治目的。

第二节　土司与流官之间围绕话语权合法性的冲突

自人类社会有了“你的”“我的”的意识之后，人们在心目中便形成了权利的观念，以“他人不能随便动”作为朴素的权利观出现在日常生活之中。随着剩余产品的占有而衍生的支配他人劳动的可欲性得到实现以后，地界不可被侵犯的权威也随之建立起来。一旦外界权威入侵先前的权威领地，意味着权威竞争的开始。在这个竞争的过程之中，旧的权威与新的权威之间围绕着支配权的行使而展开或明或暗的斗争，由此形成了社会控制权由谁来行使的冲突。云南土司地区与内地相比，无论是从生产力和生产关系方面，还是在经济基础与上层建筑方面，相去甚远。

具体来讲，云南土司地区在农业耕作技术、商业贸易、交通运输以及日常生活中的用品用具等方面，其文明程度远比内地要落后许多年。就土司个人与流官个人而言，土司与流官有共同的价值取向，即通过建立权威从而建立自己的权力领地。然而，土司与流官对于权威建立的目的又具有本质上的区别。土司

---

① 《清实录·世祖实录》卷七五，台北，华文书局总发行1989年版，第893～894页，“顺治十年五月庚寅”条。

的权威代表着本人及其家族,其目的服务于本家大族的利益;流官的权威从表面上看代表着本人,其实质代表国家权力在地方事务管理过程中的公信力,目的服务于清朝封建中央皇权。此外,两者有着共同点,流官的权威以国家法律为规范基础,体现清朝统治阶级意志,土司的权威是以传统的习惯、习俗与宗教等一些不成文规矩为统治基础,体现的是土司家族意志以及这一地区长期以来形成的有利于土司统治的习俗等。

面对云南土司与基层流官的二元结构,清朝如何运用官僚体制与地方头领实现云南稳定,在其决策过程中始终处于摇摆之中。一方面,既有通过流官实施统治的法律制度设计,同时也有担心流官基于民族观念形成联合土司推翻清朝的政治担心;另一方面,夹杂着云南土司可以存在但务必忠诚于清朝的两难把握的心理。这种两面心理在清军占领云南之后不久开展的改土归流的过程中显而易见,一方面,改土归流撤销了一部分土司,设置并完善了云南地区流官管理体制;另一方面,在改土归流的过程中,又通过分袭、新设制度,设立了一部分新的土司。不难发现,改土归流并非全面否定土司制度。改土归流的对象是那些谋求脱离清朝统治的土司,新设土司和分袭土司既是控制土司权力扩张的手段,也是在云南土司地区限制流官数量和规模的措施。

显然,清朝治理云南土司地区的过程中,既有利用流官监督土司的意图,又有防止流官规模过大从而可能对清朝构成危险的防范。总体上讲,清朝统治土司的主观矛盾是多元的存在,既有作为少数民族的自卑心理,又有作为统治民族的政治抱负,还有洞察时势精于设计的政治谋略。起初的担心,与其说是清朝国家法律制度不完善,毋宁说是清朝对法律制度所能发挥的监控功能尚未认识到位。

在清朝的版图中,云南既是清朝西南出口的跳板,又是西南边境通往内地的重要屏障。云南向外,滇西同缅甸以陆路方式直接接壤,双方可以直接来往。滇南与老挝、越南毗邻,既可以通过河流互相往来,也可以通过密林中的小道实现通商。对内来说,云南的东部即滇东与贵州东南、广西西南地区互为邻居,而滇北则与四川南部相接,滇西北与西藏东南部相连。历史上云南就是中原地区经四川、贵州进入云南腹地,再经云南内陆通往东南亚、南亚的商贸之路,同时也是东南亚、东亚商贸进入中原内地，印度经西藏进入云南再进入中原内地的商贸之路，素被史学家称为“第3条丝绸之路”①。滇西北特殊的地理环境，对内交通而言是极为不利的，对于向外交通而言却有所谓“建瓴之形”“倒擎天下之势”，并基于此形成了有利于土司与清朝议价的自然优势。有学者研究认为，近代生活在滇西北地区的少数民族，在抗争求存和以商谋权的现象中积极参与地方政治生活，并对近代西南边疆民族地区的社会变迁转型具有“特殊的冲击和影响”。② 以该结论为起点，回溯滇西北地区少数民族中土司贵族的存在，从商事角度审视从事商业活动的土司及土司地区的上层人物，可以看出清朝对于云南滇西北土司的治理，实际牵扯到川藏滇三省交界地区的社会治理，而土司以及从事商业活动对于当时这一地区以及这一地区与内地之间的交往，都产生了具有深层意义的内在性影响。从经济的角度出发，清朝采取法律监控土司，至少有两种可能。其一，相对军事威慑和强制，法律监控土司不仅成本较低，而且对于形成法律认同继而推进国家认同具有社会意义；其二，土司地区商事活动的频繁与经济交往的密切，需要国家法律从制度上提供保障，从而有利于国家财力提升，而国家财力的提升对于清朝统治的强化具有直接的物质意义。基于这两种可能，清朝与土司之间在诸多事件上往往是清朝采取让步，通过满足土司的地方利益来实现清朝在土司地区的国家统治。当然，清朝的底线通过军事弹压警示土司，这种警示在一定程度上也促进了土司接受清朝法律监控自己的施治之策。

“云南与东南亚的地理关系，其折扇般山脉”。③ 云南特殊的地理形势形成了“云南对外交通和出海通道北阻南敞的大势”，④同时，也为清朝实现全覆盖的政权统一制造了困难重重的障碍。云南的地形地貌将云南土司自然地隔成了3个圈层。按照距离，可以把毗邻内地的土司称为内圈层土司；稍远但不靠近边

---

① 参见增：《西南丝绸之路综合考察引起中外关注》，载《中国民族》1988年第5期。

② 参见周智生、王玉惠：《边疆与民族之间：近代边疆社会转型中民族商人政治参与的地方性轨迹——以滇西北为例》，载《西南民族大学学报（人文社科版）》2018年第9期。

③ 陆韧：《云南对外交通史》，云南人民出版社、云南大学出版社2011年版，第6页。

④ 陆韧：《云南对外交通史》，云南人民出版社、云南大学出版社2011年版，第6页。

界的土司称为中圈层土司,靠近边界甚至跨界的称为外圈层土司。这种划分在地理学上虽然是不严格的,但是,对于理解清朝与云南土司之间客观存在的矛盾具有直观性,更有助于理解清朝与土司之间围绕客观矛盾而采取的不同主张。内圈层是指靠近云南与内地接壤地区,其地势相对平坦,可耕种土地面积具有规模性,人口相对集中,比如临安土司、南甸土司、木氏土司。

这些土司由于非常靠近内地,土民与内地民众交流频繁深刻,最重要的是土司头目与内地流官接触紧密,无论是从文化上还是从经济上,内圈层土司可以看作清朝统治体制内的组成部分,土司从统治一方的割据势力转变为清朝州县及其以下带有政治符号的地方贤达。距离上的捷径直接在土司与流官之间的亲近度上得到反映,而土司与流官的亲近度又通过流官的各种奏疏得到了清朝的认可与信任。流官统治内圈层土司能力的增强,一方面,清朝通过皇权的直接控制社会而得到了一统天下的满足,另一方面,土司社会的稳定发展彰显了流官统治的地位和作用,这也从侧面反映了清朝追求皇恩辐射四海功能的心理欲望。两个方面的满足,促成了清朝对于内圈层的统治倾向于和缓政策,通过国家法律的监控逐步取代了以军事武力为强制性手段的镇压。

中圈层是指位于边地土司与内地土司之间区域的土司,其地势多为丘陵地带,靠近高山江河和原始森林,也有少量的块状可耕土地,整个地段从滇东沿至滇西,呈狭长地带分布。土司地区的土民,有的依靠农业和简单的手工业,夹杂着以物换物的简单商品经济。也有的部分土民依靠采集狩猎,用猎物换取其他的日用品,彼此之间存在简单商品交易。在靠近内圈层土司地区的土民,常常通过内圈层土民的中间媒介作用获得与内地汉民之间的商业贸易,从而也在文化上,物质以及生产关系上一定程度受到来自汉族居民的影响。反之,中圈层与外圈层毗邻的土民,相对那些与内圈层搭界的土民而言,虽然可能都是同属于某一个土司统治的土民群体,但是,由于接触对象不同,故在生产力发达方面以及文教方面明显落后于后者。

针对中圈层地区的土司,清朝采取的态度,以拉拢为主,军事威慑为辅。中圈层的土司规模一般不大,如果动用军事力量,就会造成武力剿灭从而引起其他土司不安,其结果不利于其他土司的稳定与安抚,甚至可能引发土司之间的联合抗清。如果采用拉拢政策，那么，这些规模不大的土司一般来说也会接受政治授封，接纳在本地区设置流官。然而，这些土司也可能因为地理险要、利益考量等伺机寻找独立的机会。倘若没有足够的军事威慑，中圈层土司地区就可能处于不稳定状态。这样的状态不利于清朝实现统治的政治目标，而土司则从这一独特的地理位置看到了政治契机与利益所在。如果坚决不接受清朝的招抚，被军事围剿是必然的结果，只是在时间上早晚而已；如果完全接受政治安抚，那么，就有可能出现被流官彻底取代的结果，如此一来，土司家族的整体利益必然受损。因此，为了保持自己的家族利益，同时又不招致清朝的武力镇压，中圈层的土司采取了"服而不忠"的策略，即服从清朝的职官授封，但是尽可能拒绝流官统治，保持土司统治的独立性。

对于外圈层土司而言，又分为两种类型。一种是靠近缅甸、越南的边地土司，另一种是滇西南土司。前者引发的国际关系比较简单，就是跨界土司基于利益衡量而出现的反反复复；而后者引发的国际关系比较复杂，不仅涉及与境外接触，而且涉及境内接触，最关键的在于滇西南边地土司与境内外关系的内容中存在宗教传播。外圈层土司地区与境外存在陆地毗邻的地理位置特点，给清朝治理土司制造了不小的障碍。如果派遣军事力量实施围剿，只能起到将土司驱赶至境外的作用，大军一旦回撤，土司就会卷土重来。如果大军就地驻扎，那么，军备开支尤其是后勤保障难以为继。再者加上自然瘴气之害，非战斗性减员直接影响军队士气。但是要设置流官，瘴疠之害又从事实上彻底否定了这一可能性。如果对外圈层土司采取放之任之的态度，那么，清朝西南边境安全则处在随时被暗蚀的环境之中。

纵观清朝全部的统治历史，可以看出清朝对于云南外圈层土司重要性的认知有一个过程，即从放任到重视，再到无力重视只好放任的过程。如果没有马嘉理事件的发生，清朝对于外圈层土司依然采取各自安好的求和态度，边境防务实际上是以中圈层为军事界线，似乎清朝采取的策略含有退而求之的心理。外圈层土司相对清朝的态度而言有恃强凌弱的感觉，因为有着可以逃避清朝军事围剿的后路，所以也就有了敢于对抗的心理。同时，外圈层土司与境外土司之间有着千丝万缕的各种各样的亲近关系，加上境外统治边疆的力量不能对边境土司实现完全的控制,这就为边境线两侧靠近清朝版图一侧的土司形成独立的统治地区提供了有利的地理条件。

因此,我们可以推测外圈层土司对待清朝的态度最有可能的一种就是接受有利的条件,拒绝各种不利要求。其中,维持自己绝对的地方统治应当是外圈层土司的根本利益和原则性主张。清朝对于外圈层土司重要性的认知不到位与外圈层土司自我明确的政治要求之间最终形成了几乎是固定的矛盾格局:清朝对于土司的绝对自治持默认态度,土司对清朝的政治待遇持接受态度,双方在默契中实现了西南边境的阶段性稳定。

土司在清朝的眼里,不过是实现统治意图的棋子,其能够做出的选择是有限的必选项。对于靠近内地的土司而言,除接受清朝的统治之外没有第二种选择;对于夹在内地与边地之间的土司,或者接受清朝的统治,或者表面上接受清朝统治,实质上借口各种理由抵制流官管辖,比如滇南土司;对于边地土司而言,又分为两种。靠近边境与缅甸、越南接壤的跨界土司,基本上心怀二意,属于墙头草;而对于滇西南与西藏接壤地带的土司,则往往凭借险要地势存有摆脱清朝统治的反抗之心。对于占据有利地理位置的土司,清朝从战略角度出发,将土司地区建成军事上的缓冲地带。因此,这就需要地方人统治地方,所以,保留土司是保持土司地区稳定,在清朝与外界发生军事冲突时起到外界势力渐入境内的延迟作用,从而为清朝动员军事力量,充分做好军事斗争准备赢得时间。

雍正二年五月十一日年羹尧在《条陈西海善后事宜折》中奏疏的主要观点在于"听任其俗,则边圉巩固"。[①] 清朝对于滇西南土司的承认,在表象上是政治安抚与地方认同,而实质上通过承认土司地方性的存在,建立一道缓冲带。归结到一点,云南地区土司对于清朝的统治,可以分为三类:少部分持有归顺之心,主要是以靠近内地的土司为主,这部分土司从表面上看属于土著,实际上有部分土司是由当年跟随元朝、明朝军队驻守云南的汉人军人转化而来的;少部分见风使舵,比如夹在边地土司与内地土司之间的土司群体;还有一部分土司时刻准备着反抗清朝统治。

---

① 《清代档案史料选编》,上海书店出版社 2010 年版,第 37 页。

上述三类土司对于自身与清朝的认知,决定了他们的政治表现,即从表面上看都是以接受清朝的官职表示归顺,同时按照制度定期朝贡,甚至有的土司还曾参与清朝发动的平叛军事行动,然而,后来也因为种种原因而倒戈抗清。这种内外有别的待遇,由于土司地区拥有不同的经济、文化、矿产资源,导致土司在遵守清朝国家法律上产生了更复杂的现象。

明代云南一些土司地区在内地移民的影响下农业发展方面有了很大的进步,一方面农业是土司地区的经济支柱,另一方面农业劳动力存在短缺。如云南北部彝族土司地区,一旦抓获外人,要么被杀,要么被作为奴隶,为土司进行农业劳作。由于土司地区农业技术欠发达,导致明朝驻军难以保证军粮供给。在这种情况下,出现逃兵,逃兵一旦进入土司地区,其命运可悲。洪武十五年(公元1382年),朱元璋在一封敕书上讲:"云南粮饷甚难,当有处置,乃可久居。"[①]显然,保留被俘之人从事农业生产,一方面,说明土司地区劳动力短缺;另一方面,说明土司对于人口规模与农业产量之间的关系有着清醒的认知。当然,不同土司地区,农业技术存在一定的差距。如武定府农业在明后期亦有进步,正德年间就有溪水暴涨,冲坏农田和霜露损坏麦田的记载;嘉靖年间,朝中大臣有让土知府专门负责征粮的动议,这都是以农业生产为主的反映。[②] 农业经济的发展,是土司能够长期统治的基础,也是滋长土司长期统治的意志来源。因此,清朝在土司地区推行任何一项措施,就土司的角度而言,都必将影响土司在任何方面的收益。

经济实力是一切实力的基础,在反抗国家权力施治的过程中,土司自身的经济实力与反对清朝统治力度之间存在正比关系,尤其是在农业技术水平比较发达的土司地区。在明朝洪武年间,有些土司地区的农业技术,已经发展到改变社会结构与生活习性的程度。发达的农业技术,不仅将土民从山上吸引下来,而且将祖辈流传的打猎技艺逐渐让位于农耕技术。同时,农业产品的丰富带来的产品剩余,从而激发了剩余产品之间的交换,商业经济逐渐发达。彝族

---

① 谈迁:《国榷》卷七,"洪武十五年八月壬寅"条。中华书局1958年版。

② 参见《中国史稿》编写组:《中国史稿》(第6册),人民出版社1987年版,第413~414页。

地区发现一块《高祖刘公讳楷老大人之墓》的石刻墓碑，其碑文记载："明洪武，土头薄，播种一，获八九；自此后，农事繁，猎事少，居住定，不再流。"[①]碑文不仅描述了农业与狩猎之间的变化，以及因为农业的逐渐发达而使得民众从居无定所到安居乐业，而且向后人展示了一幅农业丰收的画面，以及农业发达带动了商业贸易的繁荣景象。商业经济的发达，必然带来工业的萌芽与发展。有研究者通过研究认为，从乌蒙等四军民府向明朝中央政府缴纳毡衫数量之大，可知彝族的纺织业有一定规模。此外，矿冶、木工、金银首饰、刀甲和器皿的制造都有一定水平。[②] 明代后期傣族地区的农业生产有了很大发展，出现了"用犁耕栽插"[③]。而芒市(今云南潞西)"川原广邈，田土富饶"[④]，潞江蒲缥驿一带"插秧遍绿"，"米价颇贱，二十文可饱三四人"[⑤]，元江"田多种秫，一岁两收，春种则夏收，夏种则冬收"[⑥]。傣族农业发展带来了生活上的富庶，"男耕稼，女织纴，土地肥饶，米谷木绵皆贱，无饥寒告乏者"[⑦]。

除农业发达以外，傣族的纺织制品充分说明当时傣族已经具有了那个时代比较先进的纺织技术。如元江"以木棉花纺成绵线，染为五采，织以花纹，土人以之为衣"[⑧]，金齿"百叠布，坚厚缜密，颇类丝绌，土人无贵贱皆服之"[⑨]。干崖"四时皆蚕，取其丝织五色土锦充贡"[⑩]。不仅如此，先进的纺织技术生产出具有一定规模的剩余产品，为贸易发展提供了内容。"街"的出现，则可以说明商业发展的程度。《百夷传》说："民一甸率有数十千户，众置贸易所，谓之街子。"这些街目前在云南仍然可以看到，比如建水的"鸡街"。街是商家交易的聚集地，"以其日支名之，如辰日则曰龙街，戌日则曰狗街之类。至期，则四远之物毕至，

---

① 刘尧汉：《一个彝族地区底社会经济结构在明清两代迄解放前的发展过程：由奴隶制向封建制过渡之一例》。转引自中央民族学院：《中国民族问题集刊》(第6辑)1957年版。

② 参见《中国史稿》编写组：《中国史稿》(第6册)，人民出版社1987年版，第416页。

③ 朱孟震：《西南夷风土记》。

④ 《明史》卷三一五《云南土司三 · 芒市》。

⑤ 《徐霞客游记》卷一六《滇游记》。

⑥ 《景泰云南图经》《元江军民府风俗土产土锦》《金齿司》。

⑦ 朱孟震：《西南夷风土记》。

⑧ 《景泰云南图经》《元江军民府风俗、土产土锦》《金齿司》。

⑨ 《景泰云南图经》《元江军民府风俗、土产土锦》《金齿司》。

⑩ 《明史》卷三一五《云南土司三 · 干崖》。

日午则聚,日仄而罢”[①]。

街的图景被明代谪戍云南的无锡人施武以《街子》记录了下来:“猪街才罢又龙街,蛮女牵羊入市来,背上担儿尝惯负,胭脂落尽小桃开。”[②]街之多足以说明贸易的频率、参与街这种贸易形式的人之多。而蛮女的出现,则说明傣族家庭在当时已经出现了农业和商业的家庭分工。这种分工说明当时傣族农业生产技术的发达已经为女性出来从事贸易提供了商品和时间。街的存在,也促进了傣族地区与邻近他国之间的民间贸易。缅甸出草棉,由傣族地区贩运至云南各地,傣族人民亦以草棉织布[③]。农业发达、商业繁荣带来的另一个变化,就是民间积累的资本促进了工业发展的可能性。

“滇中凡土皆生矿苗”[④],而傣族地区“地多宝藏”[⑤]。既然有矿藏,就意味着有经济利益。地方矿藏的归属,预示着围绕利益争夺而产生的各种武力行为。土司地区矿藏的丰富,需要发达的技术与一定规模的工人,才能将之转变为经济财富。与此同时,矿藏开发的兴荣,直接反映出封建王朝与地方势力、一般民众之间的经济关系,并折射出封建国家经济制度与运行模式,以及政治安排的路径。明代人王士性曾用带有技术性的语言记下了当时矿业发展欣欣向荣的情景。[⑥] 其规模之大,令当今赞叹不已。而铜矿利益分红的“四聚”约定则激活了生产力,此种机制,实现了经营者、开矿者、投资者与劳作者的多方盈利。铜业的发展,必然推进工具制造的发达,而工具制造的发达则从各个方面系统推进社会生产力的发展,并对生产关系的改变注入了决定性的力量。如矿业的发展为铸造业以及工具的生产带来了动力,也为艺术的发展提供了可能性。那些

---

① 谢肇淛:《滇略》卷三《俗略》。

② 施武:《街子》。转引自曹树翘:《滇南杂志》卷一六《滇南风俗诗》。

③ 参见檀萃:《滇海虞衡志》卷九《志花》。

④ 王士性:《广志绎》卷五《西南诸省》。

⑤ 朱孟震:《西南夷风土记》。

⑥ “其成硐者,某处出矿苗,其硐头领之,陈之官而准焉。则视硐大小,召义夫若干人。义夫者,即采矿之人,惟硐头约束者也。择某日入采,其先未成硐,则一切工作公私用度之费皆硐头任之,硐大或用至千百金者。及硐已成,矿可煎验矣,有司验之。每日义夫若干人入硐,至暮尽出硐中矿为堆,画其中为四聚瓜分之,一聚为官课,则监官领煎之以解藩司者也;一聚为公费,则一切公私经费,硐头领之以入薄支销者也;一聚为铜头自得之;一聚为义夫平分之。其煎也,皆任其积聚而自为焉。硐口列炉若干具,炉户则每炉输五六金于官以给札而领煅之。”王士性:《广志绎》卷五《西南诸省》。

有钱阶级对于精美工艺品的需要则促使了傣族艺术的发展，这对于傣族文化的形成以及傣族宗教的传承都具有不可估量的作用。其生产的器皿，“漆器贮鲜肉数日不作臭，铜器贮水竟日不冷”①，提高了生活质量。“其匠作工巧，中土所无有”②的褒奖对于傣族的能工巧匠而言并不为过。

然而，当时相对低下的运输能力以及十分落后的矿山开采技术，造就人力聚集成为维持矿山开采经营的唯一动力。因此，围绕开矿这一基础工业的存在，在矿场周围慢慢聚成以满足矿场工人各种需要为内容的集市，专门从事商品贸易的行当出现了。各种各样的参与商业贸易的人形成了一个新的手工业、商业市镇，③他们井然有序地依据需求的先后顺序自然地形成了生态居住圈。“商贾则酤者、屠者、渔者、采者，任其环居矿外”④，通过来往经商商人的记载，可以看出当时集市发展的规模。“陇川、干崖、南甸三宣抚司（均在今德宏地区）和孟养、缅甸、木邦（以上均在今缅甸）、八百大甸（在今泰国）、车里（今云南西双版纳）、老挝（今老挝）六宣慰司来的商人也有数万”⑤。

商业、集市、贸易的发展，必然催生了货币这一等价物的诞生。傣族地区“凡贸易必用银，杂以铜，铸若半卵状，流通商贾间”⑥，而在相对落后的地区，一种被称作“海肥”的小白贝代替了货币，“俗谓贝以一为庄，四庄为手，四手为苗，五苗为索，盖八十贝也”⑦。“傣族地区还用这种货币代秋租，缴商税，可见使用之广”⑧，从“海肥”这种物的多用途不难推断，当时傣族地区可能具备了现代的商业体系。除彝族、傣族之外，其他少数民族也有自己发达的经济。如明代居住在大理、楚雄、蒙化一带的僰人，是明代云南农业生产较为发达的地区。⑨ 大

---

① 朱孟震：《西南夷风土记》。

② 参见王士性：《广志绎》卷五《西南诸省》。

③ 参见《中国史稿》编写组：《中国史稿》（第6册），人民出版社1987年版，第420页。

④ 王士性：《广志绎》卷五《西南诸省》。

⑤ 朱孟震：《西南夷风土记》。

⑥ 钱古训：《百夷传》。

⑦ 王士性：《广志绎》卷五《西南诸省》。

⑧ 《中国史稿》编写组：《中国史稿》（第6册），人民出版社1987年版，第420～421页。

⑨ 《中国史稿》编写组：《中国史稿》（第6册），人民出版社1987年版，第426页。

理“百货俱集”①,阿瓦族茂隆山银厂“开厂甚旺”②等都说明云南土司地区经过明初至明末的长期经营,经济、文化已经有所发展,有些地区的繁荣可能超过了毗邻云南的贵州、四川和广西、西藏。统治如此发达地区的土司,其个人拥有的政治智慧与驾驭权力的技术应当是很高明的。

发达的经济,必然促进发达的政治、法律与文化的发展。在宗教存在于日常生活中的少数民族地区,这些多年的历史遗传构成了土司统治的全部基础。经济上、政治上、法律上、文化上的繁荣必定让土司产生拥兵自重的“天下观”,其实质直指权力运用的自由与喜好。作为国家权力代表,无论是清朝的军队还是派任的流官,在土司的眼睛里面,都是剥夺他们统治权的外来入侵者。

第三节　清代中央王朝与土司围绕“政权”的争斗

清兵入关之后,清朝面临的第一个问题是自身作为统治者的合法性与正当性。清朝入关之前,是明朝在关外设置的三处建卫之一,与关内相比,满族是少数民族。虽然通过拉拢、劝降以及军事占领等手段攻入关内,建立了全国性政权。但是,这个事实只能证明满族是一个军事武力非常强大的民族,却不能从人口规模的视角上改变视满族为外来侵略者的民族认知观。即便在满族统治中原的260多年间,少数民族统治中原仍然是汉人心目中无法更改的观念。作为满族,他们也深深知道自己在汉人心目中的地位,依靠强大的武力和趁明朝内部的农民军起义导致国力衰退的机会而赢得的统治,一旦汉人凝聚起来反抗,作为少数民族的满族统治者,也必将难以维持。况且秦始皇以降,稳定的郡县行政管理体制与自上而下一以贯通为主的儒家文化共同熔铸了以汉族统治为主体的社会稳定机制,加之中原地区地大物博,人口众多,处理好中央权力与地方势力之间的和谐关系是维持清朝统治的关键之一。

---

① 陈鼎:《滇黔游记》。
② 孙士毅:《绥缅纪事》。

与汉族相比,满族历史短暂,生产力低下,人口不多,尤其是欠缺汉族数千年来积累的历史文化。对于汉族的整体性认识,满族有着深刻的客体性经历。因此,在满族一路攻克至云南,建立全国性政权之后,满族很清醒地认识到作为昔日的少数民族,面临着与汉族不一样的环境。与明朝相比,汉族统治四方是大与小的关系,而清朝是小与大的关系。如果说明朝是从如何降服四方来实施统治策略的施政,那么,满族一开始面临的困难是如何统治中原。中原如此之多的郡县行政单位,满族如何设置官员和驻军,即便设置满族官员和驻军也难以有足够的实力面对汉人的起义反抗,面对如此规模的汉族人口与占地面积,满族能够出任管理职能的人员捉襟见肘。

俯瞰清朝与云南地区土司之间的权力格局,如果不考虑统治与被统治的对立关系,那么,清朝与云南地区土司之间关系的实质是民族间的关系,即少数民族与少数民族之间的关系,其间夹杂着相关民族的关系。然而,由于土司地区民族关系的背景是国家统治下的民族关系。因此,土司时期的民族关系是一种特殊的社会关系。其类型有五种:一是中央王朝与土司政权的关系,其实质是满族与其他少数民族之间的关系;二是流官与土司政权的关系,其实质是汉族与少数民族之间的关系;三是土司政权之间的相互关系,其实质是云南土司地区土著民族之间的关系;四是土司政权与辖区民众的关系,其实质是土司内部统治者与被统治者土民之间的关系;五是多民族之间的关系,即满族、汉族与土著民族之间的混合关系。然而,在这个混合关系中,满族作为统治者,在民族关系格局中占据着中心位置,尽管满族人口并不是所有民族之中靠前的民族。

在整个的民族关系图景中,民族关系对社会发展有着积极和消极双重影响,而影响地区社会发展的核心问题在于民族关系中的民族权利是否平等、民族利益是否公平和民族发展是否均衡。“土司时期各民族只有与中央王朝之间形成信任和谐的良性互动关系,才能推动该地区经济社会发展和民族团结进步;反之,则阻碍地区经济社会发展,破坏民族团结稳定,这进一步佐证了‘只有信任、和谐、良性互动，才能实现双方共生’的道理”。[①] 然而，清朝与土司之间从未形成稳定的信任关系，即便忠诚的木氏土司，清朝亦是始终在其周边驻扎重兵防范。

康熙元年六月，中央王朝对于云南大鹤丽水这个地方的官员进行了大幅度的裁减与编排，“裁云南大鹤丽水总兵员缺，改总兵官间镇为临元广西总兵官，驻劄临安府”。[②] 表面上看，中央王朝对于地方的裁员与重新编排是一种符合政治运行规律，优化全社会范围内的资源配置的行为。实际上，中央王朝这一行为的根本原因是出于对云南大鹤丽水这个地方原来官兵的不信任，进行大规模的裁员一方面是进行“换血”，另一方面是对那些留下来的，没有被裁掉的官员敲个警钟，使他们能够感到不安，从而规范自己的行为，不做与朝廷对抗的事情。将原有的官兵调离的行为实质上也是为后来的“流官”做铺垫，防止其在原来的地区势力过大，其间的政治用意不证自明。

清朝对云南地区土司的统治，与清朝对云南地区土司地区的统治，无论是在概念上还是在内涵都有着本质的区别。清朝对云南地区土司的统治，其实质是对土司本人的统治，而清朝对云南土司地区的统治，并非直接统治土民，而是借助土著民族中以土司为代表的上层社会为权力媒介的间接统治。因此，清朝与土司地区土著民族之间不存在直接的统治与被统治矛盾，统治与被统治的矛盾主要存在于清朝与土司之间，也是二者之间最为直接的矛盾。相对于清朝直接统治土民而言，间接统治就是通过云南土司地区少数民族中的上层人物，即大户人家的头人，对少数民族普通的民众实施统治，这与国家设置流官直接管理土司地区具有“适其俗”特征，起到了缓和清朝流官与被统治土民之间的矛盾，从而为清朝通过其他各项民族策略赢得民心奠定了社会基础。

应当说，清朝通过控制土司实现土司地区的间接统治，相对于直接统治来说是一种温和、舒缓的民族政策。因此，通过土司实现土司地区的统治，要比通过流官直接统治土司地区更能够化解矛盾，减少矛盾冲突频率，同时，土司统治

① 祝国超：《土司时期乌江流域民族关系与社会发展研究》，载《湖北民族学院学报（哲学社会科学版）》2017 年第 2 期。

② 《清实录·圣祖实录》卷六，台北，华文书局总发行 1989 年版，第 123 页，“康熙元年正月戊午”条。

土民基于传统的权威继承能够从文化上、心理上得以接受。从土司制度萌芽开始，中国元明清时期的土司制度历经700多年。从时间跨度上以及土司地区社会的稳定性上来看，土司制度可以视为多民族国家实施间接统治的可选模式，间接统治的发育达到一定成熟程度，便可以实施直接统治。从清朝的土司制度，到民国设治局，再到新中国成立之后以民族识别为基础的民族区域自治，成熟的间接统治能够为后续的直接统治提供充分的经济、政治、文化和社会条件。

"当代世界中，民族关系的处理可以从历史上的间接统治情况中获得宝贵的经验"①。清代王朝从统治者的角度看，希望推行直接统治，然而，自然条件的恶劣导致直接统治的意图无法实现，甚至统治者内部对于自然环境的恐惧也会造成自发的抵制，从而影响到直接统治的实施，但这不等于不选择间接统治。比如，云南土司地区的瘴气对人体带来的致命危害，在某种程度上有效地遏制了清朝在瘴气地区的直接统治。

云南自古以来就是著名的瘴乡，境内"皆高山峻岭，深林密菁，象虎成群，瘴疠为虐，古所谓不毛之地也"。② 特别是云南"滇西、滇西南、滇南、滇东南等地，尤其是满江、满沧江、元江、南盘江、金沙江流域"为云南最为集中的瘴气分布区。③ 在瘴气散发较重的滇南、滇西南，瘴气对人们生产生活带来的威胁，已经区域化存在。瘴气不仅威胁当地人的生产生活，而且对于当地人口的增长以及商业往来也带来了不可抗拒的伤害。④ 瘴气对人生命的威胁，已被迷信。每年瘴气季节一到，迁居瘴气地带的汉人则早早搬迁。在整个滇西南地区，瘴气已

① 参见谢国先：《土司制度的根本性质——论多民族国家民族自治与间接统治的必然性与普遍性》，载《长江师范学院学报》2016年第4期。

② 刘崑：《南中杂说 · 四封》。

③ 参见周琼：《清代云南瘴气与生态变迁研究》，中国社会科学出版社2007年版。

④ "元江、普洱一带，地气酷热而闷，冬时亦不冷，草木不甚调。居人面色黄瘦，女人颇能耐瘴，男子少有五十岁者。客游其地，九死一生耳。哀牢山下稻田甚广，宜糯而瘴最盛，当春末夏初，耕种甫毕，即往别处潜伏，交冬复来收获，本地夷民尚如此。元江城中尤热，刺史不敢居，移住青龙山。又云州新城不可居，内只设常平仓，斗级兵丁数人守之，一切官民俱在旧城。又永昌以外潞江瘴楼，惟寅、卯、辰可渡，逾腾越更甚。其余各郡，亦闻有一隅有瘴者，为害尚轻。凡有撞之地，水中为甚，……故河水虽清冽，不可饮，……又雨后日出，天气郁蒸则瘴起，有五色气如霓虹者自地中出，长可数丈，人触之即死，轻或成病。又瘴气交夏乃盛，深秋更甚，霜降后渐减，冬则平和矣。……受瘴者发热发闷，大便泻黑水，几日即毙。甫离瘴乡尤宜小心谨慎，往往已回内地，而猝然殒命，诸凡不慎之故也。"吴大勋：《滇南闻见录》。转引自方国瑜主编：《云南史料丛刊》（第12卷），云南大学出版社2001年版，第17页。

经成为不可逾越的生命障碍。瘴气为处于瘴气地区的土司提供了一道天然的防护墙,行人偶尔留宿亦能毙命。

“滇西南沿边皆有瘴,而潞江尤甚。潞水深绿,瘴时则红烟浮江面。其瘴起自春末至秋尽乃止,夹岸草头皆交接不可解,名交头瘴。至时行旅裹足,如有留宿者,必中哑虐以死”。[①] 瘴气不仅可以让偶尔留宿行人毙命,而且瘴气延续的时间很长。这对于清朝驻兵造成了极大的困难,瘴气致命的传闻远远超过瘴气本身的毒性。尤其在瘴气严重地区,对于清朝军事力量的部署形成了无法破解的困境。潞江谷“四月以后,颇有瘴疠,汉人皆散去。凡过此者皆策马前进,不敢停留也”[②]。瘴气发作时,如同炎魔一样,且持续时间较长。“景东、蒙化皆有瘴疠,永昌尤甚。澜沧、潞水皆深绿,瘴时则红烟浮江面,日中无敢渡者,其撞起自春末,秋尽乃止”[③]。一旦遇上雨季,瘴气便缭绕久久不去,人们基本上不敢出门,更不敢在瘴气地区外出行走。

“……兼之时值暑雨,瘴疫多病,蛮暮、新街一带,今时犹然,每至四月以后,商旅绝迹,必待秋凉而后可行。”[④]如此猖獗的瘴气地区,如果还有人来居住,一定是出于生存的无奈,否则,有残喘之气,也绝不会在瘴气地区谋生。盛毓华在《潞江谣》里对此感慨地表述:“若使衣食有所恃,谁肯轻生来至此。”[⑤]面对瘴疠,唯有躲避,当地土著人尚且如此,何况从内地迁移本地的汉人。而关于瘴气的传闻,已经在外来人的心理上形成了风闻即是的恐慌。

“瘴疠之为害,在滇之西南边,……谁敢以生命与瘴病相抗者。”[⑥]在瘴气严重的地方,即便清朝的人口迁移制度有诸多优惠,比如开办矿山给予成本自主,然而,即便如此,汉人仍然不愿意冒着风险在此从事经济活动。“车里之

---

① 杨琼:《滇中锁记》。转引自方国瑜主编:《云南史料丛刊》第 11 卷,云南大学出版社 2001 年版,第 282 页。

② 《潞江源流考》,载《永昌府文征》文录卷十七。

③ 光绪《续云南通志稿》卷一九三,“杂志”条。

④ 《黑水禹贡考》,载《永昌府文征 · 文录》卷一七。

⑤ 杨琼:《滇中锁记》。转引自方国瑜主编:《云南史料丛刊》第 11 卷,云南大学出版社 2001 年版,第 282 页。

⑥ 余汉华:《英法两帝国主义夹攻下之西南滇边》,载《边事研究》1934 年第 1 期。

外，……竟无一家汉人”。[①] 由此可见，在瘴气严重的土司地区，土著人都无法在此长期生活和生产，部署军事力量和派驻流官几乎难以实施。通过设置流官实现全国统一的管理，在瘴气地区基本上处于失控状态。一方面，内地迁移过去的汉人，不愿意选择瘴气地带安家落户。“汉族多居住于瘴气稀少或无瘴气的坝区盆地，或靠近坝区的丘陵地带，少部分居住在山区，而绝大部分少数民族聚居于瘴气密布的深山密林区和炎热潮湿的河谷区”。[②] 如果没有汉人的迁入，紧靠军事驻兵和流官实现土司地区的有效行政管理和边地安全，清朝无法实现国家权力半径的延伸。以瘴气为代表的自然环境，有效地在土司地区少数民族与汉族之间划定了一条天然的行政管理界限，这既是土司制度形成的主观起因，也是土司制度得以维持的自然原因。

清军初入云南边地，对于瘴气的危害不以为然，以至于云南瘴气曾经重创清军。因为瘴气对于清军带来的非战斗死亡人数之多，以至于“闻瘴色变”，可见瘴气对于清军士气具有的杀伤力。“……至十二版纳，恐无地无瘴，无瘴不毒也。沿边瘴气伤人最多，莫由清末用兵之时。思茅为军事善后地点，故病兵流离转徙，死于思茅者为多。其后流毒思人，死亡多达十分六七”。[③] 俗话讲，铁打的营盘流水的兵。瘴气对于清军的影响足以令清军难以继续深入位于瘴气发作的土司地区作战，作为常驻土司地区的流官，其心理承受的自然压力应当超过了其应当负责的行政管理职能。特别是作为异族统治下的基层官员，本就存在的“官差”在瘴气地区就变成了尽可能逃避的“小差”。对于来自内地的流官而言，出入云南的水土不服可以通过适应得以缓解，然而，瘴气对人体生命的危害无法通过适应能够解决。以至于清朝在瘴气地区难以派遣流官任职，出现“盖以瘴疠之乡，流官既不可处”[④]的逃避现象。但是，因为瘴气引起严重的生命

---

① 李文林：《到普思沿边去》。转引自云南省立昆华民众教育馆辑：《云南边地问题研究》，云南省立昆华民众教育馆 1933 年版，第 117 页。

② 周琼：《清代云南瘴气与生态变迁研究》，中国社会科学出版社 2007 年版，第 152 页。

③ 李文林：《到普思沿边去》。转引自云南省立昆华民众教育馆辑：《云南边地问题研究》，云南省立昆华民众教育馆 1933 年版，第 116 页。

④ ［英］David A. Bello：《去汉人不能久呆的地方：瘴疠与清代云南边疆地区的民族管理空间结构》。转引自陆韧主编：《现代西方学术视野中的中国西南边疆史》，云南大学出版社 2007 年版，第 232 页。

危险,于无形中成了清朝与土司之间在土司地区设置官僚体制的决定因素,甚至起到了决定清朝与土司之间关于政治统治界限的作用。

因瘴气引发的瘴病,"既是云南主要民族部落与汉人之间划分的基础,也是该省行政能力已经达到和尚未达到的空间划分的基础"[①],清朝的官员也十分清楚地意识到疾病对行政管理的束缚,阻碍了流官体制的推进,使土司统治得以长期延续。[②] 彰显了清朝与土司之间因为自然因素而生成的政治矛盾,表现为土司因为瘴病的天然作用而得到了庇护,清朝则因为瘴病的天然作用为自己实施土司制度找到了理由。瘴病的存在建构了清朝与土司在土司地区二元权力结构的客观基础,有利于不同民族各自的民族认同,并导致瘴气地区的土著民族实行符合各自民族特性的管理体制机制。然而,因瘴病而起的土著文化包裹着土著民族的个性,有力地支持着土司的独立统治。

清朝通过承袭授予土司的官职,作为清朝统治权行政化的化身,"是对云南西南地区瘴病特性与部落文化的妥协,阻碍了清朝地方统治秩序的全面实现"。[③] 但是,却为保留土司文化的完整性与土司制度自然而完整的演变提供了外界无法干涉的安全空间。当然,这种因为瘴气而影响流官设置的土司地区并不是主流,在靠近内地的土司地区,清朝与土司之间的"政权"争斗是以赤裸裸的冲突为表现形式的。

第四节　小　结

在清朝未进入云南之前,即明朝中后期云南已经陷入混乱,如嘉靖六年寻甸和武定府为主的土司叛乱。因此,在清朝推进版图统一进程的过程中,清朝

---

① ［英］David A. Bello:《去汉人不能久呆的地方:瘴疠与清代云南边疆地区的民族管理空间结构》。转引自陆韧主编:《现代西方学术视野中的中国西南边疆史》,云南大学出版社 2007 年版,第 221 页。

② ［英］David A. Bello:《去汉人不能久呆的地方:瘴疠与清代云南边疆地区的民族管理空间结构》。转引自陆韧主编:《现代西方学术视野中的中国西南边疆史》,云南大学出版社 2007 年版,第 231 页。

③ 参见［英］David A. Bello:《去汉人不能久呆的地方:瘴疠与清代云南边疆地区的民族管理空间结构》。转引自陆韧主编:《现代西方学术视野中的中国西南边疆史》,云南大学出版社 2007 年版,第 218 页。

初期对于云南土司的施治的目标是尽快稳定边疆政局。[1]《明史·土司传》记载:“神宗之世,朝廷惰媮,封疆败坏日甚一日。缅、莽之叛,皆土官之失职者导之。虽稍奏肤功,而滇南丧败,卒有土官沙定洲之祸。”[2]简单的数字,一方面,土司势力对于云南政局稳定具有的深层影响显而易见;另一方面,明朝对于土司干扰政局而力不从心的愤怒亦是不言而喻。因此,清朝进入云南之后,关注土司管理是最紧迫的任务之一。

清朝选择通过法律监控土司的统治手段,从成本—收益的角度来看,既有的土司制度为清朝提供了规范基础和效果审视。与动辄采用军事镇压相比,通过法律监控土司不仅节约清朝统治云南的成本投入,而且降低了土司可能联盟起来反抗的政治风险。尤其是在军事行动后勤保障难以为继的前提下,武力镇压虽然能够彻底根除土司,然而,短时间内却无法获得土司地区土民的王朝认同。特别是在清朝统治云南初期,云南土司地区稳定是当时清朝最为紧迫的统治任务。最关键的是,云南土司之间彼此认同的制度规范所产生的认同意识,既可以看作清朝选择法律监控土司的制度性基础,也可以视为清朝选择法律监控土司不得已的外部性影响。清朝在前朝特别是明朝中央王朝与云南土司之间制度关系的基础之上,采取多管齐下的措施,在能够实现制度管治的情况下,突出国家法律调控的作用,比较稳妥地实现了土司权力的法律监控,减少了武力围剿对云南地区经济社会发展可能带来的消极性影响。总体上讲,清朝选择法律监控土司,有其历史的必然性。

---

① 参见段金生:《土司政治与王朝治边:清初的云南土司及其治理》,载《民族研究》2019年第2期。

② 《明史》卷三一三《土司传一·云南土司》,中华书局1974年版,第8065页。转引自段金生:《土司政治与王朝治边:清初的云南土司及其治理》,载《民族研究》2019年第2期。

第三章　土司地区法律认同的历史基础

从中国古代封建王朝发展史来看,虽然后一个封建王朝通过不同的方式替代了前一个封建王朝,但是,后一个封建王朝都不得不在前一个封建王朝留下的制度基础上,在维护封建统治为最高利益的政治目标下通过改良前朝制度,实现本朝统治的预期目标。清朝作为明朝的继任者,尽管是以军事占领的方式夺取了统治权,然而,明朝数百年的土司制度为清朝统治云南土司提供了制度的历史基础,而元朝为明朝留下了土司自治的社会基础。湮灭的明朝不仅为清朝统治者提供了广袤的国土,还为清朝统治者留下了统治云南的历史经验与现成统治格局,尤其是完整的土司制度体系,从而为清朝运用法律监控土司奠定了历史基础。首先,元朝基于云南地区土司的存在而设置的封建王朝官职,为清朝实行土司流官双规设置奠定了经验上的历史基础;其次,明朝基于军屯卫所与云南土司之间的关系形成的土司制度则为清朝保留土司制度奠定了制度的历史基础;最后,明朝一整套体系化的土司制度,不仅为清朝在云南土司地区实施统治打开了法律之门,而且为清朝不断运用国家法律监控土司开通了法律认同的道路。

第一节　元朝云南地区土司管理的过程

谈到明朝为清朝统治云南土司奠定了历史基础，不能不回溯元朝在云南地区开辟的羁縻制度与土司初期具有的政治形态。元军攻入云南之后，面对强大的军事力量和攻占目的，有的土司不堪一击而被征服，有的土司则主动归顺，还有的土司不仅主动归顺，而且加入元军成为元军继续南下的向导或者军事组织的一部分。实际上，在势如破竹的军事攻势中，强大的元军上层可能还未思考如何处置云南地区的土司。从历史文献记载的内容来看，此时元军上层面对归顺的当地土司，往往采取政治认可与官职安抚并举的策略，以图稳定社会秩序，迅速建立国家统治。《元史》卷八记载，至元十二年云南境内，仍有诸多土司并未被军事征服，"以蛮夷未附者尚多，命宣慰司兼行元帅府事"[①]。对于已经归顺元朝的蛮夷土官，大军过后，元朝则根据行政管理需要而对之进行改编，更改名称与调整管辖范围一般来说同步进行。

为了更好地稳定土司，减轻元朝的战争动员压力，元朝主要以扩张土司管辖土地范围，确保土司的切身利益为策略，一方面，减少军事斗争，另一方面，达到绥化土司的目的。在元朝统治云南土司地区期间，往往以重用来表达封建王朝对于土司的政治待遇。至元二十五年"改云南乌撒宣抚司为宣慰司，兼管军万户府"[②]，土司职权上得到扩大。给予土司重用的目的，在于通过强化土司的力量实现地方社会秩序的稳定。至元二十八年"以云南曲靖路宣抚司所辖地广，民心未安，改立曲靖等处宣慰司、管军万户府以镇之"[③]。一方面，实现了安抚土司的目的，另一方面，通过安抚土司达到了继而安抚民众的统治需要。

元朝不仅主动给予那些土司在权益上的扩大化保障，而且对于那些前来要名要利的土司也基本上保证满足。《元史》卷一六六记载，"赛典赤为云南行省

① 《元史》卷八《世祖五》本纪第8（第1册），第160页。
② 《元史》卷一五《世祖十二》本纪第15（第2册），第312页。
③ 《元史》卷一六《世祖十三》本纪第16（第2册），第344页。

平章政事,更定诸路名号,以信苴日为大理总管"[①]。元朝对于土司的政治要求基本上有求必应,后至元四年"云南老告土官八那遣侄那赛赍象马来朝,为立老告军民总管府"[②]。可见,当时元朝面对土司采取了非常温和的怀柔政策,其原因在于元军进驻云南初期,只有元朝的政治认定与中央授权的策略逐渐得到土司的拥护,才能在云南建立稳定的政权统治。

元朝对于土司的宽大与重用,在稳定云南土司社会秩序的同时,有力地促进了土司自治,活跃了土司管理本地区的内在驱动力,这为明朝建成系统的土司制度提供了条块分明的地理区域,为封建官僚管理体制设定了以方园为统治逻辑的衙署所在地。

在元朝怀柔土司的过程中,也有些土司出于元朝武力与地方权威正当性的利益衡量,主动投诚接受招安,其目的在于获得元朝的政治封号,取得继续统治一方的正当性。这与元朝充分利用土司实施地方治理的政治逻辑如出一辙,元朝顺水推舟。至正七年"云南老丫等蛮来降,立老丫耿冻路军民总管府"[③]。可见,元朝根据土司的认同态度、功绩大小,采取授封制授予不同官职的官衔。与此同时,根据人口规模、民族分布与地域面积而重新规划,建立系统的土官之治。类似这样的举措,元朝一直未停止过。至顺二年五月,"立云南省芦传路军民总管府,以土官为之"[④]。

从文献中不难看出,元朝对于云南土司的管理,基本上采取原封不动地授封。元朝以政治承认和封号授封控制了云南地区,借助中央授封划分了土司各自的统治范围,减少了土司之间围绕地盘而可能产生的械斗。《土官底簿》记载:云南鹤庆高隆,元代曾授"本路总管";武定安慈,"前(元)武定府土官总管";僰人高政之祖父,元代曾授"威楚开南等路军民总管"[⑤]。基于土司统治原址地理基础之上的政治授封,已经进入元朝的正史。纵观元朝关于地方土司的

---

① 《元史》卷一六六《信苴日》列传第53(第13册),第3910页。

② 《元史》卷三九《顺帝二》本纪第39(第3册),第845页。

③ 《元史》卷四一《顺帝四》本纪第41(第3册),第876页。

④ 《元史》卷三五《文宗四》本纪第35(第3册),第785页。

⑤ 《土官底簿》云南《鹤庆军民府知府》《武定军民府知府》《楚雄府同知》条,《四库全书》(珍本卷·下)第60页、上卷第65页,下卷第17页。

记载,不难看出,云南"土官"进入了元朝文献,为明朝土司土官的分类奠定了实践性的制度基础。

人类社会自从有了集体组织,便有了权威的争斗。对于国家而言,无论国家最高权力机构采取何种方式与地方土著合作,其目的不仅仅是帮助土著建立自己的权威,更为隐蔽的目的在于通过土著头人服从国家将土著人对土著头领的服从吸附过来,从而建立国家权威。在国家权力与朝廷权力一体的封建国家,建立国家权威即成就了皇帝个人的权威。然而,皇帝个人的权威有一定的影响半径,自古就有"山高皇帝远"这一说法。因此,在现代政治学意义上国家主权观念还未得到清晰界定的时期,国家驻兵表达了皇帝权威。然而,驻兵需要强大的后勤保障,同时,驻兵也很容易因为各种各样的保障需要而与驻地土著发生不可预料的事变。对于国家统治者来讲,驻兵不是长久之计,一方面增大了国库开支,另一方面,军士常年不能回家,军心不稳。因此,在一定范围内,通过土司实现土著地区的管理,减少驻兵带给朝廷的压力,不失为较好的选择。

皇帝的权威则通过政治符号显示,最好的办法就是通过某种仪式或者信物,通过土司的张扬,在支持土司获得继续统治地方权力的过程中,昭示了中央权威的存在和深远。反之,土职作为土著头领,也深刻意识到自己在强大的国家面前不过以卵击石。只要能够给予自己足够的权威,维护自己的利益,接受来自更大力量的政治承诺,是比较符合现实生存需要的选择。地方土职与国家中央权力的主人在各自权威获得的满足感上达成了一致。为了体现元朝的政治权威,加强对云南土司的管理,元朝实施土司制度以后,采取了一系列的政治符号建设运动,元朝廷不仅授予云南地区少数民族酋领土官土司,而且正式赐予诰敕、印章、虎符、驿传玺书与金(银)字圆符等信物①,作为元朝中央权力委托土司代替中央行使统治云南权力的符号象征。

要想知晓清朝如何通过法律实现土司调控的政治目的,必须从明朝开始对土司在地理位置、数量规模的变化做一概况性的简述,一方面,土司制度本身既是土司的发展史,同时又是调控土司的发展史;另一方面,研究土司的法律调

① 参见龚荫:《中国土司制度史》,四川人民出版社 2012 年版,第 117 页。

控,必须要奠定土司存在、发展与变化的格局,倘若没有以土司静态的分布、动态的变化作为分析土司势力涨落的背景,通过法律的调控将失去了研究对象。与此同时,明朝又是最早明确记载土司事宜的朝代。因此,从明朝开始叙说土司形成、发展、变化的简史,应是比较中肯的研究入门。

从元朝与明朝两朝治理云南土司的历史来看,元朝对于云南土司基本上采取安抚的态度,中央王朝授权土司象征官职的称号,体现皇权大治,而土司则以获得皇权封号,掌握具体的管理实权,体现地方小治,由此形成中央与地方围绕政治符号而默契支持的和谐格局。但是,元朝与明朝的统治者由于出身不同,即元朝的统治者作为曾经的被统治者,深知干涉少数民族地区事务可能引发的事端,因此,元朝中央机关基本上不干涉云南土司辖区的地方事务。而明朝不同,其统治者历来是有着以蛮夷戎狄为被统治者观念的主体,难以体会边疆少数民族作为被统治者的心理感受。因此,明朝中央王朝在云南地区不仅要通过政治符号体现王朝皇权的存在,而且要通过设置流官干涉土司辖区的地方事务。特别到了清朝时期,基于国土安全和皇权利益的维护,不仅要在云南地区建立系统的流官行政官僚体制,而且要在云南建立绝对的皇权统治地位,从而确保清朝统治利益的实现。

虽然元朝没有在云南地区对土司实施严密的监控,但是,对于云南地区土司实施的国家强势还是对土司心理上造成了巨大的影响力。因此,元朝的土司治理为明朝的边疆治理提供了丰富的借鉴经验,其中,云南地方治理则被明朝完整地继承下来,并且给予升级完善,进一步加强了云南地区的地方治理。

第二节　明朝施治云南土司形成的制度

明朝统治者针对土司采取官职授封与仁义礼教相结合的对策,对那些凡是主动投降的土司,明朝均礼尚往来,不仅给予政治认可的符号,而且在经济上给予一定的表示,从而得到了土司对于封建国家的认同。这种互惠的政治往来,不仅形成了形式上的君臣关系,而且保证了边疆地区的稳定之治。土司除了需要来自中央王朝的政治封号之外，还需要来自中央王朝的武力支持，而中央王朝往往也借助武力支持土司的诉求，以表达自己的皇恩浩荡，从而围绕利益共识形成了上下同心。（宣德）八年，亏容甸长官司奏："河底自洪武中官置渡船，路通车里、八百。近年军民有逃逸出境诈称使者，迫令乘载，往往被害，又沿河时有劫盗出没。乞置巡检司，以故把事袁凯之子瑀为巡检。"对于土司而言，其也意识到明朝强大的实力对于保护自己的利益所能够起到的作用；反之，明朝也正是看到了土司对于明朝国家的依赖，开始逐渐采取约束土司官职的续得。通过实施土司承袭制度，以国家名义严格控制土司子孙继承土司官位的程序，并以达到蚕食土司权力的效果。

明朝设置烦琐的承袭程序，一方面，拖延土司子孙承袭官位的时间，通过延缓土司后裔承袭官职的周期，从而间接剥夺土司后裔参与地方事务治理的权力。虽然有利于明朝控制土司势力的扩张，并为流官介入土司地区的管理事务提供条件。另一方面，土司子孙承袭累积多年不得职的结果，必然激发土司反叛之心。与此同时，土司为了维护自身利益，并不服膺这一看似巧妙的政治安排。于是，"土官复慢令玩法，无所忌惮"。针对土司这一情况，明朝开始采取欲擒故纵的手段，虽然起到了安抚一片的效果，但给地方社会经济发展带来了破坏性后果，即"待其罪大恶极，然后兴兵征剿，致军民日困，地方日坏"。

显然，明朝对待土司的杀手锏是武力剿灭，并殃及土民。以至于到了神宗时代，这种"咸阳后刹"的调控策略经不起时间的考验，最终引发边境叛乱，直接危及明朝在边疆的治理大略。到明朝后期，加上明朝腐败，个别土司竟然引贼入室。"缅、莽之叛，皆土官之失职者导之"。显然，明朝统治云南初期的政治实践与土司制度的实施，并没有达到封建王朝掌控土司的政治目的。明朝末期，土司失控已经成为不争的事实。对于清朝而言，明朝建构的土司制度一定存在某种意义上的漏洞。在强大的汉族人口支持下，明朝统治土司的感叹无疑为清朝统治土司敲响了警钟。

明朝统治者在云南与土司之间反复地推行政治协商、军事征讨以及其他各种手段的交叉运用，逐渐地形成了一套较为完整的针对土司监控的法律规章。至清朝镇定云南之前，明朝已经形成了完备的土司制度体系。清军入主云南之后，由于明朝统治者与清朝统治者的族别特性，虽然调控土司权势的目的是一样的，但是，由于时空发生了变化，特别是政治优势、军事实力以及社会生产力的发展，使清朝远比明朝拥有足够的政治空间和军事手段作为可用条件，充分运用各种手段实现土司势力调控。在国家这一主权概念下审视中央与地方关于“国家大治”与“地方小治”之间的博弈，土司权力的存在，不仅暗示了封建专制时代在顾全疆土大局前提下统治权的部分让渡，而且揭示了边疆治理的真实目的是通过维护主权的完整继而实现中央皇权的集中。

中央与土司之间围绕着中央权威和地方权威的唯一性，进行制衡与反制衡。围绕土司权力的制衡，自土司存在之日起，中央王朝就从政治、经济、文化、法律等方面给予综合性监控。有的时期以经济手段为主，有的时期以文化手段为主，有的时期以政治手段为主，有的时期则是以法律手段为主。然而，不论哪一个时期，最终起到决定性作用的是国家强大的武力。其他诸如政治、经济、文化、法律等监控手段均为软手段，是在势均力敌的情势下做出的妥协。而一旦这种妥协不能维持持久的和平，中央王朝就会毫不犹豫地动用武力，在国家主权面前，封建专制王朝表现出“民族大义”的一面。因此，土司的法律监控仅是清朝统治土司体制机制中的一个维度，从这个角度来分析清代土司及土司法律制度的演变无疑可以视为挖潜的尝试。

清朝对待土司的态度，由于有了前朝成败的经验作为参照对象，而与明朝迥然不同。明朝为了维持必要的军事开支，在云南土司地区实施很高的税负额度，在土司地区制造了民怨，而土司本人作为本地民族的头人，亦对明朝的税负制度同样产生怨言。洪武二十年水西宣慰司奢香“进马二十三匹，每岁定输赋三万石”①，而早在洪武十七年定乌蒙、乌撒、东川、芒部四府赋税：“乌撒岁输二万石，毡衫一千五百领；乌蒙、东川、芒部皆岁输八千石，毡衫八百领”②。明朝规定的税赋制度而引发的后果，为清朝减少税赋获取民心支持提供了制度支撑与实践空间。

---

① 《明史》卷三一六《贵州土司一・贵阳府》。

② 《明史》卷三一一《四川土司一・乌蒙等四军民府》。

清朝进入云南之后,首先减轻了土司及其土民承担的各种徭役赋税。当然,清朝的减负措施,在有利于争取民意上起到一定的积极作用,然而,由于土司借助清朝仁政的税赋制度,对强化个人权威的正当性起到了一定的作用。同时,亦有土司以明朝的税额征求土民的税负,在中间形成“剪刀差”,这种情况腐蚀了清朝统治土司地区的民心。因此,清朝减负的措施,在实践中是一把“双刃剑”。

元朝与明朝的边疆治乱,土司在其中起到了一定的作用。按道理讲,明朝应当吸取元朝的教训,取缔土司改用朝廷命官实施地方治理。实际上,明朝虽然没有派设内地官员,但是,为管理土司而制定了严密的土司制度,这也能够说明明朝对于土司的政治忠诚有着一定程度的防范。回看中国古代历史,“土司”这一称谓并不是明朝主动为之的设置,而是由于土职对于明朝统治云南具有不可小觑的作用。“盖滇省所属多蛮夷杂处,即正印为流官,亦必以土司佐之。而土司名目淆杂,难以缕析,故系之府州,以括其所辖”。所以,设置土司是为了系统地管理云南。

明朝不仅为清朝统治云南土司地区提供了系统的土司制度样本,而且土司与明朝中央之间的微妙关系里存在着的紧张乃至不服,也为清朝拿捏中央王朝与土司之间的关系提供了历史借鉴。清朝入关之前不受明朝待见的亲历,为处理自身与云南土司之间的政治关系具有体悟的作用。对建州努尔哈赤的轻蔑源于明朝游击胡大受,此人在万历二十四年差人到努尔哈赤面前宣读《宣谕文》:“尔达子若不量而妄动,则所欲如缘木求鱼,所为如以肉投虎。况皇灵震叠,敌国议后,一举足间而他日之大祸判焉。到此狼狈,虽悔无及。……(尔)当敬恭承命,体领至意,传谕各众头目,自此以后,务要各守封疆,永遵禁约,毋得仍前紊乱,越境起衅。”[①]此信所言在建州统治贵族中间引起轩然大波,明朝统治者的居高临下和言语中不平等的表达,在满汉之间结下民族敌视情绪。这封信不仅激怒了建州努尔哈赤反叛明朝的决心,而且帮助努尔哈赤借助民族关系的紧张迅速团结人心,为南下进攻奠定了军事讨伐的民意。

---

① 吴晗:《朝鲜李朝实录中的中国史料》,中华书局 1980 年版,第 2186 页。

“南朝皇帝高拱深宫之中，文武边官欺诳壅蔽，无怀柔之方略，有势利之机权，势不使尽不休，利不括尽不已，苦害欺凌，千态莫状。我两国之所以构兵者，先因尔驻辽东、广宁各官，尊尔皇帝，如在天上，自视其身，犹如神人，俾天生诸国之君不得自主，不堪凌辱，遂告于天，兴师征讨”。[①] 此文为满族贵族民族主义的爆发写成了口实，亦为日后军事进攻灭明输出了集体合力。在清朝占领云南之后，这封信对清封建王朝处理自身与地方势力之间的关系起到的历史借鉴作用。“土司事迹，止摭其大纲有关乎治乱兴亡者载之，俾控驭者识所鉴焉”。土司势力在历史上对于云南统治的安稳具有的关乎兴亡之分量，可见，云南地区土司的力量之大以及产生的影响之巨，绝非一般。否则，就不会有“关乎治乱兴亡”的惊悚表述了。正是由于土司拥有不可轻视的势力影响和明朝时期的治理经验，清朝入滇之后，主动吸取明朝在云南实施地方治理的经验，结合实际情况，在加大军事征讨力度的同时，不断完善土司制度，最终通过国家法律实现土司监控的软拘束。

首先，清朝以主人自居，没有把自己看作一个外来民族，而是先入为主地在心理上以统治者的身份自居，试图在民族之间建立平等意识。其次，预先在清朝与土司之间设定了政治关系的表现形态，即归顺与反抗。对于归顺者，则封官授爵，对于不服者，则军事镇压。最后，对于帮助清朝大吃小且归顺的土司，给予厚赏，并对那些能够继续为清朝建功立业的土司，不吝高爵厚禄。

又《清世祖实录》卷一二二载，平西王吴三桂率师南征时，顺治皇帝又曾多次发布谕旨，“湖南、四川、贵州、云南等处地方，所有土司等官”，“其中有能效力建功者，不靳高爵厚禄，以示鼓劝(励)”[②]。与明朝相比，清朝在云南地区针对土司实施的治理组合拳，更加有利于清朝初期在云南地区对土司实施管理。《清史稿》卷四七四载：顺治十七年“(吴)三桂请拊循南甸、陇川、干崖、盏达、车

---

① 《满文老档·太宗·天聪》卷一；天聪四年木刻揭榜“七大恨”，原件藏北京大学。转引自孟森：《明清史论著集刊·清太祖告天七大恨之真本研究》。

② 《清实录·世祖实录》卷一二二，台北，华文书局总发行 1989 年版，第 1450 页，“顺治十五年十二月已丑”条。

里诸土司”[①]。从侧面证明，土司对于清朝的官职授权之所以顺从和期待不只是因为土司希望获得统治名分，还包括自身治理地方遇到的现实困难，特别是军事实力上的弹压窘迫。部分土司相对弱小的实力为清朝实施法律监控提供了可能性，法律作为中央王朝监控土司的手段之一，孤掌难鸣。倘若没有其他手段的跟进与并存，单一的法律调控难以奏效。

从历史角度上看，土司历来不在中央法律管辖之内。也就是说，中央王朝建立的法律体系有其一定的效力范围，尽管从中央权力的国家性而言，“率土之滨莫非王土”，但是，基于封建时代通讯手段、交通阻塞、人文滞后以及信息传媒等管控手段的原始性，中央法律的国家性并不能在土司管辖的边远地区发生如同内地的效力。随着国家认同观念在土司内心世界的不断强化，法律监控的作用越发显现，然而，国家实力的强势又决定了法律监控下的土司必须从根本上取缔。因此，无论中央运用哪一种调控手段。其真实的目的不是维护土司与中央的对等格局，而是最终在版图上消除土司的存在，实现中央王权的大一统。

第三节　明朝土司制度的清朝继承发展

明朝统治思想源于中原文化千年的积累与传承，仁政是汉族统治者历来的中心思想。明朝作为汉人统治的最后一个封建王朝，驭边过程中同样彰显仁政的统治观念与实践方式。推行土司制度的实质，是用武功、文德这种“威德并施”的手段，以达到“遐迩咸服”的目的。[②] 在朱元璋的意识中，定天下唯有军事实力才能实现，而天下即汉族人聚居的中原地区。反之，在中原以外的偏僻蛮夷之地，则以文德教化的作用实施统治。

清朝针对土司管理的法律发展基础是明朝的土司制度，后随着清朝治边与土司管理过程中出现的各种情况，对之进行了改良。比较突出的沿袭与改良的制

---

① 《清史稿》卷四七四《吴三桂》(第 42 册)，第 12840 页。

② 《明史》卷三一八《广西土司二·太平》、谈迁:《国榷》卷三。转引自《中国史稿》编写组:《中国史稿》(第 6 册)，人民出版社 1987 年版，第 403 页。

度,莫过于土司承袭制度。清朝沿袭明律这一事实,可从清朝评价明朝土司制度得以显见。“怠有明踵元故事,……而法始备矣”。[①] 清朝改良明朝关于土司承袭的规定,在承袭人范围和次序、承袭人年龄习礼纳粟、承袭禁例、承办土司承袭的行政主体权限以及受职等方面有所体现。比如关于承袭方面,清朝特别强调嫡庶不得越序,否则,一律革职。明朝洪武三十年“土官无子弟,而妻或婿为夷民信服者,许令一人袭”[②]。顺治十五年“凡承袭土司,嫡庶不得越序”。[③] 乾隆三十三年“土官袭替定例,必分嫡次长庶,……如不挨次承袭者,不准袭职”[④]。可以看出,清朝对于土司承袭管理,已经从明朝时期的形式管理转变到实质管理,承袭制度的规定体现了清朝国家意志。土司承袭的管理从因俗而治走向了以法而治。

定天下是威,仁政为德。所以,朱元璋认为:“朕惟武功以定天下,文德以化远人,此古先哲王威德并施,遐迩咸服者也。”[⑤]因此,远化的核心要义不是军事镇压,而是文德之教化,“其道在于羁縻”[⑥]。亦为通过国家武力与皇帝仁政实现“羁”,以地方势力统治地方实现“縻”。土司因为得到统治者的国家政治授封而对土民统治拥有了“易为统摄”[⑦]的合法性,但同时“虽受天朝爵号,实自王其地”[⑧]。在个人利益不受损失的前提下,又因为国家的政治封号而获得了“实王其地”的合法性。因此,“西南夷来归者,即用原官授之”[⑨]的土司制度,既实现了土司继续维持自己称王一方的个人抱负,也很快在明朝与土司之间建立了和谐的政治关系,土司制度在明朝与土司的共治中迅速从制度转变为实践。

土司制度在当时取得的成效,通过明朝当时设置、认可的土司数目可以得知。明朝在云南地区认同、设置、重建的土司数目之多,不同职别之多,不同种类之多,在元明清三朝的历史上,首屈一指。

---

① 张廷玉:《明史》卷三一〇《列传一百九十八·土司》。
② 《大明会典》卷一二一《兵部四·土夷袭替》,明万历内府刻本。
③ 《钦定大清会典事例》卷一四五《吏部·土官·土官承袭》。
④ 《钦定大清会典事例》卷一四五《吏部·土官·土官承袭》。
⑤ 《明史》卷三一八《广西土司二·太平》。转引自谈迁:《国榷》卷三,张宗祥校点,中华书局1958年版。
⑥ 《明史》卷三一《土司总序》。
⑦ 参见《明史》卷三一《土司总序》。
⑧ 《明史》卷三一一《四川土司序》。
⑨ 《明史》卷三一《土司总序》。

据统计,明朝时期在云南存在的土司数量共有土宣慰使 14 家,土宣抚使 2 家,土宣抚同知 2 家,土宣抚副使 3 家,土宣抚司知事 1 家,土安抚使 8 家,土长官 33 家,土副长官 17 家,土指挥使 1 家,土指挥佥事 1 家,土千户 14 家,土副千户 11 家,土百户 43 家,这是武职土司总计 150 家。文职土司有土知府 22 家,土府同知 5 家,土府经历 3 家,土府知事 3 家,土府照磨 3 家,土知州 29 家,土州同知 7 家,土州判官 6 家,土知县 5 家,土县丞 9 家,土主簿 5 家,土典史 1 家,土驿丞 25 家,土巡检 95 家,土相加课司副使 1 家,土盐井司副使 2 家,土巡捕 4 家,土巡缉 1 家,土舍 19 家,土通事 1 家,土把事 7 家,土通把 2 家,总计 255 家。[①] 如此多数量的大小土司,被授予土司的封号,可以看出明朝统治半径的范围,以及由此而建立的土司制度呈现出的复杂而系统的特点。

这些土司有些是自设的,有些是明朝中央王朝授予的。实际上,明史中记载的由中央王朝授予的土司,不完全统计约有"云南、大理、临安、楚雄、澄江、景东、广南、广西、镇沅、永宁、顺宁、蒙化、孟艮、孟定(耿马安抚司附)、曲靖、姚安、鹤庆、武定、寻甸、丽江、元江、永昌、新化、威远、北胜、湾甸、镇康、大侯、澜沧卫、麓川、干崖、宣抚、潞江、南甸、芒市、者乐甸、茶山、孟琏、即猛脸、里麻、钮兀、东倘、瓦甸、促瓦、散金、木邦、孟密安抚司附、孟养、车里"等。之所以在数目上出现如此大的差距,原因在于许多带"土"字的土职是土司自设的。这就说明,明朝设置的土司不多,但是,土司自己为了管理而自设了不少土职,显然,土司拥有很大的管理地方的权力,至少可以自设地方官员,即便这些官员不具有官府性质。

土司制度的羁縻作用,不仅体现在土司"自王其地",而且体现在通过授权土司,以土司作为明朝中央权力的地方转化,将国家制度经由土司转变为地方制度,从而割裂国家与土民之间的利益冲突,假借土司实现了国家对于基层社会的统治。在当时军事后勤保障难以为继的情况下,就地取材是保障一支强大军队的基础。虽然明朝建立了卫所制度,然而,卫所制度的实施必然要与土民之家发生利益纠纷。但是,卫所制度存在的实质是一把时刻可以通过军事力量实施讨伐的架在土司的脖子上的刀子,体现"威"的存在;同时卫所的自我供给,

---

① 参见龚荫:《中国民族政策史》,四川人民出版社 2006 年版,第 509 ~ 510 页。

体现了明朝皇帝的教化,体现"德"的传播。然而,从统治者的根本利益出发,卫所的设立,既是军事的需要,也是时刻防范土司作乱的必备手段。

土司制度是中央王朝"顺俗施化,因人授政""即其豪长而任之"[①]。通过土司独立的发展,有利于国家征收赋税、富盈国库,其目的在于"分别司郡州县,额以赋役,听我驱调"[②]。回顾历史,也能看出,土司制度与明朝在少数民族地区体现其军事力量的卫所制度是紧密相连的。[③] 卫所制度在明朝是一项普遍的治边制度,"自京师达于郡县,皆立卫所"[④],"度要害地,系一郡者设所,连郡者设卫"[⑤]。卫所在少数民族地区还兼管当地汉人的民政,成为军事政治统治机构。[⑥] 卫所制度带来的直接影响就是改变了土地所有制以及地亩田税制度。由于建立在少数民族地区的卫所面临交通不便导致的给养供应困难,促使"以解决卫所粮饷为目的的屯田制度"[⑦]的出现。

屯田就可以将内地汉民外迁,增强边疆守卫力量,也可以推进民族融合,而大规模人口的稳定居住,不仅有利于兵丁的招募而且形成了稳定的常住人口。大量卫所制度的建立,为汉民涌入云南建立了稳定的制度,而汉民的进入,尤其是婚姻方面无民族隔离的开放,能够同化土司地区少数民族,同时最终能够将远边慢慢进化为天下之地。从这个角度看,明朝实施卫所制度的终极目的,可能含有彻底更替民族的政治战略。卫所制度中的核心制度是屯田制度,其实质在农业社会表现为建立一个自治的行政城邦。

屯田制度是一项广为采用的屯边制度,"东自辽左,北抵宣、大,西至甘肃,南尽滇、蜀,极于交阯,中原则大河南北,在在兴屯"[⑧]。屯田的军事目的与政治目的合二为一,"屯田以守要害,此驭夷狄之长策"[⑨]。明代西南少数民族地区的屯田有

---

① 《云南机务钞黄》。
② 《明史》卷三一《土司总序》。
③ 参见《中国史稿》编写组:《中国史稿》(第6册),人民出版社1987年版,第404页。
④ 《明史》卷八九《兵志总序》。
⑤ 《明史》卷九〇《兵志二·卫所》。
⑥ 参见《中国史稿》编写组:《中国史稿》(第6册),人民出版社1987年版,第404~405页。
⑦ 《中国史稿》编写组:《中国史稿》(第6册),人民出版社1987年版,第405页。
⑧ 《明史》卷七七《食货志一·屯田》。
⑨ 《明太祖实录》卷五〇。

两种,即军屯与民屯。洪武十六年五月"督兵往云南缮城立屯"[①],开启云南最早的军屯。驻守云南的沐英于洪武十九年九月上疏朱元璋:"云南广芜,宜军士屯田。"[②]到洪武三十一年,"云南拓屯田三千余万亩"[③]。待至明代后期,屯田已扩大到南甸、干崖、陇川"三宣"地区。[④] 云南除军屯之外,还实行民屯。洪武二十年十月,"诏湖广常德、辰州二府民三丁以上者,出一丁往屯云南"[⑤]。一方面,迁移犯人入滇开荒,"所移徙不下万数,皆奸儒猾吏累犯罪人"。[⑥] 另一方面,"高皇帝既定昆明,尽徒江左诸民以实之"[⑦]。有人评论:"自前明开屯设卫以来,江湖之民云集而耕作于滇。"[⑧]从明朝迁移人口的规模来看,可见云南民屯的规模还是不小的。[⑨]

无论是军屯,还是民屯,都是为了加强明朝在云南地区的军事统治与政治统治,但是,积极的一面也是存在的。移民随带的先进生产工具,客观上对西南各族社会经济的发展起了积极作用。[⑩] 如"凿铁池河,灌田甚广"[⑪]的水利工程,对当地农业生产起了促进发展的作用。[⑫] 与此同时,先进的农业生产,对于少数民族地区奴隶制转向封建制也起到了推动作用。[⑬] 特别是土民从奴隶性人身依附关系转化为佃民性人身依附关系,为封建国家统治理顺了自上而下的社会观

---

① 中国史稿编写组:《中国史稿》(第6册),人民出版社1987年版,第407页。

② 谈迁:《国榷》卷七、卷八。张宗祥校点,中华书局1958年版。

③ 谈迁:《国榷》卷一一。张宗祥校点,中华书局1958年版。

④ 参见中国史稿编写组:《中国史稿》(第6册),人民出版社1987年版,第406~407页。

⑤ 《明太祖实录》卷一八六。

⑥ 谈迁:《国榷》卷八,"洪武二十年六月己亥"条。张宗祥校点,中华书局1958年版。

⑦ 谢肇淛:《五杂俎》卷四《地部二》。

⑧ 檀萃:《滇海虞衡志》卷七《志兽》。

⑨ 中国史稿编写组:《中国史稿》(第6册),人民出版社1987年版,第407~408页。

⑩ 参见中国史稿编写组:《中国史稿》(第6册),人民出版社1987年版,第408页。

⑪ "即夷人亦渐习于牛耕,故牛为重。牛分两种:水牛、黄牛。黄牛特多,高大几比水牛,以耕田,以服车。车轮皆轻,即平地任载之车也。其犁田也,驾双牛,前一人引之,后一人驭之。驾车亦然"。谈迁:《国榷》卷一一,张宗祥校点,中华书局1958年版。

⑫ 参见中国史稿编写组:《中国史稿》(第6册),人民出版社1987年版,第409页。

⑬ 明代西南各族社会经济发展极不平衡,生产力水平高下悬殊,就是同一个民族,由于地区不同,生产水平也相去甚远,所处的历史发展阶段也不同,这个地区已进入封建社会,而另一地区还处于奴隶社会,呈现复杂的状况。如川南、贵东南的苗族,生活在平旷地区的壮族、瑶族、黎族,云南北部的彝族,都与内地汉族的发展水平接近,处于封建地主制经济发展阶段。而湖广与贵州交界的苗族,生活在深山密林中的壮族、瑶族、黎族,川南贵西的彝族,大多处于领主制发展阶段。建昌地区的彝族尚处于奴隶制下。傣族则正是在明正统前后完成了由奴隶制向封建制的过渡。参见中国史稿编写组:《中国史稿》(第6册),人民出版社1987年版,第409页。

念,从而疏通了清朝国家律例对土司地区地方化的意识通道。

元朝对待云南土司的态度是维持一种状态,确保元朝中央权力在云南地区通过授权土司官职而达到宣示中央权力存在的目的,然而,明朝对于云南土司的态度则是强硬的,其目的是维护中央统治,手段则是恩威并施,显示出明朝统治者鲜明的政治目的。如土司承袭,必须赴京。“袭替必奉朝命,虽在万里外,皆赴阙受职”①。土司到京城接受政治授封,既能检验土司对此事的慎重和对明朝的忠诚,也能借此凸显明朝作为统治者的天子之威和皇权高高在上的优越。因此,虽然按照明朝规定,土司封号授予的依据是“以劳绩之多寡,分尊卑之等差”。但是,授封过程中法制化的程序,并无商量的余地。对于通过法律来统治土司,借以减少生乱的事由,明朝廷统治者不仅有思考,而且深知其中的道理。《明史》卷三一〇载:“踵元故事,大为恢拓……其要在于抚绥得人,恩威兼济,则得其死力而不足为患。”②从上述记载可以看出,明朝统治云南土司地区时已经意识到法律的重要作用,同时,也明确了土司的存在对于明朝统治的利与弊,并为之做好了应付土司的对策。云南土司地区在经济上主要实行领主经济,云南境内腹地也有土司地区实行地主经济。由于云南地区土司管辖地区实行不同的经济形式,因此,明朝中央政府针对不同的土司地区,采取不同的管理体制。

对于经济上实施地主制的滇池地区,明朝廷在此处设置流官治理;对经济上实施领主制的地区,如楚雄地区,则实行“土”“流”兼治;对那些仍然处于奴隶制的山区、边远地区,则实行土司制度。③ 区别对待体现了土地性质在小农经济时期对于国家权力半径④的影响,由于明朝是封建制国家,土地性质的私人占

---

① 《明史》卷三一《土司总序》。

② 《明史》卷三一〇《土司列传》(第26册),中华书局1974年版,第7981页。

③ 参见龚荫:《中国土司制度史》,四川人民出版社2012年版,第128页。

④ 就内在的势力而言,每个国家都倾向于成为囊括世界的国家。但每一国家的权力,多少都与地理有关:通常从一个中心向四周辐射,距离中心越远,权力也就越弱。结果,在离开中心一定距离的地方,一个国家的权力就和其他国家的权力达成平衡,若没有传统力量的干扰,这里就成为他们的疆界。[英]伯特兰·罗素:《权力论:新社会分析》,吴友三译,商务印书馆2008年版,第115页。由此,这一距离就是权力半径,半径长度与权力衰减之间存在反比例关系,即半径越大,权力影响的力度越小;反之,越强。随着国家权力的影响式微,地方权力即传统势力的干扰就越强,从而引起中央权力与地方权力围绕权力大小而产生博弈。博弈的结果是,世界上大多数国家采取了地方自治制度。

有形成地主经济。因此,实施地主经济的土司地区,由于其经济形式与明朝经济形式存在一体性,所以,设置流官不仅维护了土司的切身利益,而且促进了土司地区的经济发展,加速了土司地区与内地地区的融合。而由于领主制经济与地主制经济具有土地集中的特点,所以,在保证土司个人利益的前提下,设置流官一方面有利于安抚土司,另一方面,为后期明朝全面设置流官起到了缓冲作用。

对于实行奴隶制的边远土司地区,由于其势力一般很难影响到明朝的边疆治理,对明朝经济发展也并无多大的贡献,故依然保留原有状态,从而又起到了安抚土司的作用。这种区别对待、分类管理的策略,一方面,体现了明朝对经济发达地区的高度重视,其目的可能在于获取经济收益,增强国库实力;另一方面,体现了明朝政府对边远落后地区的轻视,其目的仅是宣示明朝中央权力的存在。从明朝在云南设置的行政机构与官职,也可以看出明朝对于云南地区土司的基本态度。

明朝在云南设有布政使司,管理全省民族事务。布政使司下为府,设知府、同知各一人。府以下为州,设知州、同知各一人。州以下为县,设知县、县丞各一人。在民族聚居地区,根据地区范围大小、人口多少,设置军民府、土州、土县,设官如同正府、州、县。各府、州、县地方机构,各管理所辖地区的民族事务。[①] 可以看出,明朝地方官僚体制的系统性,在当时已经区分并专设管理民族事务的官职,且注意到土司对于边疆稳定所起到的重要性作用。在靠近内地或较发达地区,设置土官;在边境津要之地和山岳地带设置土司。[②] 显然,对于流官可以直接管控的地区,仅仅设置土官,其实际的行政管理权属于流官,而偏远地区则设置土司,行使实际的行政管理权。

明朝对待土司的态度,不仅体现在区分地理距离上,而且体现在土司对待明朝的态度。对于那些主动投降归顺的土职,则尊重其旧职,以表明明朝宽容大量。《明史》卷三一〇载:"洪武初,西南夷来归者,即用原官授之",[③]一方面,

---

① 参见龚荫:《中国土司制度史》,四川人民出版社 2012 年版,第 130 页。
② 参见龚荫:《中国土司制度史》,四川人民出版社 2012 年版,第 130 页。
③ 《明史》卷三〇〇《土司》序(第 26 册),第 7982 页。

表达了明朝确保土司个人利益的立场,另一方面,也说明明朝授封的秩序有别。针对不同贡献的土司,又分别在官职等级上给予区分。“以劳绩之多寡,分尊卑之等差”[①]。这就在土司之间建立了严明的等级,并在特别地区给予特别称号,以昭示该地区土司的重要性。比如,“御夷府”“御夷州”,名义上是土官,实权都相当于土司。[②] 不仅如此,明朝根据居住地与族类的不同,对土司地区实行民族识别,以利于更好地统治。

清朝对于云南土司的统治,起初沿袭了明朝的做法,即“原官授之”。然而,即便是明朝,也并没有僵化地采用这一原则。有学者查证资料之后认为,尽管从明朝土司授职的具体情况来看,原官授予的情况虽不在少数,但改授的情况更加常见,其原因在于不同的土司实力对于明朝统一天下进程有不同程度的影响。[③] 清朝在进入云南初期,继承和发展的制度主要是承袭制度,其中,“原官授之”这一制度即被继承。在运用这条带有原则性制度的过程中,根据土司在清朝进驻云南过程中的表现而有所区别对待。

《西园闻见录》卷七九载:“因其疆域,分析其种落。”[④]这种带有现代民族识别意蕴的边疆管理策略,虽然有利于明朝的中央集权统治,但是,却于无形之中人为地制造了不同民族之间的矛盾。明朝对待土司的态度,随着明朝社会秩序的变化而发生变化。洪武中期,明中央王朝为了平息边境战乱,迅速稳定云南地区,实现边疆地域的和平,把原来“令土酋入朝”的规定,改为就地“顺而抚之”政策。通过顺服的方式,一方面,明朝避免了发兵讨伐带来的损伤,毕竟,云南远离后方,军事行动的后勤保障无疑成为国库支出的重要一项,影响明朝发展;另一方面,“杀人一千自损八百”的古训以及皇恩浩荡的君王德行,必须要体现明朝恩信的礼教。

更确切地说,明朝通过礼教喻义,实现云南地区平稳统治的心理。对此,明朝主动派人携带象征皇权的各种信物,以表达明朝的礼教,以此达到教化的目的。

---

① 《明史》卷三〇〇《土司》序(第26册),第7982页。

② 参见江应樑:《傣族史》,四川民族出版社1983年版,第270页。

③ 参见尹宁、游俊:《“原官授之”考》,载《贵州民族研究》2020年第8期。

④ 张萱:《西园闻见录》卷七九“土官”条,哈佛燕京学社1940年版,第6页。

洪武十五年闰二月“莫若顺而抚之,示以恩信,久则自当来朝矣”。[①] 明朝主动示好的行为,体现了“和为贵”的传统思想。其中,既有统治上的经济利益衡量,也有政治交往的心理考虑。总体上,明朝统治云南土司的仁政思想较为浓厚。这是自夏朝以来君王称帝统治的集中表现。而这种既有利于土司接受明朝的授封,又有利于宣示明朝统治者崇尚礼教的仁君形象,同样在清朝统治云南土司的过程中得以鲜明地体现。与此同时,由于明朝在云南土司地区采取了主动顺服的招安政策,因而顺理成章地在云南设置了一系列的大小土司,迅速稳定了云南局势。

明朝采取的一系列安抚策略,为明朝设置流官提供了方便。洪武十六年冬月辛未朔,诏授武定女土官商胜“中顺大夫、武定军民府知府”[②]。《云南机务抄黄》载,洪武十六年,“景东土官俄陶,怀忠内附”“特授中顺大夫、景东府知府”;洪武十七年正月,授丽江土官木德“中顺大夫、丽江府知府”;洪武十七年二月二十六日,元江士官那直归附,“特授中顺大夫、元江府知府”[③]。《明孝宗实录》卷一八七载,“初,云南所属各巡检司,俱除设流官”[④]。尽管如此,明朝时期云南设置土司之多,为西南部少数民族地区各省之冠。[⑤] 这个现象足以说明,一是土司在明朝时期对于稳定云南社会秩序具有很重要的作用,二是土司数目之多说明了明朝统治云南具有一定的难度,三是明朝虽然设置了数目不菲的流官,然而,流官实质上的管理能力与实效令人质疑。或许,也正是明朝在云南地区改土归流的不彻底性,亦为清朝实施改土归流埋下了伏笔。

清朝在继承明朝土司承袭制度的基础之上,结合明朝统治土司过程中的经验,以承袭制度为核心,围绕土司后代承袭权利的延续,充分发挥国家法律制度的作用。比如,严格承袭资格,限制了土司权力的继承,甚至剥夺了土司承袭资格,为流官管理土司地区的常态化铺垫基础;又如,严格管理土司承袭程序,实际上通过法律在规范土司承袭的同时,限制了土司承袭;再如,扩大了承袭范围,如可以

---

① 《明太祖实录》卷一四三“洪武十五年闰二月甲午”(《明史录》台湾影印本),中华书局 2016 年版,第 2 页。

② 《明太祖实录》卷一五七“洪武十六年冬月辛未朔”,第 1 页。

③ 《云南机务抄黄》。转王云五:《丛书集成》卷四五,商务印书馆 1936 年版,第 24、25、26 页。

④ 《明孝宗实录》卷一八七“弘治十五年五月癸酉”,台北,“中央研究院”史语所校勘本 1962 年版,第 2 页。

⑤ 参见龚荫:《中国土司制度史》,四川人民出版社 2012 年版,第 133 页。

选任民众认可的其他优秀土民作为土司,这就从实际上剥夺了土司后代永续土司职务的权利。与此同时,为了能够让承袭制度更加规范,尤其是通过承袭规范土司管理行为,并最终将土司纳入国家法律规制范围之内,清朝采取了其他辅助性措施。例如,文教传播,促进土司地区经济发展。在极端情况下,采取改土归流。包括奖惩制度,卓异制度、安插制度等,既是对明朝土司制度的继承,在细节上又有对明朝制度的改良与完善,最终形成了结构完整,体系严密的土司制度。

第四节 小 结

从元朝管理土官采用"宜从本俗",到明朝初期对之"稍有约束",至明朝中后期管理"法始备矣",清朝关于土司承袭立法的完备性从地方习俗转向封建宗法,体现了清朝与明朝之间关于土司管理的制度继承与制度性质的转化。因俗而治到因法而治的国家法制生态业已形成。清朝通过法律监控云南土司的统治过程,在其整个历史周期来看,与国家统治有着直接的关系。应该说,清朝之所以在继承明朝土司制度上继续发展完善土司制度,不单单是明朝为之提供的制度可以拿来就用,而是在国家统治视野下基于版图内不同地区的不同情况,有针对性地采取最适合的方式实施统治策略。清朝沿袭土司制度,不断完善土司制度说明中国封建王朝时期在国土版图的维护上,基本上没有改变"大一统"疆域的政治理想。中国封建王朝历朝历代的治边史表明:以汉族为主体的统治历史始终充满着中华民族的天下观。尽管满族贵族尽其所能希望在关内地区建立自己设计的统治图景,然而,其早先已被关内政治文化所熏陶并在其对政治理解的过程中已经潜移默化地被影响。这种影响不仅体现在政治文化内藏的儒家仁义,而且体现在政治制度隐含的统治之道。天下一统的政治观基于统治文化的历史性促成了政权迭代过程中的前后继承,不仅包括政治制度上的继承,而且包括统治制度的继承。其中,历朝历代的治边制度为云南地区土司制度的成熟积累了历史基因,清朝通过王朝统治意识的转化,形成了法律监控土司的治边之道。

第四章 土司地区法律认同的客观障碍

云南地区土司先于清朝数百年统治各自的族群,其形成的传统权威至少在土司地区孕育出土司统治的正当性与合理性。清朝从入关到占领云南,军事上的胜利表征着版图面积的扩张,而作为清朝的王朝认同并没有随着军事上的胜利而形成。作为统治者,清朝通过武力建构了军事秩序,然而,政治秩序并未真正建立起来。法律作为政治制度体系中的子系统,法律秩序的建构往往带有国家强制的意蕴。因此,清朝通过国家法律监控土司的实质是土司及其土民认同清朝的法律。在云南土司地区实现法律认同需要三个条件:首先,土司认同清朝国家法律,并接受清朝国家法律的规制;其次,土民能够通过遵守清朝国家法律感受到公平,否则,土民不会认同清朝国家法律;最后,清朝适用的法律应能够考虑到土司地区的传统习俗,这是国家法律社会化的必要条件。然而,云南土司地区对于清朝通过法律监控土司,存在三个客观障碍。首先,清朝入主云南之后建立的国家统治,势必与土司之前形成的宗族统治存在直接的冲突,土司基于存亡与清朝中央形成矛盾的集合体;其次,清朝在云南土司地区设置流官,虽然授予土司一定的地方事权,然而,流官与土司之间围绕地方性话语权存在明争暗斗;最后,土司地区弥久的文化习俗对于清朝国家法律会因为宗教文化传统而产生一定的抗拒。

第一节　清朝朝廷与云南土司的矛盾构成

矛盾从来都是以人为主体在相互关系的运动转变中出现对立、差异或者偏离。清朝进入云南之后,最主要的矛盾就是作为外来者的清朝与作为土著的土司之间的矛盾。随着清朝在云南土司地区设置流官,流官与土司的矛盾接踵而至。由于土司授封源于清朝的圣旨,各路土司为了得到清朝的政治宠幸而竞相表现,土司之间的矛盾也应运而生。最终这些矛盾演变为土司与清朝之间的矛盾,其他主体之间的矛盾则起到了推波助澜和热化催熟的作用。矛盾的产生是多元化要素合成的结果,尽管清朝与土司之间的矛盾可以从政治、经济、文化来分析,也可以从不同主体的角色来分析,然而,倘若不分析矛盾产生的主客观条件,就会导致对于矛盾分析的力度、深度与广度似乎存在浅尝辄止的问题。因此,有必要从矛盾的主客观两个方面来分析清朝与土司之间的矛盾构成。

中国历史上围绕中心地带与边缘地带的统一问题产生了一系列的矛盾,既有客观条件上的矛盾,比如路途遥远与交通便利需求之间的不对等,文明开化与野蛮愚昧、先进的生产与落后的生产之间表现出来的紧张;也有主观条件上的矛盾,比如一统天下的中央观念与各自为政的地方想法,我为君主与你为藩属的主从位阶意识,中心地带认知与多元地带强调的平等权利。这些客观与主观上存在的矛盾,在外部条件下表现出为实现天下统一而发动的征讨战争,在内部条件下则转变为基于生存权而推翻皇权的民众起义。起义致使了新的朝代的产生,而新的朝代在经历外部侵扰与对外抗击、内部暴政与民不聊生、皇帝荒淫官员腐败三个方面的聚合之后,又被民众以起义的方式推翻,新的王朝诞生,继而反复并形成循环,而生产力则在这反复周始的过程中表现为螺旋式上升。

自公元前221年秦始皇统一六国之后,随着举国之体制的形成,社会生产力获得持续的发展,虽然每一次朝代更迭都是一次对社会财富的巨大破坏,但是,战后生产力因为新朝代的举国体制而得到了提高,随之相伴的则是加强了对外战争与对内镇压起义的军事力量。同时,民众起义的冲击力、重创力也随之水涨船高,并以缩短皇权从震荡期走向灭亡期的时间跨度为特征。

回溯中国封建社会历朝历代的发展史,可以看出,民众起义与皇朝镇压是一对贯穿整个历史过程的根本矛盾。虽然每一次的民众起义并非都成功地推动皇朝的换代,但是,每一次皇朝的换代都是以起义军最后的胜利为推动力的,这个规律已被历史事实与理论研究所证成,并构成了中国权力文化的核心特征。以民众起义为朝代更迭动力的历史反复形成了累积性矛盾和传统性认知,并在清军入关之后随着满族作为外族统治力量出现而达到了顶峰。中原地区从抗清到反清,在满族统治近 260 年的时间内从未中断,直至 1911 年武昌起义。与此同时,作为封建集权的清朝与周边少数民族关系、边疆地区民族关系,境外他国民族关系因为清朝自居为天下中心的观点而在不同时期呈现程度不一的紧张。

在清朝统治云南土司地区期间,各种各样的矛盾按照矛盾主体来分化,可分为清朝与土司之间的矛盾、土司与土司之间的矛盾、云南督抚与地方土司之间的矛盾、土司与流官之间的矛盾、流官与流官之间的矛盾。这些矛盾虽然是以不同主体间的矛盾展开的,但是,这些矛盾经过各种要素的混合、发酵,最终转变为清朝与土司之间的矛盾。

按照矛盾的性质来划分,清朝与土司之间的矛盾可划分为经济矛盾、政治矛盾、文化矛盾和社会矛盾,而这些不同性质的矛盾经过各种要素的混合,最后也转变为清朝与土司之间的矛盾。按照矛盾的属性来划分,可以分为主观矛盾,即清朝与土司之间的矛盾,以及客观矛盾,即清朝、土司、流官与自然环境之间的矛盾。这些矛盾最终也是以清朝与土司之间的矛盾作为最终的表现形式。与此同时,因为主体、性质与属性不同而产生的各种矛盾,相互交织在一起,一种矛盾的发酵往往夹着其他矛盾的混同,而其他矛盾在强化其他矛盾激化的同时又获得了新的地位,或者从次要矛盾转变为主要矛盾,或者从矛盾的次要方面转变为矛盾的主要方面,在其他矛盾转变的过程中,先前主要的矛盾可能转化为次要的矛盾,而矛盾的主要方面也可能转变为次要方面。这些矛盾在朝各个方向转化的过程中,又激发了次级矛盾的发生、发展与变化。新矛盾的产生,消灭了旧有的矛盾,但是,由于新矛盾具有更加强硬的生命力,反倒不容易被化解。一旦这些矛盾无法通过制度性的措施得到解决,那么,最终的手段则是果断地进行革命。

在清朝化解皇权与土司地方权力之间的各种矛盾的过程中,各种软的举措穷尽之后,即通过国家法律、政教文卫、经济促进的手段不能奏效之后,清朝必须采取强硬的措施,唯一的选择即彻底消灭土司制度在局部地区的存留,撤土归流自然随之而来。矛盾是人与人之间围绕着资源分配而形成的各种冲突的总和,自然要素是人与人之间产生矛盾的中介,人与自然的矛盾归根结底还是人与人之间的矛盾。以人为矛盾主体的矛盾,具有社会性,而社会是一切关系的总和。

矛盾随着主体之间关系的变化而变化,矛盾主体角色的变化以及主体之间相对关系的变动把矛盾不断地置于解构、重构的动态之中。分析矛盾必须回归到矛盾主体之间的关系上来,土司、流官与清朝之间的矛盾,具有动态特征,表现为随着三者之间主体性关系的变化而发生着变化。从矛盾关系的距离上讲,土司与流官之间存在直接的矛盾,尽管不排除部分土司与流官之间由于利益合谋而存在串通一气的特殊关系,但是,总体上,土司与流官之间的矛盾是直接的。然而,随着清朝在云南统治的力度逐渐加强,全国性政权的日益稳定,土司与流官之间的矛盾成为表面矛盾,深层次的统治与被统治之间的矛盾慢慢浮上水面,成为主要的矛盾,而土司与流官之间的矛盾则下降为次要矛盾。在某些特殊的条件下,流官成为土司与清朝之间矛盾的牺牲品。

从矛盾的主要方面来讲,土司与流官之间的矛盾在清朝设置流官之初表现为权威的转移,在流官设置稳定之后土司与流官之间的矛盾转变为官僚体制内部的同僚矛盾。作为清朝官僚体制中的共生共存者,土司与流官的利益指向虽然不同,但是,作为同在封建皇权统治下的地方官员,这决定了他们与清朝有着共同的矛盾,即统治与被统治的对立。

流官是汉族人,土司大多数是少数民族人,所以,对于土司来说或是对于汉官而言,满族统治者是他们共同的反抗对象。从这个角度分析,土司与流官之所以面对满族统治者能够选择进行并肩同一斗争,是民族主义下利益指向的情结所致。这也是为什么云南土司地区在雍正之后并没有全部实行改土归流的深层次原因。除了满族统治者仿效明朝统治者实施"以夷制夷"的政策之外,还有就是满族自己曾经作为被统治少数民族的经历所产生的民族主义情结,在对待土司的态度上发生了一定的作用。同时,满族统治者对于设置在云南土司地区的流官并不是完全信任。

作为外来的少数民族,统治一个人口数倍于自己且带有数千年文化的汉族,其在整个清朝统治期间都没有达到完全自信,这个过程中满族的汉化与强制推行的剃发就足可窥见满族统治者的自信程度。本民族的汉化从根本上证明了这个民族的落后,而强制推行的以剃发作为民族统治制度标识的暴行则更进一步证明满族作为统治民族内心世界的自卑,只有通过这种带有民族特征的法律制度才能消除统治者内心世界的不安与自卑。清朝对待云南土司只是采取了部分改土归流的措施,并没有全部实施改土归流,能够进一步说明民族主义情结是每个民族历来的传统,并已经内化为民族繁衍的基因。

当清朝在云南土司地区建立体系化的官僚体制之后,不仅没有消除土司与流官之间的矛盾,反倒强化了土司与清朝自身之间的矛盾,土司与清朝之间的矛盾是统治阶级与被统治阶级之间固有的这一矛盾特性,不会因为土司与流官之间表明的矛盾冲突而被掩盖。从矛盾内涵上讲,土司与清朝之间的矛盾是统治与被统治之间的对立,是两个阶级的矛盾。土司与清朝在根本利益上具有绝对对抗性。一方面,单个土司以能够驱逐流官作为恢复自己独立王国的政治目标;另一方面,土司群体希望能够推翻清朝在云南土司地区的统治,从而赢得自己群体独立的统治。虽然不能排除土司联手逼退清朝对云南的统治之后会发生为争夺地盘而引起内讧的可能性,但是,至少在推翻清朝统治云南的意愿上土司的内心世界具有一致性。

土司与清朝之间的矛盾是清朝统治云南土司地区 260 多年之久的主要矛盾。这个矛盾是被统治者与统治者之间的对立,其表现形式不一定是以直接的起义或者激烈的军事行动体现出来,也可以表现为税赋迟滞、谎报隐瞒、假冒承袭等,但是,从其根本上讲是统治阶级与被统治阶级两个集团之间固有的阶级矛盾。

土司既是地方势力发展的历史过程,也是历史发展的结果,决定了土司与流官之间的矛盾、土司与土司之间的矛盾是暂时的,而土司与清朝之间的矛盾相对前者而言更为持久。虽然流官是清朝设置在云南土司地区的官僚,但是,由于流官无非是清朝在云南土司地区的权力代理人,而流官本身也对清朝的统治有着寄人篱下的抵触,这种强烈的民族情感弱化了土司与流官之间的矛盾,凸显了土司与清朝之间的阶级矛盾。因此,清朝如何对待土司自治与满族贵族统治之间的民族内部矛盾①,折射了清朝天下观的价值取向与国家意识。土司与清朝之间围绕统治与被统治而产生的各类矛盾,集中地表现为经济、政治与文化上的对立和冲突。

在这些矛盾中,政治矛盾是主要矛盾,经济矛盾与文化矛盾因政治矛盾而衍生为次级矛盾。政治矛盾的内容体现为土司统治一方的权力被剥夺,而代之以清朝授权形式的地方代理,土司独立的权力被政治符号所取代,土司地区统治权的最终归属是土司与清朝各自的核心利益。而经济矛盾与文化矛盾无非是清朝控制土司权力的过程中运用的手段而已,文化矛盾则是强化皇权认同过程中外来元素与土著元素之间的冲突。在清朝统治云南土司地区期间,二者之间的政治矛盾是主要的矛盾,云南与内地之间基于经济发展水平、文明教化程度之间存在的巨大差异而使得经济矛盾、文化矛盾成为次要矛盾。

主观矛盾在一般的意义上是指矛盾主体对于事物发展过程中对事物规律的认知,不仅包括社会主体对于周边环境在认知上的限度,而且包括矛盾各方的主体对于矛盾的自我认知及其带来的潜在冲突。而这样潜在的冲突从理论上讲,可以通过建构信息对称通道或者信息共享获得解决,然而,由于矛盾归根结底关涉各自的利益占有,因此,这种本应该可以通过信息共享解决的错位认知由于各自的博弈心理而只能在揣摩中化解。可以想象,基于主体之间认知上的不和谐而导致的矛盾远比依据主观意志判断而产生的矛盾更加难以解决。

---

① 在中华民族的视野下,土司与满族之间的矛盾,虽然带有统治与被统治的性质,但是,仍然属于内部矛盾。而将两个民族作为民族主体来看,应是独立的民族间矛盾。由于其中的一方掌握者统治权力,故二者之间的矛盾是统治阶级与被统治阶级之间的矛盾。

清朝与土司之间的矛盾，从双方主体性认知上来分析，不难看出，往往是一方主体出现了误判，导致了矛盾激化，甚至引发军事行动。

土司与流官之间的矛盾处于变动之中。清军统治云南之后，土司与流官的矛盾是权威的争夺，即统治与反抗之间的独立矛盾。随着清朝政治身份的正统确认，土司与流官之间存在一个共同的服务对象，土司与流官成为清朝官僚体制中的结构要素，二者之间因为体制结构的同一性而改变了先前对立的矛盾，逐渐从对立统一的矛盾性质转向协作同一，土司与流官之间的矛盾渐趋缓和。但是，在矛盾缓和的过程中，由于流官肩负着考核督查土司的职责，同时，土司的晋升、承袭、朝贡、税赋等权利义务要经过流官的审核、推荐甚至决定，由此一来，土司为了谋取更大的政治利益、经济利益而不得不与流官发生权力"寻租"的关系。与此同时，流官往往是"铁打的营盘流水的兵"，因此，这就导致有的流官与土司沆瀣一气，共同欺骗清朝，以豪取不法利益。也有的流官则依仗自己是朝廷命官，不顾清朝整体利益，而欺压榨取土司的直接利益，引起了土司的不满，从而激化了矛盾。

在流官与土司并存的地区，二者之间的矛盾时有冲突，时有缓和，一直贯穿着清朝统治云南的260年之久。[①] 如此长久的存续期，足以可见，土司制度的生命力。然而，土司制度的生命力，在强大的国家意志面前能够被允许存在，与土司制度在维护云南边地地区社会稳定和国土安全具有的特别作用是分不开的。

土司与流官之间的矛盾源于清朝体制结构。就土司的角度而言，作为统治一方的大户人家，土司当中个别人存有相互吞并的想法，希望壮大自己的势力，获得世世代代的特权。从土司的发展史上看，云南土司尚未有往北侵入内地的想法与行动。这一点与北方游牧民族不同，他们经常性入侵中原，统一天下的想法由于种种历史条件而未能得逞。元朝与清朝就是一个足以证明这一天下一统观念的例证。但是，清朝出于国家秩序稳定的需求，特别是个别土司挑起的土司兼并战争往往破坏了清朝统治的稳定性。因此，通过土司稳定民族地区统治秩序，成为清朝实现大一统的内生性需求。

① 从1644年清军入关算起，至1911年辛亥革命，在不太精准的意义上，清朝统治云南地区约268年。

清朝对于土司的态度与对汉官的态度具有雷同性,即“用之疑之”。一方面,清朝在云南土司地区设置流官体现了清朝满族统治权威的延伸与下沉,实现了体制化统治;另一方面,通过在土司地区设置流官,赋予流官在上传下达通道中的审核、呈报权,起到了监控土司的作用。与此同时,赋予土司可以申诉流官的权利,一方面,通过土司的申诉,实现清朝对于汉官是否尽职尽责的监控,另一方面,可以防范土司与流官相互勾结,损害清朝的集权利益。正是清朝这种官僚体制的设计与运行,造成了土司与流官之间或者联手谋利,或者对立反抗的关系。随着清朝在云南土司地区的统治逐步系统化,土司与流官之间的矛盾就转化为土司与清朝之间的矛盾。

一般来说,客观矛盾被理解为不以人的意识为转移而存在的对立或者偏差而导致的事实冲突。任何主体之间的矛盾构成,既有来自主体之间关于各自利益衡量、时局判断以及其他各种社会关系的认知而形成的主观矛盾,也有来自不以主体意志为转移但对主体之间矛盾的形成起到了现实作用的客观存在,主体面对这种客观存在而不得不接受的事实难题,就构成了客观矛盾的全部内容。虽然对客观矛盾的认知不能离开人的主体性认识观、世界观,但是,客观矛盾的客观性就体现在无论主体认识客观事实达到了一种多么深邃的程度,但是,主体在一定时期内将无法改变这一事实的历史性存在。

在清朝与云南土司之间,除却主体间关于地方统治权威的主观性矛盾之外,还有横亘在二者面前的客观矛盾。虽然清朝与土司对于客观矛盾的认知不具有一致性,双方在各自看待客观矛盾与处理策略上大有差异,但是,面对二者之间共同面临的客观事实,双方主体只能选择接受,并在接受的前提下处理二者之间关于政治统治的矛盾。清朝欲以流官形式统治云南地区和面对土司与汉人可能存在的联合,导致清朝对待不同土司采取了不同的态度,尽管这样有利于在土司之间引发忠诚性竞争,然而,同时也暴露了清朝的内心想法,让一些土司看到了有可乘之利的机会。

土司虽然看清了清朝的政治意图,但是,单凭一己之力难以成事,并且即使若干个土司联合起来,但由于土司内部也有矛盾,可得知这种联合是不牢固的。与此同时,近在咫尺的流官虽然不一定有能力及时实施镇压,但是,流官毕竟是清朝的权力代理人，掌握着一定的军队，同时靠近西藏、贵州、四川的清军援助云南流官镇压土司起义的行为具有一定的威慑性。实际上，云南在稳定西藏局势方面具有不可替代的作用，驻扎在云南的绿营兵往往与四川的绿营兵构成进藏的主力军。

雍正六年正月初八朱批鄂尔泰料理进藏官兵折。折中内容："部文开将云南省绿旗兵派三千名，马兵六百名、步兵二千四百名。"[①]然而，从云南进入西藏必须经过中甸。中甸作为少数民族地区，民族习俗、文字语言等都和内地不同，稍有不慎，极有可能制造民族冲突，从而影响军事行动。因此，安全经过中甸，必须要做好与中甸的协调。其中，语言沟通是基础条件。"中甸以外进藏经过一带地方俱系穷荒，不同汉语，必得土人为向导通事庶便前往，而所过之地亦可彼此交易"[②]。由此可见，土司在清朝稳定西南与平衡西藏权重中占有举足轻重的地位。也正是云南土司地区在国土安全与统治稳定的谋略中具有不可分离的作用，反衬土司的政治地位，并同时赋予土司与清朝之间基于统治稳定而形成结构性矛盾。

清朝与土司之间的矛盾是多方面的，就其表现形式上讲是多样态的，就其内容上讲是多元的。然而，引发矛盾的原因归根结底是统治与被统治之间的对抗关系。虽然对抗的内容与形式也是多元多样的，但其根本的指向是两个利益集团之间的矛盾，即清朝与土司形成的利益集团之间的矛盾。尽管土司之间也有互相吞并的利益冲突，在清朝统治云南土司地区这一现实面前，土司之间形成了利益共同体，清朝与土司之间的矛盾上升为主要矛盾，而土司之间的矛盾则下降为次要矛盾。土司与清朝面和心不和的政治态度驱动清朝与土司在这种心知肚明的政治博弈中，采取各自认为的最大利益保全的手段，防范与利用、臣服与反抗、皇恩与镇压从头至尾在清朝与土司之间交相辉映。清朝与土司之间在统治地方过程中形成的矛盾，可以归结为形式的与实质的。从清朝的政治目的表现为以流官设置为形式的实质性统治，是形式与实质的统一；而土司的

---

① 《清代档案史料选编》，上海书店出版社 2010 年版，第 270 页。

② 《清代档案史料选编》，上海书店出版社 2010 年版，第 274 页。

政治目的表现为形式上的臣服与实质上的自治,是形式与实质分离的对立。各种矛盾的冲突,最终归结于土司与清朝之间缺少契约共识。从清朝作为封建中央集权统治者来讲,法律制度的统一可以通过武力强行推开,然而,这与施以"仁政"治国的传统有所偏离。

第二节　清代云南地区统治权力二元化冲突

清朝进入云南实施统治对于云南土司而言,是一种侵略行为。对于清朝来讲,攻占云南就是扩大疆土,建立满族贵族政权的宏图伟业。在清朝进入云南之前,云南就已经存在土司制度。而明朝时期云南地区的土司相对于明朝的关系,是被征服之后的明朝地方一级行政管理机构,不过,早在明朝之前与内地中央王朝相对应的藩属国痕迹依然可循。因此,分析清朝与云南土司之间的关系,必须从中央与地方这种二元结构的固定思维模式中跳出来,以平等主体的观念、利益博弈的思路来厘清清中央王朝与云南地方土司之间可能存在的复杂关系,并以此为基础,探寻清朝通过法律实现土司权力的调控进路与成效。同时,也要分析满族贵族掌握全国性政权之后的大一统思想及其背后的渊源,才能做到历史逻辑与理论逻辑相一致的统筹性分析。

满族作为关外的少数民族,基于努尔哈赤在吞并东北关外女真部落基础之上建立的满洲贵族政权,被中原历代统治者视为外族。在建州三卫期间,满族贵族是明朝设置的地方机构,由于建州三卫是明朝封授满族贵族的官职,所以,满族贵族享有足够的自治权。因此,满族贵族担任建州三卫指挥使的职能既包括行政职能,又包括军事职能。指挥使则由明朝任命,听候明朝调遣,在服从明朝的前提下,承担各种诸如贡赋、守边等义务,爵位可以世代承袭。"有所征调,闻使即从,无感为期"①。清太宗皇太极曾说:"我祖宗于明朝看边,忠顺有年"。因此,从被统治者的心理感受上讲,满族贵族深知作为地方势力的利弊所在,也

① 严从简:《殊域周咨录》卷二四《女真》。

从中悟出了诸多的政治之道,并与明朝直接抗衡。在明朝鼎盛时期,努尔哈赤与明朝是隶属性质的藩属关系。随着明朝逐渐式微,特别是李自成率领的农民军进入北京城之后,满族贵族看到了进入关内建立大清国的机会。

1644 年 3 月,清军进入关内之后,清扫了南明残留抗清势力,最后平定三藩之乱,建立了全国性的统一政权。随后,清朝调整了赋役、土地占有、民间交易等经济关系,积极恢复社会生产,出现了长达百年的“康乾盛世”。在此期间,清朝平息了蒙古、西藏等上层贵族统治者分裂民族的叛乱,维护了国家统一。至清中叶,封建社会固有的矛盾日积月累,各地农民反清起义不断。与此同时,自 1840 年之后的两次鸦片战争、中法战争、中日甲午战争、八国联军入侵,清朝陷入岌岌可危的境地。清中叶实际上开启了清朝衰老的大门,人口急剧增加与商业资本城市产业化的快速发展,加上清初社会思潮的启蒙与反省,促使清朝更加坚定地选择中央集权方式维护既有的统治秩序。[①] 如文字狱在清中期的盛行与冤案的制造,足以证明清朝的统治在中原地区的强化,边疆地区的式微。

在清代末年,恰与西方发达资本主义国家的文艺复兴时代处于同一纬度的中国社会也发展到了资本主义的前夜,在西方朴素的科学智识随着商船进入中国之后,在中国社会产生了启蒙主义运动。[②] 精神上的启蒙同样影响到政治上的认知,甚至直接影响到清朝统治观念的变化。这些来自西方的政治、经济、文化等观念一旦被接受,必然会对具体的统治举措发生作用,这种作用是普遍的,自然也延伸到云南这个边陲重地。清末全面开启了地主阶级全面屈服于资产阶级的近代史,代办与买办的出现,重演中国历史上特有的“宁给外族,不留家奴”的统治思维。[③] 一系列的求和条约纷沓而至,清朝内外首尾不顾。由此,针对云南的治理心有余而力不足,这也是土司制度得以延续至清亡之时、清朝未彻底改土归流的原因之一。

太平天国起义、捻军起义、边疆少数民族地区起义动摇了清朝的统治基础,尽管后期清朝开始修法图变,吸取西方国家工业化革命的强国经验,但是,封建

① 参见谭丕模:《清代思想史纲》,上海古籍出版社 2014 年版,第 57 页。
② 参见谭丕模:《清代思想史纲》,上海古籍出版社 2014 年版,第 6 页。
③ 参见谭丕模:《清代思想史纲》,上海古籍出版社 2014 年版,第 67 页。

专权统治体制注定了清朝必然走向分崩离析。在清朝统治的二百多年间,其内部中央与地方的关系既受制于本国内部社会发展提供的物质条件,也同时受制于来自域外各国与清朝之间的外交关系,特别是1840年第1次鸦片战争之后,清朝与地方关系不再只是中央与地方之间的关系,而是掺杂着外国势力隐约阻碍的影子。外国势力干涉清朝统治地方的作用在边疆地区尤为明显,其中,与缅甸、越南、老挝毗邻的云南地区更是突出。土司作为云南地区地方管辖势力的群体,与其说清朝与云南之间存在中央与地方的关系,倒不如说清朝与土司之间存在中央与地方的关系,尽管中间存在云南巡抚或者云南总督,但是,土司固有的地方色彩决定了中央与地方的关系跨越了作为一级行政机构的云南府。

(一)中央大治与地方小治的二元建构

清朝是继元朝之后,第二个建立全国性政权、以少统多的少数民族封建政权。无论是从人口规模、占地面积还是从文化底蕴、生产方式等社会发展的任何一个方面,满族作为明朝曾经的授封属下,通过军事力量、借助明朝陨落之际,攻入关内面临的首要问题就是如何实施稳妥的全国性统治,建立巩固的稳定且统一的政权则是最重要的政治任务。满族在关外实施统治的过程中,虽然通过兼并其他少数民族积累了一定的统治经验,然而,面对大于自身数倍的汉族以及更多的完全迥异不同的少数民族,这些经验是否能够继续发挥着统治作用,考验着满族统治者的政治智慧。

史学界关于清朝统治历史的阶段划分,有二分法与四分法。其中,清史专家戴逸先生认为,第一阶段为1644年至1683年。1644年明朝覆亡清军入关,1683年即康熙二十二年,清朝收复台湾,意味着清朝统一全国、稳定了全国局势。在这期间,康熙二十年清朝平定长达八年之久的“三藩之乱”,消除了威胁全国统一的边疆隐患。第二阶段,从康熙二十二年至乾隆三十九年。“康雍乾盛世”的出现标志着清朝统治稳定、经济繁荣。第三阶段从乾隆三十九年至道光二十年。全国的经济仍在持续发展,各地的反抗虽屡有发生,但清朝的统治尚可维持,清朝由盛转衰。第四阶段,从道光二十年至宣统三年。这一时期西方列强侵入中国,中国与外国列强之间的侵略与反侵略成为历史发展过程中的主要矛盾。

外国列强的入侵与强势，不仅诱发了清朝深层次的统治问题，而且把清朝推向了灭亡的深渊，最终1911年的武昌起义，推翻了中国历史上最后一个封建王朝的统治，这一阶段是清朝衰败和走向灭亡的时期。[①] 如果按照事件引发矛盾性质变化的标准来划分的话，以1840年鸦片战争爆发为界，将清朝分为前后两个时期[②]也不失为一种中肯的划分判断。无论是二分法还是四分法，清朝实行封建专制主义中央集权的统治方式没有因为划分标准的不同而发生断裂或者转变。相反，越是到了后期，清朝封建专权的程度越高。总体上看，封建专权统治的特征之一就是中央集权，而中央集权在当时社会所能提供的物质条件支持的能力下，总体上表现为中央大治与地方小治的统治结构。

清朝中央大治与地方小治并非清朝心甘情愿实施的统治方式，而是基于当时清朝面临的种种困局不得已而为之的选择。清朝入主关内之后，被其统治的对象可以分为二大类，一类是人数众多的汉族，另一类是人数不多，但是数量不少的少数民族。虽然满族在关外秉承"满汉一家"的统治方略，并取得了良好的统治效果。然而，清军入关之后虽然在统治格局的架构上还是以满汉关系为主，但是，统治主体与被统治主体恰好在力量对比上发生了倒置。关外的满汉关系是以满族贵族统治为主，汉族是被统治阶级。

在人数对比上，满族人口规模至少不输于汉族人口规模，因此，在满族与汉族之间的统治关系上，满族不仅是统治者，而且具有主场优越性，再加上其他少数民族由于自身的民族弱小而倾向于支持满族的统治，这就在心理上强化了满族作为统治者的自信。清军入关之后，满族虽然在中原地区占据统治地位，但是，也孤身陷入了汉族的包围之中。与此同时，满族也难以在短时间之内得到边疆少数民族的支持。作为被少数民族统治的汉族，其陷入了被统治者的"客场"心理。强大的军事入侵带来的官方抗清与民间抗清势力的融合，倒逼清朝不得不重新思考满汉关系在新的政治格局中的定位。

---

① 参见李学勤：《中国古代史导读》，文汇出版社1991年版，第499页。

② 参见夏家馂：《清朝史话》，北京出版社1985年版，第1页。

如何统治汉族是清朝建立全国行政权的第一要务,也是维护稳定清朝封建王权大治的内容。与汉族相比,那些周边少数民族的相互关系已从清军入关之前的联盟转变为清朝实施统治的藩属。边疆偏远地区只要不发生社会动荡或者出现活跃抗清力量,清朝的注意力不会从汉族之治转移到少数民族地区。同时,清朝通过中央任命汉族官员,在表示满汉一家立场的同时,也带来了种种忧患,即担心汉族官员借天高皇帝远,与少数民族联合起义反清。特别是南方"三藩之乱"带来的影响,致使清朝对于汉族官员产生了怀疑心理。

对于少数民族地区或者偏远地区,清朝更倾向于地方自治。通过地方自治,一方面,减少了清朝的统治成本,另一方面,便于清朝集中力量统治中原地区,这是因为中原地区是清朝维持封建政权存续的物质基础、地理基础和人口基础。由此,清朝在统治对象上便有了分类治理,并同时带来了事项分类治理的附带效应。具体表现为清朝在权力上集中控制中原地区,边远边疆地区实行地方自治;在经济、文化、社会发展上集中控制事关中央集权的物质文化基础,边远边疆地区实行形式统治、地方自治。中原地区不仅建立了系统的官僚体制,而且实施实质性统治,由满汉官员给予双轨统治;对于边疆地区则实施形式统治,由地方官主要是土著官员实施统治,清朝委派官员一般作为军事力量存在,或者靠近内地地区实施中央官员主治、土著官员辅治的二元结构统治格局,形成了清朝中央大治,地方小治的特殊权力结构。

就地方小治而言,亦非全面自治。"小治"的含义,一方面包括相对于中央而言的"地方"之意,另一方面,包括地方官员管理的内容相对中央权力来讲既是地方性事务,又是不影响中央大政方针的小事务。地方小治既有定性上的小,也有定量上的少,虽然含有自治的成分,却不是完全自治,是中央权力许可下的小治。云南作为清朝的边疆地区,与内地范围内的偏远地区不同。云南靠近边境,云南地方小治往往与中央大治之间因为境外势力的存在而相互交织。就云南本地而言,跨境民族的存在是一件小事,不影响少数民族之间和谐关系的建立,即便发生争斗,通过双方的族人可以得到解决。然而,对于中央政府而言,边境两边跨境民族之间的关系不是亲戚串门这么简单,而是涉及国家主权外交。在英法两国侵入越南、缅甸之前,云南土司的重要作用体现在维护边疆稳定,而在这之后,云南土司的存在就显示出对外交往关系的影响。

跨境土司、靠近边境土司与中央关系的远近往往影响到边境国土边界的划定,特别是从西方势力意图从云南入侵中国内地造成的种种事端中,不难看出土司在保证国家领土完整性以及对国外势力的自觉抵抗方面,对保证国家领土与主权的完整性具有难以替代的价值。清朝作为封建统治者具有的天下观,能够深刻意识到云南土司的稳定决定了南部边境的安定,而云南土司的国家认同则决定了国家主权的完整,并对抗击外国势力的侵入具有最前沿的防御功能。从中央大治与地方小治的关系来讲,云南土司的控制既是实现中央大治的策略体现,也是推行地方小治的政治谋划,同时还是通过地方小治实现中央大治,通过中央大治稳定地方小治,继而统筹中央大治与地方小治的必然选择。

(二)中央统权与地方治权的权力配置

中国封建社会历史自公元前221年秦始皇统一中国推行郡县制实行中央集权统治方式以来,随后历朝历代的统治、自上而下的体制无一不是建立在秦始皇时期设置的郡县体制之上。清朝在关外亲历明朝特别的招抚制度,了解其政治含义,十分懂得中央授权对于地方权力治理的重要功能。一方面,授权一方是统治者,接受授权的一方在接受授权的过程中通过接受行为表明了自己认可被统治的意愿。同时,授权又是一种政治契约,尽管这种契约含有一方自愿的意志,但是,这种自愿的意志是授权方拥有绝对的政治、经济和军事实力作为后盾情况下的无奈选择。授权往往意味着地方从形式上认可中央权力的统一,那么,中央则从实质上给予地方一定的权力,允许地方在一定范围内实施符合当地情势的治理,由此形成了地方治权。

地方治权既包括针对中央下属省府道州县这些清朝中央权力直接任命的正式行政机构,也包括那些在战争期间通过安抚、扶绥、招安、和亲等策略降服的地方中的地方势力,尤以西南地区土司为例。其中,云南境内土司更是甚之。在地方治权的内涵上,土司与云南督抚的权力有着本质上的差别。从权力适用范围上,土司仅限于此前旧有的统治辖区,虽然在整个清朝统治期间,各个土司的统辖范围有所变化,但是基本上是以先祖承袭下来的面积为基本版图;而督抚则是全省统辖;从权力自治的程度上讲,土司的权力基本上接近完全自治,距离清朝中央机关的路途越远,越接近边界的土司,权力自治越接近完全。

云南督抚作为清朝中央权力的代理人,除了一些法律允许的事务可以自行处理外,其他的诸如赋税、兵役、经济、商业、禁榷等事宜必须经过清朝中央机关同意之后才可行事。这与土司具有的辖区内自治具有本质上不同;从权力延续的周期而言,云南督抚实行任命制,即督抚任职遣调均由清朝中央机关根据需要而调动,而土司则实行承袭制度。地方自治在土司制度方面更多地体现为土司统辖地区的自我治理,土司享有自治的权力源于清朝中央机关的形式授权。一方面,清朝中央机关的授权表明了清代中央王朝的态度,另一方面,土司通过获得来自清朝中央政府的授权而拥有了统辖的合法性。

云南与北京远隔千里,对于清朝而言,通过中央授权,一方面可以检验被虏获的土司归顺清朝的决心,确保云南边境地区稳定;另一方面,地方小治不能完全脱离清朝的中央权力,且要防范土司与汉族官员之间发生反清勾结。在中央大治与地方小治之间,如何建立中央与地方之间的权力平衡关系,不仅反映出清朝驾驭边疆地区的政治技巧,而且也能够窥看清朝与云南土司之间暗中的利益博弈。在这场中央与地方的治权博弈过程中,法律的作用不可或缺,而法律制定、变化及其背后的原因则是厘清中央大治与地方小治关系最好的解析入口。

清朝之所以能够从关外一路浩荡入关,清军的作战实力自然功不可没,但是,倘若没有明朝旧部的明帮暗助,清军入关的时间会被延长,甚至整体情势还可能发生逆转。“清朝所以能成功,不是武力的关系而是政治的关系”。[①] 这种政治的关系,一方面表现为清朝敢于使用明朝旧部的政治态度,另一方面,表现为清朝敢于在云南地区继续沿着明朝的统治路线实施统治,既包括明朝的制度,又包括明朝的旧部。之所以继续留用明朝官员,一方面,清军数量有限,经过从北到南的历次战斗,减员不少,故需要从汉族中招募兵源,最好的方式就是利用明朝旧部;另一方面,清朝意识到进入中原之后必然与明朝旧民发生直接

① 萧一山:《清代史》,辽宁教育出版社 1997 年版,第 19 页。

对立的冲突，而当时明朝留有的军事力量对于清军来说仍然是一股不可忽视的存在。招募明朝旧部，可以影响到那些坚持抵抗的其他明军，从而实现降低士气、化解包括平民在内的各种抵抗力量。

因此，除留用明朝官员来表达自己尊重中原的态度以外，清朝在制度上亦尽量沿袭明朝，从而维持明朝统治区域的政治习惯。“明虽数尽，清所假以驱除者，不能专恃八旗，旗军人数固不足，且尽用旗人敌汉，亦于招徕之道隔膜。故除用故明文臣任招抚外，亦用明旧帅旧军与旅距未服者，以声气相呼召”。[①] 所以，在云南土司地区，沿袭明制成为清朝入主云南之后的首选，开辟了中央大治与地方小治并存的政治图景。在云南统治土司的整个过程中，尤其是前期，明朝官员起到了关键的献策贡献作用。顺治十六年，在清军攻克云南省城之后，明朝名将洪承畴上疏：“云南险远，请如元、明故事，以王公坐镇。”[②]显然，中国封建时代上下相传的统治智慧有一个显著特点，在沿袭旧例的基础上改良，而非革命性地彻底重构。或许，正是因为清朝秉承了中原政治文化，所以直到清末也未彻底废除云南土司制度。

在洪承畴谏言之前，即顺治十五年王弘祚曾上疏：“兹值王师进取滇云，此正遐荒孑遗得出水火，欣被皇仁之日也。义旗所指，壶浆恐后，万里凯音，旦晚将奏之阙下矣。”作为年轻的王朝，如何统治云南，不能仅依靠军事实力和英雄气势，应效仿先古做法，以求稳中得治。“唐镇以韦皋，宋镇以王全斌，元封梁王，明封黔公，从来必藉居重驭轻之势，以收建威消萌之功”，而云南“数年寇氛梗塞，今日声教初通”，所以，“宜简任重臣驻镇”。在“恩威并用，使新服官兵及诸土司不革面，而兼革心”的基础之上，辅之“以资弹压”，就可达到一劳永逸地使云南政局稳定之目的，[③]即以“藩王镇滇”的明朝旧例作为统治云南的举措。

王弘祚与洪承畴的建议殊途同归，实际上，既要统治土司地区，又要体现仁

---

① 孟森：《明清史讲义》（下册），商务印书馆 2011 年版，第 522 页。

② 赵尔巽：《清史稿》卷二三七《洪承畴列传》，中华书局 1977 年版，第 9474 页。

③ 王弘祚：《滇南十议疏》。转引自方国瑜：《云南史料丛刊》（第 8 卷），云南大学出版社 2001 年版，第 385 页。

政，同时减少军事行动，安抚可能是当时更为优选的方案。可见，清朝意识到如果想以一种平和的方式实现对云南的统治，那么，必须考虑南方强大的反清势力背景之下云南复杂的社会政治情况。顺治十三年对“地方底定后，作何防守”与“进取事关重大，非一时可草率议定者。必先期上下同心商酌，事事议妥，乃获万全”[①]的权衡，表明清朝对于如何统治云南不是简单地意气用事，而是做了长期周密的思量。清朝入主云南之后，真正担心的不是武力反抗，而是整个云南地区能不能形成接受清朝统治的社会意识。清朝对自己进入关内乃至军至云南边远地区实施大一统国家统治可能遇到的抵抗，不能不说没有担心。遇到抵抗是必然发生的事情，如果说中原抵抗可以通过沿袭明朝旧制和启用汉族官员实现消解，那么，与中原地区具有完全不同的政治文化的云南边远地区，如何改造他们的皇权意识和国家认同观念，这是清朝殚精竭虑的关键。“清人入关，遭遇到明代士大夫激昂的反抗，尤其是在江南一带”，这种微弱的但“极普遍而深刻”[②]的社会意识才是对统治者最不利的存在。若不能把清朝统治作为唯一的统治权威渗入到民众的思想意识中，就不可能有顺畅的清朝统治，更谈不上边疆稳定与皇权无疆。

清军攻占云南比较顺利，军事胜利的速效得益于明朝将领的英勇奋战。进入云南境内，明朝将领之所以努力奋战，一方面，将领们立功心切，另一方面，云南境内特别是少数民族地区，历来被中原统治者认定为蛮夷之地。从某种意义上讲，归顺清朝的明军在云南少数民族地区奋勇作战，克服了同类作战的心理障碍。也许，这是清朝当初重用明朝降军的深层次原因。顺治十五年清军经由四川、贵州、广西三路进军云南，于顺治十六年十二月“三路俱会于曲靖”，第二年正月初三占领昆明。[③] 进军之快，意味着战火之后的云南，一定是满目疮痍，民不聊生。顺治十六年的云南：“云、贵新入版图，……以十五万两赈济两省真

① 《清实录·清世祖实录》卷一〇四，台北，华文书局总发行1989年版，第1237页，“顺治十五年十二月辛亥”条。

② 钱穆：《国史大纲》（下册），商务印书馆2010年版，第848页。

③ 倪蜕：《滇云历年传》，李埏校点，云南大学出版社1992年版，第515～516页。

正穷民;其十五万两令经略臣收贮,见今进讨三路大兵。"[①]与此同时,一方面,云南境内需要重建,另一方面,李定国率领南明残余力量仍在云南边境活动。李定国活动的地区,多半是土司地区。此时,在清朝看来,云南"各路土司、伪营残兵,各私受定国伪札、伪印、歃血为盟,伺隙起衅"。[②] 经过清军强有力地南下,整个云南尽收囊中。

尽管"滇南负固有年,一朝戡定,独逆渠李定国等挟伪永历遁出边外",然而,"滇土虽收,滇局未结。边患一日不息,兵马一日不宁"。[③] 在清朝眼里,云南属于"滇土",虽然已被收复,但是,云南靠近边境地区的土司活动仍然危及清朝统治。滇土收复不过是一场军事行动,而云南局势的稳定却是长期的困难。云南局势的稳定,直至乾隆年间。回忆云南统治之艰辛,乾隆帝言:"三患二难之议,发自三桂,……彼时伊已具欲据滇黔而有之心。"[④]乾隆这段话,一方面,客观评价了吴三桂的功劳,另一方面,对于吴三桂的担忧,意在其中。乾隆皇帝对吴三桂"据滇黔"的释明与言辞,进一步说明统治云南局势的难度。乾隆皇帝对云南"三患二难"的感叹,不仅充分验证了云南边疆社会政治、军事形态的复杂性,而且清晰地反映了清朝当时在云南面临的统治困境,顺治皇帝对此深有感受:"滇、黔虽入版图,而伏莽未靖,征调犹繁,焦思竭力,治效未孚。"[⑤]因此,清朝对如何统治云南在入主云南之前与入主云南过程之中就已经有了深刻的认识,而入主云南之后思考的则是如何实施具体统治举措的问题。

自秦始皇统一中原以来,历代封建王朝的地方行政制度几乎没有大的改变。因此,后来的朝代往往在前朝的基础之上完善制度,而非改变制度,如有改

① 《清实录·清世祖实录》卷一二六,台北,华文书局总发行 1989 年版,第 1496 页,"顺治十六年五月辛巳"条。

② 中国人民大学历史系、中国第一历史档案馆合编:《清代农民战争史料选编》第 1 册(上),中国人民大学出版社 1984 年版,第 364 页。

③ 《清实录·清世祖实录》卷一三四,台北,华文书局总发行 1989 年版,第 1237 页,"顺治十七年四月丙午"条。

④ 《清实录·高宗实录》卷一一六八,台北,华文书局总发行 1989 年版,第 17124 页,"乾隆四十七年十一月庚子"条。

⑤ 《清实录·清世祖实录》卷一三一,台北,华文书局总发行 1989 年版,第 1237 页,"顺治十五年十二月辛亥"条。

变,也是局部因地制宜的小变。同时,局部的修改恰恰推动了制度整体上的日趋完善。"我国政治制度的历史在清末变法以前几千年来是一贯的。在这几千年当中,政治制度在表面上虽有种种变化,在实际上则变动颇为轻微。这一段几千年的政治制度演变史读之,如读英国的《宪法》史,是'自然生长'而成的,其中没有急剧的变动"[①]。清朝入关占领了关内,代替了明朝的统治集团。"世祖入关,因明遗制,内自阁、部以迄庶司,损益有物"。[②] 因此,在地方行政制度上并无例外,承袭明制实属历史的必然。

但是,对于满族统治者而言,承袭明制只是暂时的无奈之举,建立自己的清朝制度才是最终的目的。满族在关外建立的清国属于单一民族,远比多民族国家更容易形成政治向心力。"清代政治,和中国传统政治不同,因它背后有一批特别拥护皇帝的,这便是皇帝的同部族,就是满洲人。"[③]所以,清朝既要顾及多民族中原地区的政治文化传统,又要维护自己以小统大的权威。因此,清朝自然要针对明朝旧制作些应急性质的修改,一来证明自己的统治权力,二来显示自己的统治智慧。所以,"清代政制,沿明代不设宰相,以大学士理国政,以便君主独裁",其动力源于关外统治的便当经验,目的在于保障满族贵族以及满族人的特权。

尽管清朝官员任命沿袭明代惯例,然而,"满、汉分别,而实权多在满臣。且满洲、蒙古无微员,君尊臣卑,一切较明代尤远甚"。[④] 清朝在官职官位上的安排,既能看出满族排斥其他民族进入国家官僚系统的狭隘心理,也能看出文化上的落后不仅仅表现在日常生活秩序中,而且在政治秩序中也能有所体现。后来发展的事实证明,清朝政治文化最终臣服于中原政治文化,儒家君臣的秩序文化最终替代了满族的君尊臣卑的等级文化。清朝是"中国近代史上狭义的部族政权之再建"[⑤],若从清朝入关目的的"视野"看待国家权力以及历史条件下

---

① 陈之迈:《中国政府》(第1册),商务印书馆1946年版,第1页。

② 赵尔巽:《清史稿》卷一一四《职官志一》,中华书局1977年版,第3263页。

③ 钱穆:《中国历代政治得失》,九州出版社2014年版,第143页。

④ 钱穆:《国史大纲》(下册),商务印书馆2010年版,第833页。

⑤ 钱穆:《国史大纲》(下册),商务印书馆2010年版,第813页。

强化国家统治的手段,或许,农业经济社会的生产力与生产关系提供的物质条件,决定了封建集权是最适合的选择。

顺治二年,此时清朝并未实际上控制云南全境,为了长久的统治,顺治皇帝谕旨中要求对待云南"应解节裁银两,照地方烦简,斟酌蠲免"。[①] 显然,这是清朝争取民心、为随后的军事征服制造便利条件的谋略,然而,清朝将在征服云南之后将其纳为地方行政管辖区域的政治意图显而易见。顺治初年,清统治者基本上循"得一省必镇定一省"[②]的做法在被征服的地方设置行政管理机构。而进入云南之后,这一经验不得不因为云南土司的存在而考虑新的统治策略。顺治十年,户部右侍郎王弘祚上奏书对顺治皇帝提出了几点对朝廷剿匪和安抚工作的建议,诸如:安抚土司的家族子弟、提拔有勇有谋的将领、恢复部分地区的城池、对云贵地区先采用过去的制度等到安定之时再采用新制度等。顺治十年六月,户部右侍郎王弘祚基于土司数目多、规模不一、势力影响有别的判断,提出针对土司因地制宜、区别对待的策略。由于当时的时代背景,全国多地匪贼侵害百姓的事件频发,再加之云贵这一带边疆少数民族地区的土司才刚刚归顺于朝廷,综合起来,不安定因素众多。然而恰巧王弘祚受皇帝提拔后心存感激,想要效忠,并且有着亲身的经历,所以他所提出的有关剿匪和安抚工作的意见是非常真实且有用的。此后,清朝给予将领相当大权柄的安排,显示了清朝统治云南的治策与统治中原地区的治策发生了变化。其中,最大的变化为授予将领大权,以便灵活处理边疆事务。

顺治十年要求对"云南、贵州等处地方,升转补调,随奏请,吏、兵二部不得掣肘。应用钱粮,即与解给,户部不得稽迟"。[③] 清朝对待洪承畴的态度以及从其那里获得的巨大支持,无论是政治智慧还是征战谋略,都能够从侧面证明任用明朝旧部有利于清朝的统治。因此,可以断定,类似洪承畴的个人经验推及云南土司统治上是清朝治理的政治依据。最为关键的是,清朝灵活处理边疆地

① 《清实录·世祖实录》卷一七,台北,华文书局总发行1989年版,第205页,"顺治二年六月己卯"条。

② 《皇清奏议》卷三,国家图书馆,http://mylib.nlc.cn/web/guest/search/shanbenjiaojuan/medaDataDisplay?metaData.id=6493557&metaData.lId=3730918,最后访问日期:2020年1月12日。

③ 《清实录·世祖实录》卷七六,台北,华文书局总发行1989年版,第894页,"顺治十年五月庚寅"条。

区事务的观念，为后续运用法律监控土司提供了统治意识支持。清朝内部对于如何统治云南土司地区也是处于变动之中，这种变动说明了云南土司地区在清朝统治的视域内举足轻重。顺治十三年，顺治称，"朕将亲与议政王、贝勒、大臣，面为筹画"。[①] 清朝对于统治云南的审慎态度与相关政策制定的反复讨论，足以说明清朝对待云南统治的基本态度，即边疆局势不稳，清朝统治亦不会稳定。如顺治十六年洪承畴上疏："云南山川险峻，幅员辽阔，非腹里地方可比。……应移一王驻镇云南。"洪承畴建议派设藩王镇守云南的建议，足以说明云南局势稳定的难易程度。在清朝南下的过程中，清朝顺治皇帝"命平西王驻镇云南，平南王驻镇广东，靖南王驻镇四川"。[②] 云南局势终于总体上实现稳定，清朝统治云南可以归结为"事定酬庸"[③]，所以，"清朝政治的成功，不仅在对于一般人民的心理感情之控制，而尤在对一般士大夫的笼络和驾驭"。[④] 而这一经验，后来清朝在云南土司统治上实施的一系列法律制度，得到了广泛运用。吴三桂的反叛，为清朝重用汉官埋下了伏笔，而土司对于土民的头领作用则为清朝推广重用明朝将领所得经验的拓展。公元 1659 年，清军占据云南后旋即先后设置了巡抚与总督。不过，满族统治者的扩张并没有因云南统治的艰难而有所收敛。

自云南底定之后，清朝不仅"议进缅机宜，招抚流民，安插蛮庶"，"设院、司、道衙门"，布置行政统治机构[⑤]；而且"起降调原任湖广巡抚林天擎为都察院右佥都御史，巡抚云南，赞理军务"[⑥]。其目的是想把云南变为清朝进入缅甸的后方，与此同时，"云贵地方初辟，节制弹压，亟需总督重臣。贵州巡抚赵廷臣久任岩

---

① 《清实录·世祖实录》卷一〇四，台北，华文书局总发行 1989 年版，第 1237 页，"顺治十三年十月辛亥"条。

② 《清实录·世祖实录》卷一二四，台北，华文书局总发行 1989 年版，第 1471 ~ 1472 页，"顺治十六年三月甲寅"条。

③ 钱穆：《国史大纲》（下），商务印书馆 2010 年版，第 826 页。

④ 萧一山：《清代史》，辽宁教育出版社 1997 年版，第 21 页。

⑤ 倪蜕：《滇云历年传》，李埏点校，云南大学出版社 1992 年版，第 517 页。

⑥ 《清实录·世祖实录》卷一二三，台北，华文书局总发行 1989 年版，第 1455 页，"顺治十六年正月癸卯"条。

疆,堪胜此任,著即升云南总督”。[①] 显然,应当认可清朝发展云南的政治规划,然而,更应当看到清朝发展云南的根本目的。顺治十六年谕“云南远徼重地,……事无遗误,地方早享升平,称朕戡乱柔远至意”。[②] 对吴三桂的重用被后来的“三藩之乱”彻底推翻,自此,地方小治往往直接与国家大治发生冲突。一旦发生叛乱,后果不堪设想。所以,“三藩之乱”之后,清朝采取了官员轮流制度,防止边远地区将领自立为王的可能性。“云南将军不必添设,可调湖广提督桑峨为云南提督”。[③] 督抚机制统治云南逐渐抬上日程,这就意味着清朝在统治云南土司地区可能要建立新的机制。用朝廷任命官员派设督抚,州司为最底层行政官僚统治,州司以下或者州司同等地区则在保证稳定的前提下交由土司管理。顺治十七年“云贵总督兼任两省,应如经略洪承畴等请,令驻适中之地。半年驻安顺,半年驻曲靖”。[④] 顺治十八年“调云南贵州总督赵廷臣为浙江总督,……贵州巡抚卞三元为云南总督”。[⑤] 康熙十二年又专设云南总督。康熙十三年清朝又重设云贵总督。

康熙二十六年,清政府在全国“定总督原额”,定云贵总督为1人。雍正五年决定云贵总督兼辖广西。雍正十二年又决定停止云贵总督兼辖广西。乾隆元年“贵州苗疆事务,自张广泗经略以来,渐次就绪,但善后事宜正须料理,必事权归一始可专其责成”,授命尹继善为云南总督兼管云南事务。乾隆十二年“云、贵两省,原系总督一人管辖”,要求“仍复旧制”。

进入光绪年间,土司地区流官派设反复变动。清末光绪二十四年七月,“外省如直隶、甘肃、四川等省,皆例以总督兼管巡抚事,惟湖北、广东、云南三省督、

---

① 《清实录·世祖实录》卷一二三,台北,华文书局总发行1989年版,第1458页,“顺治十六年正月癸丑”条。另外,云南总督的设置时间,《钦定大清会典事例》《(康熙)云南通志》《清史稿》《新纂云南通志》等史籍的记载并不一致,其具体考证可参见邹建达:《清前期云南的督抚、道制与边疆治理研究》,云南大学2011年博士学位论文,第54~55页。

② 《清实录·世祖实录》卷一二九,台北,华文书局总发行1989年版,第1533页,“顺治十六年十月己酉”条。

③ 《清实录·圣祖实录》卷七九,台北,华文书局总发行1989年版,第1067页,“康熙十八年正月辛巳”条。

④ 《清实录·世祖实录》卷一三三,台北,华文书局总发行1989年版,第1577页,“顺治十七年三月己巳”条。

⑤ 《清实录·圣祖实录》卷四,台北,华文书局总发行1989年版,第94页,“康熙十八年七月丁亥”条。

抚同城,原未画一","今昔情形确有不同,所有督、抚同城之湖北、广东、云南三省巡抚,并东河总督"。[①] 是年八月又称:"裁并官缺一事,外间不察,有以大更制度为请者,诚恐胥动浮言,民气因之不靖,殊失朕力图自强之本意,所有前谕裁撤各衙门,现在详察情形,此灭彼增,转多周折,不若仍悉其旧,毋庸裁并"。九月,恢复原来裁撤的云南巡抚。[②] 光绪二十四年在恢复云南、湖北、广东巡抚设置时,慈禧太后的理由是:"总督专重典兵,巡抚专重吏治,诚能各举其职,自可相得益彰。"[③]光绪三十年,清朝最终还是以督抚同城、事权不一为理由,裁撤了云南巡抚,规定云贵总督兼管云南巡抚事。[④] 反反复复的督抚设置,一方面,清朝统治云南的艰难显而易见,另一方面,反映出土司作为地方势力对于清朝统治云南策略的深刻影响。"督抚们辖地至广,又都掌握着军政财务大权,最具有闹独立性的本钱,实行二元化的领导体制,可使两方有所牵掣,有利于防范尾大不掉的局面"。[⑤] 从清朝在云南地区设置督抚体制的历史沿革与变化来看,云南土司制度并非省一级行政制度,而是相当于州县级别的行政单位。但是,由于土司是基层社会的直接统治者,他们对于云南督抚实施地方管理的影响往往具有直接作用,甚至影响到督抚官职升迁。比如,授权地方土司"某某宣布政使司"官署名,并未在官署名称之前对之使用"云南"省的限制,这就足以说明土司承袭的宣布政使司不过是官衔上的抬高,在清朝的官职体制中只是地方省级以下的州县官职。

康熙三十九年裁云南布政司照磨一人。乾隆十六年裁云南布政司库存副

---

① 《清实录·德宗实录》卷四二四,台北,华文书局总发行 1964 年版,第 3867 页,"光绪二十四年七月乙丑"条。

② 《清实录·德宗实录》卷四三〇,台北,华文书局总发行 1964 年版,第 3923 页,"光绪二十四年九月戊辰"条。

③ 《清实录·德宗实录》卷四三〇,台北,华文书局总发行 1964 年版,第 3923 页,"光绪二十四年九月戊辰"条。

④ 《清实录·德宗实录》卷五三七,台北,华文书局总发行 1964 年版,第 4944 页,"光绪三十年十一月庚辰"条。

⑤ 白钢:《中国政治制度史》,中国天津人民出版社、新西兰霍兰德出版有限公司 1991 年版,第 878 ~ 879 页。

使;乾隆三十年,又裁撤云南布政司理问一人。[①]《清会典》所记,云南分巡有迤东道、迤西道、迤南道、临安开广道,以及粮储兼分守地方道。[②]《新纂云南通志》引《皇朝文献通考》则记:"云南粮储盐法道,……皆掌佐藩、臬核官吏,课农桑,兴贤能,厉风俗,简军实,固封守,以倡所属而廉察其政治。"[③]"自秦汉以来,专制天下之政治思想,……则'天下'之观念不能放弃"[④]。为此,清朝在云南设置了教育职官,"学则学政督之,分府、厅、州、县学以教士",而云南省学政设1人,下设教授30人、学正30人、教谕32人、训导76人。[⑤]《新纂云南通志》引《大清会典事例》所载,"清初,各省并设督学道,带按察司佥事衔,以各部郎中由进士出自者循资补用,惟顺天、江南、浙江为提督学政",侧重学政的职级、来源;《皇朝文献通考》则言,"教职之掌学校,黜陟统于学政,士习文风攸关焉",强调了学政的职掌范围。[⑥] 雍正四年各省都设提督学政,学官与学政完全分离。学官为管理学务专官,不受督抚节制,驻地大多在省城。[⑦] 这说明清朝在云南的统治止于督抚一级,而对于督抚以下的统治则交与督抚自我决定。

针对土司地区的统治,清朝仅限于出台政策,督抚则是具体的实施者。就此而言,清朝与云南之间的关系,体现了中央大治与地方小治的人设格局,但是,土司地区的治理并不在中央大治与地方小治的范围之内,而是在省级大治与土司小治之间。然而,若是没有中央大治的策略,省级督抚也不能擅自做主实施土司地方小治的措施。正是由于土司官职在清朝官职体制上的级别不同,所以,清朝借助成文或者不成文的律例实现对土司的监控从成为可能变为

---

① 龙云:《新纂云南通志》(第6册)卷一二二《庶政考二》,牛鸿斌点校,云南人民出版社2007年版,第289页。

② 《清会典》卷四《吏部》。转引自方国瑜:《云南史料丛刊》(第8卷),云南大学出版社2001年版,第120页。

③ 龙云:《新纂云南通志》(第6册)卷一二二《庶政考二》,牛鸿斌等点校,云南人民出版社2007年版,第290页。

④ 萧公权:《中国政治思想史》(下册),商务印书馆2011年版,第507页。

⑤ 《清会典》卷二三《吏部六》《吏部七》。转引自方国瑜:《云南史料丛刊》(第8卷),云南大学出版社2001年版,第121、147页。

⑥ 龙云:《新纂云南通志》(第6册)卷一二二《庶政考二》,牛鸿斌等点校,云南人民出版社2007年版,第288页。

⑦ 傅林祥、林涓、任玉雪、王卫东:《中国行政区划通史·清代卷》,复旦大学出版社2013年版,第46页。

可行。

尽管清朝关于地方管理制度“在某种意义上也可以说达到当时最完善的阶段”。[①] 但是,“先秦思想既以社会环境之剧变而骤兴,秦汉以后之思想亦以社会环境之变动较少而缺乏创新成分”[②]。清朝虽然建立起了全国性的政权,但作为一个少数民族,“夫以天然一统之国,而境土如此其庞大,当畴昔交通机关百不一备之世,非专制政体,何以治之?”因此,清朝的统治模式与地方行政制度源于“我国二千年不能脱专制政体之羁轭,实地势与时势使然”。[③] 所以,云南地方督抚制度出现反复撤设实属合乎情理,而在此转变之中,尊重地方时要则是因地制宜的举措。比如,针对地方教育管理。既要认清“一切教育行政及扩张兴学之经费,督饬办学之考成,与地方行政在在均有关系”,[④]又要认清“于督、抚为敌体,诸事既不便于禀承,于地方为客官更难灵于呼应”,所以,“岁、科各试分棚调考之例而循例按临,更有不暇给之势”应该给予变通。光绪谕令称:“现在停止科举,专办学堂,所有学政事,自应设法变通。”[⑤]

云南统治之复杂,直至光绪三十四年“云南边务重要,交涉繁难”。[⑥] 可见,土司作为云南重要的地方权力掌握者,虽然其权力不及督抚以及中央任命的汉族州县官员,但是,土司对于清朝实施全国性的统治有着不可忽视的作用。云南土司地区以“要荒之域,蛮夷居之”[⑦]的偏僻一隅却贯穿着清朝二百多年的统治历史,不能不说土司力量的耐久与持恒。其中最为突显的是,土司的强硬力

---

① 白钢:《中国政治制度史》,中国天津人民出版社、新西兰霍兰德出版有限公司 1991 年版,第 878 ~ 852 页。

② 萧公权:《中国政治思想史》(上册),商务印书馆 2011 年版,第 14 页。

③ 梁启超:《中国前途之希望与国民责任》,《国风报》(1912 年),梁启超:《饮冰室文集》(第 2 集),吴松等点校,云南教育出版社 2001 年版,第 832 页。

④ 龙云:《新纂云南通志》(第 6 册)卷一二二《庶政考二》,牛鸿斌等点校,云南人民出版社 2007 年版,第 288 页。

⑤ 《清实录·德宗实录》卷五五八,台北,华文书局总发行 1964 年版,第 5117 页,“光绪三十四年四月己亥”条。

⑥ 《清实录·德宗实录》卷五九四,台北,华文书局总发行 1964 年版,第 5437 页,“光绪三十四年七月庚戌”条。不过,另有史料显示云南交涉使司是于宣统二年(公元 1910)才增设的,见《新纂云南通志》(第 6 册)卷一二二《庶政考二》,云南人民出版社 2007 年版,第 290 页。

⑦ 龙云:《新纂云南通志》(第 7 册)卷一六九《族姓考一》,牛鸿斌等点校,云南人民出版社 2007 年版,第 606 页。

量决定了清朝始终在云南土司地区实施中央大治与地方小治并存的政治格局。不过，到清朝中后期，相当一部分土司的“小治”范围已被压缩为乡间之小了。虽然清朝能够通过武力征讨消灭土司，但是，土司地区社会的深层次观念意识却难以通过武力更新换代。清朝实施大治小治并存的政治策略，客观上讲，有利于推进云南土司地区的发展。当然，本质上是有利于清朝建立稳定的全国统治。

（三）形式自治与国家律治的权力秩序

自满族进入中原建立全国性政权之后，面临着与前代各朝同样的问题，即中央权力形式上的管辖范围与地方权力实质上的自治范围之间存在利益联合，同时也存在着利益分歧和博弈。对于清朝而言，入关的目的绝非劫掳财富、人口、牲畜或者其他生产资料，而是为了实现天下一统的政治抱负。天下一统的政治抱负，既可以通过版图界限的形式和边疆地区的旗帜作为表达的符号，也可以通过中央权力的半径和官僚体制的下沉作为实际的表征。然而，中原地域辽阔、人口规模广大，特别是诸多民族的相互融合，使满族统治者面临着“大治于小”的政治难题。

在清军入驻云南之初，包括残留在云南境内的南明抗清力量，对于清朝在云南能否实施稳定的统治具有直接的基础性影响。因此，清朝不得不参以明制。一方面，这是满族曾经作为明朝在关外的一级行政管理机构的体悟；另一方面，也是满族作为全国性政权统治者的力量所限。然而，既然是全国性政权，就必须存在全国性政权的标志。其中，官员任命必须达到州县一级，国家权力的触角所及就是皇权统治之地。否则，没有州县一级官员的皇权任命，也就没有国家权力在基层社会基于形式上的存在。随着清朝统治全国能力的日益增强，清朝对待云南土司的态度有所改变。如果说雍正皇帝改土归流之前，清朝通过官职任命来表达国家权力的律例一统，那么，雍正皇帝之后改土归流则是从实质上表达国家权力的统一。

尽管改土归流并未彻底消除土司，但这并非清朝没有彻底改土归流的实力，而是因为清朝吸取了“三藩之乱”的教训。如果派遣封疆大吏来镇守云南，极有可能再次出现“三藩之乱”;如果交由云南土司代替中央统治云南,那么,云南就等于脱离了清朝的控制。同时,土司虽然多为大户人家的头人,但是,其自身也不具备担任云南最高长官的政治思考、文化素养与天下观念的实力。清朝行政管理体制在中原内地实行三级统治,即便在云南地区,靠近内地地区在行政管理上也基本上是三级行政管理体制。单个土司管辖地区相对于云南省而言,是微不足道的。而能引起清朝重视的,主要是那些已成规模且靠近边疆地区的土司。即便是这些土司,清朝也并未一味地妥协,而是通过提高官衔和政治称号,实现律例实施下的统治。

形式统治是外在的表现,形式统治的背后是皇权认同,即对清朝统治的认同。土司统治具有家族传统的特质,在长期的公共生活中,虽然土司与土民之间是统治与被统治的关系,但是,一方水土养一方人。土司及其土民之间基于共同的社会物质基础形成了共识性的本地信息,这些具有基因遗传性的本地信息,在一些没有文字的土司地区,形成了口传性的规则;在一些发明了文字的少数民族地区,则以文字形式记录在案,形成了有形的规则,如傣族地区车里宣慰司。随着剩余产品的不断增多,土司作为独一的统治者和家族继承的权力脉络,必然导致土司地区的本地信息成为土司统治本地的规则来源。

随着生产的发展,土司地区的生产关系也发生了变化。作为上层建筑主要内容的规则,逐渐成为土司统治该地区的土司法。土司法由于缺少国家这一外在形体的观照,土司法更多地表现为习惯法。然而,这并未排除习惯法当中土司享有的特权。土司特权经过历史的积淀,对于土司地区的土民而言,也就成为另一种习惯。这种习惯冠之以习惯或者传统的符号,并成为土司享有特权的规则,赋予了土司特权的正当性与合法性。在这些特权的内容中,土民无条件接受土司的统治逐渐成为土司家族世代统治土民的规范性授权。在土司统治土民的过程中,无论是拥有文字的,还是没有文字的,运用传来已久的地方性规则实施绝对的统治是土司主要的方式。尽管这种依靠习惯法统治的方式,不能离开以土兵作为强制力量的暴力符号,但是,在土司与土民休戚与共的场域内,土司统治的方式主要是以习惯法为主。

在国家视野内,国家统治的主要方式也是规则。在中国两千多年的封建社会中,历朝历代都是依靠武力夺取政权,而不是用武力作为统治方式。穷兵黩武往往是朝代没落之前的极端形态,运用法律统治国家是常态形式。清朝统治云南以及在云南土司地区实施统治,也是如此。国家军事力量仅在行政官僚失灵的情形下,才会以军事讨伐的形式干预地方治理。虽然行政与司法不分,然而,军事与行政长官各司其责。除非在特殊情况下,军事长官兼任地方行政长官。清朝的国家法律实际上在全国范围内仅对刑事犯罪拥有普遍性,对于民事纠纷来讲,如不触及国家刑法或者引发国家刑法干预,州司行政主官一般将此类案件交由乡绅贤达采取调解的方式处理。

清朝国家司法的受案范围与国家官僚体制的设置层级在云南地区,为土司实施习惯法的统治提供了空间。从国家法制与地方习惯法可以双轨实施社会秩序的角度出发,清朝保留土司适用习惯法统治土民,在实质上也就等于为清朝运用国家法律统治土司提供了空间。土司用习惯法统治土民意味着土司作为国家的臣民,应该接受来自国家法律的统治。所以,土司运用习惯法统治土民形成了地方性的小治,而清朝运用国家法律统治土司形成了国家律治。

一般而言,规模较大的土司,由于所占田地和人口比较多,具有一定的经济实力。特别是靠近经济贸易发达地区的土司地区,无论是农业、商业还是工业,均有一定程度的发展,并对土司政治观念的认知产生一定的积极作用。相对于那些规模较小,所占土地与人口也少,在所管地区也未形成绝对性权威的小土司,大土司更多地通过各种手段促进辖区内的生产,稳定自己的统治秩序,从而让自己获得更强大的经济实力,来支持自己长久的统治。小土司则没有这种政治格局,不仅自己与民争利,而且采取勾结土匪的手段。特别是靠近边境的土司,出现纠结拙匪滋事。如“溪处已革土舍赵为藩,纠匪肆抢,滋扰夷地,地方受害者纷纷逃散”,[①]已能说明问题。

土司通过暴力直接掠夺普通民众的事件,频频发生。不仅抢夺财产,而且掠取人口。《临安府任办理猛丁土舍卷》中有《猛丁土舍禀》一文,对猛喇掌寨刀阿文族舍刀有贤等的无恶不作有详细记载:“奉批确查系猛喇掌寨刀阿文、族

① 胡启荣、黄中位:《滇事杂档》《办理溪处围捕土舍赵为藩卷》之“会镇出示十四丛”条。

舍刀有贤等,……奸淫妇女,所有等项被抢一空。”[①]由于自己势力不足难以实现劫掠的目的,猛喇掌寨刀阿文和刀有贤等,纠结拦匪。拦匪的加入,进一步加深了被劫掠者的灾难。“他们沿寨抢杀,并放火将土署及民房一并烧毁,并将猛丁掌寨张国珍的高曾祖、祖父母、父母等共十二塚挖毁,抛去尸骨,抢掳保山寨、大塘寨、坝列寨、安家寨等十五处村寨民众”。[②] 土司与民众之间的利益争夺在外界势力介入的推动下,转变为利益侵占。原先的以土地收益作为利益共同体的土司和民众,通过猛喇掌寨刀阿文和刀有贤等纠结拦匪抢劫、攻打寨堡、奸淫妇女、杀人、烧房、掘墓等事件,推动了土司与民众之间生死对立局面的形成,为清朝拉拢民众反对土司留下了嫌隙。类似事件的不断发生攒集了民众怨恨土司的情绪,为清朝镇压土司和派任流官提供了正当性理由,也为清朝实施怀柔之策,保留土司并获得土司忠诚维护清朝利益奠定了主体性基础。在这个过程中,镇压土司体现了清朝在土司地区已经建立形式上的国家统治转向实质上的国家统治,启用土司则又体现了国家律治认同下土司自治的实质性意义。

第三节 土司地区传统习俗对国家统治的阻却

土司是土司地区的象征性符号,基于这一群体自给自足的生产生活方式形成了固有的传统习俗。在习俗这一难以厘清内容的模糊概念中,认同是习俗能够被传承的内在精神。这种精神一旦被赋予了与集体存亡攸关的族群信息之后,这种传统习俗就会成为自觉阻却外界权威进入的心理隔墙。土司地区在族群意义上形成的习俗,对于清朝而言,无形之中具有拦阻国家统治进入本地的作用。而习俗作为某种带有规范意义的潜在共识,对于国家法律适用同样具有阻却作用。这种阻却的本质是清朝与土司之间关于权力的博弈,而权力与规则适用有着不可分离的关系。

---

① 胡启荣、黄中位:《滇事杂档》《临安府任办理猛丁土舍卷》之“猛丁土舍禀”条。

② 胡启荣、黄中位:《滇事杂档》《临安府任办理猛丁土舍卷》之“猛丁掌寨禀”条。

在中央权力与地方权力博弈的过程中,其结果并非一厢情愿所成。地方权力是中央权力得以存在的政治基础,地方权力之所以成为地方性权力并不是中央权力授权的结果,而是中央权力的地方实现会受到各种各样来自地方性因素的干扰和同化。特别是在中央权力与地方权力基于战争胜败形成的初期,地方各种现实势力的存在,比如传统的权威认同、旧有的规章制度、历史的民风民俗、社会管理机制等都会对中央权力的各种施策产生积极的或者消极的影响,有些因素甚至具有颠覆性的作用。

云南土司地区多半位于人迹罕至的群山之中,且不同民族混杂,风俗各异。中央王朝派驻流官,既不熟悉当地地形,也不熟悉当地民风民情,且流官体制运行需要的各种人财物保障得不到任何实质意义上的畅通无阻。与此同时,清军刚入云南,战争并未结束。从战争后勤保障的角度来看,就地取材的军事保障更有利于清军在云南展开各种各样的军事行动。因此,与其依靠军事强力强行改土归流,倒不如针对一些鞭长莫及之处采取土司自治、流官管治的双轨制形式。如此一来,不仅实现了清朝的地方行政建制,而且稳定了土司地区,减少地方势力与中央势力的冲突,补长了清军刚入云南土司地区立足未稳的短板。

鄂尔泰曰:"流土之分,原以地属边徼、入版图未久,蛮烟瘴雾,穷岭绝壑之区,人迹罕到,官斯地者,其于保俗、苗情,实难调习,故令土官为之钤制,流官为之弹压。开端创始,势不得不然。"[①]清朝保留土司的根本原因不是网开一面,而是因为"势不得不然"的无可奈何,这个"势"也就是清军统治云南土司地区之初土司旧有势力的强大所致。那么,设置流官的目的一方面在于要建立大一统的行政官僚体制,另外一方面,防止图谋不轨的土司起兵反抗,流官的主要作用在于随时针对个别土司的反抗实施弹压,确保清朝在云南地区的统治秩序。

魏源在《雍正西南夷改流记》中说:"臣思前明流、土之分,原因烟瘴新疆,未习风土,故因地制宜,使之向导弹压。"[②]再往细里分析,清军入关的目的就是建

① 雍正《朱批谕旨》,雍正四年八月初六日鄂尔泰奏言。转引自方国瑜:《云南史料丛刊》(第8卷),云南大学出版社2001年版,第465页。

② 魏源:《雍正西南夷改流记》。转引自方国瑜:《云南史料丛刊》(第8卷),云南大学出版社2001年版,第461页。

立大一统的国家统治,让步于土司的最为根本的原因在于云南土司民族语言繁多,长期与中原几乎处于断绝交流状态。特别是云南边地的土司地区,至清军完全占领云南之时还处于奴隶制时期,与外界封闭。即便是云南地区的居民,也很难进入边地土司统治的地方,更不用说在土司看来属于外人的清军势力了。而更加极具挑战性的落后交通环境,根本无法为持续的军事补给提供强有力的后勤保障。清军的军事打击对于靠近云南地区的土司有着立竿见影的效果,而对于沿边境生活或者靠近边境的土司来说,难以想象的地理环境导致清军的武力镇压基本上起不到任何实质性意义的作用。

"以夷制夷"是中原王朝统治戎狄蛮夷的策略,满族作为曾经的被治理对象,也深知这个策略运用的实效,作为曾被治理的对象对于"以夷制夷"的内心感受,满族深有体会。因此,满族统治中原的过程中启用了大量的汉官,布局"以汉制汉",吴三桂镇守云南就是一个鲜明的例证。当吴三桂平定云南之后,清朝与云南之间的关系就由此前与汉将吴三桂之间的君臣关系演变为与云南土司地区的民族关系。相对于汉族而言,满族与云南土司地区的土著民族都是少数民族,但是,此时的满族毕竟是占据统治地位和掌握统治权力的少数民族,形式上的平等在统治权力面前造就了实质上的不平等,即统治与被统治的关系。

面对云南土司,清朝基于自身经验的回忆,对于如何统治云南土司有着一定的思路。可以这样讲,云南土司对于清朝如何实施统治的认知程度要远远逊于清朝如何统治云南土司的认知程度。即便如此,清朝并没有按照明朝设置关外建卫的宽松制度实行统治,而是力图在整个统治范围内设置系统的行政官僚体制来实现权力的整体性驾驭。一方面,全国性行政管理机构发挥的统治功能已经被汉族自身的发展历史所证明,清朝不过是在选人派遣官员上需要重构制度而已;另一方面,天下一统是皇太极入关实现政治抱负的终生愿望,而在全国设置自上而下的系统官僚管理体制则是建成天下一统的政治象征。

康熙元年十二月,康熙帝认为贵州与云南地区接壤,且多为险要地带,当地的少数民族聚居也非常杂乱,生活习俗各方面也与汉人不同,所以贵州和云南差不多。在贵州的各种文武官员、士兵以及人民群众之事都依照云南的惯例,具体事务由平西王吴三桂来管理。康熙元年十二月谕,“贵州接壤云南,皆系岩疆要地,且苗蛮杂居,与云南无二。其一切文武官员、兵民各项事务,惧照云南例,著平西亲王管理”[①]。云南、广西一带,多为少数民族的聚居地,由于少数民族的习惯、宗教、信仰等各方面与汉人不同,非常难管理,经济、政治、文化水平相较于汉人也相对落后,所以出现的不安定事件也很多(包括逆贼也很多),康熙帝将贵州、云南两个各方面都非常相似的地方并在一起,并且下令由云南总管平西王吴三桂来管理,一方面是吴三桂确实尽到了职责,帮助了康熙帝治理云贵地区;另一方面,为后来吴三桂升为云贵总督以及日后的“三藩之乱”埋下了祸根。

吴三桂之乱沉重打击了清朝启用汉官的政治意图,不仅加重了清朝对于汉官的怀疑程度,而且可能在一定程度上改变了清朝统治云南土司地区的策略。乾隆十三年六月十六日因违制薙发案而通谕八旗:“满洲旧习朴诚肫然,有尊君亲上之意,犯遇差使均能奋勉,今渐染汉人习气,惟图安逸,竟失我满洲旧规。”[②]清朝狭隘的民族心理与文化自卑跃然纸上,这种带有歧视的族类观为土司在云南享有一块自治空间提供了心理支持。从清朝在云南地区实施的不完全的改土归流,或许可以推测这一结论的可能性。既然清朝能够把那些规模较大且地处偏远地带的土司改土归流,为何保留靠近内地或者规模较小的土司呢?其中的缘由之一,大概就是面对远离京城核心军事力量控制的云南,如果全部设置汉官,清朝就必须面临一个可怕的后果:汉官在云南形成联盟起义反抗清朝,吴三桂一人拥兵十万自立王国的事实,不能不说这种可能性的存在。

云南土司直至清朝灭亡之后还继续存留一段时间的历史事实,应当说,云南土司存续特别是土流并存的存续能够提炼出清朝基于边疆统治策略留下来的政治思考。在诸多思考中,统治成本、统治效果与客观条件带来的统治困境是主要原因,而在这三个原因中,云南土司自治的便利性应当是最先的考虑因素。《新纂云南通志》中记载:“滇之土官,肇于元而盛于明,清代因之。……若

---

① 《清实录·圣祖实录》卷七,台北,华文书局总发行1989年版,第138~139页,“康熙元年八月甲子”条。

② 《清代档案史料选编》,上海书店出版社2010年版,第591页。

以本土人治本籍事,当较便利。"①沿用土人治理,不仅解决了自然环境带来的生存问题,而且化解了交通不便导致的运输问题,同时也解决了语言不通、沟通困难的现实障碍。利用土司实施地方统治,既减少中央王朝控制土司地区社会的成本投入,又能够赢得土司地区头人的合作与支持,在一定程度上实现了安境保民的统治目的。保留土司的另一个作用不仅在于维持土司地区的暂时性稳定,而且为清朝争取屯兵休整,待议决断提供了可长可短的主动权。除自然环境导致的武力镇压难以为继、后续无力的原因之外,另外一个主要的原因就是语言沟通困难与民族风俗存在差异而对清朝施治性交往形成了内在的障碍。

语言是人类交往的信息载体,人类交往的需要促进了语言的产生,而语言一旦产生,就对人类的交往产生了不可估量的决定性作用。语言不仅传递信息,而且传承了一个民族的文明谱系。所以,语言对于一个民族内部而言,既是本民族同类识别的符号,也是本民族向心力形成的基础。语言是民族的语言,因此,语言也就天然的带有封闭性。语言的封闭性,不仅是指不同民族的语言具有不同的发音,而且是指不同民族的语言包含着不同的文化含义。这些文化含义构成了民族风俗习惯的密码,成为不同民族之间交流沟通的天然障碍。语言不能没有文字,而文字的诞生是以语言为基础的有形载体。然而,文字的出现意味着语言具有了可学性,可学性则打开了语言内部传递信息的密码。

文字的诞生,为一个民族记录自己的历史提供了方便,也在为外人走进自己的民族世界提供方便的同时,设置了理解上的障碍。对于没有文字产生的民族,或者文字稀少主要依靠肢体语言辅助于发音的口语的民族而言,外人很难与之沟通。最为突出的表现就是在经济活动中,往往是以以物易物的方式实现物品的交换。如果以文字的出现作为某个民族文明进步的标志,那么,云南地区特别是边地区域的诸多少数民族没有自己的文字。即便那些有文字的少数民族,如没有翻译的转读,顺利沟通也是一项难以成行的事情。

清军入驻云南土司地区之后,清朝的统治施策要想在土司地区得以贯彻实

---

① 龙云、卢汉修、周钟岳:《新纂云南通志》卷一七三《土司考一》,李春龙、牛鸿宾点校,云南人民出版社2007年版。

施,必须要能够将中央王朝的意图通过沟通的方式,晓谕众人。然而,中原发达的汉文化与遥远北方的满族文化难以在云南土司地区顺利地被表达,清朝的统治所想也难以传播并被土民得知,唯有土司能够担当这一统治信息转译的二传手作用。实际上,清朝在入关之前不仅具备了丰富的统治经验,在满族统治者眼中,云南土司与自己当年在明朝建州卫所时的政治属性并无二别,而且早已经做好了施策准备。“满洲人通过既让游牧力量处于分裂状态并使他们置于中原直接统治之下的方式”①取得的丰富经验,在云南针对土司的统治发挥出淋漓尽致的作用。

多尔衮入关之后旋即提出“详译明律,参以国制”的立法指导思想,一方面,说明清朝注重汲取历史经验,特别是针对中原统治汲取中原历朝统治者的成败经验,说明清朝对于统治中原的慎重;另一方面,“参以国制”说明满族贵族在入关前后已经从建立统一的国家权力这个角度考虑建国施治。作为建国施治的整体性思考,必定要能够适用于依靠军队占领的任何一块土地,从中可以看出清朝对待云南土司的政治态度和统治策略,即从“参以国制”拓展细化为“因族而治”与“因俗而治”相结合的策略办法,从而实现云南土司地区的稳定过渡,为建立统一的国家权力筑好形式上的基础。

明朝之所以采用土司分享地方统治权这一形式,主要的原因有三个方面:其一是云南不仅距离京城遥远,而且地广人稀,无论是采用军队军管还是采用官僚政管,统治成本高且困难重重,比如后勤保障、驻军人心与官僚公心等;其二是汉族与云南土著在语言上存在本质的差异,风俗习惯各异,汉人治理土著的首要问题就是话语权缺少对象,统治信息在传达过程中直接受制于语言的抵触;其三是土司在该地区已经盛行很久,土司存在的历史延续性决定了土司统治地方的正当性、合理性。明朝在云南地区针对土司统治未竟的困难及其背后的原因,足见土司作为地方头领所拥有的影响力,这些困难和原因并没有因为清朝作为封建王朝发展历史的继承人而有所改变。语言上的隔阂为土司的地方性统治提供了正当性与合理性。

---

① ［美］巴菲尔德:《危险的边疆:游牧帝国与中国》,袁剑译,江苏人民出版社 2011 年版,第 354 页。

清朝在军事实力方面占有强大的优势，配合满族贵族统治中原的队伍中有不少是中原文化的代表者，然而，对于云南土司地区少数民族自带的语言特情，在短期内因为民族间语言的沟通性障碍难以实现中央王朝在土司地区的统治。在这种情况下，保留土司是为上策，体现了“参以国制”统治策略在地方事务中的具体应用。从中也不难看出，物理时空的关系不仅体现为有形的距离，而且体现出“三十里不同俗”的文化阻却。

第四节 小 结

秩序既是体现法律功能的外在形态，也是基于其实现其他利益的手段。在国家出现以后，以实定性规范出现的法律，成为调整政治矛盾的主要手段。作为解决社会对抗性矛盾最强硬的统治，其用来解决统治者与被统治者之间矛盾的方式方法。在类别的意义上，可以粗略地划分为经济、政治、文化、法律、行政等。无论是政治的，还是文化的、经济的、行政的，都不能离开国家法律的保障。清代通过法律监控土司，通过国家正式法律规范调整土司地区传统习俗，将土司与流官之间的矛盾置于法律规范的框架下进行解决，从而通过国家法律规范消解土司与流官之间围绕地方统治权形成的二元对抗。统治是社会矛盾的集中表现形式，既是解决矛盾的手段，也是制造矛盾的诱因。从根本上讲，统治的目标是通过矛盾解决维护统治者的政权利益，但也并不否定通过统治者利益的维护在推动社会进步也有一定的增值作用。在更大的视野下，清朝与土司之间的各种冲突集中到一点还是社会纠纷，法律作为纠纷解决的国家机制，起到契约诚信的宣示作用，对发挥出矛盾调和结果具有预期的功能。清朝通过法律监控土司时遇到的客观障碍，在一定程度上促进了土司制度的进一步完备。

第五章　土司地区法律认同的现实条件

通过法律监控土司的实质是制度运行的过程,而制度运行不仅需要完备的制度体系作为基础性条件,而且需要为制度运行建立一套系统的保障性条件。如果说系统化的制度体系是内部条件,那么,为制度运行提供保障作用的则是外部条件。然而,无论是内部条件还是外部条件,都是针对制度运行而言。相对于军事围剿来讲,法律监控属于软性约束。通过法律能否达到监控土司的政治目的,一方面,取决于法律制度体系的完备程度;另一方面,取决于是否存在有利于法律实施的外部环境。首先,云南土司虽然均位于云南境内,然而,由于土司统治的基础源自宗族,同时,每个宗族都有自己的统治区域,这就导致土司之间面对清朝的军事武力和法律监控会因为各自不同的利益取向而自我分裂,难以形成对抗清朝的地方势力。其次,云南土司统治地区与中原相比,经济上总体落后于清朝统治的腹地。先进的经济发展水平对土司地区的经济发展形成外部性优势,从而促使土民基于经济这一纯粹的利益需求形成了新的生存观念。最后,清朝拥有强大的军事力量对于大部分土司产生了一定的军事威慑,而土司如果继续维持自己的地方事权,必须具备来自国家认可的正当性。利益衡量与军事威慑为清朝实施法律监控土司提供了有利的现实条件,确保了法律监控的有效性。

第一节 土司之间基于各自保全下的分裂

土司这一官职称谓,是皇权对云南地区地方割据统治者的官方称呼,土司这一称谓的历史要远远短于土司性质的地方统治者这一实际的存在。所谓土司之间的矛盾,其实质就是云南地区地方统治者之间的矛盾。只不过在明朝之后,这些地方统治者被称为土司,清朝沿袭明朝称谓,当年的地方统治者之间的矛盾转变为土司之间的矛盾,而其实质并没有变化。在云南地区这些不同的地方统治者,是不同民族的统治者,因此,作为不同民族的统治者被各自的民族语言赋予了不同的称谓。但是,封建集权中央王朝只有一个,为了更加准确地表述这一地方统治者的身份,土司称谓是官称,显示了皇权的存在与统一。因此,土司之间的矛盾就是原来那些土著头人之间的矛盾。由于清朝统治云南地区,这些土著头人之间的矛盾也因为国家权力的介入而发生了变化。

在清朝统治云南土司地区之前,土司之间的矛盾由于地理环境的半封闭性而使得矛盾也就有半封闭性的特点。云南地区土司是各个少数民族聚居而成的部落型的地方统治者,具有奴隶时代的特点,同时也具有朝向封建领主时代过渡期的特点,靠近中原的少数民族土司更多地走向了封建领主时期。由于地域的半封闭性,所以,土司之间的矛盾根据土司地区距离中原汉族聚居区的远近,可以从 3 个圈层来理解。第 1 圈层的土司即靠近汉族地区的土司,这些土司之间的矛盾更多地表现为土司之间各自发达的竞争,即以经济社会发展的发达与否为特征的竞争。可能表现为商业贸易上的开放程度,以及在与汉人等其他民族交易过程中的溢价竞争。同时,夹杂着不同土司地区人口互相流动的矛盾。对于土司地区而言,人口规模是土司财富集聚的主要生产要素之一,而人口的外流往往引发相邻土司之间的猜疑,甚至引发战争。

在靠近边界与中原地区之间存在第 2 圈层的土司,这个圈层的土司在整个云南地区土司的群体之中,由于他们处于边地土司与中原地区土司之间的过渡地带，具有夹缝中生存的地理特征，导致这个圈层的土司基本上完全依靠农业、狩猎来维持自身的存在。这个圈层内部的土司之间，主要的矛盾是围绕着狩猎场的犬牙交错而展开的。比如，正在被追赶的猎物跑到了另外土司地区的猎场，土民围绕猎物归属而产生的矛盾就会在土司之间形成上层之间的矛盾。对于边地土司而言，无论是居住的地理环境还是生活环境以及经济发展需要的自然资源环境等，与第1圈层与第2圈层的土司相比，第3圈层即边地土司不仅遭受更严重的自然危害，比如瘴气；而且面临着境外民族的侵扰。

这些边地土司之间的矛盾，主要是耕地面积的扩张。因为云南边地土司居住地带农作物产量相对较低，农业技术相对落后。土司的财力有限，无法支持大规模的水利建设。即便个别开明的土司有整修农业基础建设的想法，但由于人力、物力财力以及交通运输、建设技术等方面的原因，也无法实现。因此，对于土司来说，通过武力占领、把持良田则是最为有效的方式。由此一来，边地土司之间的矛盾集中在土地争夺方面。土司之间的矛盾，都处于云南这一完整的地区之内，面临着同样的自然环境，只不过自然恶劣程度不同而已。因此，3个圈层土司之间的矛盾也具有一定的共同性，比如信仰、田地、贸易。从内地土地往外走，贸易矛盾可能越来越小，信仰冲突应当是逐渐加大，而田地矛盾则不断上升为主要的矛盾。

土司之间的矛盾既有从南向北的变化轨迹，也有从东到西的变化轨迹。土司之间由于土司各自统治区域的边界存在彼此交错的咬牙状态，因此，土司之间的矛盾往往不是孤立的两个土司之间的矛盾，而是两个或者两个以上乃至多个土司之间的矛盾。而土司之间为了扩大自己的统治区域，实现自己称雄一方的意愿，往往采取政治联姻的办法，比如通过互相婚娶、歃血同盟、结为干亲等形式，形成了不同的土司利益团体。这些团体在其内部遵照协议排位处理相互之间的矛盾，并结成利益共同体，对外采取联盟的方式实现矛盾的解决。

与单个土司之间的矛盾相比，这些土司结成的土司集团之间的矛盾更加深远，矛盾处理的方式更为惨烈，往往伴随着生灵涂炭的战争。康熙五十七年六月，兵部收到云贵总督不乏轻蔑的奏言，说到云南境内大多是蛮夷之人，大多数都居住在偏远的山村，与汉人不同，他们当中的土酋有相互煽诱自相残杀的状况,虽然朝廷的官兵也有从中调和的做法,但是也不排除他们居心叵测,因此,地方官吏希望朝廷派遣官兵,设立驻扎的地点,进行驻守弹压,借此使当地得以安宁。为此,朝廷从武定府及其附近的地方都调遣了大量的士兵前往当地,予以讨伐不法土司。很显然,此处所谓"不法"是指土司违背清朝国家律例,制造动乱的行为。其中,土司之间依仗天高皇帝远而互相残杀,土民生灵涂炭。自然,这种情况不利于天下大治这一政治图景的实现。

康熙五十七年六月兵部议覆:"云南贵州总督蒋陈锡疏言:滇省蛮夷,僻居山箐,其中有土酋不法,……必须设立一汛,驻守弹压,戢宁内地。"①尽管疏言中仅仅提到土酋不法,实际上如果势力弱小的土酋都有因利益争夺而不顾清朝律例互相杀戮,那么,势力稍大的土司因为利益争夺而进行的相互残杀以及对清朝统治引发的不利后果会比土酋之间的相互争斗更加严重。所以,疏言不仅建议派兵讨伐,而且请设流官"驻汛防守",从而"庶地方可以永靖"。显然,土司之间争夺利益的分裂,为清朝实施分而治之提供了机会,然而,如果清朝一律采用军事镇压,那么这与清朝主张仁政的文德思想有所不一致。关键的是,没有区别的军事镇压最后极有可能导致土司的联合。

古代的土司与土司之间,是部落与部落的关系,而部落和部落之间的最大区别很有可能是不同的少数民族,大多数之间文化、习惯、宗教等都不尽相同,且在当时,人类的文明程度也不够高,少数民族地区的经济也较为落后,部落之间的存亡从来都是遵循人类文明进化几千年来的规律——优胜劣汰,所以部落之争是不可避免的,这也就导致了部落首领(土司)之间的相残是不可避免的。况且在一个氏族部落里,部落的首领即便是世袭制也难免出现亲兄弟之间自相残杀的现象,土司世袭的制度也恰好有这样一个特点,加大了社会的不稳定因素。所以,清中央王朝害怕动乱的发生,地方势力较小的土司则希望中央王朝派遣士兵并设立营地,以此作为自保的一种防御手段。

随着清朝统治云南土司地区之后,土司之间的矛盾逐渐弱化,土司与代表

---

① 《清实录·圣祖实录》卷二七九,台北,华文书局总发行1989年版,第3730页,"康熙五十七年六月乙未"条。

清朝的流官之间的矛盾慢慢发展起来了。土司之间势力大小不均的现状,为清朝以国家公正管理作为划定不同土司之间的利益界限,提供了正当性。利益界限的划定体现了契约的服从,因此,清朝针对土司利益界限的规定完全可以通过国家律例的规范强制性作用,实现土司之间利益各自门清的皆大欢喜。如此一来,清朝不仅树立了秉公正义的形象,而且通过国家律例的居中适用实现了土司地区的社会稳定和地方管理。

土司统治土民的话语权,源于土司权力的垄断。清朝以国家形象在土司地区形成了新的权力垄断,并对土民生活基于经济贸易、社会来往、文化交流等民间活动产生了方方面面的影响。土司地区与流官行政管理的地区,虽然存在严格的区别,但是,靠近流官管理地区的土人,与靠近土司地区的汉人,通过互相往来形成了土司与流官放任的交叉地带。处于交叉地带的土民,相较土司腹地的土民,在经济、政治、文化包括对国家律例的认知更加开化,由此而形成了脚投票。土民脚投票的结果,就是土司地区劳动力的减少。在以农业为主要经济发展支撑的土司地区,劳动力外迁的结果就是土司剥夺性收入的直接减少,继而影响到土司的势力。而土司势力的式微,不仅可能被其他土司欺负,而且极有可能被清朝派设的流官欺压。所以,土司为了能够获得与流官在土民心目中同等的权威形象,需要一个由国家立此为据的政治身份。

清朝对于云南地区大小土司推行归顺授封制度,然而,势力大小不同的土司在清朝统治者眼里的地位实际上能够预测到自己后代子孙能够承袭土司的命运,而地方流官作为清朝统治者在地方的代理人,往往对于土司成为授封对象还是成为归流对象起到了关键性的“是”与“否”作用。因此,在流官管辖的区划内,土司竞相联络流官并由此形成竞争性政治关系,其目的在于通过流官奏疏的美言从而确保自己后代承袭土司的特权能够延续下去。各个土司为了博得流官的认可,往往相互之间明争暗斗,通过贿赂提高自己与流官的联系密度。而流官作为众星捧月的宠儿,如果偏袒任何一方土司,不仅触犯国家律例关于职官权责的规定,而且土司可以向更上一级流官申诉,直接关涉自己的官位。然而,如果不能观照土司,那么自己收受好处必定面临着罢黜官职的风险。

作为清朝派设的流官,面对土司蜂拥而上的贿赂,最好的武器不是仗义,而是国家法律的如此规定。流官处理土司关系的过程中造就了对于国家法律的需要，这是唯一可以借口国家名义而为自己解脱的最好理由，从而于无形中为国家法律监控土司打通了暗道。

经济发展是土司之间互相防范、保存实力的物质基础。随着清朝在明朝移民南迁的基础之上捎带的农业生产文明从北往南进入云南土司地区之后，特别是农业生产技术以及农作物品种的不断成功移植与大片荒山开辟为耕地，刺激了土司地区土民参与先进农业生产的积极性和土司地区生产力的解放，并同时提高了人口规模，从而为农业生产输出了更多的劳动力，改变了土司地区的经济发展和土司本人的经济占有实力。随着土司本人经济实力的不断壮大，土司不仅在本地区增强了与其他土司竞争的实力，而且通过影响流官从而增强了自己与清朝在利益分配上的话语权。

对于清朝输入的先进生产文明和发达的农业技术，土司尽管也看到土民存在摆脱自己统治的可能性，然而，基于自己长远利益的考虑，土司以默认的方式接受了清朝先进生产文明的“入侵”。农业生产的先进必然带来剩余产品的丰富，紧随剩余产品的丰富而来的则是商业发展、国家税收、兵丁赋税。围绕着国家这一主体形成的税赋关系，构成了国家法律监控土司的动力。在中原经济吸附式影响云南土司地区的过程中，国家经济法律调整土司、土民与国家之间的税赋关系推进了国家法律体系中其他法律部门的实施。

文化传承是土司向来统治土民正当性的理由，家族式的统治基础除具有一定的经济实力以外，还要掌握一套来自祖上传下来的规矩。传下来的家族规矩在土司统治的范围内逐渐演化为地域性的规矩，并随着土司统治的长期性而转变为这一地域性社会的文明内容，并以传统的形式而被家族内外的人传承和遵循。这一固有的本土文明被跟随先进生产力进来的儒家文明在不知不觉当中改变，特别是土民与汉族民众之间的经济来往，更加促进了土司地区本土文明的发展与汉化。

随着文明的汉化，土民对于中原文化的认同感就会越来越强，这种文化认同感为清朝在土司地区实施文教制度奠定了心理基础，而文教制度的现实实践则为土民主动学习、理解、接受中原文化提供了更加便利的通道。中原文化在土民群体之间的普及与传播,实际上从社会基础这个层面否定了土司家族秉承的文化,无异于废止土司统治土民的文化基础。土司如果维持自己的特权,必须接受中原先进文化的洗礼。清朝统治下的中原文化已经在很大程度上开始了国家式建构,即通过国家法律的规范性强制将本来属于民族的文化转化为国家统一的文化。土司出于家族承袭官职的需要,不得不接受来自国家文教制度在文化发展过程中的规范性调整。文教制度在土司地区的实施,无疑为国家法律的宣传和普及、适用和强化起到了营养剂的作用。

如果把国家法律视为特殊的商品,那么,在土司地区实施法律监控与土司是否接受法律监控之间形成了供需关系的紧张。如果不存在需要法律监控的市场,那么,国家通过法律监控土司的商品就没有消费者,如果存在法律监控的市场,但是,国家法律不能监控或者监控不足,两种结果的最后结局均导致土司失控,从而可能导致清朝国土的分裂。然而,法律监控作为外在的强制,土司的抗拒显而易见。但是,在先进经济、文化、商业的熏陶下,尤其是强大的军事力量作为后盾,国家法律监控的市场终被建成。土司的政治主动、经济和文化上的被动为国家法律实施监控铺设了通道。

第二节　封建经济对土司地区经济的影响

纵观清朝治理土司的历史,可以看出,清朝对于土司地区的经济基本上保持让其自给自足经济模式,除了通过一定限额的税赋、朝贡凸显清朝统治权威之外,清朝不仅征收较中原地区有所减轻的各种杂税捐赋,而且在自然灾害或者田成歉收年度还给予一定额度的赈灾粮款。尽管这里面含有清朝表达自己皇恩浩荡的仁政因素,然而,这也说明对于清朝来说,云南土司地区的经济能力在清朝整个的经济体系中所占的比重是微不足道的。但是,对于赋税、赈灾、改善农业生产条件这些来自清朝的措施受到了土司的认可,即便土司不认可,广大的土民也是乐意接受的,提高生存环境的追求是人的基本要求和本能。然而,提高工业产量特别是清朝刚需的矿产资源,给土司地区带来了巨大冲击,包括开矿规模、移民规模、贸易规模等则导致了土司与清朝之间的经济矛盾。

土司地区的工业技术、农业技术远远落后于中原的生产水平,因此,土司面对清朝实施的经济侵略,除了接受别无选择。分析土司与清朝之间的经济矛盾,其中的一个分析进路是考虑土司地区的自然环境结构。所谓的经济,是基于自然环境的生产交换活动的总和,而生产要素除了人这个主体以外,其余的构成归根结底属于自然环境。一旦自然环境决定了某种生产不可能进行,那么围绕这一生产行为的交换必然受制于该产品的低量,随后而来的交换、消费、价值与利润等都将改变。因此,基于生产的物理基础,选择分析自然条件作为解剖经济矛盾的进路,要比单纯地分析经济数量的收支顺差逆差更为彻底。

虽然在分析的过程中,可能存在夸大环境对历史发展影响的情况,但在历史研究中更常见的错误则是忽视自然环境的作用,而过分关注人类活动。虽然其他一些因素,如社会、政治、经济等因素,毋庸置疑,对清代云南的边疆秩序的建构产生了作用,但同样显而易见的作用也包括环境条件。比如,土司地区深山密林中的瘴疠(疟疾)对流官设置带来的巨大限制。这些自然环境限制了人的行动,自然也就限制了经济发展的水平。

通过国家权力的下沉实现对基层社会的控制,其实质是以国家权力的代理人,即代表国家权力符号的官员及其以办公机构为外在符号的建筑存在为实现基础。清朝皇权在云南土司地区的统治不是以土司的臣服为标志的,而是通过派驻设置流官,建立系统的官僚体制、管理机构以及系统的国家制度为符号的标志。因此,地方管理体制的制度设计可以离开具体的社会环境来实现,而制度的现实运转必然要与自然环境发生不可分离的关系。也正是因为云南土司统治地区特殊的自然地理环境以及隐藏的自然障碍,导致清朝官僚管理体制的普遍性实施遭遇到了困境,从而为土司在制度上与现实上的长期保留提供了一定的机会。

云南自古以来,境内交通设施极为落后,一方面,归因于其特别的地形地貌,与外界形成了自然鬼斧神工的隔离。云南境内山岭盘结,谷深山高,沟壑纵横，自然形成云南交通的阻隔和闭塞。[①] 另一方面，坚硬的岩层与近乎垂直的上下地理落差，再加上落后的工业技术以及基础设施建设技术和能力的落后，云南境内特别是土司地区，基本上无通行之路。恶劣的自然地理环境，在生产力水平比较欠发达的物质条件下，既缺少精准的测量仪器，也缺少能够解决人力不能解决的搬运困难的机械，农业环境下的人力无法克服云南土司地区解决交通设施的基础性建设困难。“上高山则疑为登天，下陡路则几同赴壑，羊肠鸟道，修之实难”。[②] 虽然云南境内河流水网比较发达，按道理讲，航运经济应该有所发展。然而，事实并非如此。

云南腹地的江河几乎全是地壳运动时期形成的断层所致，整条江河上游、中游与下游的垂直落差很大，同时，河面狭窄，难以通行大型船只，往往是以木排、竹筏为水上交通工具。《新纂云南通志》曰：“贯穿云南之河川，北有金沙江，东有八大河，西南有红河，西有满沧江、满江，皆河川中比较大者，惟地当上游，岸高峡急，即泥淤流浅，航运不能畅行自如，仅一部分得享其利。”[③]因此，居住在江河两岸的土民，真正能够依托江河航运获利的人群很少，也就是那些居于水流较缓河段的居民，或许能够享受自然之利，大部分人是没有机会的。并且，云南境内的河床比较浅，那些河床深的河面不仅狭窄，而且河面以下怪石林立，容易发生触礁事故。那些河床较浅，水况清晰的则不能承载大船，只能通行扁舟。吴大勋在《滇南见闻录》中也说，“大约川则沙塞石阻，泽则支流细微，虽有舟揖，就近驾驶，不能远适也”。[④] 船运不能远行，意味着水上贸易几无可能性，而水运自身体现的成本优势也难以发挥出其应有的效应。因此，恶劣的江河条件限制了人们的航运水平和航运经济发展陆运、水运都不能满足经济发展的需求，其结果是突出了农业经济的重要地位。

---

① 陆韧：《云南对外交通史》，云南人民出版社 2011 年版，第 3 页。

② 光绪三十三年腾越口：《华洋贸易情形论略》。转引自陆韧：《云南对外交通史》，云南人民出版社、云南大学出版社 2011 年版，第 11 页。

③ 龙云、卢汉修、周钟岳：《新纂云南通志》卷五七《交通考二》，李春龙、牛鸿宾点校，云南人民出版社 2007 年版。

④ 吴大励：《演南闻见录》。转引自方国瑜主编：《云南史料丛刊》（第 12 卷），云南大学出版社 2007 年版，第 12 页。

农业经济长期占据的主体地位,也意味着矿产开发的可能性只能借助外来的力量。云南境内资源丰富,然而,由于开采技术落后,特别是运输条件跟不上,导致云南境内资源不能被广泛开发利用。恶劣的自然环境为云南境内的资源保护提供了天然的庇佑,所以,随着清朝统治云南之后开始通过大规模移民开采土司地区的资源,土司对于清朝统治的反抗心理也因资源的广泛开发而愈加增强。尽管土司地区也有一定零敲碎打的资源开发,比如储藏于地表以下的煤炭,土司地区也有一定程度的开采。虽然采用的是最为原始的方法,产量有限,但对于土司地区经济的发展起到了一定的作用。

特别对于土司个人来说,有限的煤炭开采对于获得与外界经济贸易的权利起到了非常重要的作用。然而,即便这些产量很少的煤炭,也因为极为落后的交通设施而难以方便快捷地运输。英国学者 H. R. 戴维斯考察云南后感叹道:"云南非属资源匮乏区,但为交通之需要所困耳。境内大山漫衍,致其主要之河流,皆惊涛激端,不通航船,陆路梗阻,不能迅速进行。其他省内河川,概罕舟揖之用,山茅小道,仅适骡马驮运,且距离可以航行之河道甚远。"[①]交通运输能力的限制,决定了先进技术在云南地区的难以使用。如果矿藏处于高山地区,比如靠近贵州与西藏等三省交界之地,那么,"高黎贡山……每至冬季,积雪深厚,由板厂山以北,交通为雪所阻滞,不能通行,几至半年之久云"。[②] 不仅开采出来的矿产品无法外运促进经济发展,外界的物资用品也无法进入到云南地区。

在一些个别地区,其特殊的地理环境形成了特殊的气候条件。比如怒江地区,其特殊的气候,不仅阻断了交通,而且阻断了文化的交流。怒江的冬天结束之后,春季农耕季节却进入雨季。不仅当地人的出行非常困难,而且会遇到山洪暴发甚至危及生命财产。春季即为雨季,农历正月,雨量尤多。山陡路窄,雨后土质松软,山水暴发,山崩石滚之事,时见不鲜,人行路中,往往遇塞,所以怒民在大雨之后,多不远行。又因为沿江气候极热,入夏即蒸热异常,行走很难。故在春夏时间,各地怒民,互相往来,亦觉少见,所同在怒地,南北两地的怒子言

① 夏光南:《中印缅道交通史》,中华书局永宁印刷厂 1948 年版,第 106 ~ 107 页。
② 尹明德:《天南片羽》,第 75 页,云南省图书馆藏。

语,就大有不同了。因此,语言的殊异,也就必然带来文化习俗的差异。其他各民族的文化,彼此之间也是不能“互相帮助,使其进步”。[①] 可见,恶劣的自然环境不仅影响经济发展,而且影响文化发育,进而阻断文化的传播和交流。

云南土司地区除了靠近中原地区之外,有许多土司的统治区域多为上述情形,那些跨境土司地区的生存环境更是有过之而无不及。如此恶劣的自然环境,即便拥有丰富的自然资源,17 世纪时云南土司统治下土民的生产力水平也无法将之转化为现实的经济能力。如此一来,归顺的土司就有了通过自己的臣服,在经济上得到清朝扶持一把的期待。而清朝虽然在政治上给予土司统治地方的权力,然而,并不希望土司地区经济迅速发展起来,从清朝控制土司的政治心理分析,清朝在一定程度上会采取相应的措施,促进土司地区经济的发展,不过,土司地区经济的发展应当在清朝可控的范围之内,即土司地区经济的发展要与清朝驾驭土司的能力相匹配。对于清朝来说,推动土司地区经济发展符合清朝的统治利益。扶持土司地区的经济发展,农业发达有利于边境驻军的粮草保障,工业发达则有利于驻军的武器装备保障,这对于维护国防,提高边境事端的应急反应速度,具有直接的作用。

清朝作为全国性政权的统治者,也不排除有造福天下、国泰民安的盛世追求。然而,同时清朝又不愿看到云南土司地区的经济过于发达,一方面,云南土司特别是边地土司,往往与缅甸、越南等此前的藩属国有着千丝万缕的勾连,特别是随着英法殖民主义试图通过云南边境渗透内容的意图暴露之后,清朝对于云南土司的可控性持有关于国家安全的担忧与恐慌,如果土司经济过于发达,那么可能会造成境内外勾结,导致清朝统治随时处于被分裂状态;另一方面,如果云南土司经济发达起来,就会吸引中原地区的汉人由以往被动地迁往云南转变为主动地移居云南,那么,云南这个距离京城 2000 公里之远的边疆地区极有可能成为一个聚众闹事之地。

清朝一直防范汉族的反清心理和结社行为,一旦大量汉人进入云南,尤

---

① 王家宾:《怒江人民生活状况》,载云南省立昆华民众教育馆辑:《云南边化问题研究》,云南省立昆华民众教育馆 1933 年版,第 26 页。

其是进入云南腹地与土司联合起来，难免会发生推翻清朝的反清起义。吴三桂镇守云南期间发生的“三藩之乱”，对于清朝来讲是历史教训，防范汉人以及汉人与其他少数民族民众的联盟，贯穿着整个清朝统治中原的历史。与此同时，土司希望通过自己暂时接受招安，获得来自清朝的经济扶持，从而让自己尽快壮大起来，摆脱清朝的统治。清朝对待土司地区经济发展态度的左右摇摆与土司通过臣服试图卧薪尝胆，决定了清朝选择制度路径作为控制土司的手段。

基于对云南土司地区经济鸡肋的认知，清朝对待土司地区经济发展往往持有扶持与放任的态度。凡是直接有利于清朝国库需求的产业，清朝颁布制度，通过人口迁移、技术输入、官府补贴等形式攫取经济资源和相关产品；如果对国库收入无直接影响的产业或者产品，中原地区能够生产且对国库收入无直接影响的，则由中原地区经济补给，特殊奇珍异类产品则通过朝贡、贸易方式获取。对此，清朝采取了放任态度。由于清朝的选择性支持，导致土司地区的矿产资源得到规模化开发，靠近中原地区土司地区农业得到发展，云南境内人口也有所增加，然而，边地土司或者远离中原地区的土司地区基本上维持着既有的领主经济模式，农业生产方面无论是从技术上还是从规模上基本上没有大的发展。由于生产力的发展受到了清朝的冷落，所以，这些地区的土司基本上失去了反抗清朝的经济能力。

清朝与土司之间的经济矛盾可能会因为矿产资源的开发而被认为是资源侵略，实际上清朝与土司之间的经济矛盾是辅助解决政治矛盾的一个手段。很多家族不大的土司，其仅有的经济储备遇到稍微严重的自然灾害就束手无策，这个时候唯一的选择就是禀报清朝，乞求得到来自清朝的救助。清朝的救助自然裹挟着政治要求，即土司家族永久地臣服于清朝皇权。从清朝控制土司的政治策略上讲，清朝与土司之间的经济矛盾在当时实际上是化解政治矛盾，强化土司控制的手段之一。

第三节　官僚体制外土司需要国家的认可

清朝在云南地区推行州县下土司享有一定的自治权，实际上是清朝入主中原之后处理满汉之间关系的经验延伸。顺治九年（公元1652年）谕户部："若满含错处必争夺不止，可令各府州县乡村满汉分居，各理疆界，以杜异日争端。"①随后对于迁徙的汉民给予补助，以此消解汉民对于满民的不满情绪。"凡汉官及商民人等尽徙南城居住，其原房或拆去另盖，或贸卖取价，各从其便，朕重念迁徙累民，著户、工二部详查房屋间数，每间给银四两"②。为了防止满族军民破坏这一举措的实施，清朝针对侵害迁徙之民利益的不法行为给予严惩。顺治六年谕："如有抢夺害民者，及时察出，治以重罪，该管者连坐。并严饬各牛录，各拨什库，转行所属，今后有抢汉人一物者，即行处斩。"③上述经济补偿与法律保护的双重措施，不仅顺利将满汉民众成功隔离，减少了满汉民众之间的基层社会矛盾，而且在汉族之间树立了清朝体恤民众的政治形象，同时清朝满族上层人士针对性的稳定措施也在满族民众之间树立了公正的形象，有利于在满族内部形成统治中原的政治共识。

满汉分居对于稳定社会秩序具有一定的意义，不过，从中华民族凝聚力这个角度来看，既不利于满汉文化的深层次融合，也不利于民族感情的多方位交往。其积极的一面在于巩固了清朝的统治。借助云南土司地区特殊的群居环境和半封闭的地理条件，清朝将这条经验演变为夷汉互不往来的规定，赋予土司自治权，从而为清朝在云南土司地区的统治缓解了社会矛盾。

纵观清朝统治云南土司地区期间，虽然流官的行政权力随着清朝戍边能力的加强而逐渐加强，但是，流官并不能完全替代土司在土司地区基层的作用，而土司也因为流官行政资源的不断强化而不断弱化。然而，土司与流官之间并没

① 《清世祖实录》卷一二，顺治元年十二月，台北，华文书局1969年影印本第1册，第143页。
② 《清世祖实录》卷四〇，顺治五年八月，台北，华文书局1969年影印本第1册，第465页。
③ 《清世祖实录》卷四四，顺治六年五月，台北，华文书局1969年影印本第1册，第512页。

有因为清朝戍边能力的提升而降低土司在国家基层管理中的作用,流官也没有因为国家行政能力的增强而可以在土司地区为所欲为。由于清朝是以准官僚体制赋予土司身份,因此,尽管在实际权力控制方面土司称号不过是一个形式意义上的存在,土司并不是国家权力的代理人。然而,由于土司在流官与土民之间具有的纽带作用,以至于土司成为没有权力但是可以影响权力运行的角色。这一角色的价值,在于流官与土司之间形成了身份上的对弈,即国家官僚体制中的正统与国家官僚体制之外的编外正统之间形成了共同为国家效力的官方民间的政治耦合。

作为封建集权国家,清朝对于地方统治的表现就是规范地方治理辖区,这是国家权力建成统治系统的标志,也是封建集权体制下体现皇权的象征。划定管辖区域的目的,一方面,便于中央王朝的统治,另一方面,通过划分管辖区域,能够实现清朝设计的统治棋盘,以分区而治的形式稀释土司力量,引起土司之间争宠,从而逐步使土司由于相互之间不断倾轧而强化归属清朝的政治信念。

透过清朝对于土司之间管辖边界划定的步骤和措施,可以得出这样一个判断,"从土司本身来说有一个自主、半自主到完全听命于朝廷的过程,从朝廷来说则有一个放任、操控与严控的过程,反映了国家力量不断深入土司地区,完成大一统建构的历史"。[①] 而这个过程的实质反映了国家控制土司的政治目的,在实现这个政治目的的过程中,国家法律的监控是不可缺少的一环。虽然在这个过程的前期、中期,武力镇压起到了一定的作用,但是,主要的手段还是法律监控。武力不过是法律失灵后的补救举措,从改土归流措施在部分地区的实施可以认定,清朝监控土司的主要手段是依靠不断完善的法律制度,从政治安抚,到改土归流,直至最后国家法律监控功能的完全发挥。

无论在清朝统治云南的任何一个阶段,强大的土司在国家成文制度面前,都不得不认同国家权力的强大,尽管在内心里不愿意接受,然而,作为地方势力的土司,接受、认同国家成文制度是其明智的选择,这不仅涉及土司与清朝之间的和谐关系,而且涉及土司大家族的切身利益。因此,"国家成文制度对各地土

---

① 胡小安:《从争土到划界:广西土司辖地问题浅议》,载《广西民族师范学院学报》2015 年第 6 期。

司起着决定性的作用,土司成文制度与民间制度在土司地区乡村社会治理中肩负着共同规范民众行为、调节各种关系、化解社会纠纷、维护社会稳定的作用”。[①] 土司制度与国家正式制度合力而为,在土司看来,通过国家正式制度的实施,为自己的地方统治获得了来自清朝的权力许可,起到了维护自己权势的作用;在清朝看来,通过土司制度的地方实施,为清朝满族统治权的边疆延伸与社会控制提供了跳板与基础。然而,由于清朝最终的政治目标是“一统天下”,所以,维护土司制度的有效性是暂时的,一旦国家正式制度在土司地区获得了绝对的权威,那么最终国家正式制度必然取代土司制度。

在土司与清朝之间都存在“家国同构”的设想,然而,土司制度下的家国是家族利益与地方管辖的同构,而清朝制度下的家国则是多民族利益、清朝利益与国家一统的同构。由此一来,造成了“‘家国同构’格局下土司制度的不稳定性”[②]。为此,清朝对于土司采取的措施,主要是以“礼治”和“安抚”为主,但是,同时又要对土司有着足够把握的监控,实现自我管理与“听我遣调”的统一。

清朝对待云南土司的态度采取了因人而异的治策,对于守法土司,不仅能够及时办理承袭,而且土司能够在各种不利的情况下得到来自清朝的支持。对于靠近中原的土司,随着汉化的逐年强化,特别是中原人民的不断迁入,流官的管理职能逐步得到凸显。相当一部分土司看到大势已去,已无回天之力,同时清朝的各项恩慈措施,也解除了土司的后顾之忧。于是,残存的土司势力或者主动改土归流,或者配合安插。可见,清朝改土归流的措施主要作用于内地土司与边地土司之间过渡地带的土司,这些土司当中有些基于特殊的地理位置和自身实力的思考,往往违背清朝的中央指令。即便如此,只要不是危及清朝的流官设置或者流官职能的实现,清朝多数情况下听之。

一般情况下,清朝针对土司实现的改土归流并非彻底从体制上剥夺土司身

---

① 李良品、吴晓玲:《论明清时期土司制度的构成——学理层面的诠释》,载《三峡论坛(三峡文学·理论版)》2016 年第 3 期。

② 宋娜:《论“家国同构”格局下的土司治理方式——以播州杨氏土司为考察中心》,载《长江师范学院学报》2016 年第 2 期。

份,达到革废土司的目的,而是使土司这一称谓有其名无其实,"虚职化"[①]的背后是剥夺土司原有的地方管理权,从而将地方管理权归属清朝派遣的流官,实现国家地方管理的统一。因此,在滇西、滇南边区,土司制度发达,土司集中连片分布,不搞全面改土归流,而是根据具体情况采取有所区别的政策。清政府土司治策的出发点是恢复和重建西南边疆统治秩序,加强对西南边疆管控力度,应对外来侵略。无论是办理土司承袭、重建土司[②]还是改土归流,都是服务于筹边御侮、保固疆圉的战略总方针。[③] 由此可以推断,清朝在统治云南的历史中,对于土司的态度从未有过彻底根除之意,而是始终在皇权认同的前提下认可土司的存在,这是确保边疆稳定的措施之一。

施治云南在清朝的整个版图中来讲,根本的目的在于固边,清朝并不担心安南、缅甸等境外势力,直至法国介入缅甸之后,随着英法两国试图通过缅甸进入云南境内,清朝对于云南的施治才提高到对外考虑上来。因此,清朝派任流官和安置土司戍守云南其实质是希望流官与土司之间能够"重其职守,使流土相适,地方各安"[④]。这是清朝对待土司的基本态度,然后,由于大一统的天下观,流官才是清朝的权力代表人与行使人,所以,清朝规定"凡镇守所驻地方,境内土司,俱应属其统辖"。[⑤] 虽然清朝赋予流官足够的行政权力,然而,由于清朝基层官员要依靠辖区内的力量保证行政管理的有序。因此,土司尽管属于流官统辖,然而,习惯于衙署办公的流官,多数情况下依靠乡间的土司维持基层社会的秩序。尤其是少数民族地区的土司,对于流官政绩有着直接的贡献。

清朝在云南有着清醒的施治目标,即把民间精英与政治权力紧密结合起

---

① "其不管理苗裔村寨者,王通判二人,正八品王官一人。"《清史稿》卷一一七《职官四》"土司各官",中华书局 1977 年版,第 3415 页。

② "弘治十六年(1503 年),云南宁州添设流官知州掌印,王官专管夷民,巡捕盗贼。"《土官底薄》卷上,《云南宁州知州》。转引自王强:《明代西南地区改土归流研究》,浙江大学 2010 年硕士学位论文,第 12 ~ 13 页。

③ 许新民:《论清咸同起义以来云南土司治策——以承袭与改流为中心》,载《云南师范大学学报(哲学社会科学版)》2013 年第 1 期。

④ 中国第一历史档案馆藏《朱批奏折》,民族事务类,第 0872 号卷,雍正四年八月二十二日岳钟琪奏。转引自李世愉:《清代土司制度论考》,中国社会科学出版社 1998 年版,第 147 页。

⑤ 《清实录·圣祖实录》卷八,台北,华文书局总发行 1989 年版,第 143 页,"康熙二年正月丙申"条。

来,通过精英的配合与支持,推动国家权力在基层社会的覆盖和行动,而获得国家政治封号的精英无疑是这一政治目标的最好担当者和履行者。我们不能用现在的眼光认为清朝有着政治学的理论素养,但是,我们必须客观评价清朝在对待云南土司所使用的策略具有现代意义上的精英理念和民主思想。

乾隆九年六月乙亥(公元 1744 年 8 月 7 日)云南开化总兵赛都奏报昔伍地方情形。得旨:"滇南万里,一切若不据实奏闻,则是大负任使之意矣。"[①]乾隆年间,全国上下仍然存在不稳定、不安定的现象,要想这些不稳定不安定现象彻底被剔除,势必要有一种有利于大一统的政治制度的出现,而这种制度就是要建立在借鉴、吸取前朝经验的基础上,重新加之新的"元素"。当时,皇帝要想清楚、确切地知道地方的情况,想要亲眼见到那几乎是不可能的,况且云南时有叛乱、匪贼等不安之事这就更加剧了不可能性。

在通信技术和设备欠发达的年代,皇帝想要了解地方,想要通过百姓上报,那就更别说了,百姓想要见皇帝一面那更是难上加难,因此,就要通过地方官员的奏书来了解,要想保证地方官员所奏属实,就一定要有制约手段,所以提前就先说明所奏不属实就要接受惩罚。乾隆九年七月,大学士鄂尔泰等人上奏说到:像云南这种地处偏远的省份,如果不是熟悉当地情况且有一定能力的官员,则不可以充任官职。与此同时,在需要派设督将副、参、游、都、守的行政地区,宁可暂时短缺合适的人担任官职,也不宜放松。至于那些稍微靠近内地并且处理一些简单事务的人员,则可由各部推荐。乾隆九年七月庚辰(公元 1744 年 8 月 12 日)准:"云南一省,虽因极远边徼,非谙练之员,不克胜任,应令该督将副、参、游、都、守各缺,分别苗疆险要者,留为题缺,稍近内地事简者,改为部推之缺,咨部查核。"[②]

以云贵总督鄂尔泰对基层情况的悉知,加之云南多为少数民族,风俗习惯、宗教信仰、生活方式等都不尽相同,倘若都派遣满洲官入内进行管理,一方面,的确能够使中央王朝更加放心,但另一方面,满洲官对于当地地形、政治形势等

① 《清实录·高宗实录》卷二一九,台北,华文书局总发行 1989 年版,第 3212 页,"乾隆九年六月乙亥"条。
② 《清实录·高宗实录》卷二二〇,台北,华文书局总发行 1989 年版,第 3215 页,"乾隆九年七月庚辰"条。

确实都不是十分熟悉,若唐突派遣可能弊大于利。倘若换个少数民族的人来充任官职,一来容易得到人民群众的信服,二来利于地方管理,利是大于弊的,靠近边界的一些事物可以依靠部队人员进行管理、疏导,这也是一种优良的治理手段。从鄂尔泰奏疏中关于官员选任条件的表述,一方面,可以推测中谙练之人不只是行政管理能力,而且包括驾驭土司的能力;另一方面,也能看出土司地区与靠近内地地区相比,在行政管理上带来的难度。雍正皇帝推行的改土归流,实际上只是压缩了土司的权力与管辖的范围,并未从根本上否定土司的价值。

改土归流从地方权力配置的角度来看,有通过行政区划调整将土司地区与流官地区实现隔离的意图,这就有利于不断壮大流官统治区域的同时,孤立土司地区。从军事上讲,孤立的土司地区很容易被武力集中剿灭,经济上也便于采取封闭经济贸易通道,断绝经济往来从而导致其不攻自破。如雍正七年,清朝决定将中甸、维西、阿墩子(今云南德钦)等地划归云南,将里塘、巴塘划归四川,设置流官进行治理。[①] 改土归流中,中央讨伐地方土司武装的战争不仅发生了,还使得中央王朝的国库支出巨大,如被乾隆帝自称"两大武功"的大小金川战役。[②]

雍正年间,清朝在彝族地区较为普遍地推行了改土归流,也即以有任期的流官代替世袭的土官,但在部分彝族地区,由于各种历史原因,仍有一些土官保留下来。如云南新平县土县丞杨宗周,原系鲁魁山彝族头目,于康熙二十七年(1688 年)由临安知府黄明等招抚授职,公元 1690 年没有附和土巡检李尚义为首的反清活动,继续传袭到清朝末年。[③] 又如,云南武定县慕莲土舍那德宏,于雍正八年因"随征乌蒙"叙功受封,也传袭到清末。[④] 再如,云南新平岩旺土把总

---

① 参见白寿彝:《中国通史》(第 10 卷),上海人民出版社 2015 年版,第 253 页。

② 乾隆年间发生了大小金川战争事件。大、小金川位于四川大渡河上游。乾隆十二年(公元 1747 年)和三十六年(公元 1771 年),当地的土司两次起兵袭掠邻近土司,扰乱川西,乾隆帝派出重兵进剿。清朝第二次用兵金川,花了五年的时间,支出军需七千万两白银,损兵折将,最后才迫使大、小金川藏人投降,改土归流。乾隆帝把这两次用兵作为他"十全武功"中的两大武功。参见白寿彝:《中国通史》(第 10 卷),上海人民出版社 2015 年版,第 254 页。

③ 参见道光《新平县志》卷四《兵防》,《续修新平县志》卷十《人种》。

④ 参见光绪《武定直隶州志》卷三《土司》。

李显智,因乾隆三年随父毓芳“讨逆有功”授职,传袭到新中国成立前的大恶霸李润之。① 清朝在云南地区的统治对于那些保留土司的少数民族地区来说,虽然处于土司自我统治,然而,由于流官统治地区与土司统治地区之间存在实质上的各种往来,促进了土司地区生产力和生产关系的变革。

“在清朝若干彝族地区,出现了土司制度下奴隶制经济向封建领主经济的过渡。这是在继续保持土司、土目的大土地所有制下进行的”②。而由奴隶制经济向封建领主经济过渡的根本原因在于清朝沿袭明制,土司仅有政治封号却无俸禄。因此,土司的一切支出只能“自力更生”。土司地区周边设置流官的封建统治,断绝了土司通过各种方式获得奴隶这一最关键生产要素的门路。在这种情况下,奴隶制经济方式被迫转向封建制生产方式。③ 生产关系的改变,在对外掠夺奴隶来源枯竭与社会生产力取得发展的新形势下,贵族奴隶主对广大奴隶群众的直接占有难以继续,农奴对领主的依附关系就日益发展。④ 生产方式的改变必然推动了土司地区与流官地区衔接的口径,扩大了土司地区与流官地区之间往来的密度,也就推动了土司地区主动向流官地区的靠拢,从而加快土司地区改土归流的速度。

与此同时,土司地区的经济发展也得到了同步的发展。比如,奴隶制身份的解放,增加了劳动力,把此前的荒地转变为可生产的耕地,促进农业经济

---

① 参见白寿彝:《中国通史》(第 10 卷),上海人民出版社 2015 年版,第 260 页。

② 白寿彝:《中国通史》(第 10 卷),上海人民出版社 2015 年版,第 260 页。

③ 清沿袭明制,不予土官俸给,土官还须有所贡纳、征发。作为大贵族奴隶主的土司及其属下员司土目,要维持一定的政权机关,在对所属奴隶群众进行直接占有的同时,必须在所辖地区保持一定范围的大土地所有制。如云南那德宏在雍正八年(1730 年)初立为武定慕莲土舍时,所属地区东至十六角村、知利,与禄劝县相连;西到水田大河,与环州土司相接;南到插甸;北到金沙江边,其中有上下各十三村。直到道光初年,这里还没有出现土地买卖。其之所以在保持土官大土地所有制下出现奴隶制经济向封建领主经济的过渡,主要因素之一是对外掠夺奴隶来源的枯竭。自康熙、雍正年间,清政府在东川、乌蒙、镇雄等地大力推行改流,沉重地打击了土司、土目奴隶主的残余势力,不仅武定地区继承了明万历年间平定凤阿克之后“遂悉置流官”的形势,并且从根本上断绝了在境外结合其他彝族土官进行反清的可能。因此,尽管那德宏在雍正八年被授为慕莲土舍,但已经失去了对外劫掠其他民族为奴与彝族头目间相互劫掠奴隶的能力。这种奴隶来源的枯竭与其他条件相配合,就不能不在这一地区开始封建化的进程。参见白寿彝:《中国通史》(第 10 卷),上海人民出版社 2015 年版,第 261 页。

④ 白寿彝:《中国通史》(第 10 卷),上海人民出版社 2015 年版,第 262 页。

的发展[①]。采用封建领主制之后,不仅土司地区的生产力得到了发展,而且民族关系也因为经济上的发达而越发和谐,这就进一步促进了先进地区与后进地区之间的全面交流,[②]为大统一民族国家的稳定提供了社会基础。清代中叶,租种土地产生的经济剥削与封建性质的人身依附关系紧紧地结合在一起。[③] 然而,残余的奴隶制非常活跃,直到乾隆时期,贵州一带如水西土司地区仍然存有奴隶制。[④] 这也能够说明改土归流不只是国家权力地方配置的调整,而且涉及两种社会制度的根本性转变,而在这个过程之中,所进行的你死我活的斗争,不仅艰巨,而且用时很久。彝族地区在清代统治期间,除出现土司制度下奴隶制经济向封建领主经济过渡外,在靠近边地的彝族地区,由于改土归流的有效推行,

---

① 在奴隶制度下,奴隶主对内的残酷剥削与对外的肆意劫掠人口财产,使奴隶群众从根本上丧失了劳动的兴趣,从而导致社会生产的停滞不前,甚而造成严重的破坏。明代后期,武定军民府凤氏"藉土衙之势索取夷民,民畏之如虎,甘为盗贼劫掠以应其求,尽归于土府"。这种夷民甘为盗贼劫掠的情况必然导致社会生产的严重荒废。直到康熙五十四年(1715年),清朝平息窃据武定撒甸一带彝族头目常应运的反抗时,仍然是在大片"荒甸"的地方用兵,就可以充分证明这一点。参见白寿彝:《中国通史》(第10卷),上海人民出版社2015年版,第261页。

② 与奴隶主的对外残酷压迫、对外掠夺相比,封建领主让农奴依附在土地上进行定额地租剥削,社会秩序还比较安定,从而有可能使社会生产力获得一定的恢复与发展。自雍正年间以来,武定慕莲地区农奴在领主那德宏及其后人统治下,在山岭起伏、沟涧纵横、肚大口小的低洼地带修建了能够容纳山洪的坝塘,并在半山与河谷地区修建大量的梯田,利用坝塘积水培育秧苗与灌溉稻田,其中有全县最大的万德坝塘,可灌溉水稻田一百七十多亩。与此同时,当劫掠敛迹后,比较安定和平的民族关系得以出现,较为先进的农业生产技术就比较容易获得传播与推广。参见白寿彝:《中国通史》(第10卷),上海人民出版社2015年版,第261~262页。

③ 这种奴隶制经济向封建领主经济的转化或者农奴对领主封建依附关系的发展,可从嘉庆年间水西地区流传下来的三份彝文田契显示出来。其中一份,写明农奴阿勾巴租种土目领主燕翼堂安的勃那意吐犁地一片,交顶银五十两,年交稻谷租二大斗五升,旱地租一大斗。并讲明:"今后粮清粮款,作事夫役,大派小派,随唤随到,阿勾巴子孙永远管业。以后如粮租不清,大派小派夫役,不能随唤随到,由官家扯土,另安他人,阿勾巴子孙并无异言。"另有租与农奴阿木的两份田契,主要内容基本相同。这里既不是奴隶制的直接强制,也不是单纯的经济剥削。而是由于农奴租种了土目领主的土地,因而产生了除交租粮外,还有各种夫役、派款等经济外强制。如果农奴不能履行这种经济剥削与经济外强制,领主的土地就要收回。参见白寿彝:《中国通史》(第10卷),上海人民出版社2015年版,第262页。

④ 在继续保持土目大土地所有制的前提下,土目在政治统治上仍然掌握了很大的权力,奴隶制向封建制的过渡决不是一帆风顺的。清代前期至中期,水西有的地区奴隶制仍然十分活跃,有的地区则保留严重的奴隶制残余。如乾隆三十五年(1770年)三月初一日,贵州大定府悦服里步武(补露)土目安沙巴及孙安智,将角湾子地方一块佃给一个叫不修(麻栽爷爷)的,这个不修除交顶银前后共十九两银子外,并写明"以后子孙万万代,一代抽一个当'直'(奴隶)。官家生了一个孩子,要出一两或二两银子,要出一坛或二坛酒。另外我家该出十两零八钱银子给官家"。结合解放后在贵州威宁地区的调查,这种"一代抽一个当'直'"的关系,就是家外娃子(分居奴)耕种"人租地",每代必须交纳人租一个的关系。这又是奴隶制残余在水西地区长期得到保存的表现。参见白寿彝:《中国通史》(第10卷),上海人民出版社2015年版,第262~263页。

也出现了奴隶制经济直接向封建地主经济的过渡。[①] 封建制经济方式进入土司地区前后所产生的巨大影响力,有目共睹。在封建生产方式替换土司奴隶领主经济方式之前,规模较大的东川彝族地区,生产寥落,人迹罕至,远非想象。

云南巡抚鄂尔泰于雍正四年十二月奏陈由威宁到东川彝族土司土目统治区内所目睹的情况:"三百六十里内人烟俱寂,鸡犬无闻。"人烟稀少不仅导致从事农业的劳动力匮乏,而且由于劳动力匮乏,导致田园荒芜。"田皆蒿莱,地尽荆棘,耕种不施,渔樵绝迹"[②]。落后的农业生产,稀少的劳动力,以及土司坐享其成的剥削霸道,导致土司地区人口越来越少,而土司则因为农业生产不能满足其生活需要而放任抢劫。"昔日土酋,好逸恶劳,不喜耕种,纵容部落,不时抢劫人口,掳掠牲畜,贩卖为生,习成惯技"[③]。乾隆十一年,经过人口休养生息,特别是汉人的迁入,人口繁殖为农业生产提供了丰富的劳动力资源,而汉族先进的农业生产技术也为农业生产养活更多的人口提供了条件。

"数年以来,招徕开垦,野无旷土,商贾辐辏,汉土民夷,比屋而居,庐舍稠密,已与内地气象无二"[④]。但是,不得不承认,清朝在推动土司地区从奴隶制转向封建制付出了较大的代价,每一次武力讨伐动辄上万人,而当地民众为此遭受的苦难也是罄竹难书。[⑤] 除战争外,清朝同步采取移民政策,通过国家投入财政支持,鼓励移民前来开垦荒地,增加农田面积,提高农业产量。"并量与牛种

---

① 白寿彝:《中国通史》(第10卷),上海人民出版社2015年版,第263页。

② 雍正四年十二月二十一日,《云贵总督鄂尔泰奏》,《朱批谕旨》(第49册)。

③ 乾隆十年十一月初三日,《云南昭通镇总兵官董芳奏》(朱批),中国第一历史档案馆,民族事务类,第1688号。

④ 乾隆十一年二月二十日,《云南总督张允随奏》(朱批),中国第一历史档案馆,民族事务类,第1688号。

⑤ 清代彝族地区的改土归流,可以雍正年间东川、乌蒙、镇雄彝族土司、土目的改流为代表。雍正以前,这里还保留着奴隶占有制度。社会生产力发展受到严重的阻碍与破坏。鄂尔泰在上述彝族地区推行改土归流所采取的策略是,在陆续调集军队陈兵边境的同时,先行分化土司、土目内部的团结。乌蒙府城发生了奴隶主暴乱,杀害了乌蒙镇总兵刘起元等人。从而迫使鄂尔泰飞调滇、黔官、土兵一万数千人,对东川、乌蒙、镇雄等地的奴隶主武装进行大规模的粉碎性的打击,使之一蹶不振,并为奴隶制经济向封建地主经济的直接过渡创造了一个迅速发展的先例。其具体措施是:军事上加强安营设汛,防止凉山彝族奴隶主的势力越过金沙江卷土重来;政治上慎选能员,以"人地相宜"的徐成贞为昭通总兵;着眼于恢复与发展经济,早在1727年年初,就陆续招集垦民垦荒,继而将原属土司土目现在无业的田地赏给兵丁。参见白寿彝:《中国通史》(第10卷),上海人民出版社2015年版,第263~264页。

银两，劝令开垦”。[①] 公元1731年初，当“鲁甸凉山等数百寨尽平”之后，又对避乱逃亡及被胁从的无论汉回彝苗，还是土民均能“概令招抚，悉予安插”。于是，不仅“归而完聚者数万户”[②]，而且对于常住人口的农业生产，清朝采取了一系列的激励措施。主要体现在三个方面：第一，以国家法定形式界定田亩边界，消除将来田亩界限纷争；第二，按照市场价收购谷物，这就意味着从事农业生产的人，在丰年不仅可以有好收成，而且可以有结余；第三，也是最富有激励性的制度，即所分田地即为私田，且“永远为业”。一方面，这个制度让那些租种土司田地的土民，有了自己的土地，激发了农业生产的热情；另一方面，激励那些中原地区汉民，踊跃来边地开垦，从而获得永业田。“所给与兵民夷户之田，俱令于分给之始，即立清界限，以杜将来纷争影射之葛藤。其田按年陆续收其稻谷，照时价计算，扣还工本，扣清之后即令起科……其田给与执照，永远为业”[③]。

上述三项制度，无形中将土民从土司的奴隶身份中解放出来，成为自由民，而“永远为业”则彻底断送土司与土民之间的传统主奴关系。随着生产热情的不断高涨，土司地区经济发展了本质上的变化。随着经济生产方式的改变，生产关系也随之发生变动。生产关系的变化，必然改变了土民与土司的关系，从而有利于流官行政管理过程中国家形象的塑造与维护。当然，也有例外，“在向封建地主经济过渡中，并非所有地区都要经过改土归流”。[④] 乾隆三年，土弁李毓芳在新平所属地方“新买者甸冈、丫租等田”，其中者甸冈计九亩八分二厘，“年收京斗租谷二十四石，纳秋粮四斗八升六合五勺”。[⑤] 这说明有些开明的土司，主动接受了封建制，尽管这中间也存在个别被迫接受封建制的土司，然而，这丝毫不影响中原发达的封建经济生产方式作为

① 《清实录·世宗实录》卷九六，台北，华文书局总发行1989年版，第1474页，“雍正八年七月乙酉”条。
② 民国《昭通志稿》卷二《政典志》。
③ 民国《昭通志稿》卷八《艺文志》，高其倬《委员赴昭办理开垦疏》。
④ 白寿彝：《中国通史》（第10卷），上海人民出版社2015年版，第264～265页。
⑤ 道光《新平县志》卷二《学校》。

先进生产力的输入。[①]

从清朝推进生产方式的改变可以看出，土司地区实行改土归流的难度可能并不在于赶走吐司、派设流官的角色变更，而是在于生产方式与生产关系的彻底替换，其难度可想而知。

云南当地土著的反抗在拥有发达的文化与生产力的清朝面前，势单力薄。但是，有些居住在土司地区的少数民族，由于其早期与汉族的深度交融，使他们在政治倾向上具有中原汉族特质。同时，与汉族的深度交流也给他们在政治、经济、文化和社会发展上面带来了几无差别的同步推进作用，如回族。云南不仅“幅员辽阔，汉回杂处”，汉族与回族混居的自然构成，有利于发挥各自的生产优势，便于推进文化融合。“汉民质朴，耕种为生。回则善于经营，兼以贸易致富”[②]。回民的流动贸易，促进了汉族剩余产品的商业化，商业化之后的资金则为改善生产工具、提升文化、促进民族之间的交流提供了资本基础。回族“资生每仗骡马利[③]”，或者“皆以赶马、贩油盐米炭为业”[④][⑤]。在经济上取得了其他少数民族难以比拟的优势，商业发达推动了回民非常重视教育的传统形成。

明末清初在陕西、河南、山东、云南等地的回民中开始兴办经堂教育，也称寺院教育，是指清真寺内由阿訇招收学生传习伊斯兰教功课、培养宗教人才的一种教育。[⑥] 这对于回族民族文化传统的传承与内部凝聚力的形成，具有直接的作用。云南地区的不少回族民众不仅抗清，而且通过改姓表达自己的政治支持。在云南，有不少回族人参加南明政权，后来在桂王退入缅甸的时候，曾有一

---

① 如康熙二十七年(1688 年)授职的新平土县丞杨宗周，乾隆三年(1738 年)因军功议叙的新平土千总邱国良，都是直到清朝末年子孙世袭，辖区四至分明，保持着土司封建领主的大土地所有制，表明这里的地主经济已在领主制周围取得进展，并对后者进行冲击。又如道光年间云南武定慕莲土舍所属练头联合群众，要求在辖区内自由买卖土地。土司被迫承认，允许有田户以后只交纳一份官租，这就以容许地主经济发展的方式破坏了领主制的完整。再如清朝末年，贵州威宁龙街、牛棚、大官寨等地仍然保存土目封建领主的大土地所有制，邻近的灼圃地区却由于土目绝嗣，地产归公，折价出售，从而使这一地区的地主富农经济逐渐居于统治地位。参见白寿彝:《中国通史》(第 10 卷)，上海人民出版社 2015 年版，第 265 页。

② 《钦定平定云南“回匪”方略》卷一。

③ 嘉庆《异族图说 · 邓邑(邓川)风俗图》。

④ 《他郎南安争矿记》。转引自白寿彝主编《回民起义》(第 1 册)。

⑤ 白寿彝:《中国通史》(第 10 卷)，上海人民出版社 2015 年版，第 274 页。

⑥ 白寿彝:《中国通史》(第 10 卷)，上海人民出版社 2015 年版，第 277 页。

部分跟随桂王的回民被阻于腾越、保山一带,以“明”为姓,用以表示怀念先朝和对清的不甘屈服。[①] 回民之所以坚定怀念先朝反对新朝,跟回族占据的居住环境与生产水平应当有着不能割舍的联系。

经过元明两朝数百年的经营,云南回民多占有水利条件较好的地方,在新兴(今玉溪),水利灌溉条件好,可以引水上行,回民居住之处“田地最饶,赤旱不荒”[②]。嶍峨县(今峨山)汉民同河西县回民联合兴修水利,仅河西县就有数千亩回民良田受益,体现了回汉团结的情谊。[③] 腾越回民“富坚忍性,精悍英发,善营商业。嘉道间最称富庶”[④]。楚雄府广通县罗川地方“土沃回多”,“气候温热,土地肥沃,水量丰足,产蔗糖、棉花。回人习劳耐苦,屡世相传,人足家给,储藏充裕”[⑤]。从这个角度来看,一旦土司与土民的生产积极性被调动起来,将会对流官行政管理提供有力的物质基础,而流官与汉民的生产积极性能够兼顾少数民族的利益,那么,将会得到少数民族的支持。在某种意义上,土司为了争取得到在政治身份上的国家认可所表现出来的有为行动,能够在一定程度上成为推动地方经济、政治、文化发展的动力,从而为清朝通过国家律例监控土司奠定了心理基础。

第四节　小　结

法律制度的实施,不能离开制度对象的制度认可与自觉接受。与此同时,制度对象形成的主体性环境则为制度运行提供了可行性基础,即制度对象之间需要制度运行从而才会为制度运行输入共识性动力。清朝在云南地区针对土司适用法律监控的手段选择,既是统治土司地区的策略,也是针对土司这一特

① 白寿彝:《中国通史》(第10卷),上海人民出版社2015年版,第267页。

② 张泓:《滇南新语》。

③ 白寿彝:《中国通史》(第10卷),上海人民出版社2015年版,第271页。

④ 《腾越杜乱纪实》。

⑤ 《他郎南安争矿记》。转引自白寿彝主编:《回民起义》(第1册)。

殊群体的存在而选择的更为有效的方式。虽然法律是国家的法律，但是，作为权益实现的正义依据，法律一旦不能被受众认同，就难以实施。在云南土司与清朝统治者之间，社会稳定、经济发展与祥和文明是他们的共同愿望，休战生息是上自国家下自百姓的一致性选择。因此，这就为国家法律作为监控工具的适用提供了空间。最为关键的在于，中原地区封建经济相对土司地区经济较为发达的文明程度，从根本上为法律监控铸就了强有力的经济基础。土司之间的分裂、获得国家政治身份的认可，无一不是围绕经济这一在农业社会具有基础性地位的利益中心。反过来，清朝通过法律监控土司，满足土司个人利益的需求得到了认可，双方基于各取所需的观念形成了稳定的法律秩序。

第六章　土司地区法律认同的实施进路

土司地区是清朝统治的区域，无论土司是否认同清朝，清朝都要在土司地区建立国家统治。因此，清朝建立的全国性统治与土司维持的地方性统治围绕国家认同、民族认同、政治认同必然产生难以和谐的冲突。其中，全国性的法律在土司地区是否能够得到统一适用不仅体现出清朝驾驭土司的能力，而且反映出土司习惯法与清朝国法在调整社会行为中的主次位。将土司置于国家法律调整对象范围内，从形式上讲，随着清朝军事占领土司被纳入国家法律调整范围之内毋庸置疑。然而，从大一统的长治久安这个政治目标来看，清朝军事征服云南的对象不是云南土司，而是明朝在云南的统治体制。在“天子”这个长达千年的封建王朝统治概念下，明朝中央府地被占领意味着明朝统治体制坍塌。然而，明朝统治体制的坍塌，并非涉及土司统治。因此，清朝通过法律监控土司，实际上是一场看不见的利益斗争。在前朝的历史经验上，清朝从三个方面建构法律监控的路径。首先，在土司地区采取军事与政治手段，开辟清朝统治权地方认同的政治攻势；其次，设置流官对土司具有一定权限的钳制，引发流官与土司之间的矛盾，更好地发挥法律保护土司利益的作用；最后，通过“送法下乡”，将土民对土司习惯法的社会认同通过国家司法的正义形象转变为对国家法律的社会认同。

第一节　清朝推进统治权地方认同

清朝占领云南之后,从形式上建立了全国性的政权,然而,如果清朝的统治不能下沉至基层社会,不能设置完整的官僚系统,并有效控制官僚及其管辖地域,也就意味着这种军事占领意义上的全国性政权仅仅是旗帜性的,尚未真正成为控制民众与调整社会秩序的实质性工具。在土司地区,土民对于土司的绝对服从决定了这样一种可能的存在,土司的政治选择几乎完全代表了土民的政治选择。与其说中央权力的地方认同是土司控制实现的前提要件,不如说控制了土司就实现了中央权力的地方认同。在中央权力土司认同的过程中,清朝在不同时期、针对不同土司,采取了不同的手段。有的时期,采取军事镇压的单一手段;有的时期,采取政治拉拢的手段;有的时期,采取恩威并施的手段。对待不同的土司,清朝的态度也是因人而异。有的采取合作方式,有的采取威慑方式,有的则采取镇压方式。无论在何种时期针对不同情况的土司,清朝围绕中央权力在土司地区的实质性落地,采取了一人一策的政治手段。

清朝统治阶级换取民众支持的主要条件之一是中央财政实行低税收政策,[①]因此,清朝缺乏足够的财政支出来负担所有的纠纷解决。"案多人少"的情形同样出现在清朝时期,中华法系的发达主要体现在刑事法律方面,对于民商事纠纷主要交由地方处理,依靠乡绅、里正、贤达以及商会、宗族通过调解实现基层社会民事纠纷的处理。宗族在乡村秩序建构和维稳中所发挥的作用已被历史证明是行之有效的策略,土司本身出自大户人家,土司所统治的地区往往也就是宗族的拓展地区。所以,云南土司存在的价值,除却能够有效为清朝提供边防、税收、通关等便利,还有一点就是通过土司发挥的宗族作用,稳定土司地区的社会秩序,降低清朝派驻官员的成本。

① 参见梁柏力:《被误解的中国——看明清时代和今天》,中信出版社2010年版,第161页。

司法制度体系的完善与各类诉讼案件的提起总量有着直接的关系,而各类诉讼案件的提起总量在农业社会则相对少些,特别是与商业贸易具有直接关联的民商事诉讼,随着法律关系的多元化而日渐复杂起来。刑事案件虽然与商业贸易没有太明显的关系,但是,在商业经济不发达的社会里,为了钱财而选择杀人放火基本上不会是单个人的所为。在结伴而行的农业社会里,也很少出现拦路图财害命的情形。因此,农业社会里简单的法律关系,生活常识和道德习俗足可以在官方权力的威力下而获得解决。所以,这就导致在基层社会司法合一的巨变。1840 年以前,清朝依然是农业社会,州县长官合并民商事案件诉讼职能,对于法律关系较为单纯的社会来说,"尚无大碍"①。不仅中原地区如此,而且"边疆各地在将军都统大臣之下也分设文武,但许多地方都由武职兼管民政、司法"②。特别是进入 19 世纪之后,随着工商业的迅猛发展,以及 1840 年之后连年的内忧外患,清朝根本无法顾及民事纠纷的处理,这就进一步彰显地方宗族治理地方社会的巨大作用。从经济学的角度来看,中国宗族法的发达与存在,是国家无力而为的地方回应,也是国家司法能力不足情况下的一种认可,甚至通过制度性规定鼓励宗族自我处理民事纠纷。

清朝的士大夫官僚阶层不是民众选举产生的,但是,通过科举制度选拔的官员,能够在一定程度上保证士大夫阶层来源上的民众性。科举制度不仅给予社会底层通过考试获得进入士大夫阶层的机会和希望,而且保证了清朝拥有一支了解民意,甚至社会基层情况的官僚队伍。③ 与清朝正统官僚队伍不同的是,土司既不是由土民选举而来的,也不是通过科举考试中举的,而是通过子承父业的方式获得了权力。一方面,土司通过继承方式获得权力的传统,打破了清朝作为一个统一的全国性政权应有的权力一贯性,以及自上而下的权力都应归于清朝满族贵族,土司权力的继承在实质上等于截去了清朝统一政权的一部分。因此,清朝必须通过某种策略收回,至少要在土司继承权力的过程中保证绝对的话语权。另一方面,土司权力的传承意味着土司地域中土地、人口、资源

---

① 那思陆:《清代州县衙门审判制度》,文史哲出版社 1982 年版,第 269~272 页。

② 张溯崇:《清代刑法研究》,华冈出版部 1974 年版,第 4 页。

③ 参见梁柏力:《被误解的中国——看明清时代和今天》,中信出版社 2010 年版,第 172~173 页。

的传承,这与“普天之下莫非王土,率土之滨莫非王臣”的大一统思想相悖,并在一定程度上削弱了清朝的统治权威。因此,必须在土司地区强力凸显清朝统治的符号,否则,清朝对云南土司地区的统治形同虚设。对于前者,清朝采取承袭制度实现了土司权力继承的可控性,对于后者,清朝则在土司地区设置流官,甚至清朝可以容许土流并存的管理模式。而土流并存又通过流官掌控土司承袭图册上报程序,实现了流官监控土司的作用,实际上还是通过承袭制度达到了收回权力、控制土司的国家目的。

韦伯曾经针对权威的建立,提出了传统型、个人型与法理型三种类型,从清朝与土司之间的政治关系来分析,代表着中央权力的清朝与代表着地方权力的土司之间的斗争体现在土司地区被清军占领之后,是继续维持土司的权威还是建立清朝的权威,这是清朝与土司之间最初的矛盾。实际上,从元朝开始,云南土司并非绝对的独立自治,至少在形式上土司接受了来自元朝的统治。史料记载,元朝统治体制中的土司,与体制中的流官相比,享有一定的特权。不仅享有自治权,而且享有法律上一定限度的豁免权。

元代对土司的惩处与流官相较是很宽容的,“诸内郡官仕云南者,有罪依常律;土官有罪,罚而不废”。[①] 元朝之后,明朝设置卫所,推行羁縻制度。在土司制度上明朝较元朝虽然更为完善,但是,明朝未采取重构权威的手段,而是在遵循元朝管理土司的基础上,强化了中央政权存在的形式要件。从文献记载中可以看出,明朝对于土司的管理非常严格。在官职上,劳绩多寡、尊卑等差分门别类,一目了然;而在土司任命程序上,则是不辞劳苦,也要严格按照规定完成授封仪式。“尝考洪武初,西南夷来归者,即用原官授之……袭替必奉朝命,虽在万里外,皆赴阙受职”[②]。虽然从上文中无法推断云南土司在国家认同方面具有的特殊情感,但是,从不远万里赴京受职这一史实,不难看出,土司对于明朝的政治授封的重视程度与忠诚态度。而这种国家认同下的忠诚极有可能源自元朝的羁縻体制。或许,正是这种异族统治为明朝完善土司制度提供了历史传

① 《元史》卷一三〇,《刑法二》,志五十一,中华书局标点本(第9册),第2635页。转引自龚荫:《中国土司制度》,云南民族出版社1992年版,第39页。

② 张廷玉等撰:《明史·土司传》,中华书局1974年版。

统,又因为云南土司曾经接受异族元朝的统治,所以,明朝的统治才得以更加顺利。显然,明朝延续了元朝时期在土司地区建立的政治权威,在对外宣示明朝统治权威的条件下,延续元朝的做法有利于维护土司地区社会的稳定。然而,推翻元朝的明朝,其军事实力的存在与制度文明的进化,决定了明朝控制土司的程度要比前朝有所提高。

土司袭替必须远赴京城的制度规定,就是明朝在土司制度上严格于元朝的鲜明之处。明朝有条件地传承元朝统治土司地区的权威,被清朝在军事占领云南的初期所接受。清军入关之后,尽力稳定明朝遗留的封建秩序,采取了诸多具体的政策措施,扶持农民,打击城市市民经济,从而缓和农民与封建地主阶级之间的矛盾,维护既有的封建统治基础。[①] 这个政策性选择在中原并不能完全阻止城市经济的发展,但是,在云南土司地区却发挥了很大的作用,其原因既包括清朝农业政策调整的作用,也有土司地区原本依赖农业经济而生存的现实条件,关键在于后者这一得天独厚的地理环境。所以,清朝通过税收减免和移民优惠等吸引了大量中原汉民进入云南,通过外来人口稀释本土人口,不仅达到了封建统治基础在云南土司地区的延伸,而且实现了汉族与少数民族融合,从而推动儒学同化功能在土司地区的拓展。

流官隶属清朝,然而,土司地区在清朝属于未开化地区,未开化地区的一个鲜明特征就是拥有独自的地方性知识。流官作为外来的人,没有一定周期的生活经历,难以真正把握土司地区社会秩序的内在机制。因此,通过清朝派任流官的期限长短,从中可以看出清朝与土司之间的信任关系。如果彼此信任,那么,一般情况下流官任期的轮换稳定;反之,流官任期就会处于随时轮换,从而确保流官管理地方的有效性。

乾隆二十九年十月准:“云南昭通、维西、广南、镇雄等营副、参、游、都、守等官共十一缺,原定边体三年。今苗倮安化,人烟稠密,未便仍以三年俸满即升,均请改为五年报满。其永顺、普洱、元江等营,仍照旧例三年报满。”[②]流官轮任

① 吕振羽:《中国历史讲稿》,人民出版社 1984 年版,第 375 页。

② 《清实录·高宗实录》卷七二〇,台北,华文书局总发行 1989 年版,第 10342 页,“乾隆二十九年十月辛巳”条。

周期的延长以及不同地区流官任期的照旧,都说明清朝对于土司地区治理有着非常清楚的地方性信息支持。云南地区本就较为落后,在当时还存在许多人仍未被“开化”的状况,要是不改变流官的任期,3 年一换,恐怕一个官员刚刚到一处,用了一两年才适应、熟悉当地的情况,正要着手管理、出台适用于当地的“地方性法规”之时,就又要被调走,这是非常不便于也不利于此类地区的初期统治的,所以朝廷才会选用延长任期的手段。流官派任周期的区别规定是因为,一方面,清朝存在着汉官久任会发生联合土司反叛的担心,另一方面,对于服从清朝流官管辖的土司,该地区流官周期相对延长。稳定的流官周期,意味着清朝在此地推行的各种律例得到了较好的实施,社会秩序进入良好发展的状态,流官与土司之间的和谐由此可见。

清朝与土司之间的紧张关系,在清朝军事占领云南的过程中就已经存在并处于不断演变的状态之中。军事占领过程中以及战争结束之后,清朝并没有足够的实力控制云南土司地区。一方面,军事占领是一个连续性的过程,清朝无法分兵驻扎在土司地区;另一方面,清朝对于云南土司地区并不了解,进军云南的过程中无法随军携带大量流官,从而影响占领一地设置流官一处的统治进程。这个时期对于清朝来讲,最好的选择就是沿袭明朝的政治格局,以安抚稳定为主,减少军事行动的规模,以建立形式上的国家统治为主要目的。

为了安抚云南土司,清朝进驻云南初期采取了安抚政策,同时做出了严厉的惩罚性规定:“土司奉命者世袭,有罪者革除,靡不服教畏神,洗心涤虑。”[①]在承袭过程中,无论是不远千里,赴部验身还是凭其图册、印信和册结而给予承袭,一旦发现“承袭之人,有宗派不清、顶冒、陵夺各弊,查出革职,具结之邻封王官照例议处”。[②] 在整个清朝统治云南期间,尽管针对土司承袭制定了严密的图册审核制度,然而,依然不能杜绝假冒的承袭出现,特别是在土司辖区的土木、土舍等级别的土官,时有窃取袭职发生。

道光八年九月在《张祥诉为窃衔冒官擅行辱良事》中指出,土目张尚城乃他

---

① 鄂尔泰等修、靖道谟等纂:雍正《云南通志》卷二四《土司》,国家清史编寨委员会:《文津阁四库全书清史资料汇刊》,商务印书馆 2006 年版,第 386 页。

② 《大清会典事例》卷五八九《兵部 · 土司》,“土司袭职”条,光绪商务印书馆石印本,第 1 页。

人假冒,蒙混前县主捏造证据获得土目执照,在地方上“掌一方之权,令夷民膝递酒,不准民词投县,违者以越控法处……擅动肘练,沿村滋扰,苛尽竹木税租,派夫索银。”[①]透过这起“民告官”事件,可以推测云南土司在清朝前期、中期乃至中后期的行为模式。距清军统治云南近两百年之后,土目依然能够享受如此特权,甚至禁止土民诉讼。显然,清朝对于云南土司的监控并不是彻底的,其中的漏洞显而易见。而那些实力强大的土司,不仅自己胡作非为,而且勾结流官一起欺压土民。如乾隆五十三年福如山控诉那显宗一案。福如山先到北京,通过步军统领衙门,将诉状呈送到皇帝面前。乾隆皇帝亲批:“又据民人富如山、夏则呈控那显宗霸占伊处房地什物,屡控本省各上司,俱不为审办结案。……会同该督、抚提集犯证,秉公严审,定拟具奏。”[②]乾隆喻批足以显明,云南地区土司势力不仅强大,而且与地方省级流官之间存在难以名状的勾搭关系。否则,福如山的案件不会惊动乾隆皇帝的。[③] 福如山一案的生成与诡异,也进一步说明势力较大的土司与流官往往有着某种利益的共谋,集中表现为豪夺强取。然而,清朝统治者远在京城,只能通过流官的奏折掌握云南土司地区的社情民意。也正是因为流官在中间发挥着信息传递的作用,以至于流官可以根据自己的利益需要对上传的信息进行筛选过滤。我们不好武断地给出流官为了获取更多的利益谎报土司重要性这一结论,但是,土司的存在以及流官负责土司事宜的各种奏报权的确为流官获得不正当利益提供了方便。否则,很难解释土司制度在清朝统治下存留268年之久的历史事实。

清军进入云南初期,不仅要征服云南境内的土司,而且要征服南明残存的军事力量。对于建立统一的全国行政权而言,剿灭南明残存的抗清组织要远比征服土司显得更加重要。面对土司与南明两种不同性质的对手,清朝以彻底消

① 楚雄彝族文化研究所:《清代武定彝族那氏土司档案史料校编》,中央民族学院出版社1993年版,第130页。

② 《清实录·高宗实录》卷一三九六,台北,华文书局总发行1989年版,“乾隆五十七年乙巳”条。

③ 该案的具体情节在《富如山记事碑》上记载得更为清晰:“乃先祖升天之后,于乾隆三十六年,尽被那显宗霸夺,并家人牲物,尽掳一空。……乾隆五十三年……具呈上控,自州、府,以至各宪,无处不经。彼时那氏财势两充,接年不分泾渭。余忿不畏死,赴京扣阍。幸蒙钦命和、书二大臣会审,又差姜、广二大人于五八年二月初六日自京启程,童年三月二十八日跟随抵滇。……四月初五日,会同督抚以及司通、府、州、县员,十五日审明结案,各照断给,似有拨云见天之日也。”

除南明军队的反抗为第一要务。在清军平定途中,顺治五年谕:“各处土司,原应世守地方,不得轻信叛逆招诱,自外王化。凡未经归顺,今来投诚者,开具原管地方部落,准于照旧袭封:有擒执叛逆来献者,仍厚加升赏;已归顺土司官,曾立功绩及未经授职者,该督抚按官通察具奏,论功升授。”①一方面,公元1648年即清朝刚刚入主中原4年时间,战争带来的消耗远远大于要满足后方所能够提供的后勤保障能力;另一方面,清朝入关之初打着复明旗号,实际上明修栈道,暗度陈仓。在中原汉族的心目中,南明实力虽然弱小,但是,却是中原汉族起来抗清的一面旗帜。如果不把南明残余势力彻底清剿,那么,全国各地明朝遗民的心中始终就会存在举旗抗清的念头,这对于清朝建立稳定的全国行政权,无疑是一个潜在的隐患。因此,剿灭南明最后一点反抗能力可以说是清朝建立统一性全国政权的标志。所以,这个历史性的任务决定了清朝对待土司的态度应以缓和为上策,而最好的办法就是沿着前明朝统治的路径走下去,从而保持土司与中央王朝关系的前后一致性,为日后把土司纳入与流官一体化的官僚管理体制奠定了政治基础。

国家权力的地方认同并非一纸公文所定,而是通过一系列的管理体制机制的运行,才能彰显并贯彻国家权力。倘若没有这个过程,国家权力就无法真正实现对于基层社会的控制。因此,要想通过土司接受国家政治安排来实现国家权力的认同,首要的条件是要把土司纳入国家官僚体制中去。借助土司在地方上的传统权威,实现国家权力的地方落地,建立起国家权威的实质是建立起清朝的统治权威。土司接受清朝官僚体制的约束,意味着土司至少从形式上接受了来自清朝的招安。乾隆二十九年十二月,云南地处偏远,与多个国家相邻,尤其是木邦土司这一带极为重要,所以需要加强巡逻,增强防御。乾隆二十九年十二月云贵总督刘藻奏:“云南永昌、顺宁二府,地处极边,界连外域。……每处今各该土司另选明白干练一人,立为头目,督率巡防。”②清朝知道,木邦土司一带为要地,要想管理好、控制好当地就先要做好土司一方的工作。此时,朝廷想

① 《清实录·世祖实录》卷四一,台北,华文书局总发行1989年版,第478页,“顺治五年十一月辛未”条。

② 《清实录·高宗实录》卷七二五,台北,华文书局总发行1989年版,第10407～10408页,“乾隆三十一年正月壬午”条。

到要在邻近外域一带建立“防御带”，那满洲官员多为内地之人，对当地的地形、形势都不太熟悉，不如与土司们交好，让他们派出一部分“干将”来帮助我们进行管理，这样也能够让他们感觉到自己对于国家治理是非常重要的，使他们把自己看做清朝的一分子，想到作为清朝的一分子就有维护国家统一的职责。18世纪清缅冲突的原因集中在“边境土司、纳贡与合约”三个方面，19世纪以前，清缅边界的势力范围与界限变动是围绕土司而展开的。[①] 边境土司与当时清朝“内地土司与外地土司”的界定有着直接的关系，[②]而“花马礼”实际上则与边境土司求生存的无奈与归属无主有一定的关系。尽管清朝对待边境土司的主张处于不稳定状态，但是，其中心目标没有改变，即通过控制土司实现边境稳定。

对于土司来讲，自元朝以来，经由明朝至清朝的这段历史时期，土司和中央王朝的关系从形式上属于王朝官僚体制中的一部分，实质上属于地方自治。尽管土司按例朝贡、赋税、袭替等制度履行职责，然而，这些都是带有符号意义的形式。严格来说，元朝与明朝在土司的实质性利益上并没有触及，仅仅是在袭替上为了防止土司争斗而引发不稳定之外要求土司千里赴京，元朝与明朝与土司之间的关系基本上处于井水不犯河水的状态。特别情况下，也有大军镇压的事件发生，比如贵州海龙屯播州战役。

在云南土司的历史上，类似贵州海龙屯事件几乎没有。即便有土司仰仗兵强马壮，元朝或者明朝一般通过征调土兵配合朝廷军队即可镇压。所以，面对清朝占领云南初期的统治态度，虽有土司组织民众反抗清军入侵，但是，元朝与明朝遗留下来的中央一以贯之的卫所羁縻习惯，会在土司心理上产生一种可期待性预测，即抱着形式上的臣服无关紧要，实质上持续自己的统治就可以接受清朝提出的招安条件的心理。土司的这个经验性判断恰好与清朝初入云南面

---

① 参见黄云川：《对18世纪清缅冲突的考察——以边境土司、纳贡及和约为视角》，载《历史教学问题》2019年第6期。

② 参见许倬云：《说中国：一个不断变化的复杂共同体》，广西师范大学出版社2015年版；马戎：《中华文明的“内”与“外”》，载《复旦学报(社会科学版)》2016年第5期；葛兆光：《名实之间——有关“汉化”、“殖民”与“帝国”的争论》，载《复旦学报(社会科学版)》2016年第6期；葛兆光等：《殊方未远：古代中国的疆域、民族与认同》，中华书局2016年版；葛兆光：《历史中国的内与外》，香港中文大学出版社2017年版；葛兆光：《什么时代中国要讨论“何为中国”？——在云南大学的演讲记录》，载《思想战线》2017年第6期；王春桥：《明清云南西部边地土司“内外”分际的历史过程》，载《中国历史地理论丛》2019年第1期。

临的困境所作出的应对方案不谋而合，即清朝希望通过缓和的政治招安实现一定时期内的社会稳定，从而集中力量彻底剿灭南明残军以及大西军剩余力量，而土司面对清军的强大武力，与其面临反抗就会遭到镇压的情形，不如通过接受招安而保全利益。从双方的利益博弈来看，清朝提出的招安主张能够得到土司的积极响应。

部分土司对于清朝授封职官的接纳不一定完全解除清朝的军事压力，然而，至少可以缓解清朝统治云南的压力，从而加快清朝彻底统治云南的步伐。而清朝统治云南的速度则于无形中给予了其他持观望态度的土司以强大的压力，臣服的波及效应最终缩短了清朝统治云南的时间，同时也强化了清朝在云南的统治权威。清朝统治云南之后，留守吴三桂。公元 1673 年吴三桂之乱，清朝历经八年持续的征战，终于平叛西南“三藩之乱”。平定“三藩之乱”，是清朝建立全国性统一政权的标志，特别是彻底消除吴三桂的云南势力，不仅表现了清朝实施撤藩制度的决心和勇气，而且也为云南部分土司后期接受改土归流奠定了强大的军事自信与结果自信。自“三藩之乱”被平定之后，清朝控制云南土司的策略也发生了变化。

平定“三藩之乱”之后，清朝吸取吴三桂事件的经验教训，撤藩不能仅用于明朝降将，对于后期的汉官同样也要防止类似雄踞一方拥兵自重的割据现象存在。因此，对于云南境内规模较大、实力相对雄厚，特别是具有一定影响力和号召力的大土司，雍正年间开始了改土归流。在改土归流的过程中，也并非将所有的土司全部纳入改土归流的范围之内，仅仅是针对那些反抗清朝的土司，以雄霸一方，作恶多端的土司。清朝出于对国家社稷、民众生活以及社会稳定等方面的考虑，同样施行改土归流。在改土归流的过程中，南边发生征服性的战役，清朝通过征调土兵，类似雇佣兵的方式，一方面，镇压了敢于反抗的土司，另一方面，通过调遣土兵参与平叛，消解土司的武装历练。清朝的改土归流之策，既推行了流官统治下国家权力的下沉，又合理地消解了土司统治地方的力量。特别是对那些有反抗之心，但是又不敢公开反抗并持有观望心理的土司而言，起到了威慑作用。

改土归流的过程，既是清朝强化国家权力地方认同的过程，也是强化土司内心世界归顺清朝的过程。清朝入主云南之初,采取了沿袭旧例,拉拢招安的手段,由于这个手段符合土司的预期心理,因此,一部分土司接受了来自清朝关于袭职的制度规定,从形式上接受了清朝作为统治者身份给予的政治授封。在这些地区,清朝以军事占领为标志的国家政权得到了土司贵族的认同,并将其认同的国家权力作为自己统治地方的正当性权威传至其所管辖的土民。清军回撤留下吴三桂镇守云南期间,尽管吴三桂后来借着反清复明的口号起来发动反清军事行动,但是,吴三桂镇守云南仍然代表着清朝国家权力,是清朝驻扎云南地方的封疆大吏。云南地方土司对于吴三桂的认同,实际上也是对清朝的认同,只不过土司与吴三桂之间的统治与被统治关系由于统治半径的短距带来的方便性而更加得到凸显。

公元1681年清朝平定"三藩之乱"取得的绝对性战果,对于云南境内的土司而言,也是一场兵不血刃的军事威慑,对于强化坐山观虎斗的土司们接受清朝政治授封的主动性起到了压倒性的作用。因此,可以说,吴三桂被平定之后,清朝在云南地区基本上已经完成了统治布局,国家权力在云南境内的统治地位基本建成,并为雍正时期开展的改土归流提供了可供借鉴的范例。清朝在云南地区的统治,从最初的政治招安到平定吴三桂之乱,再到雍正时期的改土归流,以及穿插其间的恩威并施之策,无疑为国家权力的地方认同开辟了渠道,即清朝的国家统治与土司的地方统治之间建立了国家与地方在控制社会制度上面实现一体化的同一性。因此,可以说,从元朝、明朝传承下来的土司承袭制度,清朝随后展开的武力征服,以及土司内心对于时局做出的判断,都为国家权力地方认同提供了主观上的认知基础与客观上的现实可能。

主观上讲,云南土司经历元朝、明朝两个朝代的变迁,为自己判断中原王朝统治云南土司地区采取何种策略有着经验性帮助。元朝作为第一个以少数民族身份统治中原地区的朝代,采取了羁縻之策,而明朝统治云南带有历史延续的特征。清朝与元朝之间隔着明朝,作为第二个统治云南的少数民族,土司有理由判断清朝统治云南的时间并不是永久的。基于前朝积累的经验,绝大部分土司从主观上应当说已经做好了接受清朝政治授封的心理准备。当然,也可能做好了清朝武力征剿自己的军事准备。但最有可能的情况是,沿袭前朝的惯例,土司接受清朝的官职授封,接受清朝的形式统治。

就清朝的角度而言,作为入主中原,继而统治云南的少数民族,从公元1644年开始,长期的战争已经在各个方面将满族的后发之势遏制在一定的范围之内,占领云南的是汉人军队,倘若没有明朝降军将领的支持,仅靠满族自身的军事实力很难占领云南。因此,清朝占领云南之后不希望在清朝与土司之间再发生战争,尽管战争的规模可能不大,但对于满族而言,经过数年自北向南强行地军事推进,其积蓄的战争储备基本耗尽。清朝任命吴三桂镇守云南,既可能考虑到让悍将远离朝廷,防止京畿地区发动政变;也有可能是希望在镇守边疆,执行镇压抗清的过程中削弱明朝降将的军事实力。根据后来康熙不惜一切代价以持续八年的平定"三藩之乱"的战争来实现撤藩目的的过程与结果,不难看出,最有可能的一种推测是清朝没有一定的军事力量实现对云南的镇守,主要的满族军队仅仅能够维持保护京畿重地的需要。所以,清朝占领云南之初沿袭明朝土司制度的一贯做法是不得已而为之。然而,元朝与明朝的土司制度为清朝采取这种缓和的安抚之策提供了双方均可接受的历史性条件。

客观上讲,云南土司制度的形成,源自中原王朝强大的军事实力,虽然元朝与明朝善待土司,并以形式上的职官授封作为土司实质上实行地方管辖的国家统治,但是,土司深深知道自身在国家面前处于弱势地位,服从中原王朝统治不仅不减损自己的各种利益,而且强化了自己统治土民的正当性。甚至有的土司借助国家权力授封的官服、印信、图册等,以国家名义榨取土民。面对清朝进入云南的势如破竹之势,土司唯有选择接受清朝的诏令方能求全,反抗者势必遭到灭顶之灾。在各种利益和各方势力的博弈之下,土司选择接受清朝的政治授封,支持国家权力的地方认同,是不可不为的无奈之举。

第二节　流官钳制土司的法律支持

清朝是一个外来民族作为统治者的朝代,与同时代民族相比,中原地区无论是在经济上还是在文化上,包括国家法制的发展都超越周边相邻民族。可以这样讲,从封建统治者的政治格局来看,明朝统治者要比满族贵族更成熟。因此,清军进入关内建立大一统政权之后注定了法制建设的路径,即基于沿袭与改良为基础上的实践型法制建设,而非基于预防与推理为基础上的逻辑型法制建设。清朝入主云南之后首先是沿袭明朝土司制度,施以安抚,随后改良完备土司制度,不断强化土司的法律监控功能。因此,清朝采取国家律例监控土司路径与清朝关于土司制度的法律完善之间具有一致性,即都是以问题解决为法制建设的方向和目标,从解决清朝与土司之间政治矛盾的实践中选择有利于清朝统治的法律建设之路。带着那个时代特有的物质条件决定的法制程序,清朝通过国家律例监控土司的路径也同样体现出法律解决权力两端博弈的可用性。"一代之兴,必有一代之法治"①。

雍正二年颁诏晓谕四川、陕西、湖广、云南、贵州等省的官府:"倘申饬之后,不改前非,一经发觉,土司参革,从重究拟,汉奸立置重典、切毋姑容宽纵。"②清朝在统治云南之初,十分讲究法令的作用,特别注重国家法律控制社会秩序的重要作用,特别是州县职官运用法律以保一方平安的深刻认识。"除生苗外,无论民彝,凡三户起,皆可编为一甲,不及三户者,令迁附近地方,不许独住"③。保甲制度有利于国家以法管理土司地区的社会秩序,同时有助于案件分类审理。清朝名臣鄂尔泰曾经对于国家法律的执行作用作过一番描述:"……缉拿盗贼,原有着落邻佑保结之例;查禁赌博,有责成佐贰转责乡甲逐户具结之例;调处词讼,则原有户婚田土细事先批乡邻公讲息结之例;编行保甲,原有户口牌细开名数并记簿稽察之例……"④基层社会生活中的家庭琐事、邻里纠纷以及江湖盗贼等,都有与之对应的律例规定。对于烦扰民风,不利于社会风气建设的赌博,清朝设立专卷做出了详细的规定。《清会典事例》有一卷专门责成内外各官严禁赌博。"赌博者,盗贼之媒也,始而荡废家财,继而潜行偷窃,乃至胆大手滑,公

---

① 李之芳:《李文襄公奏议》卷首"康熙二十六年十月初六日上谕"。

② 《清世宗实录》卷二〇,台北,华文书局总发行1989年版,第311页,"雍正二年五月辛酉"条。

③ 《奏为分别流土考成以专职守一靖边方事》,《雍正朝宫中档》,台北故宫博物院藏,文献编号:402006195。参见陈维新:《鄂尔泰与雍正对云南改土归流的"君臣对话"——台北故宫博物院所藏朱批奏折选件》,载《思想战线》2018年第4期。

④ 《皇朝经世文编》卷一八《议州县不必设副官乡官疏》。

然劫盗终矣"[①]。可见,清朝对于国家法律的重要以及基层社会秩序控制的重要,有着非常清醒的认识。而太宗通过法制建设取得的统治成效,[②]则注定清朝在云南土司地区实施"以法治土"策略的实施。

中国古代数千年封建统治形成的天下观无一不表达民生至上的统治观,民生关系民心向背,而民心向背则直接决定统治者的统治周期。"天下之治乱,由于民生之安否"[③]。而民生之安,也与地方官僚设置的稳定性有关,同时在设置官员级别上也能体现出其位置的重要性,并体现出国家法律在这一地区的执行情况。如顺治元年,刑部设江南、浙江、福建、四川、湖广、广西、陕西、云南、贵州、河南、广东、山西、山东、江西等十四司。[④] 云南作为设置十四司中的一个省份,可以看出,并无特别之处。

不过,在担任"司"级官员的主体性结构上,云南有着与内地"司"不相同的地方。如云南清吏司:郎中满洲一人、汉一人,员外郎满洲一人、汉一人,主事满洲一人、汉一人。掌核云南省刑名之事。凡堂印之封启掌焉。[⑤] 顺治元年,清朝在各省设置都察院,共设河南、江南、浙江、山东、山西、陕西、湖广、江西、福建、四川、广东、广西、云南、贵州、京畿等十五道。十五道中,"唯河南、江南、浙江、山东、山西、陕西六道授印信。掌印者曰掌道,余曰协道,(京畿道亦给印信,未设专官)湖广等八道分隶之,日坐道,不治事。而掌浙江道兼理云南道"。[⑥] 不过,实际上15道并不受理刑名之案,即死刑权收归皇帝一人手中。乾隆十四年

---

① 《天全州志(咸丰)》,薛启康、冯丽、江汉平、李林、陈世忠、杨雄、高毅等整理,开明出版社2016年版。

② 太宗立法建制的设置中一件划时代的大事,是正式在旗制之外设立了一套行政机构,这是由部落组织走入国家形式的一大进步。一方面是由于人口众多,事务日繁,尤其是包括女真人、汉人、蒙古人,不同的文化背景,不同的生活方式与风俗惯习,更需要建立一个统一的管理机构,设官理事,不能再像以前一样,由各旗各自处理。这样,不但行动不能划一,易生抵触,而且会造成旗与旗之间的纠纷摩擦。一方面是太宗在其集权的策略中,也想在旗制之外另建立一套机构,统理八旗事务,以转移八旗贝勒对本旗的控制力量。但想建立一套行政组织,自己文化上又无所凭借之处,可以借用的规模整齐的制度,只有取自明朝,同时在人口中又以汉人占大多数,问题亦最多,于是乃仿明朝中央政府组织的形式,设立六部。陈文石:《清太宗时代的重要政治措施》,载《历史语言研究所集刊》第40本(上册),商务印书馆1997年版,第314~315页。

③ 《皇朝经世文编》卷一九,王命岳:《论吏治不清皆由举劾不当疏》第3页。

④ 《皇朝经世文编》卷二〇,王命岳:《论吏治不清皆由举劾不当疏》第3页。

⑤ 《大清会典》卷五六,第49页。

⑥ 《清史稿》卷一一五《职官二》,中华书局1977年版,第3305页。

各道并给印信,15 道各自分理各省刑名,此种名实不符之情形始行消除。[1] 康熙二十二年十二月初,“兵部议舒玉昆、李臻因诬告土司阿五叛逆,拟处死。其总兵张永祥用非刑拷讯阿五,亦应处死事。上曰:‘……这所议太过,将原本发回,著该部另议具奏。’”道光二十八年以后,各省命盗死罪案件之具题或具奏,其范围渐行缩小。各省督抚对死罪案件,可不必先行题奏。甚至可将人犯即时就地正法。各省督抚得将命盗死罪人犯就地正法之事例,起于道光二十八年。按是年上谕:“前据林则徐奏查拿迤西匪犯,请审明立时惩办,毋庸解省审转,当交刑部议奏,兹据该部查核云南迤西一带,界在边隅,嗣后该地方除寻常命盗各案,仍按例办理外,如有党羽众多匪犯,准其批解该管道府,于审明移交臬司具详督抚复准后,就地正法,以儆凶顽,并请酌定年限等语,该处军务甫竣,余匪正当严办,著即予限五年,俟限满后,仍照例由督抚亲提审明题奏,以示限制。”[2]可见,各省督抚拥有死刑权意味着国家法律的地方执行权有所扩张,这反映了不稳定的社会状态,而就地正法章程仅适用于云南迤西一带,施行期间限定为 5 年,期限届满后,仍须由督抚审明后题奏。[3] 显然,清朝的律例在云南地区不仅得到了有力的执行,而且清朝将死刑权下放至云南督抚,这足以说明清朝国家法律在云南整个地区得到了有力的执行。

国家控制基层社会的力量依赖于完善的基层官僚系统,而基层官僚体系的控制只能依靠完备的法律体系,即通过建立完整的规范权力运行为目标的法律体系,才可能保证基层官僚手中的权力按照预定的设计路线运行,否则,就给基层官僚借助权力规制体系的缝隙以权力寻租的方式谋取不正当利益留下了可欲的行动空间。国家法律功能是以调整社会关系和社会行为作为内容的体系化结构,从法律实施到法律实现,不仅需要官僚系统的通力合作,而且需要得到社会民众的认可。

在法律作为调整国家权力与民众权利的空间内,官僚与民众是一对共生体。一方面,官僚通过国家赋予的权力,以法律为依据,实施社会制度控制,从

① 《大清会典》卷五六第 18 页至卷五七,第 51 页。
② 《大清会典事例》卷八五〇,第 14 页。
③ 参见《大清会典》卷五六第 18 页至卷五七,第 123 页。

而达到国家合目的性存在的价值;另一方面,民众通过国家赋予的法律权利,以法律为武器,对官员实施法律监督,从而实现国家运用民众制衡官僚集团的政治目标。所以,国家法律虽然已经颁布,也具有了形式意义上的国家权威。然而,形式上的权威仅仅是字面意义上的强制,尚未真正成为社会秩序建构中发挥调控性作用的权威。因此,国家法律必须在现实生活中得以真正执行,才能体现国家法律的存在。全部的现实生活,都表现为基层社会民众与基层官僚的现实社会关系,权力的等级可以把社会结构划分为不同的管理对象,但是,现实生活无一不是与社会结构相对应的基层社会生活。就此而言,国家法律的地方执行既是法律实现的基础,也是国家通过法律控制权力的平台。所以,国家法律的地方执行力度,反映出国家法律在调控社会秩序建构中的权威程度。

国家法律的存在体现为文本的可读,律例作为输出正义的根据则表现为司法官僚具体的法律实施,而具体的法律实施不能离开具有感性认识的物的存在,诸如:法庭、刑具以及各种标识物。清朝律例是否在土司地区得到贯彻实施,既可以从土民告状的诉请对象看出来,也可以从官府的规模与气象上看出来。乾隆六年八月兵都议准云南总督庆复疏称:"滇省景东府等各州、县应建造改修官厅、卡房共一百六十七间,请拨银修建。"[①]在行政司法职能合一的清朝年间,代表官府符号的建筑物,其规模与外表足以表明代表国家法律、法庭的常态化机制已经形成并发挥着一定的作用。

从清朝进入云南初期,云南从极其不稳定到现在能够建造官厅、卡房已经是极大的进步,这说明清朝在云南地区实行的土司制度对当地文化、经济起到了积极作用,而国家法律也在政治秩序稳定的气候中突出了应有的调整功能。官厅的修缮,为进一步实施国家法律的土司地区提供了物质基础,而隐藏在物质中的国家权威则随着官厅的投入使用开始不断地影响着土司地区社会经济文化生活,并对土司的权威产生了紧缩作用。

在清朝统治云南之前,明朝在元朝土司制度的基础之上,对此进行了补充完备,进一步强化了国家对于土司的控制。明朝实行流官与土官分而治之。此

---

① 《清实录·高宗实录》卷一四九,台北,华文书局总发行1989年版,第2223页,"乾隆六年八月庚申"条。

前,元朝并未在云南土司地区设置类似明朝的流官,而是实行纯粹的"以夷制夷",仅仅追求形式上的国家统一。明代王朝作为中原出身的权力集团,与少数民族出身统治中原的蒙古族在天下的理念上存在很大的差别。整体上讲,元朝对于国家认同的意识弱于明朝统治集团对国家认同的意识,明朝不仅要建立形式上的国家认同,而且要建立实质意义上的国家统治。与明朝相比,元朝似乎在国家统治的意识上止于地界,而非对社会秩序的绝对控制。统治理念的差异,必然表现在官僚体制的设计和国家关于官僚控制的法律规定两个方面。

明代在土司地区实行土官与流官双轨制的分治体系。将土司作为国家官僚体系中的一部分,为土司建立一套自成体系的官僚制度,以专门、明确的土司职衔和专门为土司而设的各级地方行政机构,统一纳入封建中央王朝的行政管理体系之中。流官与土官各成体系的设计,不仅在基层职官的管理体制上截然分开了土司与流官的管理,而且设置了区别于流官的职衔与品级,土司职责更加明确、具体,这就从形式上强化了土司的国家身份,从而为国家实施一体化管理奠定了制度基础。

自明朝开始,在土司制度体系内就开始实行文武分开授封,武职与文职和汉官文武职官一样属于不同的部门管辖。土司官位与品级集中在州县一级收拢,然后将土司控制权先集中于巡抚手中,后经监察御史、吏部、军部等部门,最后集中到皇帝一人手中,达到"文武相维,机权攸寓,细大相关,股掌易运"①。在官位品级上,明朝为土司设定了上限,即"司",如军民安抚司、军政府司,其实在明朝的官僚体制谱系上相当于州县一级。如此设置的目的,是因为土司特别是那些人口规模众多的土司,由于其土兵数量之多、占地面积之大,赋予"司"是形式上的肯定,而非实际上权力等级的肯定,这是确保明朝中央多层次控制土司的实现路径。

除了限制土司的官位品级之外,对于土司权威的传承,明朝也制定了非常严格的规定。如"土官病故,子孙应承袭者,官司不肯保结,上司往覆驳勘,有二

---

① 毛奇龄:《蛮司合志·序》,台北,广文书局1968年版,第2页。

三十年不得袭职者,止令土舍管事"。[①] 对于土司自损子孙承袭问题的限制非常苛刻,一方面,若是官司不肯保结,那么,子孙无法承袭;即便官司给予保结,如果上司经过审核驳回,也难以承袭,且有时效规定。另一方面,在土官与土舍之间制造矛盾,只要土官子孙经过一定时效不能继承,那么则由土舍管事。这就相当于赋予了土舍一定的从中作梗阻挠土司子孙继承官位,而使自己获得官位的可欲空间。对于不同文职和武职的土司,各自隶属部门也不一样,明朝规定"隶验封者,布政司领之;隶武选者都指挥领之",[②]这就进一步分化了土司对抗中央王朝的力量。而在土司管辖地区,明朝还实行土流参用,即在土司的行政机构中安插流官,"大率宣慰等司经历皆流官,府、州、县佐贰多流官",[③]可见,明朝对于土司监控实行"贴身"制度,即通过在土司身边安插流官,实现土司监控的全过程。清朝不仅完全承袭了明朝的土司制度体系,而且从土地买卖制度上限制了土司势力壮大的可能性。

云南地区的特殊地理特征,决定了大量的良田是壮大势力的基本条件,土司的壮大不能仅仅依靠人口规模的增加,而且要占有大量土地,否则,难以形成规模化人口,从而也就难以形成充足的后备兵源,自然也就无法挑起叛乱。虽然土司与土司之间兼并的可能性很小,相互之间势力相差不大,但是,土司之间可以通过买卖获得土地,增加土地意味着增加人口,这是小农经济社会的必然选择。为此,清政府为防止土司领地扩大,势力坐大,严禁土司置买田地,违者"买卖双方各杖一百,田价入官,田亩变价充铜"。[④] 康熙年间的这一律例规定,说明了国家法律对于土司的监控已经从形式转变为实质,土司不过是享有地方之治的名分,而实际上已经成为清朝律例调整的对象了。

随着清朝国家法律对土司监控的力度日渐得力,其在土司地区也逐渐地方化,一些先前针对中原地区民众的律例规定,之后通过附例的形式,适用于云南

① 《明经世文编》卷一一九,杨一清:《条处云南土夷疏》。转引自李世愉:《明朝土司制度述略》,载《中国边疆史地研究》1994 年第 1 期。

② 《明史》卷三一〇《土司传序》,中华书局标点本,中华书局 1974 年版。

③ 《明史》卷七六《官志五》,中华书局标点本,中华书局 1974 年版。

④ 张捷夫:《清代土司制度》,载《清史论丛》第 3 辑,社会科学文献出版社 1981 年版。

土司地区。《大清律》第45条(徒流迁徙地方)规定:“应迁徙者,迁离乡土一千里外。”同条附例规定:“凡土蛮、猺、獞、苗人仇杀劫掠,及聚众捉人勒禁者……如系军流等罪,将本犯照例枷责,仍同家口父母、兄弟、子侄一并迁徙;系流官所辖者,发六百里外之土司安插;系土司所辖者,发六百里外之营县安插。”[1]

不难看出,尽管清朝律例对于分属流官与土司不同管辖地区的人有所区别对待,但是,只是刑罚执行结果不同,而国家法律的强制性具有了统一的适用性。不仅对于土民如此,而且对于土司犯罪,根据土司身份,给予不同的处置。“凡土司有犯徒罪以下者,仍照例遵行外,其改土为流之土司……如犯军流罪者,其土司并家口应迁于近省安插,系云南、四川迁往江西,系贵州、广西迁往安庆,系湖南迁往河南,在于省城及驻扎提督地方分发安插”。[2] 显然,土司犯罪的待遇既不是元朝时期的只罚不革,也不是明朝时期的苛刻惩罚,而是在满足一定的条件之下,采取异地安插的手段给予一定限度的惩罚。这充分说明,清朝调整土司与国家之间的关系已经从最初的政治妥协,历经军事征服,最终达到国家法律的规制,而清朝国家法律的地方执行则是实现法律监控土司策略的条件,正是由于国家法律的地方化,导致土司的司法权威走向没落,伴随着国家军事力量作为强制的后盾,清代云南地区土司的法律监控从设想走向了现实。

清朝对待云南采取的经济政策与政治态度,不只是关系到中央财政收支的问题,也关系到政治秩序的稳定。“研究中国封建经济时,如果忽视上层建筑的作用,将是难以理解的。”[3]清朝与云南土司之间的经济矛盾,实质上是上层建筑的矛盾。建立统一的全国性地主经济,是清朝的中心思想,以此为基础建立稳定的全国性统一政权则是核心思想。特别是到了清朝中后期,资本主义的萌芽动摇了清朝的统治基础,所以,遏制商人构成的商会、行会等资本主义要素机构的发展壮大成为清朝的重要任务,从政治上进一步加强中央集权统治,从而用政治手段压制资本主义经济发展。

在政治手段得以实施的过程中,官僚体制内与体制外不同的主体发挥着合

---

① 《雍正五年定例》,第234页。

② 《雍正五年定例》,第234页。

③ 傅衣凌:《明清社会经济史论文集》,人民出版社1982年版,第6页。

力的作用。其中,乡族空间内代表乡族关系的主体组织在基层社会对于中央经济政策的实施往往起到堪称决定性影响的作用。对于清朝来说,乡族关系是基层社会群体结合、准备战争的纽带,由此乡族具有了支配一切的权力,折射了中国土地所有制的扩大与乡族迁徙之间的耦合。土司在清朝的政治格局中,属于不迁徙的地方乡族,能够起到汉族乡族协助权威性统治基层民众的作用。因此,通过乡族势力实现对基础民众的统治,顺着乡族势力渗透中央封建集权与官僚体制自上而下的集权专制命脉。

在经济上,土司对于土民的剥削实际上获得了清朝的默许,这是清朝对土司忠诚于自己的统治所承诺的回报;在政治上,土司则通过清朝的政治封授,获得了统治土民的正当性。无形之中,土司如同中原地区的乡族一样,成为地主阶级体制中的一部分。认同清朝的职官制度与获得统治地方的权力使清朝与土司之间在统治基层民众这个共同的利益点上达成了一致。在控制社会的过程中,控制乡族成为通往控制基层社会绕不过去的社会前提,而在不同的地区,这些乡族表现为不同的存在形式。比如,北方有地主、乡绅等,云南最为直观的表现则是土司。

从国家权力控制基层社会的政治目的来看,土司的存在是清朝控制云南地区不可缺少的条件。然而,并不是所有的土司都配合、支持、忠诚清朝的政治策略。正是土司的反抗,凸显了土司的存在对于云南戍边所具有的价值。因此,在清朝 260 多年的统治历史中,土司始终作为地方势力被清朝认可的原因也就不难理解了。

第三节　国家法律弱化土司习惯法

纠纷是社会秩序的发展过程中不可避免的权利现象,无论是源于社会资源最初占有过程中的分配正义,还是因为资源处分权形成的矫正正义[①],纠纷解决

---

① 参见[古希腊]亚里士多德:《政治学》,吴寿彭译,商务印书馆 1965 年版。

过程中的正义是纠纷当事人建立秩序认可的标准证书。在远古时期,纠纷解决的正义往往是仰赖于当事人一方的力量,即强者的话语权。在公共管理机构出现以后国家出现以前,即前国家时期,正义的输送主体在权力体系中呈现一元化,随着国家的出现,特别是国家权力成为法律制定颁布实施的唯一主体,正义的输出则成为国家正义的历史使命。然而,国家的权力体系在纵向上由于国家机构与地方机构在职能上的天然分工,即国家机构重在决策,地方机构重在实施的职能分工,决定了国家正义与地方正义的同时存在。

虽然地方正义不能完全脱离国家正义的强制性规范的限定,但是,基层社会秩序的自发性决定了地方社会纠纷解决过程中地方裁判机关的自主性,而地方正义的自主性在传统的国度里或者实行中央与地方分而治之的国家体制中,尤为明显,无论地方正义是否符合大多数人利益的正义标准。可以这样讲,无论是古代国家,还是近代国家乃至现代国家,在权力纵向结构上谈及正义,总是不可避免地存在地方正义与国家正义的两种正义观。

在封建体制国家中,中央王朝的正义与中央王朝通过地方管理实施管理而授予的纠纷解决权所输出的地方正义总是存在一定的差别。造成这种差别的原因是法律的产生具有古代性,是法律的古代性成就了国家法律的诞生,尽管在这一过程中我们不能否认人的意志所具有的立法作用。[1] 然而,当法的古代性在国家层面上升为国家意志,并不意味着这些古代性在基层社会秩序维系中失去了作用。相反,这些被国家采用或者违背国家采用甚至被国家严令禁止的带有古代性的习惯法,会继续在某些地区或者某些纠纷解决的过程中继续存活且实现被当事人认可的功效。这就导致地方正义的输出,虽然地方权力机构隶属于国家权力体系,但是,有可能因为纠纷解决的依据不具有国家性而使得当事人漠视国家法律的存在。由于这些纠纷长久不经过国家机构的裁决即可获得当事人期待中的正义,久而久之,不仅导致国家法律在当事人心目中的"忘却",而且导致国家司法权威在地方民众心目中会被地方司法权威替代。

---

① 参见[英]梅因:《古代法》,沈景一译,商务印书馆2011年版,第1~14页。

权威的载体无论是制度、政策还是法律，最终都会归结于做出裁判决定的人，由此一来，地方正义的存在对于建构地方社会秩序具有不可磨灭的功能，是国家正义的有效补充。但是，地方正义对国家正义的伤害就在于消解了国家权威在基层社会中的地位，从而腐蚀国家控制地方社会的能力。

地方正义对国家控制地方社会秩序能力的逆向消解在封建国家中具有特别明显的效用，这种效用在西方封建国家时期表现为贵族争夺平等权，在中国封建国家历史时期则表现为地方官僚争夺皇权。因此，历代中国封建王朝，对于地方纠纷解决过程中国家司法的介入有着清醒的意识，即民事案件在一定范围内，包括案件管辖权、地域管辖权、纠纷自治权的处理等具有明确的规定，刑事案件则由国家法定的职官按照审理级别、判决权限以及行刑权限严格执行国家法律，确保国家权力在控制基层社会秩序中的唯一性。

清朝作为中国历史上封建法律制度发展到完备阶段的最后一个王朝，同样不会因为完备的封建法律体系而得以避开地方行政机关通过纠纷解决正义而对清朝满族统治造成的风险。尤其是在云南土司地区，历来的土司已经建立了自己独特的地方性权威，清朝在土司地区建立国家控制的首要环节就是能够通过某种手段实现土司的监控。或者通过直接控制土司本人间接控制土司地区，或者通过国家权力的下沉，直接控制土司地区。明朝统治云南的历史经验证明：可控下的土司是稳定云南统治的最佳策略。

清朝满族作为明朝曾经的建卫封制，十分熟悉中原王朝统治国家的御用之术。早在入关之前，清朝满族贵族就确定了“参汉酌金”“渐就中国之制”的改革方针。一方面，明朝内部矛盾激化导致靠近山海关内的汉人不断逃离到满族领地，这些外逃的汉人既为满族带去了先进的生产力，也为满族提高统治技能提供了“试金石”。汉人不堪阶级压迫越过辽东边墙逃往建州由来已久，其中最著名的人物刘兴祚就是万历三十三年（公元 1605 年）投奔努尔哈赤的。但这批人数量毕竟很少，而且他们在生活习俗、语言以反心理意志方面也满洲化了。

汉人大量归顺满洲是在天命三年明金战争揭幕之后，这一年四月，努尔哈赤偷储袭抚顾得手，俘获人畜 30 万，其中的人口一律设为阿哈，他们当然没有资格当兵。不过在这次战役中,明军抚顺游击李永芳被迫归降,此外还有数以千计的汉人降服。对这一部分汉人,努尔哈赤没有作为战利品,而是编成了“一千民户”“照过去尼堪国的旧制委任大小官员,归原来的官李永芳管辖”,[①]迁往赫图阿拉。明末边将降金始于李永芳,而大规模编汉族降人为民户则自抚顺之役始。[②] 此外,汉人先进的儒学文化,不仅丰富了满族自身的文化建设,而且被满族贵族欣赏并逐步吸收为本民族的政治文化,继而为清朝满族贵族建立先进的封建统治体制提供了贯通上下的政治文化。

满族社会急速封建化的历史进程需要一批熟悉满汉社会、又能为满族贵族所倚重的汉族文士,于是这些在明朝没有出路,在努尔哈赤时代惨遭浩劫的年轻儒生纷纷投靠,并与皇太极结合在一起。他们的许多政治、军事见解虽不乏迂腐之见,但大多能够切中时弊,从而给予清初政治以深远影响。[③] 天聪时文馆中汉臣生员可考者 18 人,其中范文程、李栖凤、王文奎、马国柱、杨方兴、罗绣绵、雷兴、马鸣佩、张文衡等 9 人原为明诸生,他们在入文馆前,已初步具备了儒家思想的理论修养,个别人并有从政的实践经验。[④] 王文奎、宁完我以学习儒家经典及历代统治阶级的政治经验为正本溯源的头等大事,可谓是抓到了政治改革的根本。

政治改革,就是陈旧布新。“六部设立于天聪五年七月,这也是投降的汉人所建议的”。[⑤] 以改革政体而论,在当时具有法律效力的努尔哈赤关于“八王共治”的遗训是根深蒂固的满洲传统观念,这些反映旧经济基础的上层建筑与满洲贵族集团的局部利益、眼前利益纠缠在一起,是不肯轻易退出历史舞台的,而支持它们的理论武器莫过于以君权至上为核心的孔孟之道。也只有在孔孟之道的指导下才能建立起一整套封建上层建筑取代满洲早期落后的政权体制。[⑥]

---

① 《满文老档 · 太祖》卷六,天命三年四月。

② 参见张晋藩、郭成康:《清入关前国家法律制度史》,辽宁人民出版社 1988 年版,第 300 页。

③ 参见张晋藩、郭成康:《清入关前国家法律制度史》,辽宁人民出版社 1988 年版,第 107 页。

④ 张晋藩、郭成康:《清入关前国家法律制度史》,辽宁人民出版社 1988 年版,第 103 页。

⑤ 陈文石:《清太宗时代的重要政治措施》,载《历史语言研究所集刊》第 40 辑(上册),商务印书馆 1997 年版,第 314 ~ 315 页。

⑥ 参见张晋藩、郭成康:《清入关前国家法律制度史》,辽宁人民出版社 1988 年版,第 110 页。

清朝统治云南土司地区既有明朝历史经验的参照,又有在关外建立系统的官僚统治体制作为基础的参考。

在这个历史潮流中,满汉儒臣或翻译典籍,或鼓吹文治,起了推波助澜的作用。皇太极借用儒家学说的目的,在于强化以皇帝为最高权威的封建等级秩序。"参汉酌金"的立法路线便适应这样的政治需要逐渐形成了。[①] 从而导致"儒家的伦理观念开始与早期满族政权的法制相融合"[②]。因此,选择通过国家法律的监控实现对于土司地区的控制,是清朝早有预谋的实践。其中,将国家法律输送的纠纷解决正义通过流官输送到土司地区,从而替换土司的宗族法,最终实现国家法律在土司地区的认同,继而形成国家权力的下沉,是清朝采取的法律调控手段的内容之一。

云南土司制度与广西、湖南、湖北、贵州、四川地区的土司制度相比,有一定的特殊性。尽管上述地区的土司在清朝的制度体系中都是土司制度管理的内容,然而,由于各地区土司的不同情形,土司制度的个别化分明。因此,有必要重述土司制度的性质。关于土司制度性质的定义,绝大多数学者认为土司制度或是行政制度、政治制度。也有学者认为土司制度是一种随时代政治需要而不断调整的制度[③],个别学者从现代法治角度出发,以地方立法权作

---

① 参见张晋藩、郭成康:《清入关前国家法律制度史》,辽宁人民出版社 1988 年版,第 417 页。

② 张晋藩、郭成康:《清入关前国家法律制度史》,辽宁人民出版社 1988 年版,第 438 页。

③ 从性质上讲,土司制度就是古代民族地区适用过的一项重要的政治法律制度,是古代云南边疆民族地方法制的重要组成部分。土司法律制度的实质是由封建中央王朝与边疆民族首领相互妥协,划定了各自在边疆地区应有的权利和义务。被委任为土司的民族首领依法负有服从中央、交纳贡赋、守卫边疆、不得相互争斗的义务;又被赋予在自己的辖区依民族习俗自行解决地方事务的权力。因此,土司法律制度是以特定的少数民族地区为适用范围的,它没有普遍的意义,封建中央王朝在这一法律关系中不是直接面对少数民族群众,而是只针对某一民族、以民族群体为法律调整的对象. 中央王朝授官、授权给几个民族首领,明确相互间的法律关系,然后由民族首领作为国家的代表,同时也作为本民族的代表处理地方民族事务。土司制度实际上是封建地主制国家在经济、军事势力不够强大的背景下为实现对边疆少数民族地区的统治而与当地少数民族上层进行博弈的一个结果,一方面,封建国家能够以较小的代价快速实现对少数民族地区的统治,实现其大一统的目标;另一方面,少数民族上层能沿袭其传统的政治、经济、文化运行模式,保留其原有的管理方式和社会组织形式,具有一定的独立性。但当社会环境发生变化后,有着各自利益。朱映占:《云南民族通史》(下册),云南大学出版社 2016 年版,第 97 页。

为解析工具,认为土司制度体系中含有授予土司立法的权力。[①] 也正是土司制度的法律特性,使清朝能够通过法律实现对土司的监控。

随着中央政权的下沉与社会控制的稳定,民族地方政权纳入了中央王朝的政权系统,地方大户的“私人领地”变成了封建国家的“皇家领土”,而土司也从割据一方的地方首领转化为国家官僚体制中的一员,成为国家权力的地方代理。自此,土司就被纳入国家管理体制机制之内,在享有一定地方自治权力的同时,更多的是随时面临着被剥夺权力的危机。清军占领云南之后,完成了统一政权的建设。在这之前,清军实际统治着贵州与四川,并对川贵土司地区实施着直接的统治。因此,分析清朝在川贵土司地区如何通过国家法律输送正义,可以探知清朝在云南土司地区采取的类似举措。

云南土司地区基本上是少数民族集中居住地,土司对于其管辖地区的大小事务基本上采用少数民族习惯法。土司习惯法在土司社会秩序中,一方面是维护土司权力的制度性保障,另一方面又是土司为非作歹的制度依据,是土司依仗势力进行统治的“软工具”。也有个别土司地区出现了成文的制定法,比如傣族土司制定的关于傣族生产、生活、婚姻、斗殴、财物甚至包括环境保护的法律,大部分内容是由习惯而来的地方法,带有鲜明的习惯性和地方性。土司作为统治一方集各种大小权力一身的统治者,与内地流官一样,集立法、行政与司法于一身,具有生杀大权。但是,土司地区专横的统治与清朝发达的律例相比,其落后性与野蛮性显而易见。

习惯法在土司地区社会中发挥着一定的作用,无论是对于土司地区社会纠纷解决机制的稳定性,还是对于土司地区社会结构的稳定性,都具有基础性作用。土司社会中的习惯法,在清朝国家法作为背景的图式中,以民间法的地位

① 国家确立的土司制度,实质是授予土司以地方立法权,由土司根据本民族、本地区的特点制定适用本民族的地方法规。在封建专制国家,地方一般是谈不上有立法权的,国家对土司特别恩准自行制定行为规范,已可显见封建王朝对边疆少数民族地区已提高了重视程度,采取了特别宽容的统治策略。而土司在授权范围内,自行制定地方法规,主要是两种方法。一是将国家已有的某些法规,重新加以认可,直接适用于边疆地区;二是将原有的民族习惯,民族习俗重新加以确认,上升为地方法规,成为用地方国家强制力保障实施的地方民族法规。在土司制度下,后一种方式产生的法律规定往往是主要的法规内容。可以说,边疆少数民族地区实行土司制度以后,传统的民族习惯才真正被赋予了法律属性,成为国家法律的一个重要组成部分,是名副其实的地方法律规范。刘艺乒:《论云南土司制度与古代地方法制》,载《思想战线》1994 年第 6 期。

继续维护着土司地区社会的司法秩序。贾宵锋教授从司法责任主体、等级化社会治理机制、司法审判和司法调解内在融合三个方面，推导出土司地区习惯法在社会秩序构建中起到的作用。在土司地区社会治理方面发挥着重要的"法治社会功能"。[①] 清朝允许土司地区存在习惯法，一方面是因为习惯法作为土司地区历史积淀的族群规矩，无论其是否具有现代法制的公平正义，都已经内化为土司地区社会生活中的规则范式。在规则调整的对象范围内如果都以遵守该项规则为戒律，即便这项规则不正义，那么对于遵守这项规则的人群中的每一个人而言都是公平的，体现了规则面前的平等性正义。另一方面，习惯法与土司地区社会结构具有历史的共时性和历史性，是规则与社会生活、社会关系主体、社会行为相互融合的产物。习惯的形成，是习惯法成为调整遵守某种习惯的社会与历史一体化的产物。从社会稳定与社会结构的关系来讲，习惯法的继续适用有利于维护土司地区社会的秩序稳定，从而维护土司地区特别是边地土司地区的社会稳定，而土司地区社会稳定的程度则直接影响到清朝的统治秩序。

土司地区习惯法的继续保留与适用，对于清朝法律实施并未起到损伤性作用。土司地区的习惯法对于清朝法制而言是一种补充，清朝法制是以中原传承千年的刑罚法制为核心的法律体系，对于土司地区社会纠纷来讲，土民更习惯适用经由土司作为裁判官的传统方式。规则在社会生活中起到的作用不只是裁判是非的作用，更为重要的是规则的存在往往成为人们调整自己行为的指导性方向，并在这个方向的指导下努力改善自己。所以，土司地区习惯法的保留，不只是有助于土司自治，从而体现清朝授权土司管理地方的政治信任，比这更重要的在于为以后国家法律逐渐渗透土司社会并最终促成法律认同，从而为形成国家认同开辟了一条基于本土法制文化的法治通道。在土司地区习惯法的基础之上，国家司法审判的进入有力促进土司地区社会接受清朝法律的社会基础和观念心理。

① 贾霄锋、杨明东：《清代土司地区社会治理法治化路径研究：基于民间法视野》，载《青海民族研究》2020年第3期。

通过国家法律监控土司的内容还包括改变土司地区处理纠纷适用土司习惯法的传统。土民之间发生争执,多数情况下采用民间调解的方式进行,很少选择到官府通过公力救济方式。在现代法治国家建设的过程中,为了减少国家司法成本,鼓励小额民事纠纷采取民间调解,如我国的调解制度和美国的ADR制度。然而,在清朝实施大统一的统治过程中,为了建立国家法律权威,特别是在土司地区建立国家法律的权威地位,清朝只有在彻底瓦解土司地区习惯法的过程中,才能逐渐树立国家法律的地位与认同,从而建立清朝统治权认同。然而,土司地区的一些纠纷,"非趁炮火劫杀,即趁黑夜烧掠,皆因愤有衅隙,循环报复得可完结"①。虽然这是针对广西土司地区而言的,对于云南土司地区土民之间解决纠纷的渠道选择,应不会有着根本上的不同。因此,国家司法在土司地区解决纠纷过程中的出现和适用,是通过国家法律监控土司不可缺少的措施。

土司草菅人命的司法行径对于清朝在云南土司地区的统治有着直接的影响。一方面,土司在土司地区建立的司法权威阻却了清朝国家司法的介入,不利于国家法制的传入与执行,从而在土民心中难以建立皇权认同的心理基础;另一方面,清朝允诺土司管辖不是为了推行土司的自治,而是利用土司实现国家的统治,所以,只有废除土司的地方权威,才能树立国家的权威。而国家权威的建立,是以全方位废除土司权威要素为前提条件的。特别是对于社会控制这一方面来说,国家法制的下沉是在土司地区体现皇权存在的基础性条件,而要想实现国家法制在土司地区的地方化,必须输入国家司法正义,取代土司司法专横,从而建立以国家正义为标志的国家法制认同。因此,规范土司司法权力并对违背大清律例的土司施以制裁,这是在土司地区土民心里树立国家法制观念的必要手段。

清朝站在国家法制统一的原则下,限定了土司审判案件的权限,仅仅处理一些诸如现代小额诉讼、家事纠纷、族内亲属之间的民事纠纷。特别是将刑事

---

① 《广西分巡右江道佥事乔于瀛为奉明奏事》(雍正元年九月十五日),《雍正朝汉文朱批谕旨汇编》(第3册)。转引自方悦萌:《明末至雍正朝改土归流之前云贵土司地区的法治》,载《地域文化研究》2018年第1期。

案件审判权统一交由州县流官,既是对土司司法权限制的需要,也是国家选拔官僚体制决定的。土司与流官比较,精通汉语的流官尚需要借助幕僚来知晓适用法律,何况还处于汉化过程中的土司。同时,刑事案件统一交由州县官员审判,强化了基层审判权的直接职能,对于加强清朝封建国家法制在基层社会的统一、防止土司形成专权具有直接的阻却作用。尽管流官在司法过程中存在"法外之法"的土办法现象,但是,分层设计的司法权限在制度上限制了州县一级的司法权力,比如笞杖刑罚与死刑刑罚的权限,就从制度上限制了下级官员枉法裁判的通道。特别是对于较大的刑案,通过审判官员的平衡,防止畸轻畸重草菅人命现象的发生,[①]从而在一定程度上对延缓基层社会民众对抗朝廷不满情绪的爆发具有一定的约束作用。

同治中期制定的《土弁章程》,对土司听讼的权力做出了严格规定:"各寨番民口角细故,准尔等土官等秉公理说和。"即便如此,如果纠纷当事人有一方不是土民的,那么,土司只能受理案件而不能审理案件,遇到情节较重的,必须移交流官审理。"番民或被汉人在文员衙门告发,情节较重者,即责令土官查明被告番民送出"。除此之外,清朝用于限制流官死刑裁判权的规定同样适用于土司的审判权限。土官"不准私行致毙人命",如有抢劫之事,则不得"庇护故纵"。[②] 从制度表面上看,这是一条监督职官严格司法的规定,但是,其实质上是对土司权限的限制。

土司与流官不同,州县一级流官的司法权限虽然也受到限制,但是,州县与府、督抚属于同一个官僚体制,限制州县职官的司法审判权,其目的在于保证案件得到公正的审理,限权的目的在于更好地实现国家司法审判权使其在维护清朝统治方面发挥更好的作用。与之相反,限制土司的司法审判权不是为了实现国家司法审判权自上而下的贯通运行,而是通过限制土司的司法审判权,从而限制土司建构独立的司法权威的可能性,为流官在土司地区适用国家法律开拓了空间,从而更有利于贯彻国家权力在土司地区的落实,强化清朝控制土司地

---

① 郑秦:《清代州县审判试析》。转引自中国社会科学院历史研究所清史研究室编:《清史论丛》(第8辑),中华书局1991年版,第177页。

② 同治《松潘厅志》《词讼记·土弁章程记》。

区社会的统治能力。

注重法制建设，在清军入关之前便已经有了深刻的认识。努尔哈赤告诫属下："……法令贵乎严密完备……轻慢所定之严格法令者……国之鬼祟也。"[①]皇太极也有深刻认识："励精图治，法制详明者，国祚必永。"[②]如《土弁章程》，既是一部实体法，规定了土司司法权的管辖范围，如各寨藩民之间的纠纷，受案范围非常狭窄，仅包括口角细姑；同时又是一部程序法，规定汉人与藩人之间的纠纷，土司查明藩民之后应将被告送至流官之处。不仅如此，汉人在土司地区享有司法特别权，即汉人作为原告时的纠纷应交由流官裁判，土司没有司法裁判权。除此之外，土司完全自治时期拥有的杀人不偿命的特权被剥夺，纳入清朝国家法律。这些看似为土民伸张正义的国家司法行动，在为土司地区建构一种新型国家司法秩序的同时，悄然为国家法律的地方化挖通了一条暗渠。

乾隆时期，云南建水县纳楼土司境内发生一起人命案。这起命案详细记载了整个事件的发生经过、证人证言，以及清朝关于死刑判决规定的制度程序，但是，奏疏中仅仅提到土司针对杀人者与被杀者起初关乎田地纠纷的处理，而对发生命案的过程以及命案发生之后土司是否有所履责并无记载。[③] 从上述档案所记内容，不难看出，土司在土民之间关于田地纠纷的断定在土民心目中具有的权威。当然，也不排除土民假借土司权威实现自己目的的动机。正如杀人者李云所言："业经土司断定，何得尚欲强占？"由此可见，一方面，土司关于土民之间关于田地纠纷的处断具有官断的效力。同时，也正是由于存在土司的前期处断，才有流官认为杀人者李云不存在故意的意图，只是在两人互殴的过程中动用凶器，导致对方因受重伤而未得到及时医治致死，并依据这一事实作出了杀人者与被杀者之间并无故意谋杀的意图。按照现代刑法理论来讲，属于故意伤

---

① 《满文老档·太祖》卷三，癸丑年十二月。转引自张晋藩：《中华法制文明的演进》，中国政法大学出版社 1999 年版，第 427 页。

② 《清太宗实录》卷四二，第 10 页。转引自张晋藩：《中华法制文明的演进》，中国政法大学出版社 1999 年版，第 428 页。

③ 档号：02－01－07－07645－014 大学士兼管刑部事务英廉题为会审云南建水县纳楼土司夷民李云因令让田相殴伤毙杨照案依律拟绞监候请旨事，乾隆四十七年三月二十五日。为了便于阅读，档案文本在运用过程中将文中的繁体字转换为简化字。

害罪，结果导致死亡发生，得解释于刑法上的结果加重犯。另一方面，土司虽然没有针对这一凶杀案件的审判权，但是负有报官求解的责任。

根据"据报代人纳楼土司普天庆移经前署县蔡世忱验详饬审"的记载，土司身上肩负着保一方平安的法定责任。我们可以大胆推测，至乾隆时期，云南地区的土司基本上如同乡间里正，维护乡里治安和对一般民事纠纷进行裁决，但是，遇到刑事案件必须主动报官，以便官府及时追捕缉拿要犯。"土目遵即将二比传集查间情由，秉公议处。……二比各执一词抗不遵处，藐视土目，理合将查明情由据实禀复，乞上恩赏准讯结，以免悬案"①。土目类似现代县一级司法机关派驻乡村的派出机构，负有举报权、勘察权以及笔录权等有利于案件侦破的权力，然而，执法权、司法权则由流官独享。土目不过是流官用来收集信息、跑腿当差的一般工作人员。显然，乾隆时期有一部分土司实际上已经沦为流官的下属，仅仅享有辅助管理权。除享有一般的处理田地邻里纠纷的民事司法权之外，土司不过是大户人家而已。由于清朝推行皇权不下乡的统治结构，民事案件一般采用"民调官定"的解决机制，土司作为传统习惯的代表者与维护者，作为处理一般民事纠纷的中间人再也合适不过了。

土司曾经作为一方享有随心所欲特权的统治者，在清朝派任流官普遍化的时期，土司与土民之间、土司与汉民之间以及土民与汉民之间在土司地区常常围绕经济利益发生纠纷。其中，主要的纠纷表现为土地耕种、租赁与交易之间的民事纠纷。土司虽然被置于流官管理的范围内且被剥夺了刑事司法权，然而，一般民事纠纷的首发处理仍由土司管辖。清朝对于民事纠纷司法权的下放为土司在乡间针对土地权益以权谋私提供了制度性空间，而流官对此类事情的放任，不仅导致土民深受其害，而且也令汉民常常因为耕种土民的土地而陷入纠纷之中。

由于土司与土民之间拥有传统的话语体系，在面对汉民保护自己土地权益

---

① 楚雄彝族文化研究所:《清代武定彝族那氏土司档案史料校编》，中央民族大学出版社 1993 年版，第 20 页。加批：两造俱系至亲，尤不能调处使二比息讼，何能管束夷众？除一面饬原差集讯，尔亦当再为解说自讼宁家，否则并究不贷。此饬。楚雄彝族文化研究所:《清代武定彝族那氏土司档案史料校编》，中央民族大学出版社 1993 年版，第 21 页。

的过程中,土司利用自己与土民之间独有的语言,煽动土民对抗汉民。在这个过程中,其他外来土民的强势介入,加剧了土民与汉民之间的冲突。更为关键的是,土司承担着清朝下派的税负任务,这就为土司在其中谋取私利提供了国家支持,以致因为土地权益的争执而引起事端。[①] 透过本案具文,不难看出,清朝规定了南甸土司绥靖边疆的履职责任,因此,田亩权益应由地方流官处理。然而,作为绥靖边疆的土职,该土司应该掌握一定的兵权,至少拥有自己的武装。但是,土司解决此事的渠道是借助境外人员抢占的方式,维护自己的权益。一方面,可能存在着流官针对土民与汉民之间纠纷的现象,做出的裁判有失公正,倾向于汉民的裁判导致土司不信任流官,果真如此,那么,就说明土司在地方流官眼里的歧视性地位;另一方面,土司放任甚至勾引外夷抢占田亩,暗示土司与境外势力可能具有不为人所知的联系,这种联系对于边疆安全与社会稳定具有直接的影响。清朝要求地方流官迅速处办南甸土司与汉民之间的纠纷,从而“使夷汉两得相安”。

道光年间清朝控制云南土司地区能力的下降,也进一步表明土司盘踞在云南地区的深层次原因。清朝通过国家法律惩罚土司的制度与实践足以证明:以土施政、以夷制夷和控土固边是紧密融合在一起的统治方略。从本案的整个过程可以看到,土司与流官在一定范围内各自有各自明晰的分工,土司分担了流官的职责,比如绥靖边疆。而流官则全面掌握了司法权,以至于在土司专职绥靖职责的情况下,处理一般民事纠纷的权力都被流官收走。可见,道光年间土司地区的司法权已经被流官全部掌握,土司成为纠纷中的当事人。这一角色的定位,反映出土司已经完整地被纳入国家法律体系控制范围了。

云南土司地区如前文所述,可耕种土地面积不大,且多为小块,能够成片耕种的田亩较少。特别是山区,可耕种土地是当地民众存活、向国家缴纳各种税负的主要支持,可耕种土地作为稀缺资源,自然也就成为引发纠纷的源头。特别是佃农与田主之间的经济关系,往往导致纠纷事端的发生,而围绕类似事端

---

① 楚雄彝族文化研究所:《清代武定彝族那氏土司档案史料校编》,中央民族大学出版社 1993 年版,第 26 ~ 30 页。

的处理,也能看出清朝通过司法正义的输入实现土司的法律监控这一图景。①

如具文真实,不难看出,霸占田产这一行为的背后反映出农业经济在土司地区经济结构中占据的重要位置。这也恰好说明,土司霸占田亩引起民愤的最终结果是损伤清朝统治的权威性,田产在清朝的视野中不只是一块耕地,同时代表着清朝的统治基础。侵占田产在某种意义上等于腐蚀清朝的统治权威。特别是在云南这一具有特殊地理位置的地区,土司霸占田产的行为等于驱赶边民外逃或者内迁,这两种迁徙的方式对于清朝戍守边疆与巩固统治都具有不可估量的撕裂作用。因此,清朝对待此类案件的态度和采取的方式方法既可以看出清朝的重视程度,又可以反馈出清朝控制土司的手段与能力。②

地方流官对此案的审理非常慎重,"显有别故"说明地方官未偏听偏信,而是采取居中立场,在查明事实的基础之上,做出了令双方自愿了结此案的具文。我们很难断言流官一定秉公执法,但是,双方"自愿出具遵结销案",足以说明此案得到了较为理想的裁判。同时,对于造成此案悬念的土目也给出一个说法。"土目冒昧具禀吴朝朗贵具报富老二等黑夜殴抢等情一案……上目实属冒禀,蒙恩免究,情愿出具甘结存案。自此之后,所有各佃具报事件查实转禀,再不敢

① "诉状夷民卑思,年五十五岁,系武定州茂连乡落以都村住,离城二百里,诉为倚恃书吏霸谋练产事。缘夷民等自祖辈以来,以至于今耕种那姓锁折鲁麻当简地土。杨棋祖辈从未挖过一锄,所有乌蒙永北等处军务,小的等俱各每次应派土练三十四名,历年耕种出练无异,现存有练册可凭"。陡于本年七月内杨棋前来向小的说:"伊子现充州书,莫说你们地上,就是你们田主那姓地土俱要随我霸种等语。就动手将小的们犁盘打滥三架。随后抢收小的们所种之荞二十余石。伊不准小的等耕种度日,窃思伊子杨发春投当清书,即被抢夺,使小的等绝食绝命。若是伊子日后承充典吏,不知若何笃害愚夷。小的等畏惧难安,况小的所种地土并未在杨祖四至之内。遭伊霸谋之害,小的等情迫叩诉,伏乞恩星做主,赏准差提当堂质讯,以儆刁恶之风,使弱夷得安。顶祝公侯万代矣,为此叩诉。本州大名爷台前施行。"被诉杨棋、杨发春。道光五年十月初八日,具诉夷民卑思。楚雄彝族文化研究所:《清代武定彝族那氏土司档案史料校编》,中央民族大学出版社 1993 年版,第 91 ~92 页。

② "批:据称杨棋因伊子杨发春充当清书即无端霸种抢收等语。殊非情理,其中显有别故。但既控恃书霸谋,姑准传讯核夺。具遵结人杨棋、杨发春系茂连乡乍赍村住民。今于州主大老爷台前当堂遵结,得小的被卑思具控。小的倚恃书吏霸谋练产等情一案,蒙恩审讯明,确实系落以都地土。并非小的父子山场,小的各照四至界址管业,小的不敢越界侵占卑思之地。今蒙讯明断令,小的等各照四至界址管业,二比允服,自愿出具遵结销案,不敢妄为滋事。如违,甘罪。遵结是实。具遵结人卑思,系茂连乡落以部村住民:今于州主大老爷台前当堂遵结得小的具控杨棋、杨发春父子倚恃书吏霸谋练产等情一案,蒙恩审讯明。确实系小的乐以都地土。并非乍赍村杨棋,杨发春父子山场。小的各照四至界址管业,小的不敢越界侵占杨姓之地。今蒙讯明断令小的等各照四至界址营业,二比允服,自愿出具遵结销案,如违,甘罪,遵结是实。道光五年十一月初六日　具结人卑思"。楚雄彝族文化研究所:《清代武定彝族那氏土司档案史料校编》,中央民族大学出版社 1993 年版,第 92 页。

冒昧胡禀,如违倍罪"[①]。从这份具结文本中可以看出,土目参与司法诉讼,相当于拥有了具有保安作用的一般授权性组织。然而,如果地方流官对土目提供的信息疏于审查核实,那么,就会导致是非不明。土目禀报信息有误的自我表述是不作为还是有意为之,本案中难以断定。但是,土目能够通过中间传达信息的这一位置影响流官对纠纷实施的判断,从而影响裁判的公正性。土目截断信息引发的后果与土职侵占田产引发的后果具有等同性,都是从民意支持这个方面降低清朝在土司地区实施统治的权威影响和社会动员能力。比如针对土司地区借贷纠纷的介入,也能体现此点。

从中国第一历史档案馆所藏"土债贪禁类"档案中可知,土司地区有史记载的借贷案例在收录档案中始于乾隆八年,虽然不能由此断定土司地区借贷行为起自乾隆年间,但是,可以作出多种可能性推测。[②] 第一,乾隆八年之前土司地区借贷行为稀少,且未由于借贷而产生纠纷并引发足以令官府裁判的案件,故未被记载;第二,乾隆八年之前有借贷行为,但是多属于土司地区内部行为,发生的一些纠纷已经被土司裁判,尚未引起流官关注;第三,乾隆八年之前存在借贷并发生纠纷且被移送流官裁判,然而,由于流官未报,故也未被记载,属于基层小事。尽管如此,从流官介入土司地区借贷纠纷的处置以及土司地区借贷纠纷始送流官裁判的发生轨迹来看,清朝对于土司地区的治理沿着因俗而治到因法而治的路线展开。针对云南土司地区借贷案件审理的记载不多,作为大一统的清朝,在其他土司地区针对借贷纠纷适用有效的律例,自然也就作为国家统一律例在云南适用,而记载的案例也证明此点。[③]

由于云南境内土司较多,尽管土司制度属于国家正式职官制度的另类安排,但是,这丝毫不影响土司职官体制内部的多层次结构。一方面,土司地区多数是宗族社会,辈分与相互间关系决定了单位组织的存在,因此,每个单位设置一个领头人是必然的,而不同的亲近关系促成了等级关系,亲近远疏的等级关

---

① 楚雄彝族文化研究所:《清代武定彝族那氏土司档案史料校编》,中央民族大学出版社 1993 年版,第 111 页。

② 参见陈季君:《清代土司档案所见借贷案例初析》,载《青海民族研究》2019 年第 1 期。

③ 参见陈季君:《清代土司档案所见借贷案例初析》,载《青海民族研究》2019 年第 1 期。

系决定了最大的土司下面必定存在不同等级的小土司；另一方面，土司内部也因为各种各样的需要而存在不同的分工，这些分工的负责人由于其负责内容的重要性不同而被置于不同的位置，围绕土司形成了等级有序的层级官僚结构。

土司统治时期实行诸权合一，这与土司社会实行领主制有着必然的逻辑关系。但是，也有土司地区设置专门的司法官，不过，最终的裁判权归土司个人所有。土司规模大小不一，这就为土司之间存在等级差别提供了依据。土司等级与清朝司法行政不分的官僚体制相结合促成了土司的司法等级权，即现代语义上的司法管辖权。在可读范围内，尚未发现关于云南土司司法管辖权的规定。临近地区如永顺土司，则有文献记录，可作一参考。

湖广永顺不仅存在等级分明的行政官员，如宣慰司，下辖三土州、六长官司，而且在案件审理中也有明确的司法管辖等级。“土人有罪，小则土知州、长官等治之，大则土司自治”①。由于土司是“土皇帝”，因此，土民寻求正义的诉讼行为成为土司收敛钱财的渠道。“土民一人犯罪，土司缚而杀之，其被杀者之族，尚当敛银以奉土司，六十两、四十两不等，最下亦二十两，名曰玷刀银。种种朘削，无可告诉”②，久而久之，土民地区虽然是国家统治的行政区划，但是，国家法律在土司地区既未从形式上得到认可，更未在实质上得到接受，土司任性的裁判导致“土人知有土官而不知有国法久矣”③。土司的统治也非传闻中的残暴，在农业生产力不发达的前提下，保证一定规模的劳动力是维持土司统治的基本条件。没有足够的人力资源作为补充，土司地区的经济发展满足不了土司个人消费与统治的需要。随意杀人不会是常态的，但是，杀一儆百应当是土司自认为最有说服力的做法。杀一儆百成为一种常态，也体现了规则的存在。

自人类社会产生以来，就不存在没有规则的社会，只是规则在社会发展的不同时期表现出不同的形式而已。规则与管理是一对孪生兄弟，管理效率的提高这一满足占有欲的目的决定了规则在管理的过程中必定会被不断地创造并

---

① 参见乾隆《永顺府志》卷一二《杂记》。

② 参见蓝鼎元：《鹿洲全集》（上卷），《论边省苗蛮事宜书》，厦门大学出版社1995年版。

③ 参见乾隆《云南通志》卷二九《艺文》，蔡毓荣：《筹滇十疏》。转引自方国瑜：《云南史料丛刊》（第8卷），云南大学出版社2001年版，第425页。

适用。在云南土司地区，土司为了维护自己的统治，制定了一些与当时经济社会发展相适应的“土司法”[①]。“土司法”的存在，恰好说明土司地区存在规则，当然也就在社会意识中存在着规则要遵守的观念。规则约束下的行为，成为社会公认的习惯，文化也就随之而生。反过来，土司也会摆放和强调表现某种具有图腾崇拜意义的象征规则正义的器物，这既是表明土司定分止争过程中公正的一面，又是表明土司尊重祖上留下规矩的道德示范。

云南东山土司龙潭分署衙门一进门的屏风上画有獬豸，[②]獬豸是公平、正义的象征，也是中原法制文化的源头。因此，在云南土司地区推行国家法制宣传与建设，为土民中国家司法正义的输入提供了规则意识，所替换的内容只是遵守谁的法律而已。国家正义的最初输入，是从惩罚官吏开始的。民众作为旁观者，官员被惩罚的结果不仅在内心深处形成泄愤的快感，而且也同时形成对正义的认可与对法律的恐惧。之所以选择惩罚土司作为清朝国家司法正义的宣示进路，是为了革除土民心中长久的传统司法记忆，重构土民新的司法认知。感性的司法认知可以通过国家法律的宣传建立，从而起到推动理性的作用，而直接具有感观作用的则是可见的事实。

清朝在土司地区努力宣传国家法律的教化，从清初开始，并随着清朝律例的不断完善而坚持不懈地推动国家法律地方化工作。直至公元1815年，清嘉庆二十年“九月庚寅，谕军机大臣等：曾燠奏：黔省民人，苗倮杂处，不知礼义法律。谨于《圣谕广训》各条后附以解说，刊印多本，饬发各府州县，散给城乡民户，广为化导。……其事尚属可行”[③]。可见，推动国家法律大众化始终处于探索过程，法律大众化以大众具有的文化基础为条件，这就是清朝能够在土司地区持久推动儒学教育的主要原因。雍正朝大规模改土归流之后，由于土司归属

---

① “土司法”是土司为了维护自己的统治而制定颁布的规范性命令，虽然其中不乏大量的维护土司特权的规定，但是，土司法也是以传统习俗和老规矩为基础的土办法。称呼“土司法”为地方性法律，笔者认为这是基于国家法律存在前提下，将土司法置于对立的地位；那么，将土司法称为“习惯法”，也不能表达当时土司统治的实际情况，土司法不是土司地区的习惯法，而是土司地区的“国家法”。习惯法的定位，依然是以国家正式规范为前提的对立。为了还原土司为了维护自己统治而制定颁布的法律，带着“同情”的理解，将土司地区适用的规范条文称之为“土司法”，可能是较为中肯的定义。

② 陈宝贵：《东山土司》，云南人民出版社2014年版，第100页。

③ 参见《清仁宗嘉庆实录》卷五，台北，华文书局总发行1989年版，第320页，“嘉庆二十年九月庚寅”条。

流官管理,清朝实行行政司法合一的官僚体制,因此,流官不仅接管土司地区的行政事务,而且接管了土司地区的司法事务,这就从根本上取消了土司审判诉讼的权力。根据历史文献的记载,土司仅仅享有小额民事案件,刑事案件必须呈报流官处理。

自国家司法经流官注入土司地区,国家司法正义的输出,为清朝推动国家法律地方化、在土民与土司之间建起了一道以国家司法正义为隔离带的认同区域做出重要贡献。不仅实现各类案件“奏请流官承审,以监督土官,而分其权力,西南政治,为之一变,蛮人悦服,称为‘汉堂’”,而且“土官公署,门可罗雀,人皆知有‘汉堂’矣”。[①] 也许在现代法治的视域中,清朝流官的司法正义有着封建法律专制的一面,但是,至少与土司的蛮横司法相比,其正义的一面对于土民社会寻求国家法律的公正支持发挥了压倒性的作用。不过,也有例外。

清朝针对云南地区土司的法制监控,在某些地区并未直接显现国家法律的以法而治,仍然体现为土司习惯法在地方土司统治过程中的作用。比如,云南壮族地区的侬氏土司。侬氏土司存留时间较长,与地处瘴疠、偏离改土归流中心、服从中央下的自我相对适宜的统治有关。[②] 最为关键的是,侬氏土司地区有着和谐的民族关系。“土官之于属地,其情形较汉官为亲;土民之待土官,其服从视汉官为笃”[③]。由此可以看出,土司不仅对于清朝稳定边疆具有难以替代的作用,而且对于和谐民族关系也具有融合的黏结剂作用。同时也说明清朝在个别土司地区斟酌情势之后采取了不同的监控土司的法制方式。

---

① 参见刘锡蕃:《岭表纪蛮》(第 12 章第 5 节)《土司听讼》。

② 参见杨永福:《试论云南壮族地区侬氏土司统治时期较长的缘由及其他》,载《文山学院学报》2018 年第 5 期。

③ 参见张鸣岐:《桂抚张奏造就土官变通旧例折》,载《申报》丁末(1907)年十一月二十七日第二张第二版。转引自杨永福:《试论云南壮族地区侬氏土司统治时期较长的缘由及其他》,载《文山学院学报》2018 年第 5 期。

第四节 小 结

土司地区的法制体系存有两套系统，一套是清朝国家法律体系，另一套是土司地区的习惯法（也有个别土司地区表现出较强的成文法色彩，如傣族地区）。土司统治土司地区主要是以土司地区既有的习惯法为主，而清朝统治土司则以不断完善的国家法律为主。对于那些内地土司而言，随着流官体制建设不断健全，土司适用习惯法的权力越来越小。对于那些边地土司而言，则因为处于清朝疆界意识的边缘区形成的圈层之中，往往清朝授封体现的“王权”标识为土司在自己辖区内基于社会权力建成自己的权力体系。[①] 然而，维持这种权力体系的要素除了传统的强制手段之外，还有就是业已形成的习惯法。因此，从法制观念延续的历史进程来看，土司地区的土司习惯法为清朝后期植入国家法律提供了观念上的基础与意识。

清朝国家法律地方化实施的目标是废除土司习惯法，废除土司习惯法的过程也就是国家法律“送法下乡”，实现国家法制与国家政治融合于大一统的过程。云南土司地区在元、明时期，虽然元朝与明朝在当时都建立了相应的土司管理制度，实际上土司管理制度的适用对象仅限于土司本人，而对土司地区的管理仍然属于土司家族。土司与明朝之间的关系既不是上下级隶属关系，也不是中央权力地方代理关系，而是形式上的国家认同与实质上的权力认同，即土司认同明朝作为自己政治归属的符号，而明朝则认可土司管辖世袭领地的传统权力。明朝律例并不适用土司地区，传统土司地区调整社会关系的规范往往是习俗和宗教，以不成文形式构成了土司的“家法”。至清朝，土司与满族统治者之间的关系在清朝大一统的政治图景中，土司是地方势力的代表，土司与清朝之间的关系是统治与被统治的关系，而非权力代理或者承认清朝下的依附关

---

① 参见李良品、李思睿：《“圈层结构”视域下道光年间滇南地区土司权力结构与运行——以〈滇事杂档〉史料为中心》，载《西南民族大学学报（人文社会科学版）》2019 年第 6 期。

系。通过军事占领,清朝在土司地区建立了王朝国家认同的基础,而流官拥有的制衡土司的权力因为有了国家法律支持,这就进一步让土司认识到自己必须接受国家法律调整。与此同时,国家司法介入土司地区社会纠纷的解决过程,进一步溶解了土司习惯法的司法基础。最终,土司的事权被纳入国家法律调整范围,而土司本人也随着事权接受国家法律调整及不得不接受国家法律的监控。

第七章 土司地区法律认同与国家确认

清朝通过法律监控土司的目的之一是压缩土司权限,同时严格根据时势需要,制定严格的法律规定,严惩土司违背国家法律规定而滥用权力的行为,防止因为土司的不法行为而有损皇威。所以,针对土司的法律监控,除一般的管理之外,还专门制定了特别措施。清朝一方面要逐步缩小土司权能,为流官行政管理提供便利;另一方面,通过法律监控,体现惩罚土司的行为具有合法性。归根结底,国家法律监控的目的聚焦压缩土司权能。首先,清朝在明朝比较完备的土司制度基础之上,不仅增加了条文,使土司制度更加细密,而且注重程序条文,严格了土司制度执行的过程,强化了土司制度的国家法律属性;其次,土司制度的不断法律化完备,进一步规范了土司在清朝授封下的权力范围,由此有利于清朝安排流官在土司地区实施国家统一的行政管理;最后,限制土司的权力范围之后,随后转变并约束土司的权能内容,并通过流官管理事项的扩张实现清朝对土司地区的统治。通过上述环环相扣的法律监控,清朝实现了土司权力的法律监控,并由此将王朝统治下沉至社会底层。

第一节 强化土司制度的法律属性

清朝针对云南土司施治的制度基础是明朝所为,为了更加能够发挥土司的地方统治作用,清朝不断总结土司制度实施过程中的经验,强化土司制度的体系完备,提升土司制度的监控功能,从而运用土司制度内蕴含的前朝惯例,强化清朝国家法律的监控效果。

清朝时期,云南地区土司的分布相对来说比较明显,即滇西多于滇东、滇南多于滇北、滇西南多于滇东北。从现代的地图上看,滇西南的自然环境要劣于滇东北,属于中央权力半径末梢不及的地区,这些地区为土司提供了自然的安全屏障,也为土司提供了天然的政治庇护。云南设置土司之多以及分布范围的广泛,一方面,足以说明云南地区少数民族聚居区所占面积的比例之大;另一方面,能够说明云南土司地区的传统势力不仅流传已久,而且作为传统势力存在的影响所产生的深远意义远非现代人的想象。[①] 从康熙到雍正,土司数目与规模在清朝干预下发生了变化。然而,无论是清朝增设、裁处还是基于土司自身存在的价值和意义,都是从统治云南这一政治目的出发的。而土司格局的变化,通过清朝对明朝卫所的设置变化可以看出清朝国家权力在土司地区的下行与渗透。卫所的裁撤、归属和管辖,意味着土司在云南地区的重新设置,体现出国家权力重构地方势力的能力与意志。土司在明朝时期与明朝统治集团之间是以皇权认同为前提的合作关系,看似明朝一统云南,实际上明朝号令仅仅对卫所军民具有直接的统治效力,对于土司地区并无直接的统治作用力。

清朝调整云南土司数目与分布的目的,与明朝有着本质上的不同。明朝依然秉承传统的藩属国观念彰显皇权符号的存在,而清朝则是朝向抛弃藩属国进入大一统的国家主体观念的方向前进,即清朝统治权在统治范围内具有绝对的

---

① 《官制》(卫所)(卷五五六·兵部15)。转引自方国瑜:《云南史料丛刊》(第8卷),云南大学出版社2001年版,第266页。

话语权。因此,这就意味着土司与朝廷之间的关系从合作式关系转变为隶属型关系,土司传统的“唯我独尊”的权力观面临着被完全剥夺的境地。清朝针对卫所实施的暴风骤雨般调整,虽然兼顾到内地与边地土司之间的差异,然而,这种先后的次序恰好反映出清朝可能采取蚕食策略,最终实现土司的完全臣服,达到国家绝对控制能力实现的统治效能。

调整土司与流官派驻州县的关系,实际上等于宣布一部分土司已经被纳入清朝官僚化统治程序之中。然而,面对那些世居其地的传统势力,“即使最强者也绝不会强得足以永远做主人,除非他把自己的强力转化为权利,把服从转化为义务”[①]。而义务在长期的服从过程中就会从身体上的被迫转化为意识上的习惯,“习惯是一种知识,是手和身体的记忆;在培养习惯的时候,恰恰是我们的身体在‘理解’”[②],我们用身体理解习惯的日常生活被后代们模仿之后便成为他们的习惯基因,从先辈们的被迫转化变为后代的自觉接受。在国家治理生活中,进入官僚体制的多元化通道以及官僚等级符号在整个国家政治生活中所代表的权威,是支持、鼓励绝大部分人主动寻求及服从习惯的动力。

中国古代官僚管理发展史证明了官僚体制的开放性,尽管这种开放性是以文化的封闭为条件的,但是,这种特性却有效地起到动员全社会成员把谋得官位作为国家、社会、家庭公认为的符号。比如,印信。康熙十六年七月,朝廷刚刚收复云南、广西、贵州等地,鉴于当地一直留存的土司制度,朝廷决定召集土司重新颁发印信。清朝官员每招抚一处土司就奏疏清中央王朝给予归顺土司颁发新印信,其目的在于逐个瓦解土司,减少战争,保存军队实力,从而确保统治的军事力量。康熙十六年七月,广西巡抚傅弘烈疏言:“……又收复广西、云、贵,须招集土司、土司官员。专取凭于印信。若以广西、云南各土司印信颁发,招抚一处,即给一新印,以杜反复,则逆贼可不烦大兵而灭矣。”[③]招抚土司对于清朝而言,既可以清查土司数目,登记造册;又可以颁发新的印信,通过清朝主动的政治承诺,起到延缓通过军事剿灭土司的时间,从而能够将主要的军事力

① [法]卢梭:《社会契约论》,何兆武译,商务印书馆1980年版,第12页。

② [美]保罗·康纳顿:《社会如何记忆》,纳日碧力戈译,上海人民出版社2001年版,第117页。

③ 《清实录·圣祖实录》卷六八,台北,华文书局总发行1989年版,第918页,“康熙十六年七月丁酉”条。

量用在扫清明朝残余势力上。清朝一边招抚土司,一边给予他们新印信的行为,表面上看起来是一种“权力让渡”的行为,实质上是“收买”人心,瓦解顽固前朝守旧势力的一种明智的方法,可以不费一兵一卒就能够占领云南全境。对于土司们来说,在自己管辖的地区内,即便朝代更替,但自己也是受到了新王朝统治者的信任,土民们肯定会更加拥戴自己,相信自己。换句话说,就是在新王朝政权得以巩固的同时,土司们自己的治权也会在自己所管辖的地区内得以稳固,这对于新统治者来说,通过土司的直接管理实现清朝间接地管理土民,在统治土民的基础上形成了利益共识。

清朝的印信替代了明朝的政治符号,意味着土司原先拥有的权力已被作废。即便土司获得来自清朝的印信,然而,印信作为政治符号代表的权力观发生了主体性变化,即明朝颁发印信是“羁縻”观下的土司制度,是周边和睦、中原稳定的统治理念;而清朝颁发印信是“统治天下”观下的土司制度,不仅将“天下”的范围从中原拓展到边地,而且对待土司的制度也非“你好我好”的宽松,而是“我统治你服从”的绝对主仆观。所以,与明朝的印信相比,清朝颁发的印信注定是一种限制土司权力的政治认可,而非明朝那种井水不犯河水的政治认可。

官职不仅仅是一个人在国家政治生活中等级地位的象征,也是个人权威性在一定区域内彰显的基础。一旦个人的权威性必须服从权力的安排,那么,个人服从权力的动机就会从屈从转向主动。从康熙王朝到乾隆王朝,清朝始终没有中断云南土司授职,不仅建立了完备的等级体系,而且通过授职体现了云南境内地理位置特殊的土司在清朝地方行政官僚体制中的重要地位。政治地位的重要性,尽管是以土司臣服清朝的权力秩序为代价,但是,顺应了土司获得地方性权威的心理。为了进一步限制土司权力,清朝在颁发印信的基础之上增加号纸这一新的政治符号。[①] 号纸与印信是土司获得清朝政治认可的政治符号,尽管号纸与印信是以封授形式体现清朝统治集团政治信任的符号,然而,在

---

① 参见《土司》(土司授职三)(卷五八八·兵部47)。转引自方国瑜:《云南史料丛刊》(第8卷),云南大学出版社2001年版,第270~271页。

政治与法律融为一体的封建集权国家，号纸与印信代表着国家法律授权。土司拥有号纸与印信，不仅意味着自己的后代子孙可以依法享有承袭土司这一官职的法定权利，而且也决定了土司这一职位的权责范围和政治待遇。号纸对于土司而言，是一种身份象征，即领有清朝颁发号纸的土司，属于清朝官僚体制中单行条例调整的范围。尽管针对土司官职管理的法律规范属于清朝国家法律体系在适用过程中因为法律实施而制定颁布的单行律例，但是，这些单行律例的制定颁布来自清朝最高权力机构或者代表最高权力机构行使权力的吏部、兵部或者其他权力机关，因此，获得号纸的土司象征着进入官僚体制序列。

印信相比号纸而言，是权力的象征，即获得印信即获得了来自清朝最高权力机构的权力代理资格和实际上的行政司法军事管辖权。拥有号纸的土司仅仅为后代子孙赢得土司身份的承袭权利，而拥有印信的土司则为后代子孙打通掌握实权的大门。印信不仅体现了土司与清朝最高权力机构之间的信任关系，而且赋予了土司可以和清朝最高权力机构分享统治利益的机会，其前提是土司必须服从国家律例的规范调整，因为号纸与印信都是国家法律名义的权力象征。号纸与印信共同对土司权力承袭形成了双重限制，虽然号纸与印信针对土司承袭设置的双重条件，有利于防范土司之间为争夺承袭而弄虚作假，确保土司承袭的真实与有效，但是，双重条件的本质是双重限制。一旦土司承袭人达不到印信与号纸的双重条件，就意味着被剥夺了承袭的权利。然而，土司地区的管理需要类似土司的角色存在，于是，清朝可以针对土司地区管理制定符合清朝统治要求的人选条件。

通过严格土司的承袭制度，与保障土司承袭有序为由间接地将土司承袭过程中传统的家族权力转变为国家权力。限制了土司承袭的必然性，土司的承袭成为可能性，而承袭的可能性则意味着承袭的真正操控权被清朝掌握。

民族国家统治的过程中，权力如同一根被权力的最高机构和权力的最低机构分别拉着两端的绳子，只有权力两端的人按照一定的频率并使着同样大小的力气，才能保证绳子不间断地甩起来，即权力处于运行状态。如何让绳子更好地甩起来，尽管最高权力机构掌握着话语权，但是，如果不能留给绳子另一端的人足够的利益,这种话语权很难转化为现实的行动。一旦采取强制措施,那么,拉着绳子另一端的人宁可松开绳子或者转变为跳绳子的人。此时由于权力的绳子只有一头可以旋起来,不能为跳绳子的人建立跳跃的空间,即社会失去了存在的机会,参与绳子游戏的人们就会逐渐散去。因此,为了让权力的绳子能够旋起来,权力的一端必须和另一端进行协商,强制可以存在,但是,强制不能突破对方的利益底线。所以,在商讨权力的绳子如何更好旋起来的过程中,权力的最高机构往往在一定程度上表现为对配合者的无奈。

在民族国家政治生活中,“国家越大,统治者对部下的依赖越多,部下讨价还价的能力便越强,他们因而间接或直接参与了法律的制定”[①]。对于云南土司而言,他们参与制定国家法律的机会不是太多,在整个清朝统治的版图中,云南是一个很大的行省,然而与整个国土面积相比,云南不过是府一级的行政机构。而土司地区作为云南府的特殊地区,在整个清朝的版图中,更是难以达到新疆、北方蒙古族那样的地理战略位置和政治版图地位。但是,由于云南距离清朝中央所在地的距离远远超过了当时交通、电讯所能提供的运输通达能力,因此,云南土司与清朝之间便有了议价的空间。

云南土司虽然不能参与国家法律的制定,但是,由于他们拥有了与清朝讨价还价的能力,且这种能力在某些特殊情形下会迫使清朝不得不进行让步。尽管清朝可通过武力实现云南境内土司的完全征服,不过,为之付出代价的巨大以及征服之后的管理的复杂也已被历史和事实证明。同时,武力征讨虽然制服了土司,但是,同时也让土民,包括一部分汉民遭受生灵涂炭之命运,这与治国安邦的政治理想不相一致。甚至可能会因为在征服土司的过程中,引发汉族和其他民族的反抗,继而导致全国大乱。如此一来,“偷鸡不成反蚀把米。”在这个两难困境中,选择通过法律的控制,实现土司的监控,应当说是比较明智的决策。

通过法律的监控,最为关键的一点是能够得到来自土民的支持,获得土民的支持是清朝统治的基础。与整个封建地主阶级相比,土司作为特殊现象的特

① 梁柏力:《被误解的中国——看明清时代和今天》,中信出版社 2010 年版,第 156 页。

别作用体现在土司区域的存在,能够为清朝建立一道边境冲突的缓冲地带,同时也是阻止云南边界与安南、缅甸直接发生冲突的隔离带,更是在国外殖民者入境实施事端与外交时为清朝制定对策提供了富裕的缓冲时间。

在清朝统治云南的历史过程中,土司与清朝始终处于对立紧张与合作统一的二元关系中。有的土司,自清朝入主云南之后,就接受清朝的安抚之策,直至该土司承袭结束;有的土司,在清朝入主云南之初归顺了清朝,后期则反对清朝,或被镇压,或被合并,或被改土归流;也有的土司,在清朝进军云南之时就拉起抗清旗帜,在抗清的过程中接受招安,继续担任土司。在整个清朝统治云南的过程中,从清初到清末,云南土司有两个现象值得注意:一是土司始终存在,并未因为清军具有强大的军事实力可以统治云南而消亡;二是在云南由来已久的土司制度,并没有因为雍正皇帝时期推行的大规模的改土归流策略及其为之建立的制度,而从实质上被取消。改土归流使土司从规模上有所减少,然而,土司制度体系越来越完备,恰好凸显清朝运用法律制度监控土司的法制策略与实践。纵观清朝统治云南期间地方官与清朝之间来往的奏疏上谕来看,清朝对云南土司始终坚持着非我即彼的态度。

利用土司在地方秩序上具有管理能力的同时,又要通过各种手段控制土司的言行,防范土司可能采取的不利于清朝统治云南的各种行动。整体上看,清朝对待云南土司的态度采取尽其所能,为清朝所用的政治指导思想。土司在清朝看来,属于外彝,安排当地土官实施管理,语言、风俗以及传统文化的彼此融合,更加有利于管理。就此而言,为了让土官能够安于管理,保留土官拥有一定的管理权是土官为清朝效力不可缺少的条件。当然,如果授予土司官职,由于其具有了管理地方的权力,会不会因此而难以服帖清朝,也是一个值得思考的问题。与此同时,既然清朝已经攻占土司之地,与其安排土司管理,不如直接设置流官管理,这样更利于清朝统治。除此之外,设置流官,对于征收钱粮也极为方便。然而,清朝认为"土司地方,止有大定,黔西、威宁、平远四府钱粮亦不甚多,今遣尔等前往,务善为区处。使可永远遵行,尔等即定,议来覆,勿得游移而可"[①]。与此同时,对于云南府所辖的不同地区的土司,以及对待清朝持不同态度的土司,则实行区别对待,整饬归顺。针对不同的土司地区,到底是设置流官,还是保留土司,意见也不统一。不过,针对土司的去与留反映出当时清朝对待边疆治理的态度与策略。虽然"或云宜补流官,或云宜补土官,或云可令管兵,或云不可管兵,种种陈奏不一"[②]。然而,驾驭土司为清朝所用的指导思想,早在清朝进占云南之时就已经抬上日程,初具构思。

数项举措中,收编土司纳入官僚体制与设置满洲官员手段的并用,既可以看出清朝初期对待云南土司的政治态度,也可以看出这一先前思考对于清朝日后针对土司采取种种措施的直接影响。顺治十年闰六月,"各处土司,已顺者加意绥辑,未附者布信招怀"[③]。安抚为清朝统治云南土司的上策,而武力征讨则为下策,其中的原由既有清朝八旗子弟兵连年征战之后呈现式微的原因,也有清朝统治理念中仁君思想的原因。其中,主要的原因是体现"朕轸恤遐陬臣民至意",从而实现招安,减少军事行动带来的生命财产损失。顺治十五年十二月,"朕以南服未定……仍严饬兵丁,勿令掠夺。其中有能效力建功者,不靳高爵厚禄,以示鼓劝。王等即刊刻榜文,遍行传谕,使土司等众知朕轸恤遐陬臣民至意"[④]。站在族群主义的心理角度来分析,满清贵族招用、启用、重用明朝降将的原因,除了上演小民族博弈大民族运用"以夷制夷"的传统经验以外,也包括满清兵力难以支持中原地区入地广阔地区的守备需要。不过,明朝军队在山海关的殊死抵抗以及清军南下过程中遭遇中原民间力量的抵抗,应当说清军的损失超过了清军后备兵源的补充能力。因此,满清贵族通过招安的方式,安抚土司免于军事行动的目的之一极有可能是保存满清八旗子弟的血脉。可以想象,如果清军没有足够的实力统治中原地区,满族贵族的政治抱负只能是昙花

① 《清实录·圣祖实录》卷一〇八,台北,华文书局总发行1989年版,第1441页,"康熙二十二年三月己巳"条。

② 《清实录·圣祖实录》卷一〇八,台北,华文书局总发行1989年版,第1438页,"康熙二十二年三月戊午"条。

③ 《清实录·世祖实录》卷七六,台北,华文书局总发行1989年版,第906页,"顺治十年闰六月庚寅"条。

④ 《清实录·世祖实录》卷一二二,台北,华文书局总发行1989年版,第1450页,"顺治十五年十二月己丑"条。

一现。

在冷兵器时代,军事力量是否强大的指数之一就是战斗人员的多少以及后备兵源的丰富程度。从清朝蓄谋已久统治中原来看,尽量减少军队死亡是必然的思虑。这与清朝军民部分的牛录体制有着直接的关系。但是,为了防止土司日后反叛,所以,清朝通过设置多重承袭条件限制土司权力的延续,同时也为满清贵族人口保存和恢复赢得时间上的缓解。

清朝各种力量在太祖努尔哈赤早年起兵创业之后,至世祖带兵入关期间,前后60余年的时间,满族统治者无论是经济实力还是军事实力,其发展的速度非常快。尤其是在清太宗即位后,一方面效仿《大明会典》设置掌握国家权力的六部和都察院等权力机构,设置官员管理事务;另一方面又组织人员积极翻译来自辽国、金国、元朝的各种有利于统治的史书,从书本中寻求有利于清朝统一天下的统治经验。[①] 随着清朝统治经验的不断丰富,云南土司制度也不断完备。特别是明朝在云南建立的统治基础,为清朝后续在云南实施土司监控提供了先天得利的条件。据明史记载,《明史·职官志四》洪武十五年(公元1382年)置云南布政司。回溯历史,不难得出,明朝的布政使司是由元朝行中省演化而来。[②] 布政使司以下是州,根据州的地理位置以及距离京城远近,明朝的州有属州和直隶州两种,一般来讲,属州与县的待遇是一致的,直隶州则比属州的待遇高,与府的待遇同等,但行政级别上的品秩相同。[③] 由于云南处于国家边疆地带,为了满足戍边需要,完善戍边军事机构,明朝在云南靠近边境地带建构了卫一级的军事据点,作为国防的基础设施。起初,卫的官兵多为内地官兵,为了保证兵源,自卫所以下,其官兵多世袭。

明朝在云南土司地区建立起的严密行政管理体系,顺理成章地为清朝统治云南奠定了体制机制基础。清朝在统治体制上除为地主阶级设置正统的职官体系之外,又另设一套地方职官体系,如军民府、土州、土县,其官员设置对应着

---

① 参见陈文石:《清代满人政治参与》,载《历史语言研究所集刊》(第48本),商务印书馆1997年版,第530页。

② 参见陈茂同:《历代职官沿革史》,华东师范大学出版社1988年版,第189页。

③ 参见陈茂同:《历代职官沿革史》,华东师范大学出版社1988年版,第492页。

府、州、县制，但是，也有所区别。明朝设置的卫所职官有正三品、从三品、正四品；千户所有正千户、副千户。正千户为正五品，副千户为从五品。显然，千户所在卫所之下。因此，在各地设置的宣慰使司，以及宣抚司、安抚司和招讨司、长官司，包括蛮夷长官司等土官职官，虽然是单独序列，但是，足以表明明朝对之的重要看待。康熙十六年八月，朝廷的大将军们意图让倮倮族的陆道清会云南，通过陆道清的亲身示范与劝说，将朝廷的宽大德意带回去，让所有的土司都知道清朝对待土司的态度，鼓励当地的土司们归顺朝廷，其目的在于“俟有机会，题明遣往招抚”。①

倮倮族实则是云南地区的一个少数民族，而陆道清恰巧属于倮倮族，又是属于士兵队伍当中的一个长官，朝廷的大将军们上奏书表示希望皇帝能够派遣陆道清回去云南，并且带着大清的诚意去说服未归顺的土司们能够真心归附朝廷，表层上看派遣朝廷官员前去促进土司归顺，实则想的是外部除了强硬的武力手段没有别的办法能够加快土司的归顺，那不如派遣一个信得过的，本属于土司内部的人员带着国家诚意前去洽谈，这样土司更容易放松警惕、消除抵触情绪，从而更好地促进他们归顺清朝，实现天下大一统的政治大业。

以农耕为业的汉族、以畜牧为业的蒙古族以及狩猎技术比较发达的满族开始杂处于辽东地区，如何组织社会生产和人民的经济生活，关系到国家的兴衰存亡。由于满族贵族上层厉行阶级压迫、民族压迫的政策，在金朝辖区内阶级矛盾、民族矛盾日益激化，汉族人民反对满洲贵族增掠奴役的斗争十分普遍。显而易见，原有的以军事为基本国务活动，以服务统治阶级为目的的政权组织完全不能适应云南土司地区复杂的局势。努尔哈赤所说汉人的事务像做生意一样繁难，反映了他穷于应付纷至沓来的各种事务的烦躁心情。这一切迫使满洲统治集团必须把过去“事简职专”的政权机构逐步地转变为具有复杂职能的能够治理广大疆域内不同民族的专制官僚政府。②

天聪七年八月文馆大臣宁完我奏称：“我国六部之名，原是照蛮子家立

---

① 《清实录·圣祖实录》卷六八，台北，华文书局总发行1989年版，第921页，“康熙十六年八月乙巳”条。

② 参见张晋藩、郭成康：《清入关前国家法律制度史》，辽宁人民出版社1988年版，第51页。

的。"[①]金人口中"蛮子家"就是指汉人、明人。可见明朝的政治体制是创建满洲六部的蓝图,而降附的汉官则起了重要的媒介作用。[②] 大体看来,天聪中期六部建立以后,吸收历代封建行政管理经验、封建法制原则及儒家伦理道德精神的过程日渐加速,明朝的典章制度、法制思想的影响日益加强。[③] 崇德以后,各部院权力机构承旨公布法令,或由皇太极交部议定法令,处理政务已成为普通形式。[④] 清朝在进入关内以前,已经设置了吏、户、礼、兵、刑、工六部和都察院、理藩院,这些机构作为主干的中央政府机构从体系上讲日臻完备。六部、都察院虽然仿照明朝但在早期满洲国家内部也经过较长时间的酝酿。至于理藩院(其前身是蒙古衙门),则具有独创性质。[⑤] 至入关之际,清朝国家的肇建已有半个世纪的历史了,政权体制经历了曲折的演进过程,然而君主专制政体的建设只能算是初具规模。

入关以后,建立了全国性的统一政权,还要继续进行长期、反复的斗争,才能使专制主义中央集权的封建国家政体臻于完备。[⑥] 努尔哈赤从一个势力弱小、备受欺凌的小部落头人一跃成为拥有人口众多,兵员丰富,管辖地域辽阔的后金国的大"英明汗",为日后入关奠定了进一步发展的基础。自努尔哈赤统一女真族之后,在保留往日牧民生活的基础之上,以牛录为单位,开垦耕地,至万历四十一年十二月:"从此不再征收谷赋。"[⑦]同时又向中原地区学习矿冶技术,与明朝或者朝鲜进行贸易,形成了"互市入贡"[⑧]。在经济生活方面,女真族已经"开始朝着摆脱依赖外界的路途发展"。[⑨] 与此同时,努尔哈赤获得了治理国家的实践经验,为建立统一国家政权奠定了认知基础。

---

① 《天聪朝臣工奏议》卷中,第 35 页。

② 参见张晋藩、郭成康:《清入关前国家法律制度史》,辽宁人民出版社 1988 年版,第 52 页。

③ 参见张晋藩、郭成康:《清入关前国家法律制度史》,辽宁人民出版社 1988 年版,第 67 页。

④ 参见张晋藩、郭成康:《清入关前国家法律制度史》,辽宁人民出版社 1988 年版,第 77 页。

⑤ 参见张晋藩、郭成康:《清入关前国家法律制度史》,辽宁人民出版社 1988 年版,第 50 页。

⑥ 参见张晋藩、郭成康:《清入关前国家法律制度史》,辽宁人民出版社 1988 年版,第 25 页。

⑦ 陈文石:《清人入关前的农业生活:太祖时代》(上),载《大陆杂志》1958 年第 9 期。

⑧ 陈文石:《清人入关前的农业生活:太祖时代》(上),载《大陆杂志》1958 年第 9 期。

⑨ 管东贵:《满族入关前的文化发展对他们后来汉化的影响》,载《历史语言研究所集刊》第 40 辑(上册),商务印书馆 1997 年版,第 262 ~ 263 页。

努尔哈赤在亲历创建后金国的扩张实践中，逐渐从实践中深深意识到法制建设、讲究程序的诉讼制度以及“以赏示危以罚示威”的重要性。[①] 努尔哈赤选择了后者，他坚信只要能制定一系列具有强制力的法律规范，就能够使他独创的政权结构得到平衡，从而保证身后八旗的和谐与国家的稳定，避免自己戎马一生、艰苦缔造的伟业在身后败亡。[②] 清军进入关内之前，经过努尔哈赤与皇太极父子辛苦的经营，积极主动进取，励精与宏图统一于图治。特别是在皇太极统治的17年时间里，社会内部蕴含的封建因素得到迅速的发展，助推统治的文物典章、建构社会秩序的军政法度，都在一定规模上建立起与当时统治比较匹配的体制机制。单就司法诉讼制度而言，其日益的制度化、法律化，不仅做到逐渐援依例制，而且能够取长补短，在既保留自己鲜明的民族特色的同时，积极有效广泛地吸收了汉族先进的诉讼文化，这条主动有为推进司法建设的方略在清军进入关内之后仍然继续沿袭，表现出清朝初期的统治者严于执法精神和朴素民主色彩的法制指导思想，[③]为清朝后世历朝在云南地区针对土司实施法律监控提供了历史借鉴与经验总结。

清朝重视法制建设，从其修订律法的时间跨度和内容之丰富，不难看出，清朝法制建设既有律例繁多的特点，也有“以例破律”的封建王朝典型特征。[④] 至乾隆时期，清朝国家法律体系已经达到密集之态。不仅建立了缜密的律例，而且皇帝本人参与案件的力度也较以前深入。“乾隆之时，法网尝密矣。各部院寺之则例也，吏兵二部之处分则例也，大清会典事例也，皇帝之谕旨也，莫不于

---

① 参见张晋藩、郭成康：《清入关前国家法律制度史》，辽宁人民出版社1988年版，第405页。

② 参见张晋藩、郭成康：《清入关前国家法律制度史》，辽宁人民出版社1988年版，第18页。

③ 参见张晋藩、郭成康：《清入关前国家法律制度史》，辽宁人民出版社1988年版，第596～597页。

④ 清例虽源自明制，但条例到了清代特别发达，明史刑法志提到修例纪录不过五次，而整个明代，条文不过数百条，而清代除早期屡次命大臣设专馆外，自乾隆十一年起，定例五年一修，乾隆一朝纂修即达八九次；嘉庆以降，按期开馆，经道光、咸丰迄同治九年，修例凡16次，计清代前后修例约30次。例的数量，康熙初年为321条，雍正三年为815条，至同治九年，则增至1892条之多；按照《读例存疑》一书，共收条例1907条；几为明律附例之5倍，某些应用较广律条之附例，清律附例有增至数十条者。立例之原意在于辅律，并非以之破律。因客观情势之演变，终致“有例不用律”“而律多成空文”。一般言之，律较为形式化，必须体例整齐及文字严谨，条文之和谐统一。例之制定，较律为简易，结构用语不如律之谨严。且临事而纂，时有歧异。律典不免趋于教条，而例则较为实用，采取弹性而实际之立法，律典之内容与社会生活脱节时，例则认许此种改变。因此在适用上，例优先于律，故云：“以例破律。”参见张溯崇：《清代刑法研究》，华冈出版部1974年版，第2～3页。

官吏之行为,示以应循之轨则,标揭正误之准据,符合规准者为是,背离规准者为非。是则或视为当然,或予以褒奖,非则即应提出纠劾,付诸惩处。对于大小参案,无不有以处断,所以儆于有位者非不周至也”。[①] 自上而下对待法制建设的慎重,足以说明法制在清朝时期已经渗透社会生活中的方方面面,并对各种社会关系、经济关系、政治关系的调整发挥了很大的规范性作用。否则,无法解释清朝着力建设缜密法律制度的动机与理由。

顺治三年,顺治皇帝传旨给户部,表达了希望重新设立法律规章制度、将一些偏远地区原来的宗姓家族、乡绅贵族以及伪官都统一规制的愿望,不让他们继续为非作歹、横行霸道、仗着自己有“特权”搜刮人民百姓,要求地方有关的满洲官员对他们的家庭人口、财产等进行详细考察,不得有隐瞒包庇行为。顺治三年四月谕:“运属鼎新,法当革故。……该管官徇私故纵者,定行连坐。其伪官父子兄弟、家产、人口,通著该地方官详确察奏,不许隐漏。即传谕行。”[②]对于顺治皇帝的这一做法,表面上看是对一些不法人员的规制,实质上是对前朝遗留问题的一个“大扫除”!只有扫清这些障碍,重新建立新的符合清朝满族统治者统治利益的法律规章制度,安居乐业的老百姓才会从心底开始拥护新的统治者,清朝的政权才能够完全得以巩固。雍正九年五月,云贵广西总督鄂尔泰上书希望皇帝能够给云南普洱府、普威营中由于家庭原因还未搬迁的人民赏赐路费,防止他们分心两地。包括对于沿途迁移的士兵,也希望朝廷能够给予他们补贴。皇上表明可以,且对于愿意离开原来家籍的,更加应当给予恩恤。这些款项都可以从国库里划拨。

雍正九年口谕:“兹所派往普洱及古州、清江、乌蒙等处之兵,俱从他处搬移,安土重迁,应加恩恤……以副朕惠养兵丁之至意。”[③]从上述资料不难看出,清朝针对军队兵丁提供了一定的待遇,且能够考虑到其他相关事宜。然而,实际上,雍正年间军营里就已经出现了军饷贪腐问题,朝廷支出银两与士兵实际接收到的银两在总额上存在差值。雍正十年,“云南……‘所属乌蒙……’等处

---

① 马起华:《清高宗朝之弹劾案》,华冈出版部1974年版,第146页。

② 《清实录·世祖实录》卷二五,台北,华文书局总发行1989年版,第302页,“顺治三年三月壬寅”条。

③ 《清实录·世宗实录》卷一〇六,台北,华文书局总发行1989年版,第1594页,“雍正九年五月戊寅”条。

兵丁借支银两有差”，[①]云贵广西总督鄂尔泰所言，确实符合实际，然而，贪腐问题发生了。军队贪腐对于清朝的统治具有直接的危害，特别是在云南边疆地区，军队腐败要比内地官员腐败对清朝带来的伤害程度不仅无法比量，而且有可能直接撼动清朝统治。要降低军队官员腐败，除了严加约束官员之外，最好的方法可能就是降低驻扎云南的军队数量。然而，减少云南驻兵必然导致国土安全指数降低，这就强迫清朝必须解决军队缺员的问题。正是存在这样一个现实的问题，才会导致清朝利用土兵的制度设计。

对待土兵问题上，征用土兵可以弥补军队因缺员导致的国家安全漏洞，允许土司保留土兵，也能显示清朝对土司重用的政治态度，从而可以缓和清朝与土司之间的不信任关系。允许土司保留土兵起到了一石双鸟的作用，土兵的存在实际上要比清朝军队更加有利于国土安全，同时有利于清朝治理军队腐败。然而，保留土兵的土司，极有可能会在某种条件催化下促成反叛清朝统治的群体行动。如果继续采用武力防范土司，那么，毋宁直接驻扎军队。因此，在启用土兵与防范土司双重目的的现实困境中，清朝选择了软规制。军队的腐败，进一步推动了清朝通过法律监控土司的政治举措，在规避武力带来潜在威胁的同时，起到了国家法律监控土司的制度作用。

认同统治的标志之一就是接受来自清朝的各种封授。其中，官职封授是认同皇权、接受统治的根本性标志。土司接受官职封授，就意味着接受来自清朝的管理，而清朝对于官吏的管理具有一整套完整的法律制度。清朝关于官吏犯罪在《大清律例》中设有专门章节，详细地规定了官吏职责犯罪的种类与惩戒。清朝吸取了中原各朝兴衰经验，特别强调吏治对于皇权稳定所具有的重要作用。康熙对于吏治具有特别的关注，“朕恨贪污之吏，更过于噶尔丹。此后澄清吏治，如图平噶尔丹，则善矣”[②]。从康熙的这句话来看，对待贪污犯罪的态度，与那些导致地方政局不稳的地方势力相比，吏治分量举足轻重。康熙在惩治官

---

① 《清实录·世宗实录》卷一一七，台北，华文书局总发行1989年版，第1755～1756页，“雍正十年四月壬辰”条。

② 《清实录·圣祖实录》卷一八三，台北，华文书局总发行1989年版，第2472页，“康熙三十六年四月壬寅”条。

吏犯罪上不仅表现出极为强烈的坚决态度，而且在惩戒过程中能够坚持适用已经制定的律例。“朕观自古帝王，于不肖大臣，正法者颇多。今设有贪污之臣，朕得其实，亦必置之重典。此皆系于人事”①。《大清律例》中关于官吏犯罪的规定可以划分为职务犯罪与结党营私罪，其中，职务犯罪可以划分为贪污受贿罪、渎职失职罪以及司法出入罪。表 7 – 1 为清朝大计官员被处分人数。

表 7 – 1　清朝大计官员被处分人数简易统计表

	顺治	康熙	雍正	乾隆	嘉庆	道光	咸丰	同治	光绪	宣统
人数	3031	5983	813	3803	1287	1548	395	394	324	9

资料来源：陈一容：《清代官吏惩戒制度及其失败原因初探》，载《西南师范大学学报（人文社会科学版）》2006 年第 3 期。

从表 7 – 1 中统计的数字可以看出，顺治年间是清朝开创时期，官员违律犯例受罚人数在清朝 200 多年的统治历史中占据近 1/6 的比例。随后进入康熙、雍正与乾隆盛世年间，尤以康熙年间官吏受罚人数最多，也是整个清朝统治时期中惩治官吏最多的朝代。从嘉庆年间开始，受罚官吏的人数逐渐减，宣统年间仅为九人。虽然不能因为官吏受罚人数的减少，而做出官吏清廉的判断，但是，从康熙、雍正、乾隆三朝来看，惩罚官吏的力度与盛发的社会时长之间存在正比关系。当然，也不能由此推出惩处官吏的人数越多，社会盛世就会越长。任何事物的发展都有一个边际效度，倘若反之，就会得出吏治越严，社会秩序越好的结论。不过，必须承认的是，惩治官吏与社会繁荣之间的确在一定限度内存在正比关系。

针对贪污受贿者，《大清律例》不仅规定了罪名，而且规定了详细的惩罚措施。通过这些措施可以看出，清朝对于贪污受贿犯罪的惩罚力度从制度上来看是非常严厉的，在政治权利上可能面临永不叙用的处罚。“凡官吏受财者，计赃科断，无禄人，各减一等；官追夺除名，吏罢役，俱不叙用”②。贪污受贿必然导致

① 《清实录 · 圣祖实录》卷一五四，台北，华文书局总发行 1989 年版，第 2077 页，“康熙三十一年正月丙子”条。

② 《大清律例 · 刑律 · 受赃》。

枉法行为,枉法行为的驱动力在于通过枉法可以赢利,也正是因为枉法具有营利性才导致了行贿官吏的行为。因此,清朝对于枉法行为给予了高度关注,并针对贪污行为制定了严格的法律规定。“凡有事先不许财,事过之后而受财,事若枉断者,准枉法论;事不枉断者,准不枉法论”“凡官吏听许财物,虽未接受,事若枉者,准枉法论;事不枉者,准不枉法论”。[①]《大清律例》中关于枉法的判断标准采用结果主义,即以是否枉法作为标准,体现了对于官吏作为受贿者的严惩。

贪污受贿与枉法之间存在必然的联系,但是,官吏往往出于各种利益考虑,在非贪污受贿的情形下可能会出现渎职失职行为,这种行为极有可能引起统治权威的变化,极端者引发民众反抗在整个清朝统治期间不胜枚举。因此,清朝针对官员渎职失职带来的社会不安,均作为严重的犯罪行为对之实施惩罚,从而保证官员能够认真履职,维护封建专制统治。从罪名上看,《大清律例·吏律·公式》有关于“制书有违”“漏失印信”“擅用调兵印信”“官文书稽程”“举用有过官吏”“事应奏而不奏”等规定;对于军队中长官的渎职失职的处罚更上一层楼,这是因为军队长官是否渎职失职则直接关系到清朝的统治根基。《大清律例·兵律·军政》中规定“主将不固守”“失误军事”“擅调军官”“漏泄军情大事”等罪名,并对这些罪名规定了分别给予从笞杖直至死刑的刑罚。

“凡奉制书有所施行,而违者,杖一百。违皇太子令旨者,同罪。失错意旨者,各减三等。若稽缓制书及皇太子令旨者,一日,笞五十,每一日加一等,罪止杖一百”[②]。对于官员违规行为的惩罚,不仅定罪清晰,而且惩罚严格。对于那些敢于隐瞒情由的,掩盖责任的,则给予更加严厉的惩罚:“凡应议之人有犯,应请旨而不请旨,及应论功上议而不上议,当该官吏处绞。若文武职官有犯,应奏请而不奏请者,杖一百;有所规避,从重论。若军务、钱粮、选法、制度、刑名、死罪、灾异,及事应奏而不奏者,笞四十。”[③]应当说,清朝关于官职职责的责任规

① 《大清律例·刑律·受赃》。
② 《大清律例·吏律·公式》。
③ 《大清律例·吏律·公式》。

定,不仅严厉,而且涉及范围全面。从官职的管辖内容到官职失职应受处罚,清朝治理官吏的体系化与刑事化相当明显。尤其是对不同类型的"事应奏而不奏",将被处以轻重不同的刑罚。其中,尤以"军务、钱粮、选法、制度、刑名、死罪、灾异"者,处罚较重。一方面,说明了清朝律例对于枉法犯罪的严防,另一方面,也说明清朝官吏枉法犯罪的严重性。

在各类枉法犯罪中,对于军官枉法犯罪的处罚明显高于一般文职官员,这主要是因为军官枉法不仅可能引起士兵哗变,而且可能削弱清朝封建集权的武装势力,甚至影响到边疆地区稳定。比如:"凡统兵将军及各处提督、总兵官印信,除调度军马,办事军务,行移公文使用外,若擅出批贴,假公营私,照送物货者,首领官吏,各杖一百,罢职役不叙。正官,奏闻区处。"[①]土司在清朝时期依然没有明确的文职与武职之分,战时文武官员均有在军事行动期间负责后勤保障和军事行动,从军事准备的过程与军事行动的结果两个方面对清朝负责。从清朝法律体系中存在的带有普遍使用意义的条例来看,土司在某些情况下已经被视为国家正式官僚。比如,对于擅用调兵印信的军官,要处以严格的惩罚。此处"军官"并没有将土司排除在法律责任的主体之外。制度总是源于生活的事例,敢于擅用调兵印信从事照送物货的军官,多数应当在边境地区,担负着镇关要务。因此,这条律例的存在,一方面,能够说明清朝时期边疆军官为谋取私利敢于擅用调兵印信的现象;另一方面,土司在战时作为局部军事头领时也要严格遵循清朝有关军事行动的法律。

云南地处西南边陲的省份,触犯"擅用调兵印信"罪的军官绝非少数,而具有边境行政官员与看护边界双重职责的土司,倘若忠诚于清朝,那么,一般而言不会冒犯"擅用调兵印信"规定。但是,如何确保土司对于清朝的忠诚度,往往可以通过清朝对流官的处置实现杀一儆百的效果。当然,其前提是土司必须被置于清朝官僚体制之内。从这个角度分析,可以看出清朝授封土司除了具有稳定土司地区的目的之外,还掩盖着另外一个目的,即通过授封实现以国家法律控制土司权力的目的。以明修栈道,暗度陈仓的策略最终实现清朝通过法律实

① 《大清律例·吏律·公式》。

施来实现对于云南地区土司的监控目的。

清朝200多年的统治历史中,多半是东征西战,边境地区多年来处于不稳定状态。没有稳定的边境环境,就没有内地稳定的统治。因此,清朝对于边疆主将能否认真履职、遵命攻防等问题以军事命令是否得到贯彻为调整对象,制定了“主将不固守”罪。通过这个罪名的设立,我们可以判断,清朝对于负责边境安全的官员有着高度戒备。显然,土司作为云南戍边不可缺少的地方力量,同时又是清朝授封之职,应当受到与清朝派设流官遵守同等严厉的法律制度。“凡守边将帅,被贼攻围城寨,不行固守而辄弃去,及守备不设,为贼所掩袭,因而失陷城寨者,斩(监侯)。若与贼临镜,其望高巡哨之人失于飞报,一致陷城损军者,亦斩(监候)。若被贼侵入境内,掳掠人民者,杖一百,发边远充军。其官军临阵先退,及围困敌城而逃者,斩(监候)”。[①] 这一条对于云南土司来讲,不仅成为清朝以抗命为由法办土司的依据,而且挑起土司之间为争宠而相互告发的热情与矛盾,从而更加有利于清朝监控土司。而在与云南省毗邻的贵州、广西等省份,这一条律例既能够有效督促流官强化防卫职责,又能够调遣土兵参与镇压其他地区的反清义举。缜密的刑罚是清朝律例的特色,这也是中华封建法制绵延的三千年中的一个特色,对于官吏行为的刑法制裁,不仅体现了“刑起于兵”的法制渊源,而且从侧面折射出清朝时期官吏以权谋私的严重程度。

除贪污受贿、渎职失职犯罪之外,针对官员的罪名还有涉及司法方面的犯罪。清朝官僚体制依然采取司法行政合一体制,司法审判业务是地方主官行政事务中的一个组成部分,是职责体系中的内容之一。从表面上看,地方主官具有很大的权力,然而,在赋予地方主官综合权限的同时,实际上也在主官身上缠绕了更多的监控锁链。至清末变法时期,虽然出台了法官编制法,实际上这部法律对于独立的法官司法职责几无作用,旋即被辛亥革命的民国政府出台的法律体系替代了。因此,整个清朝统治期间,并没有从根本上改变地方主官行政司法合一的职责体系。司法官犯罪,作为执法者,理应罪加一等。这是现代司法的基本原则,然而,这条原则对于行政司法合一的地方主官而言,其存在难免

① 《大清律例·兵律·军政》。

强人所难。

就清朝统治的角度而言，旧有的官僚体制传统决定了这一行政司法合一的体例终归是得到了贯彻，地方官司法不公远比地方官贪污受贿罪还要严重。如果说地方官贪污受贿不过是败坏了官场风气，那么，司法不公则直接腐蚀了清朝统治的民意基础。当然，贪污受贿在行政司法合一体制下，必然导致司法不公现象的发生。所以，司法方面对行为的刑事强制是为了给不法官吏增加一道防止清朝统治被削弱的“防火墙”。土司作为清朝授命的地方官员，尽管允许其实行充分的自治，然而，土民在清朝眼里已远非土司之前的土民，而是大清子民，保护子民不再是土司的责任，而是清朝的统治担当。土司地区发生的司法不公同样影响到清朝的统治，所以，土司既然是清朝官僚体制中的一员，就必须接受清朝关于司法方面犯罪的刑事处罚。清朝律例中对于司法方面的刑事犯罪规定不仅适用范围广泛，而且适用法定情形事无巨细。“凡官司出入人罪，全出全入者，以全罪论。若增轻作重，减重作轻，以所增减论；至死者，坐以死罪。若断罪失于入者，各减三等；失于出者，各减五等；并以吏典为首，首领官减吏典一等，佐贰官减首领官一等，长官减佐贰官一等科罪”①。

尽管上述规定存在连坐嫌疑，但是，这种连坐的目的在于确保司法公正。虽然制度上的完美不一定能够带来司法判决的公正，但是这种制度的存在毕竟为司法不公设置了一道防线，从理论上讲有利于促进司法公正，维护司法正义，保证清朝律例的实施。为此，要想提高封建王朝时期的司法公正，必须提高官员针对案件适用律例的专业水平。“凡断罪，应决配而收赎，应收赎而决配，各依出入人罪，减故失一等。若应绞而斩，应斩而绞者，杖六十。失者，减三等。其以处决讫，别加残毁死尸者，笞五十。若反逆缘坐人口，应入官而放免，及非应入官而入官者，各以出入人流罪故失论”②。

上述官吏司法出入罪与现代教唆罪具有某些相近之处，只是在犯罪客体方面有所不同，而将被出入罪作为枉法裁判者之罪，足以证明清朝对与官吏司法

---

① 《大清律例·刑律·断狱》。

② 《大清律例·刑律·断狱》。

出入罪的惩治从制度上讲是非常严厉的。与司法出入罪相关联的犯罪还有一类犯罪是非法拘禁罪。与一般人触犯非法拘禁罪不同的是,官吏往往仰仗手中的权力而非法滥用权力,通过莫须有的罪名以及凭借当事人难以得到权利救济的及时性对当事人施加拘禁,从而实现公报私仇或者以权谋私的目的。官吏借助权力实施非法拘禁更容易引起社会公众的不满与反抗,而社会公众特别是底层百姓对于封建王朝统治所具有的根基作用,清朝深知其重要性。因此,对于官员触犯非法拘禁罪的行为,也做出了十分严格的实体性惩罚规定。“凡狱囚应禁而不禁,应锁杻而不用索杻,及脱去者,若囚该杖罪,笞三十……若受财者,并计赃,以枉法从重论”[①]。倘若仅仅只是非法拘禁,相对而言只是受到惩戒性皮肉之苦,一旦夹杂钱财往来,那么,非法拘禁罪就会转化为司法枉法罪,并从重处罚。从非法拘禁罪向司法枉法罪的转化来看,清朝对待贪污受贿型犯罪持痛斥严惩的态度。

清朝虽然凭借强大的军事实力在中原地区迅速建立了全国性的统一政权,并且整个满族贵族也牢牢地掌握着政权的顶端权力并为之建立起了完备的社会控制体系,但是,作为一个曾经的关外小民族,其建立的制度体系不仅反映出统治理念,而且也能够在一定程度上反映出统治者的自信。尽管清朝入关之时得到了汉人官员的鼎力帮助,但这只是极少的一部分官员处于自保或者基于时局判断利益所得而做出的选择。大部分汉人对于清朝入关是抗拒的,特别是清朝推行的剃发制度,更是在清朝入关直至辛亥革命爆发之前都是汉族反清的主要内容之一。

汉民族的反清意识让清朝在官僚体制建立方面陷入两难。如果整个官僚队伍全部使用满族官员,文化上的差异、文明上的差距决定了这条路是走不通的,如果任命汉族官员,那么,很难避免汉族官员暗地联盟推翻清朝统治。因此,清朝采取了大权在握,即中央层级与督抚一级的主要官员,绝大部分由满族人来担任,仅有少数被信得过的有才汉人可以担当此等重任,督抚以下的官员则由汉族人担任,通过制裁督抚以及汉族官员实现了“以汉制汉”的统治目的,

① 《大清律例·刑律·断狱》。

实际上,这是中原皇帝曾经运用的“以夷制夷”方针的逆向运用。为了防止汉族官员之间形成反清联盟,清朝“参汉酌金”制定了官员结党营私罪,这也是中原历朝历代防止官员勾结反叛朝廷所制订的罪名。“凡内外官员除系至亲好友世谊乡情彼此往来,无庸禁绝外……亦革职”[①]。通过严厉的刑罚制裁官员勾结是为了维护朝纲,维护封建王权,从中可以看出满族统治者对于汉族官员的不信任。实际上,自清军入关以后,满族统治者与汉族官员之间虽然是上下级关系,且有制度保障,然而信任危机始终是满汉之间无法逾越的一道鸿沟。所以,面对云南土司与流官之间的合作,一方面,清朝希望通过制度捆绑土司与流官之间的职责,从而稳固云南,达到全国稳定的政治目的;另一方面,清朝又担心土司与流官之间万一建立联盟,图谋地区反叛,会危及皇权统治。

土司作为政治安抚性质的官职,既是清朝建立全国行政权的符号,又是远离中央权力中心代理皇权统治的象征。因此,通过律例加强土司监控的实质是为了防止谋反。在对待土司谋反的问题上,清朝往往归结于“汉奸”[②]。雍正皇帝认为:“土司之敢于恣肆者。大率皆由汉奸指使。……助虐逞强、无所不至。诚可痛恨。”[③]乾隆皇帝针对“木邦统兵打仗之事”以及“缅匪滋事”认为:“内有‘汉奸勾引贼匪,从万仞关窜入盏达’之语。是此次缅匪滋事,皆汉奸暗中勾结。”[④]道光皇帝也曾多次针对云南土司地区民众“滋事”时指出“汉奸”严重影响滇南地区社会稳定的问题。[⑤] 由此可见,满族统治者对于汉人的偏见是何等的深远。

从清朝律例体系及其内容上来看,清代针对文官提出行政处分的程序包括特旨、参奏、陈请、检举。其中,参奏包括督抚提奏、科道弹劾、巡按纠弹、钦差查访、部院题参等五种详细的类别。清代行政处分的议处原则主要有两个方面:

---

① 《钦定吏部则例》。转引自张晋藩:《中国法制文明的演进》,中国政法大学出版社 1999 年版,第 591 页。

② 有关清代文献中的“汉奸”问题,可参见吴密:《清代官书档案所见汉奸一词指称及其变化》,载《历史档案》2010 年第 1 期。

③ 《清世宗实录》卷二〇,台北,华文书局总发行 1989 年版,第 311 页,“雍正二年五月辛酉”条。

④ 《清高宗实录》卷七八四,台北,华文书局总发行 1989 年版,第 11120 页,“乾隆三十二年五月己巳”条。

⑤ 《清宣宗实录》卷二三八,台北,华文书局总发行 1989 年版,第 4231 ~ 4232 页,“道光十三年六月丁未”条。

一是区分公罪与私罪;二是区分情有可原和罪无可逭。[①] 无论是流官还是对土司的惩罚,清朝都有一套体系化的定罪量刑制度。从法条效力上,从强到弱依次是“条、律、议”,在法律适用上则遵照“定”,不成,则依“律”;律没有规定,则根据“比”。如果“比”也没有具体的依据,则采取众议定罪。一方面,体现了清朝系统的法律制度,另一方面,也体现了清朝治理官吏坚韧的态度。

“凡官交部者,皆按条以定议;例无正条则引律,律无正条则比议,无可比则酌议”。[②] 这些律例构成了国家权力与土司地方权力之间的形式统一,同时,国家法律适于土司犯罪行为的定性与处罚,既表明了土司愿意接受受皇权统治的国家认同,也表明了国家法律下沉到土司地区得到了的主体性认同。可能在清朝实际控制云南土司地区的过程中,这些律例不一定真正发挥实际的作用,然而,至少从形式上能够反映出来全国性政权的边界。

土司在接受国家法律管理的过程中,通过接受法律调整权力运行机制的形式作出了国家权力地方化的认同表态,尽管在地方具体事务的管理上,是土司而不是流官发挥着主导作用,形成了实质上的地方权力。但是,影响人们判断的往往是形式,而非实质。流官的存在与土司的授封结合到一起共同向世人证明了国家权力的存在和力量。然而部分云南土司地区实质上的自统也因为改土归流而中断,但是,认可地方自统是清朝二百多年间云南土司制度存续的一个基本特征。而这个基本特征的表象则是国家权力以律例适用为表现的形式统一,其和土司权力接受国家管理的实质统一,共同构成了云南地区土司制度的政治内涵与表象。

第二节　严格法律限制土司的权力

在封建国家与现代国家的政治生活中,针对权力实施的监控从形式上具有

---

① 参见徐颖:《清代文官行政处分程序研究》,南开大学 2010 年博士学位论文。

② 《大清会典》卷一一《考功清吏司》。

一致性,即都是通过官吏制度实现对于官员的控制,从而实现权力的控制。然而,与现代国家相比,封建国家控制权力的目的与可操守的原则却与现代国家有着本质上的不同。现代国家特别是以遵循《宪法》作为治国最高原则的法治国家,控制权力的目的在于让权力更好地为社会公众服务,控制官员不仅是控制权力的基础,而且是控制作为公权力掌握者的政府始终能够远离权力寻租,从而建立一个为社会公众谋取福利的公共管理机构。对于集权的封建国家来讲,监控官员权力的目的不止在于督促官吏严格履职,整饬社会秩序,而且朝着有利于封建王朝中央集权的目的实行约束。尽管封建王朝针对官员的监控对于社会经济发展、社会公众生活也起到了一定的促进作用,然而,其最终的目的在于维护封建王朝中央的集权。

从形式上看,无论是封建王朝集权的权力监控还是现代法治国家的权力监控,其手段都是通过法律制度的建设,以分权制衡为原则。不过,封建王朝的分权制衡与现代法治国家的分权制衡在具体体制机制设计上是有着本质上的区别。封建王朝的权力集中于皇帝一人手中,所谓分权,是指皇帝以下的各级官员之间围绕军权、事权、行政权、人事权等各分一部,同时各部门之间的权力存在交叉,甚至是重叠,形成权力制衡。除主管国防军队事务的武职部门以外,其他文官部门之间的职能相互交错。正是因为各部门之间权力职能存在交叉、重叠、制衡的运行机制,所以,每个权力部门都不能独立地履行职责。尤其是遇到大事要事之时,如不请示皇帝,任何一个文职部门都难以做出决策。如此一来,最后的决策权就集中在皇帝一人手中。

郡县一级的官员虽然行政权与司法权合一,但是,通过上级主管部门的行政体制逐渐上提,最终自下而上形成了权力的抓手,皇帝就是抓手的最后一个机关。封疆王朝的权力运行机制也讲究程序,甚至在某些决策机制方面远比现在的决策机制更讲究程序,近乎烦琐。然而,这种烦琐的行政决策程序不是为了提高决策的公共福利,而是削弱各级官员的实权,以决策多元主体的参与推动决策权的最后上提,经过逐级上提,最后集中在皇帝手中。因此,封建王朝的决策运行机制是收拢状态的,这种权力运行机制不仅降低了行政效率,而且导致了一人之治的封建体制。

现代法治国家中各个职能部门的设置，是以立法权、行政权与司法权各自独立行使为基本原则的权力运行机制，因此，最终的权力虽然是由某个部门，如国外联邦最高法院集体通过民主表决而行使，然而，通过民主表决的最高原则不是某个人的决定，而是一个集体在《宪法》作为最高权威的前提下通过一定的程序做出的合法性决定。所以，虽然是一个少数人经过民主讨论的结果，由于《宪法》的存在，实际上为这个民主讨论设置了边界。现代法治国家的权力因为有了一道合宪审查机制而防止了权力集中，相反，封建集权国家的权力运行机制恰是为了实现权力集中。尽管制度体系的设计目的与运行目的不同，然而，建立严密的官吏制度却是二者共同的行为。

无论是封建集权国家还是现代法治国家，其控制社会的进路是以逐级控制展开，以上下层级之间的直接负责关系建成金字塔形结构的权力控制体系。这种结构不仅在上下级之间存在制约与反制约的关系，而且在平级之间构成了平衡与钳制的关系。为此，职官品级与职能划分越精细，越有利于实现权力之间彼此的平衡与制约，在实现社会秩序被有效控制的前提下，在各级官员之间形成了职能矛盾，这就推动官员不得不将矛盾提交上一级官员给予解决，而上一级官员之间亦是如此，最后矛盾提交给国家最高的权威，或者是人，或者是制度。因此，关于官员职能划分的精细程度既是国家实施行政管理的需要，也是最高权力机关控制各级官员权力的需要。

对于封建王朝而言，基层职官往往通过严密的品级与职能设计实现州县职官的可控性。经过数千年的历史演变，自秦始皇而起的郡县官吏制度到清朝时期已经十分完备。清朝入主中原以后，在前朝官吏制度的基础上，进一步完善了州县职官的品级和职能规定，以律例的形式强化了州县职官的功能，加强了州县职官对基层社会的控制。州县职官在履行职能的过程中，实际上是被职能的制度性规定而控制。因此，清朝如果要对云南地区土司建立一套有效的法制控制体系，必须要拥有严格细密的法律制度体系。除了严密的法律制度体系之外，土司只有被纳入官僚体制内才能打开依据官吏制度控制土司的通道，从而实现土司的法律监控。这就是为什么清朝希望通过政治授封而不是通过武力征服方式的原因之一，从制度成本与监控收益的利益比较来看，授权的本质等于权力的控制。

州县职官是国家控制社会的基层力量，从社会秩序建构的角度来看，清朝州县官吏的职能与职责和管辖范围达到了事无巨细的程度。从日常民事纠纷到小偷小摸，从农业生产到商事贸易，从水利建设到道路修建，从税负兵丁到司法审判，协调临近州县捉拿盗贼等，均为州县职官分内职责。如《清史稿》卷一一六《职官三》记载，清朝关于州县职官的制度规定，品级与职能之间既有对应，也有交叉，其内容之多，官制之复杂彰显清朝对于州县职官中重视程度的同时，也从侧面折射出清朝对于州县职官的控制程度。那么，土司尽管享有清朝授封的官级品秩，实际上能够体现土司存在的职责可能微乎其微了。如此烦琐的关于州县职官职责的规定，既有道德上的说教，又有律例上的规定。州县官员实际承担的具体职能可能远比州县职官制度规定的更加丰富。陈宏谋在《从政遗规》中将知州知县的职能讲得非常清楚。①

显然，从上述内容中可以看出称呼州县官员为父母官不虚此言。与清朝设置的流官职能具有同质性，土司虽然享有一定的地方治权，但是，州县层次的土司与流官一样在管理机制上实行行政司法合一。土司也要对辖区内治安案件履行缉捕擒拿职责，并且承担审判责任。清朝虽然设置监察御史，但是，司法行政合一也是清末修法之前的惯例。因此，“地方各级政府中，只要是官，都有一定的司法职责”。② 在云南这个特殊的行省地区，由于土司地区多为少数民族地区，宗族法、家法甚至是宗教法，是土司审判各种纠纷的依据。所谓的公平正义，任凭土司一人说了算。即便在民族法制比较发达的傣族土司地区，有用傣族文字编制的成文法，但是，字里行间之中土司享有的特权显而易见。

---

① “父母云者，生我养我者也。故……讼狱不平，我为平之；凶豪肆呈，良民含冤，我为除之；狡诈百端，愚朴受害，我为剪之；嫖风赌博，扛帮痴幼，我为刑之；寡妇孤儿，族属侮夺，我为镇之；盗贼劫窃，民生不安，我为弭之；老幼残疾，鳏寡孤独，我为收之；教化不行，风俗不美，我为正之；远里无师，贫儿失学，我为教之；仓廪不实，民命所关，我为积之；狱中囚犯果否得所，我为恤之；斛斗秤尺，市镇为奸，我为一之；贫民交易，税课滥征，我为省之；衙门秋蠹，狼虎舞民，我为逐之；吏书需索，刁勒吾民，我为禁之；征收无法，起解困民，我为处之；游手闲民，荡产废业，我为惩之；异端邪教，乱俗惑民，我为驱之；捏空造虚，起祸诬人，我为杜之；聚众党恶，主谋唆讼，我为殄之；火甲负累，乡夫骚扰，我为安之……是谓知此州，是谓知此县。”陈宏谋：《从政遗规》卷上《明职》“知州知县之职”。

② 吴吉远：《清代地方政府司法职能研究》，故宫出版社 2014 年版，第 52 页。

整个云南地区土司在审判案件过程中存在的土法，对土民造成的残害往往令人发指。因此，这就为清朝在土司地区通过国家司法正义的输入，唤起土民对于国家法律的尊重与支持，从而以国家法制替换土司习惯法，实现土司地区国家法制的认同，最终釜底抽薪实现对土司的法律监控。也就是说，土司承担的职责越多，其受到的限制越多。

清朝的国家司法要下沉至土司地区并不难，难就难在如何凸显国家司法正义的可及性。清朝从前朝继承了丰富的官僚管理经验与制度文本，为清朝通过法律实现土司的监控提供了制度条件和可能性。从清朝行政官僚体制设置层次与职能配置来看，国家司法替代土司司法，其前提必须厘清清朝州县一级的司法机构设置，以及民事、刑事案件的司法程序。州县是清代最基层的实体政府，“朝廷敷布政教，全赖州县奉行”①，而“牧令所司，刑名钱谷二事为先务”②，是司法职能的第一级管辖，也是基层司法秩序最具体、最全面，也是最关键的环节。“流官固宜重其职守。生司尤宜严其考成。土司之考成不严，……所以土司考成不可不严，当与文武流官画一定比例”③。清朝关于诉讼规定了非常详细的程序，虽然没有现代司法中一审、二审或者再审之如此清晰的制度界定，然而，制度中规定的诉讼节奏实际上就是现代司法制度中关于审级制度如何逐级保障司法诉讼的程序性规定。如“军民人等遇有冤抑之事，应先赴州县衙门具控。如审断不公，再赴该管上司呈明，若再屈抑，方准来京呈诉”④。与清朝审判制度相比，土司审判各种案件纠纷是一审到底，没有任何至少在制度上能够体现公平保障的规定。对公平的追求，是每个人生来的一种自觉，不管人处于何种境地，期待自己被公平对待乃是人的禀赋。为此，人们会以脚投票的方式来表明公平在哪里。

与流官审判不同，土司审判案件缺少约束性机制，至少缺少国家正式制

---

① 《皇朝经世文编》卷二三，凌如焕《敬陈风化之要疏》。

② 刚毅：《牧令须知》卷六。

③ 《奏为分别流土考成以专职守一靖边方事》，《雍正朝宫中档》，台北故宫博物院藏，文献编号：402006195。参见陈维新：《鄂尔泰与雍正对云南改土归流的“君臣对话”——台北故宫博物院所藏朱批奏折选件》，载《思想战线》2018 年第 4 期。

④ 薛允升：《读例存疑》卷三九《诉讼 · 起诉》嘉庆五年例。

度的稳定性与制衡性。所以,土司面对同一案件的审理,出现同案不同判的结果是常态。流官与此不同,流官审判案件是以国家社稷安稳为目的,维护皇权稳定为己任,同时,国家针对同级幕僚与上下级之间关于司法决狱的种种防范措施,起到了防止冤假错案的过滤作用,在制度学的意义上具有实现公平的可能性,尽管在现实中清朝司法黑暗并没有因为制度的存在而得到实质意义上的防范,但是,从制度的完备性与功能性上讲,至少流官审判案件远比土司审判案件更加公平。清朝针对越级诉讼的行为,规定了有限的惩罚。"凡军民词讼皆须自下而上陈告。若越本管官司,辄赴上司称诉者,笞五十。若迎车驾及击登闻鼓,申诉而不实者杖一百,不实事者从重论,得实者免罪"[①]。这种规定有利于维护司法程序的稳定,但是,也容易导致州县职官隐瞒案件,导致冤情。

清朝的法律规定,因为地方其他势力可能存在干涉司法的可能性,即凡在州县当事人认为有碍于本官司法正义的理由,"不便控告,或有冤抑,审断不公,即应向本州县'该管上司'——即府具控"[②]。不难看出,清朝关于越级诉讼的禁止性规定采取了破例原则,其目的在于制造一个公平的空间,维护国家司法的权威。当人们心理上期待公平的方向发生了改变,人们对于权力的支持力度也就随之发生了改变。土司审判空间里的草菅人命以及土司特权在纠纷处理过程中的超级体现,为清朝在土司地区输入国家司法正义提供了实践空间。随着土民渴望从流官那里得到公平的待遇成为一种社会意识,也就意味着土司的统治基础开始走向土崩瓦解。

与土司个人手中拥有绝对的生杀大权相比,流官特别是州县一级的流官,清朝律例中规定州县职官没有判处死刑权,仅有权决定笞杖之刑,"各省户婚、田土及笞、杖之罪,由州县完结,例称自理"[③]。限制州县职官的死刑权,从根本上限制了州县职官利用国家法律戕害他人生命的特权,体现了我国传统法制史中恤刑原则在死刑制度规定上的运用,也是清朝彰显爱民如子,怜恤生民的仁

① 《大清律例》诉讼一。
② 《读例存疑》卷三九。
③ 《清史稿》卷一四四《刑法三》。

义所在。

多数土司地区审理案件采用本民族历来的传统习俗，几乎没有制度性的成文法规定，除了诸如傣族土司具有自己民族文字或者类似中原法制开化较早的木氏土司，在审理案件中多采用国家法律以外，土司往往是在往例习惯或者宗教习俗作为审理依据的掩盖下，完全任由自己的心情而为。州县职官在具体案件的审理过程中，“拟人之罪最贵原情”[①]。不仅如此，特别讲究证据出处的正当性。证据出处的正当性，正是国家司法与土司司法最为本质区别之处。证据出处的正当性，是以法定程序的正义实现事实判断的结果。尽管在司法实践中，我们不敢苟同清朝的国家司法比土司司法就一定正义。但是，在清朝努力限制土司权力的过程中，清朝国家司法一定会通过既有的法律规范体现出国家司法的正义。“凡告户籍者，必以族长、坟产为定；告婚姻者，必以媒约、聘定为凭；告田土者，必以契卷、地邻为据；至于强盗，重在明火执仗；窃盗重在出入踪迹，但要粘连失单；人命重在尸伤凶器，亦要状后粘单，此其定式也”[②]。

对于命案，不仅注重物证，而且注重口供，只有物证与口供达到一致，才能定案。“人命重情，全凭尸伤定案，伤痕相符，供情明确，问拟始得平允”[③]。审讯阶段不仅严格按照程序逐步讯问，而且根据不同情节、性质，针对可能判处死刑的，实行复勘，且上奏至皇帝。“凡狱囚，鞫问明白，追勘完备，军流徒罪各从府州县决配；至死罪者，在内法司定议，在外听督抚审录无冤，依律议拟，法司复勘定议奏闻。”[④]对于司法官员的司法责任，也是作出十分严格的规定，不仅要依据法律照实判处，而且判决如有出入，必须承担责任。“凡断罪皆须引《律例》，违者笞三十。若数事共一条，止引所犯罪者，听。其特旨断罪临时处治，不为定律

① 《福惠全书》卷一二。

② 《福惠全书》卷一一。

③ 《钦颁州县事宜》，“验伤”。

④ 《清会典事例》卷八四四《刑律断狱》，“有司决囚等第一”。又，《大清律例名例》，“犯罪事发在逃”条规定：对逃者，可根据同案犯的口供，“众证明白，即同狱成”，缺席判决。又，《清史稿》刑法三云：“断罪必取口服供词，律虽有‘众证明白，即同狱成’之文，然非共犯有逃亡，并罪在军、流以下，不轻用也。”

者,不得引比为律,若辄引致罪有出入者,以故失论"[1]。显然,从《律例》中的规定不难看出,清朝推行罪刑法定的同时,还特别规定了类推的适用以及类推不当应当受到的责任性质。如乾隆三年规定:"除正律正例而外,凡属成案,未经通行著为定例,一概严禁,毋庸得混行牵引,致罪有出入。如督抚办理案件,果有与旧案相合可援为例者,许于本内声明,刑部详加查核,附请著为定例。"[2]

从立法本意上来看,清朝的法律体系非常严密,无论是实体法还是程序法,尽管当时没有对实体法与程序法作出现代意义上的严格区分。虽然州县职官公务繁多,但是,清朝的诉讼程序与期限相对此前,更加烦琐缜密。关于诉讼期限,清朝作出了极为严格的界定。详见《清史稿》记载。[3] 严格的审判期限,对于防止案件积压、久押不决等司法弊端有很好效用。不仅如此,对于司法渎职失职的州县职官,清朝不仅规定了严格的惩罚条例,而且严格的执行。道光九年八月二十五日云南楚雄县民杨帼海被贼行窃拒伤身死一案,"四个月疏防限满,凶贼未获",巡抚伊里布只好根据按察使翟锦观的意见,在题本中开具参处职名:所有应参承缉不力捕官职名,系楚雄县典史王垂蕴,印官名系楚雄县知县罗登举,同城兼辖知府职名,系楚雄府裴骢,不同城统辖道员职名,系迤西道春庆,相应开报等情,详请题参。[4] 这些举措对于加强流官司法履职具有很高的威慑作用,同时也对土司产生了心理上的震慑。

清朝针对土司日常生活中的表现,制定了奖惩制度。从最初的政治安抚,到军功、赋税、徭役,以及日常业绩方面,都给予了制度性规定。有学者认为,土

---

① 《清会典事例》卷八五二。

② 《大清律例》断狱,断罪引律令条,乾隆三年定例。

③ "直省寻常命案限六阅月;盗劫及情重命案、钦部事件并抢夺、掘坟一切杂案,俱定限四阅月。其限六月者,州县三月解府州,府州一月解司,司一月解督抚,督抚一月咨题;其限四月者,州县两月解府州,府州二十日解司,司二十日解督抚,督抚二十日咨题。如案内正犯及要证未获,或在监患病,准其展限或扣限。若隔属提人及行查者,以人文到日起限。限满不结,即于限满三日起算,再限二、三、四月,各级分限如前。如仍迟逾,照例参处。按察司自理事件,限一月完结;州县自理事件,限二十日审结。上司批发事件,限一月审报。刑部现审,笞、杖限十日,遣、军、流、徒二十日,命盗等案应会三法司者三十日。每月奏报,声明曾否逾限。如有患病及查传等情,亦得依例扣展。速议速题,均限五日覆。死罪会核,自科钞到部之日,立决限七十日,监候限八十日;会同题覆,院寺各分限八日,由咨改题之案,展限十日;系清文加译汉文十日或二十日,逾限附参。盗贼逾月不获,捕役、汛兵予笞,官罚俸……"《清史稿》卷一四四《刑法三》。

④ 参见档案《内阁刑科题本》监狱类卷二五六,道光十年三月初十日。

司奖惩制度是一种“常例”性的柔性制度，随着清朝国家对于土司地区治理强化，一种体系化、制度化的刚性奖惩制度形成，并体现出“宽严相济”的司法精神和“恩威并用”的治边思想。[①] 奖惩制度的体系化、制度化发展进程，一方面表明清朝在监控土司方面的措施主要注重法律约束，军事措施只是法制监控难以实现其目的的非常手段，另一方面说明清朝通过法律监控土司是一个长期的过程，既是一个制度试错的过程，也是一个制度不断完善的过程。在这个过程中，有效的奖励与严格的惩罚体现了安抚与弹压的封建王朝中央集权的统治观。同时，清朝对于流官的奖惩远比土司更加严格。面对流官接受如此严格的业绩考核，土司作为清朝官僚体系中的一个组成部分，对于其以后接受清朝对自己可能实施的惩罚具有了一定的心理准备，而这种心理准备的实质是对国家法律的认同，其基础则是对清朝皇权的认同。一旦人们认同了调整自己行为的法律规范，也就同时从国家观念的层次认同了制定颁布法律规范的立法机关，继而自觉接受了国家的统治，这种自觉反过来则又起到强化国家权力认同的作用。

第三节　依律约束土司的事权范围

无论是元朝的羁縻体制，还是明朝的土司制度，抑或清朝改良下的土流并治，土司从来不是统治者正统官僚体制中的结构要素，只是比照正统官僚设置的另类官职。其目的不仅在于通过官僚式的授封，表达朝廷一视同仁的仁政，而且由于土司与正统官僚都来自朝廷的授封，那么，朝廷就可以直接将本来用于规制正统官僚的制度直接适用于土司。

清初的云南土司地区，已经具备了简单的官僚体制，有些地区如傣族则显现出微国家的雏形。按照现代政治学关于国家构成的要素说，土司地区内部有

---

① 参见贾霄锋：《明清时期土司奖惩制度研究：基于国家治理的制度逻辑》，载《青海民族研究》2019 年第 1 期。

人口、土地、最高权力者,土司之间有着明确的土地边界,每一个土司地区都是一个传统国家。土司管辖的势力范围,不仅有着纵向结构的管理人体制,而且有着横向结构的管理人体制,维护秩序的规范(可能是成文的,也可能是不成文的)、土司内部用来交易的量具、处罚违反习俗的官员以及各种显示土司权威的礼仪,这些都表明土司实际上是小国的最高统治者。南诏国与大理国就是一个很好的证明。

土司作为该地区的最高统治者,必然拥有一定限度的社会动员权。无论采取何种方式,面对清朝这一陌生的新统治者,土司通过发动土民起来反抗清朝统治的社会动员力不可小觑。实际上,也正是因为土司具有社会动员力,迫使清朝采取怀柔的安抚政策,一来稳定土司社会的统治,二来尽量减少冲突。清朝的最高统治者,并不愿意看到持续不休的内部战乱。否则,也不会首选按照旧例安排土司这一施策。清朝的政治目标是建立全国统一的统治,弱化甚至完全剥夺土司手中掌握的社会动员权,决定云南土司地区统治秩序的建立。以国家名义赋予土司职能,既是清朝完善地方统治的内在要求,也是通过职能这一职权而形成的"紧箍咒",为国家法律替代军事武力驯服土司开通了道路。

法律是上层建筑体系中不可或缺的一个重要构成单元,封建王朝法律也是封建专制主义中央集权国家机器零件中的一个重要部件。历史地看,历来的掌握统治权的封建统治者,都十分注重和严格把控法律的修订事宜,并利用封建法律维护其统治。[①] 清入关以前,持续在发展进步中的满族社会,是以沿袭祖宗留下来的旧法作为法制存在的象征。清军进入关内之后出于统一性政权的需要,亟须建立一部完整的封建法律。于乾隆五年《大清律例》"刊布中外,永远遵行",计四十七卷,二百二十六门。中国历史上最后一部比较完备的封建法典正式完成了。[②] 其

---

① 参见白寿彝:《中国通史》(第10卷),上海人民出版社2015年版,第139页。

② 全国日趋统一,修订一部完整的封建法律已经势在必行。但入关之初,统一战争尚未结束,清统治者迫于巩固统治的需要,于是在明律的基础上"斟酌损益"而成《大清律集解附例》,于顺治四年(1647年)颁布施行。康熙、雍正两朝,随着国内政治局势的日趋稳定,统治者的注意力逐步转移到以法治天下方面来,于是多次对清律进行了较大程度的增删修订。乾隆帝即位后,在前代修订的基础上,对律例条文逐条进行了校正,最终完成《大清律例》。参见白寿彝:《中国通史》(第10卷),上海人民出版社2015年版,第139~140页。

主要的特点,表现在特权规定上面。[①] 清朝除继续沿袭前朝以来皇帝独立于法律之外的封建陋习之外,针对少数民族法制建立了专门性规定。[②]

纵观清朝统治云南的历史,不难看出,土司制度伴随清朝走过了满族贵族统治中国的200多年,且在清朝灭亡之后又残存了近50年。从土司这一地区性现象的持久性来分析,足以证明两个结论:一是土司在清朝统治全国期间,对于云南地区的地方统治具有一定的历史作用,甚至是为清朝统治云南作出了贡献,否则,土司制度难以存在200多年;二是云南地区的土司具有顽强的生命力,在广西、湖南、湖北、贵州、四川等地土司改土归流或者彻底转为非官职之外的地方乡绅之后,云南土司仍然存在且发挥着控制云南土司地区事务的作用,并影响着20世纪初期以云南为媒介而发生的军事、经济、外交与文化,包括抗日战争期间国民政府派遣远征军入滇作战事宜。

新中国建立之后,云南土司对于我党执政云南起一定的积极作用,也起过消极的作用。无论是积极的还是消极的作用,都能够证明云南土司在土司地区的影响具有历史性、民族性,甚至还体现出地域性、宗教性、文化性。回溯历史看元朝的羁縻制度、明朝的土司制度,清朝未能彻底地在云南土司地区实现改土归流,其原因绝非清朝的经济军事文化等方面不具备足够的实力,而是这一地区土司历来的复杂性所致。因此,在清朝统治时期,能够做到土司归顺王朝

---

① 大清律既沿袭了中国历代封建法典的主要内容,同时又吸收了历代封建统治者的统治经验,有所创新,而使新律具有其本身的历史特点。首先,它吸收了自唐朝以来为历代封建法律所沿袭而又能典型地体现封建法律阶级性的十恶八议的内容。十恶即谋反、谋大逆、谋叛、恶逆、不道、大不敬、不孝、不睦、不义、内乱;八议为议亲、议故、议功、议贤、议能、议勤、议贵、议宾。十恶八议充分体现封建法律维护君主专制制度、封建等级制度、封建伦理道德以及封建地主阶级特权的阶级实质。大清律还对十恶八议的适用范围有所扩大,这样就扩大了对人民反抗斗争的镇压面、打击面,又使封建地主阶级中享有种种法律所规定的特权的人员有所扩大。满人、汉人在法律上不平等,确认满族特别是满洲贵族在法律上的特权。清代相当长时间,涉及满人案件,一般司法机关无权审理。京师的一般满人诉讼由步军统领衙门审理,内务府下辖满人诉讼由慎刑司审理,满洲贵族诉讼归宗人府审理,地方各省的满人诉讼由满洲族的将军和都统审理。涉及满人、汉人之间的诉讼案件,尽管归一般地方司法机关受理,但无权对满人作出判决,只能够送满人的司法机关处理,量刑往往从轻,还可以“减刑”“换刑”,满人也有特殊的监狱,犯人待遇优于汉人。参见白寿彝:《中国通史》(第10卷),上海人民出版社2015年版,第140页。

② 为了加强对少数民族的统治,清朝统治者还制订了专门适用于少数民族的法律,如蒙古族的《蒙古律》、藏族的《番律》、维吾尔族的《回律》、西南苗族的《苗律》等。参见白寿彝:《中国通史》(第10卷),上海人民出版社2015年版,第140~141页。

中央政权,维护国家领土完整且能够自我管理,杜绝觊觎中央王权已是实属不易。

在清朝统治云南初期,应该有彻底铲除土司行动的具体谋划,但是,随着军事行动过程中不断出现的各种难以预料的困难,特别是土司地区土民与中原完全属于截然不同的民族风格,再加上初期流官管理难以实施以及流官内部对于派驻云南具有抵触现象,清朝不得不取消彻底铲除土司的行动,而改为中央大统治,地方小管理的策略。通过授予土司与流官具有同等的行政职能,顺理成章地将清朝职官管理制度运用到土司身上,从而形成以国家法律为依据惩罚土司的正当性。与此同时,清朝作为封建集权王朝,律、例、格、式、科、敕等均可由皇帝口谕而成。所以,清朝关于土司惩罚的规定多作为大清律例的附例,相当于现在的单行条例,继而形成土司专门律例的特别勘定。

为了防止明代胥吏之弊祸及清朝的统治,多尔衮强调:“衙役害民,从来积弊。……如果有巨奸,即加重治,严禁重蹈明朝故撤。”[①]对于官员及其子女触犯法纪,多尔衮从不手软。多尔衮针对牛金星之子的处理:“牛铨著革了职,并本内有名人员,该督抚按提问具奏,该部知道。”[②]严格法律,严惩官吏是清初时期的治国治策。顺治七年,大计全国官员,对谢允复等816名官员分别加以革职、降调、致仕。[③]

清朝占领云南之后,对于已经归顺清朝的土司,一般按照流官职责,行使管理土司地区的权力,其中,重要的一项职责是维护地方治安。雍正二年那德洪上呈的《叩天查案事》中提到:“敬禀者,为禀复事,于本月初九日接奉宪牌,严查禄天耀是强是窃,有无为盗实迹,着洪速令龙在渊赴府对质,庶无徇情等因。”[④]可以看出,土司那德洪接到宪牌之后,立刻分派专人负责查办上司督办之事,事后并专呈禀报此事进展情况如何。显然,如果土司不能按照宪牌追拿调查案

---

① 《清明史料》丙编第3本,中华书局1985年版,第227页。

② 顺治六年十二月十五日湖广四川总督罗绣锦奏本。原件藏中国第一历史档案馆。

③ 参见白寿彝:《中国通史》(第10卷),上海人民出版社2015年版,第784~785页。

④ 楚雄彝族文化研究所:《清代武定彝族那氏土司档案史料校编》,中央民族学院出版社1993年版,第5页。

犯,作为清朝封授的一级官员,按照清朝律例应当被追罪。从那德洪虔诚的禀报可以看出,清朝对于土司的管理实际上是按照流官体制管理的。为了激励土司勇于维护社会治安,发挥保境安民的作用,维持社会秩序的稳定,对于忠心耿耿的土司,清朝始终以正面激励为主。

"雍正五年覆准,各省土官,有实心效力,擒获奸匪者,照内地文武官擒获匪首之例,加级记录""乾隆二十九年奏准,不拘本省邻省之凶手盗首,逃匿土司地方,该土司能查解五名以上者,记录一次,十名至十四名者,记录二次,十五名者,加职一级,三十名者,加职二级"①。当然,清朝的激励政策,起到了稳定社会秩序的作用,但是,由于清朝的部分法律蕴含着满汉不平等的法律规定,土司严格执行清朝的法律,对于汉人来讲就是一场灾难。比如《逃人法》,土司的积极效力实际上为清朝戕害汉人起到了助纣为虐的作用。康熙二十二年获准:"滇黔土官,无论逃人逃兵叛属,擒获六十名者,加一级。"由此可见,清朝安抚土司或者激励土司的目的集中到一点就是维护自己的统治,土司无非是清朝统治中原时期残害满族以外非满族人的打手而已。

为了更好地管理土司,防止土司结盟从而起来反抗清朝的统治,清朝通过恩宠区别对待,在土司之间挑起矛盾,引起宠幸竞争,达到以夷制夷。清朝统治云南期间,在设置土司的省份中,尤以云南土司数量之多,特别是涉及境外关系之复杂是其他省份土司所不能企及的。土司之间互相拉拢侵占地盘,相互打压并吞是历来的喜好。但是,对于努力建立统一政权的清朝而言,土司之间的争夺虽然从局部管理的角度,有利于清朝的统治,但是土司之间相互械斗是"伤人一千,自损八百"的结果。

土司之间的竞争,有利于土司地区的发展与进步。云南土司地区是一个刚经历过战火且承担着维护边疆安全的地区,既需要国家权力的实际统治,也需要这一地区中某些少数人的积极努力。没有国家权力的实际统治,就会造成该地区无国家意识,没有少数人的积极努力,这一地区的经济社会发展就可能停滞。虽然土司地区经济社会的发展与否和快慢并不触及清朝中央权力的任何

① 光绪《钦定大清会典事例》卷五八九《兵部・土司・土司袭职》。

利益,但是,如果土司地区一直处于落后而不发展的情形之下,极有可能为那些反对在位皇帝且时刻准备篡位的人提供借口,并且皇帝本人也会因此而陷入不能恩惠子民的自责之中。

清朝对于土司地区的重视程度,在某些不利情况下往往超过了边界纠纷的紧迫程度。康熙五十八年二月,隶属于云南武定府管辖的插甸地区,地处山区,之前就有土司打扰、祸乱夷村之事的发生,后来中央王朝就开始加派官员与士兵进入当地,进行镇压与管理,当时撒甸的士兵多达上千名。但中央王朝发现经过调兵之后,驻扎在武定府的官兵加上朝廷拨的兵以及别处调遣来的士兵总数非常少,兵部就希望皇上能够从撒甸调回一些兵,重新回到武定府。康熙五十八年同意:"云南武定府所辖之撒甸,地处万山之中,前因土酋常应运扰害彝村,行令设兵四百名,并守备、千把总各一员,驻守弹压。但武定府城止有兵四百三十五名,今拨兵二百五十名,同松杉兵一百五十名,驻防撒甸,存城兵少。请撤回撒甸兵一百名并马基渡兵一十五名,驻扎府城。"[①]中央王朝一开始调兵去撒甸,是希望能够镇压、管理当地的土司,一方面是起到震慑土司、树立威严的作用,另一方面是希望当地的百姓能过上安定的生活,对于朝廷来说也是收获民心、巩固政权的好机会。一段时间后,兵部大臣们开始调兵重回武定府,甚至从别处调兵武定府,是因为朝廷开始意识到地方派重兵把守的重要性,但是标志朝廷的武定府要是因此一时的兵力缺乏,导致那些土酋前来捣乱、祸害,那后果将不堪设想,有可能会前功尽弃,所以还是把守好"老巢"比较重要,这是清朝政治权威在云南土司地区初期示弱的标志和象征。

土司之间的竞争如果处于良性状态,那么必然会产生促进土司地区经济社会发展的动力,竞争是社会生活的重要内容,没有竞争,社会几乎如同死水一般。竞争的形式是多样的,斗争尤其是军事斗争是竞争的非常态表现。不过,军事斗争所具有的毁灭一方的力量驱使竞争在极端情势下会被各方采用,由此而引发的战争无论是对对方主导战争的少数人还是贫民百姓来说必然会使其陷入水

---

① 《清实录·圣祖实录》卷二八三,台北,华文书局总发行 1989 年版,第 3775 页,"康熙五十八年正月戊午"条。

深火热。从清朝的长远利益来看,土司地区因战争而引发的局部混乱必将引发全国性的反清事件发生。而这一点恰恰是清朝入关之后最为关注的一点,因此,要把土司之间的自发性相互吞并转变为清朝统一布局下的有序吞并,即以平叛的名义,以土司剿灭土司,既可以洞察土司的忠诚度,又可以清除具有反叛之心的土司。可以做出定论,利用土司与打压土司并存是清朝统治云南的策略之一。

利用土司是为了稳定边疆社会治理,打压土司是为了削弱土司的势力,防止土司起来反清或者联合起来反清。清朝继承了明朝的做法,在镇压土司的过程中实施"以夷制夷";要么在镇压其他民族反抗的过程中遣调土民,从而达到兵不血刃弱化土司势力的目的。此外,土兵作战勇敢,也是很重要的一方面。"历来征剿,皆调土兵,而各土司之兵亦历来最为奋勇效力"①。因此,清朝对于出兵参战的土司制定了奖励制度。雍正四年:"土官土目,有随师效力应议叙之人,止就原职加衔,……以次升授。"②对于基层土目,则采取经济奖赏。如雍正五年那氏土舍奉调征剿法戛为例,"一于雍正五年奉调茂连土目土练一百四十名,除领赏外、著有功土目四名,杨仁杰住则开村;沙莫住小法块村;阿你住万歹村;者觉,即王来贵住万歹村。以上有功土目四名,每名赏银一两,共银四两,理合登明"③。即便采取这样的制度规定,也未能彻底削弱土司的力量,如咸丰至同治年间云南地区发生的回民土司起义,依然对清朝的统治产生了不小的打击。

官僚体制是国家权力运行的平台,体制中的成员尽管也是统治阶级里的一员,但是,如果其行为不利于统治阶级的统治,那么,统治阶级必然要对其实施惩罚。统治集团的整体利益高于其内部任何一个个体的利益,因此,一旦统治阶级内部成员的行为导致统治基础的不稳定,就必然面临着惩罚。按照清朝律例的规定,流官触犯吏法所受到的惩罚可以适用死刑,作为编内官职编外管理的土司,不仅要严格遵守清朝律例的一般性法律,而且清朝还针对土司制定了

---

① 杨锡绂:《四知堂文集》(第17卷),《进剿义宁逆苗条议》,《四库未收书辑刊》第8辑第21册,北京出版社1997年版,第441页。

② 光绪《钦定大清会典事例》卷五八九《兵部·土司·土司袭职》。

③ 楚雄彝族文化研究所:《清代武定彝族那氏土司档案史料校编》,中央民族学院出版社1993年版,第61页。

专门的考核条例。[1] 议处条例的出现，表明清朝对土司的管理已经从清初的武力压制转变为律例治理，而土司与清朝之间围绕地方社会动员权威的博弈，尽管土司仍有一定的话语权，然而，国家法律成为社会动员行为调整规范的存在，表明了土司的社会动员能力被限制在国家法律规定范围之内。如果土司超越职权范围，或者懈怠职权甚至越权，那么，必须接受议处。虽然针对土司主体的

① “(议处)……康熙十年题准：土官互相残杀，能自悔过和息者免议。十一年题准：土官吓诈部民，恣意侵害者革职。十四年议准：土官不食库，有罚俸降俸之案，皆免其处分，其因公诖误应降一级、二级、三级调用者，止降一级留任；降四级、五级调用者，止降二级留任；应革职者降四级留任。二十一年议准：土官缉获旗下逃人，照例解部；获逃兵叛属，解督抚惩治，照例安插。如该土官地方失察逃人一名，或被别土官擒获，或逃人供在某土官处，审实将土宫降一级；知情意隐者革职。三十年题准：土官凡有钦部案件奏销钱粮迟误之处，均照流官例处分。但土官不食俸，如通罚俸、降俸、降级等事．均按其品级计俸罚米，每折银一两罚米一石，移储附近常平仓，以备赈荒。四十三年题准：黔楚顽苗生事，聚众不及五十人者，百户、寨长各罚俸六月；五十人者罚俸一年；百人者革职；百人以上者革职，杖责四十，不被折赎。知情不禁止者革职，枷示一月，杖责如前．不准折赎。若商谋指使．意在分肥者，照首犯治罪。……雍正三年谕：‘各处土官，鲜知法纪，所属土民，每年科敛，较之有司征收正供，不饬倍蓰，甚至取其马牛，夺其子女．生杀任情。土民敢怒而不敢言，莫非朕之赤子，而上民独使向隅？朕心深为不忍。然土官之敢于恣肆者，大率皆汉奸为之指使，或缘事犯法，避罪藏身；或积恶生奸，伤势横行。此辈粗知文义，为之主文办事敬之为非，无所不至。嗣后督抚提镇务严饬所属土官，爱惜土民，毋得滥行科敛。如申饬之后，不改前非，一有犯事，土官多革从重究拟，汉奸立置重典，切勿姑容宽纵，以副朕子惠元元、遐迩一体之至意！’四年议准：土官不遵法度，故纵苗倮为盗，劫杀掳掠男女财物，扰害土民者，该督抚查出，即题参革职，别择应承袭之人，准其承袭。至有养盗殃民怙恶不悛者，该督抚据实题参，严章治罪，或应改土为流，及别立土官，均请旨施行。十三年议准：土官土人，因公远赴外省，许呈明该管官转报管抚，给咨知会所到地方之督抚查核，于事竣日，给咨知会本省督抚，均计程立限，毋许逗遛。有不行申报擅自出境者，土官革职；土人照无引私渡关津律，杖八。若潜往外省生事为匪，别经发觉者，除实犯死罪外，徒罪以上，皆照军人私出外境掳掠、不分首从发边远充军律治罪。其本境及所到汛守官失察者，罚俸降调有差。乾隆七年议准：土官管辖之熟苗为盗，该土官明知放纵者革职，养盗殃民革职提问。苗蛮聚众行劫，侵犯城池，该土宫实系失察者革职。其人数无多寻常盗案，限一年缉获，限满不获，降一级留任，获日开复。又议准：苗夷在土官境内，或犯命盗抢夺诱拐争论之案，该土官准州县移会，徇隐不为解送者，督抚题参革职，择其贤子弟承袭。果正犯逃逸，限年半缉获，无获者咨参，再限一年缉拿，限满无获，降一级留任。能获本案及别案凶犯者，皆准开复。若降级留任至别案凶犯者，皆准开复。若降级留任至五案者，别袭。若受贿隐匿不解送者，革职提问，不准亲子承袭，取其宗图择本支伯叔兄弟、兄弟之子为夷众所信服者，题请承袭。二十九年奏准：土苗夷倮有犯命盗抄抢拐掠争讼等案，如该犯住居土官所辖地方，将该土官分别情节议处；如该犯住居隔省隔邑，俱以文到之日为始，限四个月务行章解，如限满不解，查系庇匿，即将庇匿之员指名题参，照徇庇例议处；若果系犯逃无获，照承缉凶犯例六个月限满，初参住俸，勒限一年缉拿，一年限满复参，降一级留任，计至五案，亦行革职。三十年题准：凡土官延幕，将姓名年籍通知专辖州县，确加查验．人果端谨，实非流棍，加结通报，方准延人。倘文武土官私聘土幕，不通知州县查验，照违令私罪律罚俸一年；若知系犯罪之人，私聘人幕．并延请复纵令犯法者，照职官窝匿罪人例革职，土幕私就，饬令专辖州县严加驱逐。如有教诱犯法，视其所犯之轻重．俱照匪徒教诱犯法加等例治罪。若败露潜逃，即行指拿重惩，以示儆惕。……嘉庆六年奏准：住居隔省隔邑之土苗夷倮，有犯命盗抄抢拐掠争论等案四个月限满不解，查系庇匿，即将庇匿之员革职。道光十四年奏准：夷人有抢掳杀伤之案，该土司如一年内报案至三四起者，降顶戴一级，拿获别案，准其抵销铂。至应议降级留任处分，积算至五案者，将该土司革职，另选承袭。如讳匿不报，一经查出，从重治罪。”土司(土司袭职议叙议处议恤)(卷五八九・兵部48)。转引自方国瑜：《云南史料丛刊》(第8卷)，云南大学出版社2001年版，第272~275页。

特殊,议处条例给予了一定的照顾,但是,从重治罪这一兜底条款的存在,足以说明经过清朝百年统治,至道光年间,土司已被国家法律完全地覆盖。土司不过是历史上地方势力的概念符号,其实质无非是比一般土民享有国家特别立法的群体而已。

议处的调整范围适用违例的土司,属于消极的激励措施。清朝也注重平时对于土司行为的日常考评,为日后适用议处条例固化证据。雍正年间,保留的土司已被纳入国家法律管理之下,虽然针对土司的政绩考核采取了分类,然而,这一考核的实质体现了土司管理法制化。如“土司之考成……分为三途:盗由苗寨,专责土司;盗起内地,责在文员;盗自外来,责在武职。……以此三者分别议罪,土司无辞,流官亦服。”①清朝根据盗案的案发地作出了责任归属,也就意味和土司与流官一样,要向清朝负责安保责任,这一责任的背后寓意是土司不再是享有治安特权的土司,而是与流官一样要为国家统治担起自己应该承担的责任的阶层。如果土司不遵守国家法律,特别是不能履行保民义务,放纵恶行,那么,将面临被革职的境遇。如《大清会典》中规定:“土官吓诈部民,恣意侵害者革职。……土官不遵法度,……该土官实系失察者革职。其人数无多寻常盗案,限一年缉获,限满不获,降一级留任,获日开复。”②

土司不仅被革职,而且褫夺后代子孙承袭的权力,这就从根本上剥夺了土司作为地方管理者的自决权。适用于流官的渎职罪同样适用于土司,这就进一步说明保留下来的土司已经被视为国家官僚体制上的一个细胞。不在于土司的称呼叫什么,而是土司的权力受到何种程度的管控。当然,清朝对于土司的法律控制并非为了彻底铲除土司,而是驱使土司更好地为国家服务。因此,对于那些出于失察造事,但能在国家法律规定期限内履行职责的土司,采取降级留任的办法。这个规定足以说明,清朝对于云南土司的掌控游刃有余。除了根据国家法律规定,针对土司不法行为给予惩处之外,清朝对于土司才有相对柔

① 《朱批谕旨》第25册,雍正四年八月初六日鄂尔泰奏。转引自李世愉:《清代土司制度论考》,中国社会科学出版社1998年版,第150页。

② 《大清会典事例》卷五八九,《兵部》土司《议处》条。转引自方国瑜:《云南史料丛刊》(第8卷),云南大学出版社2001年版,第273页。

和的惩罚制度。

与议处条例相比，清朝针对土司制定的处分例更加注重情理的说服与解释，其语言中表达的刚度低于议处条例中的表述。处分例按照处分事项作了分类，初步具有现代刑法罪责刑相适应的原则。职官行为的类别化，与处分例对应的规定，不仅体现了清朝为监控土司已经建立了体系化的制度，而且表明清朝惩罚行政责任的形式具有多样性。既包括经济处罚，也包括刑法处罚，同时惩罚的过程中体现了合情合理的比例原则。如康熙二十二年准“滇黔土司，无论逃人逃兵，有拿解六十名者，即加一级。如多获者，亦照此数递加。不及加级者，令该督抚酌量奖赏。”三十年题准：“土官凡有钦部案件奏销钱粮，及迟误进御表笺等项，皆应照处分流官定例一例处分，但土官不食俸禄，如有罚俸、降俸等事，皆照其品级，计俸罚米，每俸银一两，罚米一石，移储就近常平仓，以备赈荒。今增为广西省仍照例罚银。”①

社会动员能力既表现为动员社会成员参与某一政治行动的能力，也表现为控制社会动员秩序的能力，即针对违反社会规范、破坏社会秩序的行为采取能够取得实质性效果的能力。对于整个国家而言，社会控制能力是倚仗官僚体制的整体性发力。对于基层社会秩序而言，下级官僚发现、惩处社会越轨行为的速度、力度决定了基层社会秩序的稳定性，而这种稳定性则通过纵向与横向上的传播推动整个社会秩序的控制，从而强化社会动员能力。在基层社会秩序中，最易降低清朝社会动员能力，甚至可能导致社会反秩序行动的是那些看起来很平常的盗贼劫杀行为。特别是这些行为一旦得不到基层官府的及时惩治，就会导致社会民众对官府失去信赖。

如果基层官僚不仅不能够依法惩处，而且枉法裁判甚至利用权力建立寻租，那么，其最后的结果必然是官府的社会动员能力因为社会成员寻求公正的社会待遇的行为而转嫁到那些以理想社会作为目标的个人或者组织身上，从而削弱了官府的社会动员能力。不仅如此，这种因为基层官僚的违规而导致的社

① 处分例（边禁）卷一一九《吏部》103。转引自方国瑜：《云南史料丛刊》（第8卷），云南大学出版社2001年版，第171页。

会动员能力转移极有可能引发革命性的社会动员，即从自发地支持反统治社会动员到自觉参加反统治社会动员。面对地方出现的以命、盗行为主要定义的刑事案件，清朝加强了地方流官的审判期限，这些期限按照案发地点转变到作为地方势力代表的土司身上。如承审事件的期限、命案检验、地方缉捕窃盗、缉捕逃人等专列事项的权责与惩处，均称为土司头上必须负担的责任。

“咸丰二年题准：云南永北厅经历，分驻旧衙坪地方，如有呈报人命，应令该管土司即时转报，由该经历带领仵作驰往相验，勒限协同严缉。倘有相验不实，增减伤痕情弊，分别照例议处。如凶犯限满无获，将该经历照土司例开参议处”[①]。

“咸丰二年奏准：云南永北厅经历，分驻旧衙坪地方，遇有抢劫盗案，应令该经历立即会同武弁亲往勘验申报，并飞移该管上司协同缉拿。倘贼盗限满无获，将该经历照土司例开参议处”。[②]

咸丰二年已经是公元1852年，距离清军入关已有208年的光景。经过几代人的统治，云南地区的土司作为清朝官僚体制中的特别阶层，在实质上已经被完整地纳入国家法律的调整范围之内。不仅土司如此，而且更低一级的土武弁也被纳入参照土司例议处的范围。这就进一步证明，土司体系上的大小官弁均已被纳入国家法律调整范围之内。

除了议处、处分条例之外，清朝历代皇帝还以议准的方式，补充了大量的惩处性规定，并夹杂了奖励性规定。这些规定重在划分土司官职的官位高低与权限大小，配合承袭制度起到了惩处土司的作用。康熙二十一年议准：“滇、黔土司根据捉拿逃人逃兵而给予升降处发落。[③] 雍正时期，一有事犯，土司参革，从重究拟，汉奸立置重典，切毋姑容宽纵，以副朕子惠元元、遐迩一体之至意。”[④]对于土司最为严厉的惩处也就是革职，即便受到革职的处理，清朝还有安插制度

---

① 处分例《命案检验》卷一二五《吏部》109。转引自方国瑜：《云南史料丛刊》（第8卷），云南大学出版社2001年版，第171页。

② 参见处分例《地方缉捕窃盗二》卷一二八《吏部》112。转引自方国瑜：《云南史料丛刊》（第8卷），云南大学出版社2001年版，第171页。

③ 参见方国瑜：《云南史料丛刊》（第8卷），云南大学出版社2001年版，第171页。

④ 方国瑜：《云南史料丛刊》（第8卷），云南大学出版社2001年版，第169～171页。

作为补充,从而保留了土司家族的延续。就整个清朝针对土司为官不力的惩罚性条例来看,大多数情况下采取的措施是比较怀柔的。比如,土司任职期间与流官不同,流官享受国家俸禄,而土司是自给自足。因此,如果土司违反律例规定,按照律例适用罚俸的,一般选择折罚,同时由于土司的职位与流官不同,属于单列官职且与人口、土地面积相联系,一旦适用降级,难以采取类似流官处罚条例那样的降级降品。所以,往往也采取折罚的形式。康熙三十年准:“土官不食俸,如遇罚俸、降俸、降级等事,均按其品级记俸罚米,每俸银一两罚米一石。”[①]这种对待土司的柔和规定实际上对于土司而言,只是一种国家权力的象征,或者说是皇权权威的象征。

对于土司经济处罚并非由土司本人财产来支付,而是由土民支付。尽管这一措施力度不大,一般情况下也未影响到土司的切身利益,但是,这样的惩罚表达了清朝通过法律监控土司的态度与做法。一是说明清朝对于土司的监控是长期的过程化监控,清朝与土司之间的互不信任清晰可见;二是说明清朝对于土司的监控是有据可依的,并且能够因事而罚,体现了法律监控的灵活性。但是,由于罚俸并未触及土司的根本利益,土司仍然我行我素。因此,到雍正年间“汉官有罚俸、降级、革职,而土司无俸可罚,无级可降,革职则子孙承袭,仍旧为太上土司,得以暴虐其民。愚以为惟有削土一法,可令土司畏惧。请题定削土则例,照所犯重轻,削夺村落里数,以当罚俸降级”[②]。这就从根本上触动了土司的利益,土司势力的形成具有马克斯·韦伯笔下传统型权威的特征,即通过世世代代的继承得到了统治权力。土司权力的继承不仅有人口,还有土地。在封建领主经济模式下,人口与土地是捆绑在一起的继承物。所以,只要剥夺了土司管辖的村落,就等于剥夺了土司后代继承权力的基础。实际上,这个建议就是通过惩罚实现弱化土司势力的目的,从而便于清朝更加有力的监控。

清朝的法律体系是多重的,律、令、格、例是主要的法律渊源,相互之间尽管存在诸法合一的传统惯例,但是,由于各自调整法律关系的范围具有事项意义

---

① 光绪《钦定大清会典事例》卷五八九《兵部·土司·土司袭职》。

② 蓝鼎元:《鹿洲全集》(上卷),厦门大学出版社 1995 年版。

的区分,所以,相对而言体系之间存在一定的重复。比如,议处、处分与名例律之间都有关于土司奖惩的规定,也都涉及土司承袭事宜。造成这种现象出现的原因主要是因为清朝针对土司制定的律例,是以清朝现存的体系化的律例为基础,以附例的形式作为特别规范,附在相应的律例之后。同时,清朝作为封建国家,在立法上非常明显的一个特征就是皇帝随时可以把自己对案件的看法,通过记录转化成文字、上升为国家法律。但是,皇帝在评判案件的过程中,难免不东拉西扯,如此一来,针对性很强的上谕往往在表述上存在重复现象。也正是这种重复且同时以律、例、格、式等不同形式表现的国家法律体系,造成了土司特别律例规定以及在适用过程中都有较大的选择空间。如雍正三年"云、贵文武官有犯,与各省官员一体参处,其土官照流官定例一体处分,因将例文改定"[①]。又如"云南镇沅府土知府刁翰,奸占民妻,强夺田地,凶淫贪劣,应拟绞监候。镇沅地方,已经改土为流,应将刁翰家口迁往省城,无留土属滋事。……凡有改土为流之土司,其迁移何处,及如何量给房产,俾得存养之处,著九卿酌量该土司所犯罪案,分别详议具奏"[②]。上述关于职官惩罚、途流迁徙的规定,主要体现两个方面,一方面,清朝管理土司的律例虽然是以附例的形式存在的,然而,这不影响律例自身的详细和覆盖范围;另一方面,针对土司惩处的理由,法律上的理由往往被道德上的皇恩所消解。比如存留养亲,以及安插期间责令地方流官"务令得所""详议具奏"的上谕,足以看出,清朝对待土司"刚柔并进"态度深受中原仁政文化的影响。除名例律之外,清朝在军法条文中也有针对土司制定的特别规定。

如兵律军政规定:"一、土官、土舍纵容本管土民头目为盗,聚至百人,杀虏男妇二十名口以上者,问罪,降一级;加前数一倍者.奏请革职,另推土人信服亲支土舍袭替。若末动官军,随即擒获解官者,准免本罪。"[③]纵观清朝在云南土司

---

① 名例律(职官有犯)卷七二六《刑部四》律条例。转引自方国瑜:《云南史料丛刊》(第8卷),云南大学出版社2001年版,第298页。

② 名例律(徒流迁徙地方)卷七四四,《刑部》22。转引自方国瑜:《云南史料丛刊》(第8卷),云南大学出版社2001年版,第309页。

③ 《兵律军政》卷七七一,《刑部》四十九。转引自方国瑜:《云南史料丛刊》(第8卷),云南大学出版社2001年版,第317页。

地区的施治形式与内容,可以看出清朝驾驭土司的政治技艺内含着朴素的权责利对应的逻辑。授权土司管理得到国家认可的属地,这是国家权力以代理的形式通过职务授封赋予土司的;如果辖区内所管之人出现国家法律严令禁止的行为,分等论罪,严重者剥夺后代承袭权利。但是,如果自行了结且不动用国家军事力量,那么,在符合一定条件的前提下,又可以免罪。虽然土司免罪之利的规定与现代国家制度中以收益为形式的激励制度的规定有所反向,然而,至少说明土司在清朝统治云南边疆版图中具有足够的分量。否则,清朝没有必要采取土司废止与另立同步实施的承袭制度,也没有必要让土司主动履职而免除罪罚。

除却通过强硬的法律实施来达到控制土司权力的目的之外,清朝要求土司按章税赋和朝贡,根据征收效率与朝贡态度来考察土司忠诚清朝的听话程度,并通过一定的奖励制度,鼓励土司竞相朝贡,以此检验土司的效忠程度。土司作为地方官,不仅要维护地方治安,稳定一方社会秩序,而且还要依照税赋规定,代理国家征收各种田赋,同时土司自身也要缴纳各种税赋。从权力纵向结构上看,土司是清朝中央权力在地方的代理人,土司与清朝之间为代理关系,职官不过是代理人的另种称谓。但是,土司要向清朝缴纳赋税,并有朝贡义务,这就构成了买卖关系,即土司从清朝中央购买地方管理权,然后实施管理。可是,管理者本人不仅没有足够的自主权,而且管理不善将要受到来自清朝中央的惩罚。由此可见,土司虽然在清朝统治云南的布局中通过归顺成为其中的一分子,然而,实际上,不仅没有流官的正统地位,还要承担着流官无须承担的责任。

雍正二年那德洪上呈的《垦赏给串票事》中记载:“缘监生六十一年分之秋税遵依如数完纳无异……今雍正元年分之粮亦经完纳而串票仍然未给。”[①]土司缴纳税赋的任务对照清朝在内地的税赋来看,是比较轻的。一方面,考虑到云南土司地区的生产落后,另一方面,可能考虑到土司毕竟不是流官,清朝通过减

---

① 楚雄彝族文化研究所:《清代武定彝族那氏土司档案史料校编》,中央民族学院出版社1993年版,第75页。

免税负也能起到安抚的作用。因此，"滇省土司……令其自耕而食，所纳钱粮名曰差发银，较民地甚轻"[①]。对于积极完粮纳税的土司，清朝给予了极高的政治荣誉。康熙七年准"各土官经征钱粮，一年全完者，督抚题明奖赏银牌花红永为定例"。[②] 清朝用政治荣誉确保土司代理统治地方的可靠度，而税负的及时完成与否则既反映了土司对清朝的忠诚度，同时也反映了清朝律例在土司地区执行的情况。可以说，税负法在云南土司地区的贯彻情况是观察土司与清朝之间关系是否理顺的"晴雨表"。

"谕官吏军民人等知道：予闻德惟善政，政在养民，养民之道，必省刑罚，薄税敛，然后风俗醇而民生遂。……尽行蠲免"[③]。税负与社会秩序稳定有着直接的关系，在以农业为主要经济形式的云南土司地区，税负蠲免与云南当地的水文地质自然条件有着直接的关系。云南地区山多水少，水陆可耕之地大都已经开垦，自乾隆三十一年规定，山头地角在三亩以上者，开垦后比照旱田十年起科，水滨河尾在二亩以上者，开垦后比照水田六年起科，起科标准按照最低档(下则)征收。至于山地三亩以下、水地二亩以下永免升科。[④] 从这些记录中可以读出清朝统治云南的基本态度，一方面，云南农作物亩产量可能很低，基本上能够满足耕作者自身的需要，很难有多余的产量以缴纳税赋；另一方面，农业经济在当时的生存方式仍然是靠天吃饭，这就决定了丰收与歉收不以人的意志为转移。

多年的自然灾害形成的周期性认识，使清朝认为人口的存在标志着领土完整，社会秩序稳定与一定规模人口繁衍是确保边疆安全的两个基本条件。与其在亩产量不足的基础上征收税负引起反抗，不如放弃税负维持社会稳定。较为宽容的农业税赋保证了土司地区的基层生存秩序，为清朝在基层社会成员之间获得权威性认知提供了感恩的意识基础。此外，清朝又通过关禁政策控制土司

① 光绪《永昌府志》卷六三，《文艺》。转引自王宏祚：《滇南十议疏》。转引自方国瑜：《云南史料丛刊》(第8卷)，云南大学出版社2001年版。

② 光绪《钦定大清会典事例》卷一六五《户部·土司贡赋》。

③ 《摄政王谕官吏军民人等令旨》。转引自《明清史料》丙编第1本，中华书局1985年版，第90页。

④ 参见白寿彝：《中国通史》(第10卷)，上海人民出版社2015年版，第170页。

地区与内地之间的贸易往来。乾隆三十七年“……越界贩买,虽系土司所属地方,但当关禁严密之时,辄敢愉越边口,显有私通贸易情事,自应严行根究,尽法治。……如有内地民人在土司地界逗留者,立即严拿究治”①。私通贸易的严控,实际上的目的不只是在于左右土司地区的经济发展,还有通过经济控制,维持内地与土司地区的经济落差。经济落差的存在对于清朝控制土司地区基层社会秩序方面起到了一定的作用,更大的作用在于遏制土司经济实力的增长,从而压制土司动员社会的能力,为清朝派任流官开拓动员社会空间提供了制度性支持。

土司地区土地实行领主制经济,农业构成了土司全部的经济来源。所谓商贸无非是以手工品、狩猎所得为内容的易物交换,与内地的商贸往来打开了土司地区的经济来源,这些以货币形式的经济来源可能转变为土司财富的组成部分。一旦土司手中积累了以货币为表现形式的财富,就可能到境外购买清朝三令五申禁止私人藏有的物品。此外,土司地区与内地之间的自由贸易还有可能为藏匿汉人提供方便。夷汉隔离是清朝防止满族以外的民族相互联合反抗清朝统治的政策,云南地区是清朝陆地与外界接壤最多的地区,而靠近边界地区多为土司地区。

清朝不仅要防范商贸往来汉人与土司的联合,而且要防范土司与境外势力的联合。对于清朝而言,夷汉联合在严密的流官监管下面难以实现,即便有所举动,清朝也有足够的时间和能力将其镇压下去。然而,土司与境外势力的联合,不只是威胁清朝的统治,而且威胁清朝统治的疆土面积。因此,清朝尤为重视边地土司管辖地区流窜人群的管理。乾隆三十九年“有野夷数十人到丙海隘口……随饬该土司嗣后遇有夷人投至土境,一面察其来历,严行防范”②。这则不起眼的奏疏,反映出从地方流官到清朝皇帝,对于外人特别是外国人进入土司地区的高度紧张。这种高度紧张足以说明清朝对外恪守不惹事的国际观念,

① 《清实录·高宗实录》卷九〇五,台北,华文书局总发行1989年版,第13043页,“乾隆三十七年三月戊午”条。

② 《清实录·高宗实录》卷九五七,台北,华文书局总发行1989年版,第13954页,“乾隆三十九年四月戊戌”条。

对内则实施严加看管的高压统治,从根本上折射出清朝统治如此规模国家的不自信。这种不自信到清后期,则转化成盲目的自大。

清朝在云南土司地区励精图治的措施也不乏其策,比如,禁止土民种植罂粟。然而,由于罂粟种植区域位于偏远山区,派任流官往往不能及时接收信息使这种行为难以根除。同时,流官下乡往往前呼后拥,大队人马传来的信息早在流官铲除罂粟之前,土民可以及时躲进山中。因此,根除种植罂粟的最佳策略是管住土民。土司作为土民的传统头人,自然是最好的角色。同时为了鼓励土司贯彻清朝的施治之策,还规定将种植罂粟之地由土司统一管理分配,作为土司武装的后勤保障来源。公元1831年辛卯清道光十一年:"每年冬间由土司亲查,令目练拔毁,照例枷责,田地归土司招练承种,以为练田。如该土司不能认真查察,即行参究示惩,毋许宽纵。"①这道上谕更加突出了土司在清朝统治边地过程中所能发挥的重要作用。土司在边疆安全保障方面所具有的重要作用,也注定了清朝始终围绕既要重用土司,又要控制土司来完善土司制度。

在土司制度逐步收紧土司权力的过程中,不得不捎带谈及贡赋制度。清朝时期的税收比较低,②因此,要清朝常年依靠强大的军事力量维持自己的外交政策和维护与周边国家的关系,非常困难。同时,在清朝进入中原之初近50年时间之后,才谈得上建立具有实际控制力的全国性统一政权。在这种情况下,清朝往往采用朝贡贸易实现对周边国家的羁縻关系,从而稳定了周边关系。特别是陆地边疆关系,更是如此。朝贡制度与其说是一种政治礼仪,不如说是清朝沿袭历史上前朝采用的一套有效的地缘政治技艺。

云南与周边虽然有一定的经济贸易关系,但是,云南出境与入内之间的交通条件,决定了云南与中原之间的经济贸易关系,无论从贸易内容、交易形式或者便利条件,云南境内的土司通过朝贡制度获得了远比贡品更有商业价值的赏赐。对于那些朝贡违反朝贡规定,态度怠慢的土司,清朝削减朝贡次数,或者严格承袭制度,在土司中间争取多数土司的支持,从而孤立个别土司,达到控制土

---

① 《清实录·宣宗实录》卷一九一,台北,华文书局总发行1989年版,第3457页,"道光十一年六月丙午"条。

② 参见梁柏力:《被误解的中国——看明清时代和今天》,中信出版社2010年版,第25页。

司的目的。一方面,清朝针对土司实施的朝贡制度,说明在清朝的政治视野中云南不只是一个省府级别的行政地区,而且是一个拥有准藩属国地位的特别地域;另一方面,说明清朝通过土司朝贡制度的真正目的是防止云南脱离清朝中央控制,倘若如此,不仅削减了清朝的疆域面积,而且南疆国防安全也会受到来自此前藩属小国的侵扰。随后法国、英国在越南、缅甸等组织的各种图谋以及深入云南境内的侵占事件,足以证明清朝在当时的战略判断和举措实施是有一定道理的,至少保证了中国领土的完整性。

第四节 小 结

权力作为一种抽象符号,一旦被赋予给人,那么,抽象的权力就转化为具体的主体,并发挥主体性的主观能动性。清代云南土司是地方势力的符号,也是土司地区社会意识与国家一同下民族意识的"晴雨表"。对于土司而言,政治统治的根本目的在于维护政权在形式上与实质上的统一,没有政权的高度统一,也就没有政治团体的最高利益。封建集权是国家权力运行的方式之一,最高权力机构的集权并不排斥基层官僚希冀拥有自主权力的奢望。政治集权的基础不是其他人无权,而是在其他人有权的前提下才有集权的可能。统治的关键问题,在于将政治权力的一部分释放给官僚体制中的每一个成员,因为权力分散而导致权力集中。因此,最高权力机构必须能够有效实现对其他分得权力主体的有效控制。否则,集权不能成为现实,那么,绝对的政治统治就无从谈起。清朝是封建集权下的多民族国家,满族贵族通过军事力量占领关内转变为维护自己统治,国内的统治是通过官僚体制来完成的。因此,通过何种方式既能建立一套行之有效的官僚统治,同时又能有效控制官僚权力扩张,是清朝通过法律监控土司的核心目标。土司作为云南地区的地方性势力,远比汉人担任的地方官僚形成的地方权力对于清朝封建集团的影响更甚。因此,将土司纳入国家法律制度不仅仅是为了法律实施,而是为了将土司具有的地方影响力转化为清朝在土司地区的统治力。所以,通过法律监控土司的权能,目的在于将土司权能限制在社会底层秩序的维护上,这种策略的实现不是一蹴而就,是通过赋予制度法律属性,进而规范权力范围,最后转变权能内容完成监控目标。通过法律实施,将对事权的规制转化为对权力主体的监控,从而实现针对土司作为地方政治符号的统治。

第八章　法律认同下土司权力代际继承

土司家族内部秉承权力继承，这就在土司地区形成了土司家族统治的正当性与合理性。虽然土司也有关于权力交替的规范，并上升为本家族统治的一般规范。然而，家族法先天就有的特权秉性，决定了土司家族以外的族员只能成为永久的被统治者。所以，土司家族享有统治土司地区的权力观念必须在土司家族中得到根除，并且为土司家族以外的能够担当清朝统治地方的优秀成员提供机会，才能真正地解决土司权力族内承袭的传统正当性。交由国家依据法律规定，通过清朝封建中央任命，从而代表清朝统治。因此，必须通过国家法律的规定，改变土司家族权力代际之间的传承，实现国家权力在土司地区的有序统治。首先，清朝严格限制土司承袭的主体条件和承袭程序，通过严格限制主体身份条件，可以确保土司在清朝法律监控下尽职履行自己的事权，严格的承袭程序可以减少直至杜绝土司子弟因为争夺承袭权而出现的械斗；其次，通过虚职制度与安插制度的实施，达到留任留人篾夺权力，使得土司有其名无其实，并树立清朝的仁政形象；最后，建立请封制度与卓异制度，重用土司子弟中忠诚于清朝的优秀分子，从而在保留土司这一官僚体制编外地方官的同时，强化国家官僚与编外官僚效力于清朝的一统体制。

第一节 土司代际权力承袭的程序不断严格

承袭制度既符合土民接受土司统治形成的历史习惯,也为土司继续统治土民提供了规范性约束。顺治十年,有的地方的土司已经归顺,还有的地方的土司在归顺当中。不论如何,顺治皇帝要求大肆宣扬当局的诚心以及招安和怀柔政策,因为这样离中央王朝近的人民百姓才会感到愉悦和开心,随着感染力的增强、人们的口耳相传,边远地区的人也会前来归顺朝廷,达到对清朝心悦诚服的佳态。顺治十年"各处土司,已顺者加意绥辑,末附者布信招怀,务使近悦远来,称朕诞敷文德至意。功成之日,优加爵赏"[①]。顺治皇帝采用招安手段和怀柔政策的主要目的体现在两个方面:第一,尽可能地让更多土司能够归顺朝廷,为朝廷所用,扫除隐患;第二,为之后的中央王朝管理地方以及加强中央王朝对地方的控制提供一个良好的"中介机构"。

面对清朝的怀柔之策,土司为什么希望通过承袭制度获得来自清朝的政治授封,这其中是否意味着土司希望通过承袭制度做到在土司地区冠冕堂皇地代际统治,还得从社会公众对于权力的态度来分析。在清朝与土司之间围绕土司官位的博弈上,有两个问题值得探讨。一个问题是清朝为什么要通过土司承袭制度来确定土司而不是直接根据个人表现直接任人唯贤?另一个问题是土司为什么希望通过承袭制度来获得管理本地区的权力?假设清朝采用任人唯贤的官吏选拔制度,首先,是科举考试在土司地区不具备实施的条件;其次,荐举或者推举的形式也因为土司地区缺乏流官或者乡绅之类的可信之人而无法实施;最后,土民在土司地区长期处于被统治地位,而土司及其后代无论是从文化程度上讲还是从管理能力上讲,很难从土民中间寻找到超过土司及其后代的能人,同时即便找到了符合清朝管理地方要求的能人,但事实上土司的背后是大家族,这些单枪匹马的优秀土民最终还是要依靠大户人家的支持。否则,土司

① 《清实录·世祖实录》卷七五,台北,华文书局总发行1989年版,第894页,"顺治十年五月庚寅"条。

雄厚的经济实力足以颠覆优秀土民的良好愿望。既然如此,继续维持土司的统治是唯一的选择,那么,承袭制度具有最让人信服的说服力。

人们对待权力的态度,往往与权力的来源有着直接的关系。如果呈现在人们眼前的权力带着遗传的血统,那么,它所携带的权力基因构成了权势的全部理由,尽管"王侯将相宁有种乎"在秦朝胡亥二世引发了一场农民起义,然而,这并不意味着人们彻底否定了世袭权力具有足够令人臣服的力量的结论。与权力的承袭相左,一个人获得某种权力是因为个人功劳得到了更高权力的认可,从而以奖励的形式授予其获得一定限制的权力,那么,这种权力只会被人们视为如同一枚奖励的军功章,除了挂在胸前以示曾经的辉煌之外并无特殊的力量。"在名义上的权力是世袭的地方,他们的势力最大;在名义上的权力是作为个人才能的奖赏的场合,他们的势力最小"①。因为承袭而拥有的权力所带给人们的征服力远比因为奖励而获得的权力所产生的征服力大得多,也正是因为权力承袭具有的天然征服力,这种征服在土司几代人统治的经历中以实践理性的意识强化了土司心目中关于权力正当性的思考与实践。承袭制度恰好既符合清朝安抚土司实现以土治土的统治目的,也符合土司继续统治土司地区在国家权力背景下更具有说服力的心理需求。

"自古苗起于土司,土司之乱起于承袭"②。承袭制度是引发土司之间为争夺地盘,巩固实力而发生大规模械斗甚至局部小规模战争的根本原因,所以,清朝进驻云南之后,对于土司实施法律调控的第一步是从承袭开始,而清朝对于承袭制度的运用早在关外时期,清朝满族就已经建立了类似承袭制度的牛录制度,为清朝统治云南土司地区奠定了经验的逻辑。所谓"牛录额真",即"牛录之主"的意思。牛录的职能涉及军事、经济、司法、社会等各方面,是无所不包的。③牛录的职能并非由国家严密的行政法所规定,而往往源于行之已久的习惯。

准确地讲,牛录是军事化的经济、社会组织,整个牛录是由军事组织发展来的,在离开战争便不可能得到生存和进一步发展的开国时期,它也只能继续以

---

① [英]伯特兰·罗素:《权力论:新社会分析》,吴友三译,商务印书馆1991年版,第32页。

② 张捷夫:《清代土司制度》,载《清史论丛》(第3辑),社会科学文献出版社1981年版。

③ 参见张晋藩、郭成康:《清入关前国家法律制度史》,辽宁人民出版社1988年版,第215页。

编制划一、纪律严明的准军事组织形式构成整部战争机器的一个基础部件。[①]既然牛录通常以一个强大氏族为核心,并由强宗出任牛录额真,那么,不仅强宗的子弟亲族要奉牛录额真为宗族之长,即便依附于强宗的别姓宗族也要承认其为本牛录的总族长。划定牧地疆界、编立旗分牛录的同时,满洲统治者或与蒙古贝勒们共同议定某些法律或由全国派人到蒙古备部直接颁布各种禁令,以加强满洲与归附蒙古之间的军事政治联盟,限制藐古各部间的内乱纷争,达到确立满洲对蒙古各部的统治的目的。[②] 除此之外,满清还创立了朝贡制,对叛逃者军法处置,以军令征询军队,约会从征、战争期间与内八旗实行统一军律,对不如期朝贡、会集者予以惩处、部族越界驻牧,侵犯邻部利益、各部之间承担互相救援、协同镇压叛逃的义务,确认和维护外藩蒙古王公贵族的等级特权、约束外藩蒙古统治者对习惯权利的无限追逐、颁布逃人之法、司法权限。[③] 在这个过程之中,赠降亡将士世职,令其宗亲承袭。不难看出,清朝满族内部管理上已经为了保证地方行政管理建立承袭制度,虽然满族在关外时期的承袭制度的主要目的在于强化军事领导权,然而,这一行政管理制度的实践经验对清朝控制云南土司这一方面起到了一定的借鉴作用。

土司承袭制度不能被简单地理解为关于土司的承袭制度,正如前面所讲,土司是一个概括性称谓。土司不仅指那些宣慰使司、招讨使司、安抚使司;也包括其他各种土官,如土舍、土弁、土守备等。土司承袭制度既是“司”一级子弟承袭的规定,也是其他土官子弟承袭的规定。乾隆时期,土司承袭制度已经适用于土弁之子弟。承袭的范围向下延伸至一般的头目。乾隆五十八年……又谕:“向来绿营阵亡官弁,俱给予世职,……遵旨议定:嗣后屯土官弁随征阵亡,应行承袭者,由兵部核定具题,奉旨后移咨吏部,揭送内阁,撰给敕书,照例颁发。”[④]承袭制度适用范围的扩大,预示着清朝国家权力覆盖土司群体范围的扩张,这

---

① 参见张晋藩、郭成康:《清入关前国家法律制度史》,辽宁人民出版社 1988 年版,第 223 页。

② 参见张晋藩、郭成康:《清入关前国家法律制度史》,辽宁人民出版社 1988 年版,第 367 页。

③ 参见张晋藩、郭成康:《清入关前国家法律制度史》,辽宁人民出版社 1988 年版,第 374 ~ 404 页。

④ 《土官》卷一四五,《吏部》一百二十九。转引自方国瑜:《云南史料丛刊》(第 8 卷),云南大学出版社 2001 年版,第 173 页。

种扩张的背后表明了中央王朝控制土司权力的有序推进。承袭制度的下沉，一方面，瓦解了土司阶层中上层土司通过控制中下层土司对抗清朝的企图；另一方面，扩大化的土司承袭制度激励更多的底层土司头目臣服清朝的统治，从而对上层土司起到了釜底抽薪的效应。

扩大化的承袭适用范围集中在军队内部出征打仗的土官弁，这对于清朝遣调土兵、讨伐反叛土司或者防卫边疆来讲，不仅解决了从京城调兵面临路途遥远、远水不解近渴的困境，而且有效地提高了军队作战过程中的后勤保障能力。土官弁的土著知识对战争的胜负也起到了一定的作用，熟悉地形是八旗兵和以汉人为主体的绿营兵无法和他们相比拟的优势。承袭制度在清初起到了安抚土司稳定的作用，随着清朝在云南的统治体系逐步缜密，完全可以取消土司承袭制度。然而，清朝不仅没有取消该项制度，而且继续完善该项制度，并对已经改土归流的土司子弟仍然适用承袭制度。

作为一个全国性的统治政权，清朝满族的中央权力只有下沉至基层社会，建立自上而下的行政管理体制，才能实现这一统治目的。由于此前清朝满族统治关外时期接受了中原儒学中的政治知识谱系，因此，通过历史记载来看，清朝统治云南有备而来，同时又处于不断调整之中。在明朝建立完整的土司职官制度基础之上，清朝着重突出承袭制度在法律调控土司过程中的核心地位，通过一系列承袭制度的不断完善，建起了一整套行之有效的控权制度。

土司承袭制度与土司存亡具有历史的历时性与共识性，土司的存在决定了承袭制度必须不断地走向完善，而不断走向完善的承袭制度则为土司的存在提供了法定的事由。因此，清朝统治云南的200多年间既是土司存留的200多年，也是土司承袭制度不断完善并发挥调控土司权力的200多年。因此，土司承袭制度的变化贯穿着清朝统治云南的全过程。所以，清朝档案中土司承袭授封的连续性可以管窥土司制度的变化及其变化背后的权力监控。

第一类，降职承袭，多为从九品官。根据明朝关于土司职官制度的规定，土司规模与土司被封授的官职官秩相匹配。而规模大的土司又往往存有割据一方之心。因此，要想保留土司的地方统治功能的同时又能防止土司纠结反叛，那么，可以选择通过武力直接剥夺，但是，这样就很可能造成其他土司的不安，甚至推动土司之间的联合和强化反清的决心。所以,通过土司已经习惯的制度性认同实现既保留土司又不至于让土司觉察的措施,在当时来看是比较符合清朝统治云南土司地区的实际环境的。

如此一来,降职承袭则是中肯的选择,如云南府禄丰县南平关土巡检,驻土官村。顺治十六年土巡检李楚南归附,仍授旧职。传至李东来,乾隆五十年改为从九品土官,可以世袭;大理府邓川州青索鼻土巡检,顺治十六年土巡检杨应鹏归附,仍授旧职。传至杨荣昌,乾隆五十年改为从九品土官,可以世袭。在承袭中降职,既保留了土司的地位,又达到了弱化土司的目的;同时通过承袭起到了安抚土司不满心理的作用。

第二类,武职改文,多为土舍级别。土司作为地方势力的统治者,集文武职能于一体,并无文职与武职之称呼所区别。自明朝建立土司职官制度以后,土司被纳入国家职官制度管理体制,虽然隶属于特殊的管理体制,但是,明朝根据土司规模的大小,特别是拥有土兵规模的大小而授予武职称谓。清朝统治云南土司地区之后,考虑到土司拥兵自重的可能性,通过设置国家兵力驻防,弱化了土兵的国防功能。这样,土司武职存在的功能也就随之而弱化了。因此,在土司承袭实施的过程中,武职便被改为文职,仅仅负责地方的行政管理,包括社会纠纷管理。如溪处长官司副长官,清初恩忠归附,仍授副长官世职。康熙四年因为随禄昌贤反叛,杀恩忠,改为土舍;瓦渣乡长官司,清初钱觉跃归附,仍按副长官世职。

康熙四年钱觉跃因为随王禄反叛被官兵擒而斩之,革职,改为土舍;左能寨长官司,清初吴应科归附,经查为明代蚌颇的十一世孙,改为土台,同意世袭;落恐甸长官司,清初陈玉归附,但是因为所授的“号纸无存”,便授为土舍,准许承袭;阿邦乡土舍,清初土守备陶顺祖归附,因为清代土司不加封武职,改为土舍;其中,还有土舍世职。如慢车乡土舍,清初元江少数民族造反,土目刀冈随官军进剿有功,授土舍世职。武职改为文职的本质是剥夺了土司的兵权,而级别官秩的降低则变相矮化了土司的政治地位,这就更加有利于流官在土司地区实施国家管理,贯彻国家政令,最终实现自上而下的政权统治。

第三类,因设立流官知县,而改为土县,并授权世袭。在明朝关于土司职官的管理制度基础之上，清朝对此进行了局部修改，包括土司职官的称谓。修改土司承袭的目的，从表面上看是为了区分流官与土司称谓，以此实现流官与土司的双轨制管理。土司官职分为两类，一类是土府、土州、土县，隶属吏部管理，在生这一级行政机构由布政司负责；另一类是宣慰司、宣抚司、招讨司、安抚司、长官司，隶属兵部管理，在生这一级行政机构则由都指挥使司负责。[①] 然而，实际上，改变土司官职的称谓，虽然只是改变了称谓，比如土知县改为土县。如大理府赵州云南县土县远，驻云南县城。

顺治十六年土知县杨玉蕴子岳归附，仍授土知县世职。康熙六年云南县改设流官知县后，改土知县为土县，可以世袭。称谓是一种符号，而官职称谓则是代表政治地位与权威的符号。当土司职官称谓为了回避国家流官称谓的需要而被改变，那么，在土民心目中改变的不只是土司职官的称谓，而是土司权威的没落以及流官权威的升起。在土司权威下降的过程中流官权威的上升则直接决定了土民支持、选择、接受流官管理的心理转向，从而推动了清朝控制云南土司地区的深度与强度。

第四类，中途中断，因功再授。土司家族在连年的战乱之中，以及土司之间互相吞并战争必然带来土司势力的没落，甚至一度失去了自己的势力范围。随着清朝统治云南之后，土司后代举旗起兵，协助清军占领云南，由于战功显著，便重新获得了土司封号。也有土司在清朝统治云南期间，帮助清朝平叛而取得了较高的官职，从此其后代子孙重新拥有承袭的机会。如大理府云龙州老窝土千总，驻老窝，顺治十六年土知州段德寿归附，后又裁除。乾隆十二年段德寿的孙子段维精因剿灭称嘎夷反叛有功，被授予土千总世职。道光元年永北发生战事，段克勋带兵出征，被授五品顶戴。因公再授的制度实践，激励了土司拥戴清朝的忠心，而承袭则进一步强化了忠心。在对清朝忠心的心理影响下，接受清朝的制度性惩罚也就成为情理之中的制度性结果。对于惩罚性制度的接受，其本质表现了土司臣服清朝的内在心理倾向。

---

① 参见张捷夫：《关于雍正西南改土归流的几个问题》。转引自中国社会科学院历史研究所清史研究室编：《清史论丛》(第5辑)，中华书局1984年版，第274页。

第五类，图谋反叛，不得世袭。承袭制度在明朝比较温和，一般情况下土司承袭几乎成为惯例，明朝授封成为一种形式，以及土司获得国家政治权威的正当性来源，而实际上土司的统治权并未受到明朝中央权力集团的控制，甚至由于未能实施控制而滋长了土司自我割据的心理。如蒙自县土县巫，土知县陆氏被废别后，土舍禄重占据了土官村，沉溺于酒色之中，不能有效治理民众，后被沙源攻破土官村。

沙定洲之乱后，李日芳占据蒙自县后李日芳的侄儿李世藩、李世屏随禄昌贤反，李世藩被杀，李世屏破充军大理。吴三桂反叛时，李世屏被吴三挂授总兵，但当清军攻回云南时，李世屏马上投降，所以授蒙自县土县远职，不准世袭。其中，也有因罪过被废止，或者安插到其他地区。如蹈峨县土主簿，清初王扬祖归附。康熙四年因参加禄吕贤反，王扬祖被杀，废土主簿；楚雄州姚安府土同知高氏清初归附，仍授世职，传至李厚德，雍正三年因为犯法被革职，安置到江南；澄江府河阳县土官刀招清初归附，传至刀廷俊，裁革；广南府富州土知州沈昆聪清初归附，仍授世职，康熙九年颁给州印，因罪革除。

第六类，设置流官，或者保留土司，或者废止土司。设置流官并非清朝绝对的主张，从历史记载来看，对于土司管辖的地区，清朝有选择性地设置流官，甚至设置流官的目的在于填补该地区无人管辖的状态。也有因为土司无能管辖其地区，不得不主动申请清朝设置流官，从而借助流官势力维护自己的利益。例如，教化三部长官司副长官，清初副长官龙升归附，改名为张长寿，授世职。康熙四年随王禄反叛，张长寿被诛杀，以教化三部地设开化府，改流官治理；又如雍正五年闰三月癸亥又议覆，川陕总督岳钟琪疏言："镇雄土知府陇庆侯稚弱无知，不能约束土目，恳请改土归流。……其应否改设流官？归并何省管撼？亦令会同云贵总督鄂尔索，妥议再奏。得旨：陇庆候著解送云南审明。其镇雄地方，改土归流，归并云南就近管辖。"[①]清朝对待改土归流的迟疑态度，可能的原因是多方面的。

从文献中能够判断，通过保留土司尽显清朝怀柔之仁政可能是最主要的原

① 《清实录・世宗实录》卷五五，台北，华文书局总发行1989年版，第847页，"雍正五年三月癸亥"条。

因。即便对于那些罪恶多端、草菅人命的土司,清朝雍正时期也是尽可能放其一马,以归化收编为上策。清雍正五年“向来云贵川广,以及楚省各土司,僻在边隅,肆为不法……可否其改土归流,……各尽怀保边民之道”[①]。显然,雍正皇帝对于改土归流这一治策并不是百分之百支持,而是尽量保留土司。一方面,“可供体朕心”彰显清朝的仁爱之心;另一方面,通过此举驱动土司与流官“各尽怀保边民之道”。按照时间先后顺序,保留土司最多的是临安府,共有土知府、土总管知州、长官司长官、土把总、土舍二十余家,几乎都是顺治十六年归附清朝后沿袭明代官职所设。除上述列举之外,还有“纳楼茶甸长官司,……曲靖府平彝县土县丞,驻平彝县竹园村,土县远龙阔清初归附,仍袭旧职”[②]。到了晚清时期,云南依然存在着不少的土司。在边疆危机的巨大压力下,朝廷仍然根据统治需要,结合云南实际,或废或改,或新设,或土流并存。

从土司分布、设置、变化的情况不难看出,清朝在统治云南初期如果在土司地区实现彻底的流官治理确实有一定的困难,无论是军事力量、后勤保障还是官员选派以及制度供给等方面,距离在云南土司地区建立自上而下的行政官僚体制还有诸多不成熟的条件。然而,随着清朝在中原地区统治的稳定,以及在云南靠近内陆地区流官统治基础的日益坚固,采取由里向外、由南向北逐步推进的方式,是可以在整个云南地区建立清朝统一的封建官僚统治体系的方式。然而,清朝宁可采取分合、拉拢、安抚手段保留土司在土司地区的地方管理权,也没有实施彻底的消藩策略,即便是改土归流地区,也并非彻底根除土司,而是在流官管理的前提下保留土司拥有一定的管理权。比如,前面文中建水县纳楼土司地区发生的刑事命案就是一个很好的例子。

从清朝保留土司的整个历史过程来分析,可以做出如下推测:清朝政治统治中心远离云南,核心军事力量也以守护京城和防御西北方为主,而镇守西南以及中原腹地多为汉官汉军。如果在云南增派军队,远离京城的八旗子弟兵能否抵御来自土司的反抗是一个未知;同时,吴三桂镇守云南引发的“三藩之乱”

---

① 《清实录·世宗实录》卷六四,台北,华文书局总发行1989年版,第1010~1011页,“雍正五年十二月己亥”条。

② 《清史稿·土司传一》,中华书局标点本1977年版,第4258~4267页。

也让清朝心有余悸。吴三桂在云南实施的苛捐杂税以及暴虐统治,搜刮民脂民膏,激起了云南人民的强烈反抗。也正是由于吴三桂在云南造成了饿殍遍野的局面,以至于土司也多愤怒。"自癸丑军兴,滇蜀之间屡岁不登,米一石价五、六两,盐价三、四百钱一斤,军需孔殷则加税田亩地丁额,亩征至五、六钱,征催压迫,怨声四起。故所破州县,旋得旋失。加税不足,又于云南丽江等处凿山开矿,采取金银,日役苗夷万人,土司多忿怨。"①吴三桂的残暴统治,不仅没能为清统治者进入云南设置障碍,而且反倒帮助清统治者建立了期望的社会基础,以至于本来有拒绝清统治者的土司们也大多数已经在心里面倾向清统治者了。

云南作为清朝东南亚的陆路出口,漫长的边境线必然存在潜在的军事冲突。在综合考虑政治、军事、经济因素背景下,既能够防范外敌的侵入,在一定程度消解汉人称雄一方的可能性,充分保护清朝的统治利益,选择云南土著及其组成的武装力量是当时情势下最为有效且能胜任固边的最佳方案,后来云南内部历次平叛与对外防守证明了清朝保留土司的正确性与适用性。承袭制度从实质上也是奖惩制度,清朝初期对于土司的功过有着清醒和严格的奖惩,对于稳定土司地区的社会秩序起到了很好的安抚作用。清康熙二十一年"朕观平越、黔西、威宁、大定四府土司,原属苗蛮,与民不同,以土司专辖,方为至便"②。奖惩分明的制度不仅对于土司判断清朝的态度给予了明确的指示,而且在安抚土司、收拢人心上也起到了镇定的作用。这种奖励体现在承袭制度上就是推行分袭制度,土司分袭制度的建立,从数量上看的确增加了土司的数量,但是,如此一来,分袭不仅通过数量上的增加降低了原有土司的规模,而且由于土司各个独自的势力通过分袭被缩减而不得不接受流官的管理,从而强化了清朝在云南土司地区的控制。

"今土官摘长子孙,虽得承袭本职,此外支庶,更无它途可以进身。嗣后各处土官支庶子弟,有驯谨能办事者,许本王官详报督抚,具题请旨,酌量给与职衔,令其分管地方事务。其所授职衔,视本土官各降二等。……其分管地方,视

① 《明季稗史汇编》卷十《四王合传》。

② 《清实录·圣祖实录》卷一〇六,台北,华文书局总发行1989年版,第1415页,"康熙二十一年十一月癸未"条。

本土官多不过三之一,少五之一。此后再有子孙可分者,亦许其详报督抚,具题请旨,照例分管,再降一等,给予职衔印信号纸。"[①]从制度表面上看,分袭制度体现了清朝不拘一格降人才的职官制度,而实质上分袭制度起到了化整为零的目的。分袭制度不仅从规模上降低了土司的势力范围,而且在官职上同时因为规模的弱化而减弱。无论是先前的旧土司,还是后来通过分袭制度设置的新土司,清朝实施的分袭制度一箭双雕,兵不血刃地实现了化大为小。由于土司管辖的范围缩小了,原来一个土司管辖的地域现在成为几个土司管辖的几个土司区域。然而,流官设置并未因为土司分袭制度而同时做出对应的分袭,这就意味着大土司经过分袭制度之后变成若干个小土司,每个小土司在同一个流官管理的行政区划内。因此,分袭制度虽然在扩大规模的基础上保留了土司,但是,由于流官对土司地区实施行政管理的行政区划没有变化,所以,原先能够与流官抗衡的土司现在变成了流官管辖区域内的小土司,而流官作为土司地区国家权威的唯一代言人应运而生。

土司分袭制度从效果上起到了弱化土司势力,便于流官管理的作用,强化了清朝通过流官监控土司的政治意图。实际上,分袭制度的建立,其缘起并非是清朝实施土司监控困难,而是土司之间因为争袭竞相大打出手。起初,清朝在明朝土司承袭制度的基础之上,规定"凡土官之职,皆给以号纸,土府厅州县则加以印"。[②] 日后随着土司承袭过程中出现后嗣无人的情形,于是,为了延续土司的地方管理功能,清朝规定,准以嫡子嫡孙承袭;无嫡子嫡孙,则以庶子庶孙承袭;无子孙,则以弟或其族人承袭;其土官之妻及婿,有为土民所服者,亦准承袭。[③] 然而,这一制度虽然有利于清朝通过多元化的选拔机制,在土司地区实施"以夷制夷"的统治策略,但由于承袭制度并未规定他人承袭土司的顺序、程序与甄别,导致承袭制度乱象丛生。从而致使土司"私相传接,支系不明,争夺

---

① 《大清会典事例》卷五八九《兵部》土司"土司袭职"条,光绪商务印书馆石印本,第1页。

② 《大清会典》卷一二《吏部》,验封清吏司,"凡土官之职"条,光绪商务印书馆石印本(第2册),第2页。

③ 参见《大清会典》卷一二《吏部》,验封清吏司,"凡土官之职"条,光绪商务印书馆石印本(第2册),第2页。

由起,遂致酿成变乱"[①]。这不仅损害了土民社会的经济生产秩序,致使广大土民深受土司争袭之害,而且连年争袭导致土司地区社会极不稳定,直接影响清朝在土司地区的统治权威。所以,清朝不得不严格限制承袭的甄别程序与条件,从而确保承袭的嫡系性。

清朝攻占云南之后,为了避免土司后继无人,或者承袭过程中出现乱为,采纳了贵州巡抚赵廷臣的建议实行预定袭嗣法,即"每遇岁终,各将世系履历,及有无嗣子,开报布政司注册,三年入觐时报部,以凭稽核"。[②] 土司后裔准备承袭之时,应有预备名册,一旦"袭职时,文武王官造送宗图册内,将本支各派全行开列,逐一添注,以备稽查"。[③] 为了防止被人假冒,确保土司承袭的连续性、稳定性,严格规定应袭者"由督抚具题,将该土官顶辈宗图、亲供、司府州邻印甘各结,及原领敕印,亲身赴部,由部核明,方准承袭"。[④] 不难看出,清朝初期对于土司承袭过程中可能出现的问题制定了一些防范措施,同时,也在承袭制度的细节上进行了必要的松缓。康熙十一年清朝考虑到云南距离京城千里,承袭土司往返需数日,且路途艰难。为了体现清朝的体恤之恩,故取消明朝规定土司承袭必须"亲身赴部"的规定,但是,其他诸如图册、印信等证明嫡系身份的手续仍很严格。

"每遇承袭,由各省掌印都司验明起文,取具地方并邻封土司印甘各结、土司亲供、户族宗图,队及原领号纸,详报督抚,由督抚具题请袭。经部核对无异,题明准袭后,将袭替职衔、年月、顶辈各项填入号纸发给,方为正式承袭。"[⑤]显然,在土司承袭的过程中,极有可能发生冒名顶替、涂改图册、伪造印信等严重影响国家建构土司承袭秩序的不法行为,扰乱国家关于土司承袭制度的有序执行。不过,取消承袭之人不必亲到吏部或者户部的规定,很有可能为吏部、户部

---

① 《东华录》顺治卷三二,顺治十六年五月壬午,光绪湖南刻九朝本,第 12 页。

② 《清实录·世祖实录》卷一二七,台北,华文书局总发行 1989 年版,第 1508 页,"顺治十六年七月戊子"条。

③ 嘉庆《大清会典事例》卷四《兵部》。转引自张捷夫:《清代土司制度》,载《清史论丛》第 3 辑,社会科学文献出版社 1981 年版。

④ 嘉庆《大清会典事例》卷四六九《兵部》。转引自李世愉:《清代土司制度论考》,中国社会科学出版社 1998 年版,第 122 页。

⑤ 张捷夫:《清代土司制度》,载《清史论丛》(第 3 辑),社会科学文献出版社 1981 年版。

官员收受贿赂、篡改图册、图谋权益提供了机会。

土司承袭与财产继承不同,承袭的客体是地方化的国家权力,出现土司之间争袭现象的原因就在于此。因此,乾隆三十三年针对土司承袭的资格作了进一步规定:“土官袭替定例,必分嫡次长庶,不得以亲爱过继为词。”[①]实际上,这等于取消了非嫡长子或者嫡亲的人的承袭权,相当于关闭了土司自我决定承袭资格的权力。客观地讲,作为国家权力的载体,土司职官的承袭应当由国家选择,不能由土司自我选择,这是国家权力的公共属性决定的。也就是说,职官的承袭权是一项权力,但属于国家所有,应由国家行使该项权力,从而保证地方化的国家权力得到有效地保障。与此同时,清朝国家出于控制地方社会的目的,虽然认可土司承袭制度的可行性,但是,权力必须交由国家可控的职官来行使,这是维护国家统一的基本要件。

国家控制社会不能离开一支忠诚的官僚队伍,他们不仅是国家权力的代理人,也是国家权力的直接行使者。而在封建王朝的官僚制度中,官僚集团中的每个人不是对国家忠诚,而是对于王朝中央忠诚,即对于掌握生杀大权的皇帝一人效忠。因此,从封建王朝的中央官员到地方官员,必须维护皇权的统一。所以,土司自设承袭是对清朝中央集权的侵犯,同时也造成了官僚集团正常的职官秩序的混乱。雍正皇帝推行“改土归流”之后,有的土司有名无实,有的土司附属于流官管理,还有的土司实际上变成了只拥有私田的大户。针对“改土归流”后土司的存在,乾隆朝调整了土司的职官管理制度。乾隆五十年“各省土官向无地方村寨管辖者,将原袭文职改授土官。如土通判改授正六品主官,土推官改授正走品主官,主县丞改授正八品土官,土主簿改授正九品土官,止巡检改授从九品土官,不必仍书通判、推官、县丞、主簿、巡检等字样。向有给予印信者,将印信咨送礼部销毁。其有管理地方之土官,仍循旧制,毋庸改职衔”。[②] 不难看出,乾隆时期云南地区的土司,有相当一部分已经只是享受职官待遇,已无管辖区域。自然,也就不存在土司承袭制度。清朝对此采取销毁印信的举措,

---

① 《大清会典事例》卷一四五《吏部》土官“土官承袭”条,光绪商务印书馆石印本,第2页。

② 《大清会典事例》卷一四五《吏部》土官“土司承袭”条,光绪商务印书馆石印本,第2页。

则是从根本上断绝土司承袭的可能性了,推动了土司承袭从以权力为对象的承袭转向以家庭财产为对象的家庭继承,达到了剥夺土司权力,强化地方流官统一管理的目的。

第二节 虚职制度与安插制度留任留人篾权

土司在清朝官僚体制谱系上属于旁支别类,从官秩官位来看与皇家正统官僚身份别无二样,从权力责任来看与皇家正统官僚职权天地之别。土司之所以可以看作官僚体制的旁支,是因为土司的官称是单行序列,如安抚司,这些清朝官僚谱系中是没有的官职;视土司为别类,是因为土司拥有的权力与土司拥有的官称不一致,土司的权力仅限于家族统治范围,至多拓展到周边散户人家,而流官的权力则与流官称谓一致,如云南督抚,其管辖范围与督抚一致具有对应性。

雍正“改土归流”之后,土司职位虽然按照律例规定仍然可以承袭,但土司已经沦为清朝安置在土民居住地区辅助流官管理基层社会的协助人。在政治权力的纵向结构上,清朝封建权力组织体现了官僚系统的绝对性一统,即庞大的官僚系统从渗透到基层社会的最底层开始,经过层层收拢,最后集中到皇帝一人手中。但是,这种金字塔并非是规则的几何体,只是形似而已。

官僚组织中不同阶层的官员构成的权力金字塔不仅纵向上互相依仗,横向上同样互相依仗。上级依靠下级组织人力、物力、财力完成更上一级的交办的各项任务,下级则依靠上级提请获得更高一级的晋升;同级官僚虽然为同价,但是,各自的上级或者发生利益关系的上级之间在彼此之间并无联系。有的时候同级官僚传递的信息可能是自己的上级难以获得的内容,所以,同级官僚之间也是互相依赖。这样,除皇帝以外,其余的人虽然都处在金字塔塔尖下面,但是,从维护自己官职的利益上来讲具有一致性,不约而同地对皇帝本人形成个体利益的共谋。皇帝作为封建权力最高层级,建立一统的官僚体制谱系是其控制国家和社会的首选,然而,建立这样一支一统的官僚体制并不困难,困难的是如何让整个官僚体制实现皇帝统治国家的政治大业，而在地方则表现为有效管理。

土司虽然不是清朝正统官僚体制谱系上的组织内成员，但是，作为土著地区的传统代表符号，其在土司管辖地区的话语权基于历史积淀而令流官不得不在基层社会管理过程中依赖土司与土民之间的沟通、协商。在不涉及流官乌纱帽的情形下，流官往往把土著地区事务托管于土司，比如收粮纳税、兵丁赋役、一般民事纠纷等。与清朝封建最高权力机关将地方事务托管于流官不同，源于科举考试选拔任命的流官在下层人可以通过努力实现上层人官宦生活与社会地位的同时，流官选拔的普遍性暗藏着可被替代性。流官与管辖地区没有骨子里的内在关系，而是以履职作为对上级权力任命的回报。因此，清朝派设云南土司地区的流官，面对享有清朝单行条例规定的土司，在完成朝廷下派的各种政务之外对之多半采取放任态度。

土司深谙流官的任期制度，特别是流官赴任云南的为难情绪以及任期结束则想方设法调迁中原腹地的心理也会深知其意。流官与土司基于任期内相安无事的利益共识，则导致云南土司地区基层社会管理被土司把控。流官不仅对土司之放任态度，而且还利用最高权力机构的授权包庇土司的一些不法行径，以至于远在北京的清朝最高统治者与土司之间形成了流官作为缓冲地带的夹层。因此，清朝最高统治者试图通过流官按照法律积极有为地监控土司的统治手段难以实现，比较稳妥的方式就是严密相关律例，通过结织缜密的律例推动流官约束土司，同时通过律例强化土司权力的范围拘束，从而消解土司通过传统性权威腐蚀流官国家性权威的政治条件。

清朝逐渐收紧土司权力的力度并非一开始就是如此，而是在不断试错的经验上得到深刻的认知。土司作为曾经的地方势力，如果离开清朝绝对的强大力量压制，土司的反清活动可能会随时发生。自顺治到乾隆，经过几代人的摸索，掌握了对付土司的政治策略。乾隆三十三年三月，皇帝对军机大臣说道，自云南用兵以来，土司这些联合在一起的集团，每次一听到贼寇的消息，就进行躲避而不战斗。如果将来官兵进入木邦土司的领地，这些人怎么敢用？所以此时若知道他们的下落然后令他们回到内地，对他们进行安顿，防止他们添乱。乾隆三十三年"自云南用兵以来，……再：土司甕团，每闻贼信，即行潜避。将来官兵如进木邦，其人岂足复用？此时若访知下落，即令回至内地，善为安顿，毋令知觉惊惶"①。

土司历来就是一把管理地方的"双刃剑"，如果处理不好，就容易滋生事端，所以，朝廷愿把它们召回内地进行安顿，并给予他们优厚待遇，防止他们添乱，造成不必要的麻烦。乾隆三十三年七月，皇帝召集军机大臣们一起商讨有关匪贼归来之事，谈及九龙江贼匪归顺之时，特别强调不得赏赐土地，而要派官员前去采用招抚、安抚的手段借以瓦解其势力。木邦土司就属于前车之鉴，作为一国之朝，不能因为贪图土司原有的势力而任由表面归顺掩盖着反叛的想法。土司被招抚以后被安插到别处做个小官享有待遇，防止因为封地而为土司留有集聚抗清势力的机会。此外，云南省的土兵由于前些年的积累，大多数都存在恶习，通过清朝派驻新兵代替土兵有很大的难度，最好的办法是直接派遣满洲官员防守边疆要塞，甚至启用贵州士兵。至于云南士兵累积下来的坏习惯，应是平日训练少或者根本没有训练所致。因此，必须通过追究官员责任防止后患，并不再提升叙用。乾隆三十三年"……九龙江贼匪，若来归顺，将伊等地赏给之处，断不可行。派员招服不过安抚以分贼势，并非图得其力。此等贼匪甚属狡诈，虽已归顶，贼来仍不免逃逸，木邦土司其明验也"②。历代以来，土司对于中央王朝来说都是一项不可控的因素，又加之木邦土司事件，导致乾隆帝以及当朝的军机大臣们对大多数土司心生芥蒂。在表面上清朝采取招抚政策，对于其中恪守边疆的土司，给予授官加职，从而在土司中间制造分离，继而瓦解土司这个群体的实力，达到弱化整体的目的。保留土司的目的不是让土司拥有壮大的空间，而是限制下的保留，这一对策的背后是清朝对于土司权力的控制。

清朝土司官秩制度仿照明朝规定，保留了明朝时期规定的官职级别，同时也根据清朝治边理念在诸如官员品级与官员待遇上作了适当的调整，从而使土

---

① 《清实录·高宗实录》卷八〇六，台北，华文书局总发行1989年版，第11423页，"乾隆三十三年三月辛丑"条。

② 《清实录·高宗实录》卷八一四，台北，华文书局总发行1989年版，第11543页，"乾隆三十三年七月丙申"条。

司制度更加符合清朝统治少数民族地区的需要。总体上讲,清朝实施的土司制度既体现了西南地区土司制度的普遍性,又体现了不同地区土司制度的个别性,这种差异化管理不仅能够在土司之间建立竞争性的忠诚,而且有利于清朝在土司群体内部实现分而治之的统治策略。清朝史籍记载,土司职衔分为武职与文职。其中,武职土司职衔相对文职职衔有所烦琐,这可能与武职掌握一定的武装力量有关系,故对此作出了上下等级分明却层级叠床架屋的分管,其目的在于通过烦琐的军衔等级而对调兵遣将形成程序上的钳制,也为军事主官或者更高级别的清朝势力作出反击提供缓冲的时间。土司武职分类非常详细,[①]如此详细且等级严密的武职官衔制度,一方面,扩充了国家官僚体制中纳入土司的容量,这就尽可能为把大小土司纳入国家官僚体制中接受国家法律规范化管理提供了空间;另一方面,反映出土司不仅数量多,而且彼此存在较大差别,为了更好地安抚每一个土司,尽可能做到"一视同仁",只能通过缜密的官衔等级制度,确保每一位土司都能够找到自己的位置,以"填空"的方式满足土司的政治需求,从而避免日后可能带来的反叛。同时,针对土司建立的官衔职级也帮助土司内部建立了规范化的管理体制,有助于清朝"统治一个,制服一片"。同样,土司文职也有着较为严格的等级规定。

由于土司文职不专有军事指挥权,同时大部分土司作为一级行政机构在行政级别上低于州县,仅有少数土司,如丽江木氏土司、傣族土司、南甸土司、姚安土司等可与"府"相提并论,其他的多为州县级别或者更低。土府分为六等,土知府按照四品待遇,土同知是正五品,其后土通判位于正六品,土推官位于正七品,土经历位于正八品,土知事位于正九品,形成了等级分明的官秩;土州则分

---

① "营、卫、屯、土之武职,其级"指挥使司七等,指挥使正三品,指挥同知从三品,指挥佥事正四品,千户正五品;副千户从五品,百户正六品,百长无品级;宣慰使司四等,宣慰使从三品,宣慰同知正四品,宣慰副使从四品,宣慰佥事正五品;宣抚使司四等,宣抚使从四品,宣抚同知正五品,宣抚副使从五品,宣抚佥事正六品;安抚使司四等,安抚使从五品,安抚同知正六品,安抚副使从六品,安抚佥事正七品;招讨使司二等,招讨使从五品,招讨副使正六品;长官司二等,长官正六品,副长官正七品;土弁八种,土游击从三品,土都司正四品,土守备正五品,土千总正六品,土把总正七品,土外委千总正八品,土外委把总正九品,土外委额外从九品;土屯四种,土屯守备正五品,土屯千总正六品,土屯把总正七品,土屯外委正九。百长、土舍、土目均不入品级。"《钦定大清会典》卷四六《兵部·武选清史司》,光绪商务印书馆石印本(第5册),第1页。转引自龚荫:《中国民族政策史》(下),云南人民出版社、云南大学出版社2014年版,第879~880页。

为四等，土知州、土州、土州判、土吏目按照五品、六品、七品、九品的等级排序；土县则分为四等，即土知县、土县丞、土主簿按照七品、八品、正九品的序列，而土巡检则为九品。在土职中，土典吏、土驿丞未被列入品级官秩。也就是说，土典吏和土驿丞虽然带有"土"字，但是，已经不属于官僚序列了。[①] 与明朝土司文职不同的是，在清朝时期，出现了虚职。乾隆五十年"各省土官向无地方村寨管辖者，将原袭文职改授土官。如土通判改授正六品土官，土推官改授正七品土官，土县丞改授正八品土官，土主簿改授正九品土官，土巡检改授从九品土官。遇袭替时，止准换给号纸，按照品级填写几品土官，不必仍书通判、推官、县丞、主簿、巡检等样。向有给予印信者，将印信咨送礼部销毁。其有管理地方之土官，仍循旧制，毋庸改职衔"[②]。

虚职土司的设立，满足了土司获取来自国家认可的政治符号的心理，这对于那些被剥夺了特权的土司至少起到了一定的安抚作用。对于其他仍旧拥有特权的土司来讲，也是一种政治承诺，即保证土司后代继续享有承袭的名分，而这种名分对土司后代子孙踏入清朝仕途具有一定的帮助作用。清朝设置虚职的另一个原因是希望州县以下交由县官自治，而县官自治依靠的主要力量不是行政管理人员，而是乡绅。土司尽管没有实际地管辖村寨，但是，土司具有的影响力不因土司实际管辖权的革除而消失。因此，从统治基层社会秩序来讲，国家可以剥夺土司的管辖权，但是，土司在村寨中具有的影响力应当得以为清朝统治所用。所以，设置虚职既安抚了被褫夺特权的土司，又充分发挥了土司的作用，一举两得。

自雍正改土归流之后，虚职的设置开始出现，可以说，虚职是对改土归流之后带来的可能性反抗的一种软化。比如，云南地区土司就设有虚职，"其不管理苗裔村寨者，土通判二人，正八品土官一人"[③]。实际上，一旦失去了管理具体村

① 《钦定大清会典》卷七《吏部·文选清吏司》，光绪商务印书馆石印本（第1册），第1页。转引自龚荫：《中国民族政策史》（下），云南人民出版社、云南大学出版社2014年版，第88页。

② 《钦定大清会典事例》卷一四五《土官承袭》，光绪商务印书馆石印本，第2页。转引自龚荫：《中国民族政策史》（下），云南人民出版社、云南大学出版社2014年版，第88页。

③ 《清史稿》卷一一七《职官四·土司各官》（第12册），中华书局1977年版，第3415页。

寨的权力,土司就已经成为普通人了。虚职在某种意义上讲,可以看作是清朝对于既往立下功劳的土司的一种荣誉称号。

如果说严格承袭制度的执行和为了严格承袭制度而补强的分袭制度是积极的监控,那么,颁布实施惩罚性的特别律例则是消极的监控,即土司不能按照律例承袭,必须受到清朝律例惩罚。首先,规定承袭制度作为惩处土司的刑事制度,以不得土司亲子承袭作为规定,如果土司触犯死罪,那么,则断绝承袭,而选土民推举之人。“如土官受贿、隐匿凶犯逃入者,革职提问,不准亲子承袭,择本支伯叔兄弟之子继之。若有大罪被戮,即立夷众素所推服者,以继其职。”[①]上述规定一方面可以看出清朝对于土司实行严格的管理,而通用的工具则是承袭制度,另一方面,也可以看出清朝对于云南地区设置土司的重要性具有深刻的认识,并且给予足够的重视,从侧面也反映出云南地区土司对于清朝统治云南具有举足轻重的作用。清代奖惩制度的核心是“有功则叙,有罪则处”,[②]同样体现在土司承袭制度的实施过程之中。

土司承袭制度既有实体法的特征,又有程序法的特征。按照现代法律规范的构成来看,清朝诸法合一的体例在承袭制度的条文内容上表现得淋漓尽致。清朝关于土司承袭制度的规定,首先是该制度本身详细,既有承袭资格的认定,又有承袭过程的规定;其次,承袭制度具有连续性,从顺治初年经康熙,至雍正,再到乾隆、光绪年间,关于土司承袭制度的规定始终处于不断被完善的状态,这就足以看出清朝对于土司承袭的重视。如果说清初承袭制度对于安抚土司具有一定的作用,那么,清中期乃至清末承袭制度的沿袭则能够说明清朝对于中央王朝与地方势力维护疆土安全所持有的态度和主张。顺治初年定:“土凡承袭之土官,嫡庶不得越序”;康熙二十一年“土官受贿隐匿凶犯逃人者,革职提问,不准亲于承袭,择本支伯叔兄弟、兄弟之子继其职”;雍正三年复准:“各处土司嫡长子孙承袭,其支庶子弟中,有训谨能办事者,俱许本土官申请督抚题给职

① 《大清会典事例》卷一四五《吏部》,土官“土官袭职”条,光绪商务印书馆石印本,第1页。

② 嘉庆《大清会典》卷九《吏部》。转引自李世愉:《清代土司制度论考》,中国社会科学出版社1998年版,第140页。

衔,令其分管地方事务"①。

即便有些土司被安插,但也享受到特殊待遇。雍正五年"凡有改土归流之土司,其迁移何处,及如何量给房屋,俾得存养之处,著九卿酌量该土司所犯罪案,分别详议具奏"②尽管土司因为清朝贯彻存留养亲这一仁政司法理念而获得安插的特权,然而,对于土民而言这样的惩罚等于将传统的司法权威从历史的记忆中彻底根除,从而在为国家的主持公道而让开心路的同时对国家司法正义的输入产生了期待,并最终化作内在的支持。

清朝对待土司持有礼遇的一贯性做法,对于那些继续留在云南地区支持流官进行管理,或者主动融入清朝统治的土司而言,无疑是一种激励,也是一种政治承诺。清朝作为曾经接受过中原儒学文化熏陶的少数民族,不仅深深地被儒学文化的内涵所折服,而且深刻地被儒学文化具有的统治功能所影响。从顺治初年开办学堂教育之后,土司子弟被要求在原籍接受儒学教育,而后方可进入承袭序列。至乾隆时期,对于承袭序列的土司子弟,集中接受儒学教育,合格后方可回到家乡袭职。如果不能应试或者借故不参加应试的,被处以褫夺公权。乾隆二十九年"土司应袭子弟,令该学立课教训,俾知礼义,俟父兄卸事之日,回籍袭职"等。③ 儒学的强制推广从其本质上是一种文化输入,然而,这种文化在当时看来,是有利于清朝在全国范围内建构文化统一的国家民族文化,这为儒学文化的精神延续与内涵影响扫清了各民族之间的障碍。由于儒学文化的教育对象在当时人口中所占比例是比较低的,同时儒学文化教育的目的是在地方势力与中央王朝之间建立一种官方文化的直通车,这就为各民族保留本民族的文化特征提供了足够的空间。官方文化与民间文化之间在不同群体上展现的各行其是,不仅繁荣了国家民族文化的内涵,而且丰富了各民族文化的表现形态,这为日后中华民族文化的凝练预制了民族基础,并为当下如何繁荣发展社

---

① 《土官·土官承袭》(卷一四五·吏部129)。转引自方国瑜:《云南史料丛刊》(第8卷),云南大学出版社2001年版,第172~173页。

② 《清实录·世宗实录》卷六〇,台北,华文书局总发行1989年版,第942页,"雍正五年八月丁末"条。

③ 《土官》卷一四五,《吏部》一百二十九。转引自方国瑜:《云南史料丛刊》(第8卷),云南大学出版社2001年版,第173页。

会主义文化事业提供了一条历史的经验。

虚职制度虽然在程序上依然贯彻承袭制度，然而，这与实质性承袭具有天壤之别。“其安插地方，每十口拨给官房五间，官地五十亩，俾得存养获所，官地照例输课，于每年封印前，将安插人口及所给房产数目，造册送户部查核。”①虚职制度推行之前，土司承袭意味着土司管理土著地区的权力在家族内部的延续。虽然土司官职源于清朝的政治授封，但是，管理土著地区的权力还是被土司家族掌控，只不过经由清朝最高权力机构采取国家认同方式而披上了政治正当性。实际上，即便没有清朝最高权力机构的政治封授，土司同样拥有统治土司地区的权力，且这种权力不受来自外在的限制。虚职的存在，尽管也是土司经过严格的承袭程序之后获得的称号，然而，这种称号的实质性内容意味着土司称号仅仅是一种来自国家的政治待遇。

虚职在体现国家认可土司存在和政治待遇的同时，反映出国家监控土司已经从妥协式管理走向专制式管理，即通过虚职这一看似带有政治重视的官职设置表明了国家已经完全控制土司地区的权力和能力。为土司设置虚职可能会有其他政治思虑，比如保留土司有利于维护土民的自发秩序，然而，从根本上讲虚职的存在已经在事实上表明清朝在云南地区通过法律监控土司达到了预期的统治目的。与虚职制度不同，安插制度不仅剥夺了土司家族后代的承袭权利，而且强制其搬出祖居地，彻底隔断土司与土著的联系。

安插制度的制定与实施，足以看出土司在土著地区的影响力不仅有着一定的社会基础，而且有着一定的历史传统，甚至我们可以推测安插制度是国家对于土司在土著地区具有超强影响力的一种政治退让。一方面能够适用安插制度的土司，不仅在土民当中具有一定的超越流官的号召力，而且在土司群体之间也一定具有足够的影响力。这种影响力不仅可以让局部地区陷于动乱，而且可以团结土司对抗清朝实施的政治策略。因此，安插制度与虚职制度从正反两个方面说明清朝在云南地区针对土司实施的法律监控具有一定的针对性，其最

---

① 《名例律》（徒流迁徙地方一）（卷七四一·刑部 19）（附律定例）。转引自方国瑜：《云南史料丛刊》（第 8 卷），云南大学出版社 2001 年版，第 301 页。

终的表征是褫夺了土司统治土著地区的传统权威和政治权力。

有的土司可以适用虚职制度,有的土司可以适用安插制度。适用虚职制度的土司与适用安插制度的土司相比,前者在土司地区以及土司群体之间的影响力要小于后者,后者不仅在土司群体有着一定的影响力,而且在流官中间也有足够的影响力。从清朝统治利益的角度来看,虚职是为了安定土民的传统秩序,而安插则不仅要稳定土司群体的情绪,而且可能也有出于稳定流官的考虑。如果讲虚职制度反映了清朝通过法律实现了对土司的完全监控,那么,安插制度则折射出清朝通过法律实现了对土司的政治妥协以及法律监控的不彻底性。同时也说明清朝最高权力机构控制地方官僚过程中手段的多样性,也为我们现在基于多民族统一国家的政治图景科学处理民族关系,特别为民族自治地区建构科学的党政结构及其内部决策体制机制提供了历史的借鉴。

第三节 请封制度与卓异制度强化一统体制

承袭制度是清朝主要的通过法律实现监控土司的律例规范,随着清朝统治集团的政治经验不断丰富,特别是汉人官僚在清朝统治过程中发挥的中坚作用越来越强,清朝不仅建立了完备的官僚体制,而且国家控制的能力通过非政府力量延伸到社会底层。而在云南地区土司虽然继续作为国家权力地方代理的角色而发挥着一定的作用,然而,由于流官已经找到符合国家利益的管理进路并建立起自己专属的幕僚队伍,土司试图借助自己作为本地区传统权威符号来影响流官决策的想法被流官逐渐升起的绝对管理而替代。但是,元明两朝统治云南的政治得失与清朝满族贵族对汉人官僚持有的不信任决定了土司可以被授予虚职或者安插,但不能彻底废除。

土司存在的价值在清朝建立起完整的官僚的层级结构之后由先前的代理人角色转变为平衡木角色,其管理功能也随之变为平衡功能。清朝保留土司是为了在土司与流官之间建立政治性竞争,一方面,可以防止流官天高不怕皇帝远,形成实质上的政治割据;另一方面,土司虽然可能与流官存在利益勾结,但是，土司的存在一定会让流官产生职业压力，从而服从清朝最高权力机构管理。包括虚职制度与安插制度的设计，虽然其针对主体是土司，但是，虚职制度与安插制度不过褫夺公权，并没有将土司置于死地。保留土司的生命，既体现了清朝皇恩浩荡与治政仁义的一面，又掩盖了清朝利用土司在土司与流官之间建立竞争机制，一箭双雕，从而强化清朝封建集权管理官僚谱系的力度与深度。

土司承袭的过程中，随着土司在清朝政治图景中的重要性越来越边缘化，土司承袭制度中严格的程序也有放松。光绪四年复准："土官改土归流，奉旨赏给该土官子弟顶戴、田产，存留奉祀者，准该后裔承袭，由督抚查照世职承袭定例，嫡庶不得越序，取造宗图册结，具疏请袭。由部核明题请给予顶戴，准其承祀，奉旨后，知照该督抚转饬遵照，毋庸发给号纸。"①光绪年间关于承袭制度的规定，显然有所松动。这与当时清朝面临的边境局势有着一定的关系。尽管这种承袭制度的缓和，可能会在一定程度上激发土司反叛的意识，然而，国家民族文化的一体化推进、边境驻兵能力的增强以及土司享有的各种特权待遇，足以消解承袭制度的宽松执行带来土司反叛之心的可能性。一方面，承袭制度的宽松表明云南边境安全得到了来自国家的保障，即清朝在不借助土司土民土兵的前提下，已经能够动用国家军队实现边境安全；另一方面，基层流官对于基层社会的管理能力足以应对土司地区的秩序建构需要。

土司在清朝地方统治格局中地位的日渐下降，除了能够证明清朝通过法律监控土司发挥了一定的效能之外，也反映了土司地区土民对于清朝统治的认可与支持完全不受土司的控制了。然而，诚如前面所讲，清朝通过法律监控土司有两层目的：一是控制土司对于国家权力地方认同的腐蚀性影响，二是通过土司的存在来平衡流官主要是汉官可能不利于清朝大一统的地方割据。然而，承袭制度虽然保留了土司家族传承权力的通道，但是，承袭制度本身也会导致土司家族形成"等待机制"。承袭制度选拔的优秀人才终归是土司家族内部的人员，这些承袭职位的后辈土司会采用"无过便是功"的懈怠方式，实现其后辈承

① 《土官》卷一四五，《吏部》一百二十九。转引自方国瑜：《云南史料丛刊》（第 8 卷），云南大学出版社 2001 年版，第 173 页。

袭土司称号的目的即可。

土司追求承袭的目标有利于清朝监控土司,但是,越来越无能的土司可能会让地方流官越来越具备操控地方的机会。流官操控地方的势力一旦增强,必然思考自己的地方利益,这对清朝封建最高权力机关的统治会造成不利的影响。因此,清朝必须将防范流官政治割据置于统治云南的顶层菜单。流官与清朝封建最高机构是纵向关系,钟摆越长,钟锤的摆幅越大,对于钟体产生的摇晃力越强。所以,清朝要想远离京城的云南土司地区实现稳定的统治必须要能够找到流官的替代人,但是,云南土司地区的社会结构决定了能够替代流官代理清朝统治的人选只有土司。

土司作为传统的地方势力代表,臣服清朝的利益取向非常明确,随时谋反的可能性都会演绎成一场真正的反叛。所以,建立起一套驱动流官与土司共同为官职努力的体制机制就显得非常重要。国家与官僚之间的隶属关系如同公司与员工之间的雇工关系一样,在管理系统中需要建立激励和竞争机制。激励是引发竞争的手段,然而,激励本身也含有竞争的品相。竞争的结果即为激励,倘若竞争之后没有激励措施跟进,那么,竞争就会迅速消失。竞争本身也是激励,竞争的目的在于获得期待性利益,而激励的目标在于激发竞争,从而把已经建立起来的奖惩机制转变为现实的刺激人产生欲望的动机。

在官僚队伍管理机制中,一方面,国家希望官僚成员安于现状,按部就班地履行国家统治意图;另一方面,国家同时希望官僚能够积极进取,促进社会经济发展。前者是国家实现统治目标的动机,后者是国家希望长久统治并在国家关系中保持存在和发展的动机。在现代国家如此,封建国家亦是如此。区别在于现代国家的官僚激励和竞争机制服务于执政党,而封建国家官僚的激励和竞争机制服务于皇族一家。

在中国古代封建国家历史中,官僚激励与竞争机制服务于皇帝一人。现代国家的官僚升迁有一整套完备的制度体系,官僚升迁体现了现代国家的民主。对于封建国家而言,官僚升迁虽然不排除功勋能力的因素,但是,主要是看皇族对此人的认定。在中国封建国家中,皇帝一人决定了官僚升迁,这种非民主式的官僚升迁注定官僚不是以政务业绩作为激励和竞争的响应,而是以绝对忠心于皇帝作为明确的行动指南。然而,无论如何官僚体制中不能缺少激励与竞争要素,否则,皇帝无法甄别忠心。土司与流官尽管各自属于不同的管制序列,但是,在清朝封建集权政治生态下他们都属于清朝统治者的御用工具。施与其身的激励与竞争举措无非是探明忠心以及通过制造矛盾来推动下级权力的上交,最终形成皇帝集权。

在严格土司承袭制度的同时,清朝又实施了奖励制度,即为有功的土官设计一条论功请赏的制度通道。乾隆三年"凡土官请封,由该督抚核明具题,一面出咨,径由提塘递送投部"①。请封制度是激励制度,从现代管理学讲,激励是正向的管理,是权力控制的一种形式。奖励制度在奖励先进者的同时,对于其他人暗示着一种可能性,但同时也隐藏着一种必然性,即受到奖励的人会成为一个自发的组织,对于那些不积极的人来讲则形成了边缘化态势。在一个组织中,被边缘化是一种变相的惩罚。请封制度以论功行赏作为封授条件,其目的既能够鼓励那些忠诚清朝的土司得到应有的回报,又能够检验那些不满甚至抵触清朝的土司面目,从而更加有针对性地实施权力控制。

精英团体是每一种类型社会中存在的必然现象,在国家统治的范围内,通过选拔精英人才进入管理机构,从而实现国家和社会的有效管理,是历史上每一个统治集团采取的共通方式。选拔意味着竞争,而竞争必然导致矛盾。自古以来,这是一个定律。清朝统治云南地区的过程中也曾采用过竞争性激励袭职,对于卓异土司,予以重用。然而,卓异制度设立的本意是为了激励土司竞相服从清朝的统治,但是,在卓异制度实施的过程中,掌握上报和荐举权的流官,往往利用土司日常考核无记录的漏洞,与土司相互勾结,或与土司因卓异不成反生恩怨,以至于事端多发。"土司皆系世袭定例,必遇贪酷不法等罪,始行革职,其余处分俱与流官不同,既无考核,亦无优升,由来已久,不必列入卓异。且土司卓异皆由道府申报,或因请托不遂,以致结嫌起衅,滋生事端,嗣后土司等官卓异,永行停止。"②

---

① 《土官·土官请封》(卷一四五·吏部129)。转引自方国瑜:《云南史料丛刊》(第8卷),云南大学出版社2001年版,第173~174页。

② 故宫博物院:《钦定吏部则例》(第2册)第37卷,海南出版社2000年版,第360页。

土司卓异过程中暴露出的争宠问题导致这一制度被永行停止，但是，其中隐含的土司与流官之间、土司与清朝之间，流官与清朝之间的微妙关系还是不言而喻。土司之间为了能够得到来自清朝的政治礼遇，争先表现卓异的一面，很显然，这恰好证明土司非常看重清朝授予的政治称谓，并积极通过卓异这一途径试图挤进清朝的正统体制之内，对于皇权的认同反映出土司对卓异制度的认同。然而，由于流官是清朝在地方的权力代理人，担负着考察土司是否卓异的审核责任。于是，土司的卓异需要通过流官的认可才能进一步得到清朝的认可。

在地方流官审核的过程中，清朝的本意是通过流官的旁观实现对土司的监控以及日常行为的记录，但是，流官在审核土司卓异的过程中或者与土司相互勾结，或者故意刁难土司图谋不义之财，这就造成了行迹恶劣的土司通过贿赂流官可以进入卓异范围，而卓异的土司也可能因为流官的刁难而不能进入卓异行列，其中产生的矛盾集中指向清朝。而被清朝派驻云南土司地区的流官，心里面难免会产生捞一把是一把的想法。同时清朝对于汉人流官的不信任，也导致流官产生了不愿意秉公办事认定卓异土司的推诿倾向。因此，基于土司卓异造成的矛盾，清朝不得不停止这一制度。清朝制定这一制度的本意在于通过在土司内部造成竞争，选拔忠心清朝的土司担任一方治理责任，同时，赋予流官核准之责是为了让流官监控土司，同时也通过土司卓异的问题反映实现对流官的监控，意欲一箭双雕。

乾隆十五年七月之时，兵部上奏道，我部原来讨论的一些武职官员，不得从本省进行充任。一些地处险要或者靠近边疆的地区，如若本省没有人进行充任则从他省进行选拔，按照预保的方法进行选用，都司及以上官职人员离原籍有五百里之上的，守备这个官职在别的邻府营地进行选用。请求示意之后，除了云南等一些地处少数民族或者边疆的地区省份能被通融办理外，其他内地的省份不被允许，如有违例且私自提拔者，将地区的督、付、提、镇，要给他定罪并给予处分。

乾隆十五年“臣部原议内地陆路武职，不得题补本省。或地处险要，或逼近边疆，如无籍隶他省可题，准照预保之例，都司以上于本籍五百里外，守备于隔府别营题补。……请嗣后除云南……等省险要苗疆营汛仍准通融办理外，内地各省概不被按此例。如违例题洛处,将该督、抚、提、镇议处”[①]。地方官员的任职首要是通过中央王朝来进行委任,不得有私自提拔、任职的情况出现,而且,中央王朝开始意识到,就一省份而言,不得是单单由本省的官员来担任,还要有外省的官员来混杂任职。从委任官职这一点就说明了,当朝的统治者已经意识到地方官员相互制约的重要性了,这不仅仅利于地方的管制,更利于中央王朝的统一。制度功能的发挥,不要其他制度的支持和辅助,仅仅依靠某一个制度实现制度目的是难以被接受的。人的行为多样性与动机、目的的多元性决定了制度建设的体系性。清朝规定了土司请封制度,同时规定了卓异制度。所谓卓异制度,就是对那些秉公守法、励精图治、忠诚清朝的土司,给予物质与精神双重奖励。雍正四年谕:“各省所属土司,有奉法称职,裨益地方者,该督抚不必拘三年大计之例,随时荐举,朕当酌加恩奖,以昭鼓励。”遵旨议定:“照同知以下卓异官员之例,恩赏朝衣一袭。”[②]

卓异制度与请封制度不同,请封由土司主动提起,经部核准,方可受到封授。卓异制度是由地方流官根据土司的日常考核政绩,随时向清朝荐举。中间不经过部的核准,相当于地方督抚直接将卓异土司向清朝推举。卓异制度的执行有利于在土司中间树立忠诚形象,也疏通了清朝与土司之间的信息沟通。不过,由于督抚有直接的荐举权,无形中在土司与督抚之间建立了利益寻租的通道。卓异制度与请封制度具有相似之处,同知以下的土官也能享受卓异制度的优惠。虽然只有朝衣一件,然而,这在服饰与等级相对应的封建社会,朝衣不再是一件平常的衣服,而是象征着国家权力的恩宠。不过,由于卓异制度存在的弊端,不仅未能达到激励土司的制度目的,而且由于督抚掌握卓异的申报大权,以至于在土司之间围绕督抚手中的卓异荐举权而互相攻讦。同时,土司属于世袭官员,虽有国家官员的名分,但是其俸禄饷银俱由自治。

清朝在云南土司地区施治的200多年间,安抚与镇压是主要的施策。卓异

---

① 《清实录·高宗实录》卷三六九,台北,华文书局总发行1989年版,第15549页,“乾隆十五年七月丙辰”条。

② 《土官·土官大计》(卷一四五·吏部129)。转引自方国瑜:《云南史料丛刊》(第8卷),云南大学出版社2001年版,第173~174页。

制度的废止，意味着清朝对于云南统治的主体性重心转移到流官身上，同时也足以说明流官管理土司地区的能力已经到了可以不需要土司支持的地步。一方面，说明土民归顺清朝流官的统治已经成为共识；另一方面，通过儒学考试获得清朝派任的流官与土民之间达成了接受国家统治的一致性。对于暴戾土司的镇压与对儒学文化的认可，在土民与流官之间建成了支持共识的两根立柱。无论是镇压土司，还是教化土民，对争取民意都起到了积极的作用。

第四节　小　结

土司的实质性存在要早于土司制度的出现，土司家族占据当地社会统治地位伴生了土司承袭。土司承袭制度的出现，揭示了国家统治的出现。元朝与明朝规定土司承袭制度的目的，主要体现为封建王朝认同，而远赴千里前往京城授封的原因并非土司缺乏承袭的正当性，而是缺乏国家认可的合法性。与元朝、明朝不同的是，清朝严格承袭实体权利和程序流程不仅体现封建王朝认同，而且要在土司承袭过程中体现国家意志。从承袭制度的变化来看，允许土司家族以外的人担任土司，这就可以推测出清朝的土司制度不再是元朝、明朝那种基于土司而制定的土司制度，清朝的土司制度更多倾向于底层社会统治的统治安排。虚职制度与安插制度起到的主要作用是安抚，目的在于瓦解土司权力的社会基础。请封制度与卓异制度的出现，恰恰说明清朝时期的土司制度不再是元朝、明朝的土司制度，而是一套针对云南少数民族地区如何统治的地方组织制度。尽管请封制度引起过流官与土司之间的共谋，也引发流官权力寻租，卓异制度后也被终止。然而，这两项制度的目的不仅是监控土司，而且还起到遴选、任命、处罚地方底层社会统治人员的组织作用。因此，结合请封与卓异两项制度审视土司制度，把土司制度视为清朝关于地方组织制度中的另类表达，或许，能够更好地理解土司制度的法律属性。

第九章 文教普及强化法律认同功能

法律既是以文字为表达载体的规范体系,也是以文字传承民族文化的历史记忆。法律是以文字重组为基础释放契约意识并带着历史发展痕迹的规定,民族与历史的并生促使法律先天带有民族文化的基因。在人们现实的日常生活中,不是国家法律指导、预测、约束、惩罚社会关系中的人,而是人们久而居于其中的文化左右着各种社会行为以及调整这些社会行为之间的关系。国家法律所具有的指导、预测、约束和惩罚功能仅仅对那些熟知法律的人且利用法律漏洞获取不当利益的人具有参考作用,而那些从未有过"恶"念的人是以生活中的文化作为评价自己行为的标准。首先,清朝通过渐次推进的方式,从云南北部向南成扇形逐步规模化建设学校,鼓励私学、传播文化、扩张科举、围绕儒学重塑地域文化;其次,在文教普及的基础之上,将国家法律认同与法律意识融入其中,逐渐在土民社会形成国家法律意识;最后,尽管在文化传播的过程中,地方文化与国家主流文化存在冲突,正是这种冲突,为国家法律的传播提供了切入口,并因为国家法律认同而建立王朝认同。

第一节　国家文教系统土司地区规模化的价值

在中国古代历史上，如果外来的征服者还没有接受被征服者的文明的话，他们基本上无法建立一定稳定而发展的国家秩序。那些所谓的外来征服者，在征服中原的过程中除了彪悍的甲胄之外，还携带着早先已被中原文化浸淫的文明。这些征服者的文明进入中原之后的第一反应就是继续接受被征服者的文明，否则，征服者无法统治这样一个在各个方面都比自己更加文明的广阔地区。清朝作为中国古代史上少有的外来征服者，也没有摆脱这一可以视为历史发展规律的定则。“满清入关，崇尚经术，名儒蔚起，竞复古学。”[①]

通过建立德才兼备的官员选拔标准，在全社会树立了以德才为文化内涵的认知，并由此建构了以儒学为代表的教化氛围。而来自福临本人对于德才的认知，不仅成为选吏的标准，而且推动了知识分子对于清朝的认同。对待官员选拔，福临要求“严加甄别，有德有才兼通文义者著保奏”，“不堪为民牧者，立行参劾，不得姑留地方害民……不行纠参，即为溺职，事发一并治罪”[②]，不仅要求翰林院官员“必品行端方、文章卓越方为称职”，而且“亲加考试，先阅其文，后观其品，再考其存心持己之实据，务求真才”[③]。甚至“御笔亲定去留”[④]，对于特别突出值得标榜的人才，则不拘一格降人才，这与清中后期选拔人才的腐败形成了鲜明的对比，如福临曾在一次私行中看到庶常胡兆龙独自学习清书（满文），当即传旨“超升学士三级为侍读”[⑤]。

德才作为任人唯贤的国家标准实际上等于向社会明确了一种做人的标准，这对于当时社会风气的引导具有很大的正面作用，同时也对始终秉承“学而优

---

① 林明波：《清代许学考》，台北，嘉新水泥公司文化基金会 1964 年版，第 6 ~ 7 页。转引自林颖雀：《徐浩〈说文段注笺〉研究》，台湾逢甲大学 1980 年硕士学位论文。

② 《清实录 · 世祖实录》卷五四，台北，华文书局总发行 1989 年版，第 630 页，“顺治八年二月丙辰”条。

③ 《清实录 · 世祖实录》卷七三，台北，华文书局总发行 1989 年版，第 866 页，“顺治十年三月己巳”条。

④ 《清实录 · 世祖实录》卷七四，台北，华文书局总发行 1989 年版，第 871 页，“顺治十年四月庚子”条。

⑤ 彭孙贻：《客舍偶闻》，北京燕山出版社 2013 年版。

则仕”理想的汉族知识分子主动参与清朝统治起到了巨大的推动作用，进而通过汉族知识分子的政治倾向性选择间接地统一了汉族民众的心理期待，并把这种预期转化为儒学的学习，从而形成了文化认同，促进以实现统治阶级意志为核心任务的文化秩序建构。“清代统治中国的传统政策，一面钳制士大夫（社会中层），而一面则讨好民众（社会下层）。”[①]随清朝流官体系的建立与完善，这种统治经验放大至少数民族地区，应用到包括云南土司地区在内的少数民族地区。建立体系化的儒学教育体系，则是这一统治经验的具体应用。

对于清朝而言，中原地带与皇宫所在地才是中国的象征，云南是清朝与外界隔绝的天然屏障，利用云南特殊的地理位置与自然条件，实现清朝狭隘的中国观念是清朝有限开发云南的根本价值指向。“与外界完全隔绝曾是保存旧中国的首要条件。”[②]因此，实现云南地区的中原化是清朝极力推进的举措，而尽可能封闭云南与清朝境外势力的交流，则是维护清朝在云南强化其统治的政治策略之一。中原化的过程，其实质就是儒家化的过程。在此不论述儒学与儒家文化之间的内涵与外延上的差异，在概括性的意义上，把清朝在云南土司地区开展的系列文教活动统一称为儒学文化活动，并在国家法律的层面上把清朝推行的文教制度上升为国家法律的构成部分，如同现代的教育法律法规一样。

在土司地区推行儒学的过程，不能仅仅依靠文字的教育，而且不能离开文化的同化。而文化的同化，其实质的过程就是通过人的社会交往、生活融合、通婚聚居等一系列实现文化意义上的“同居”，所以，从内地往云南土司地区迁移大量汉族人口，不仅起到了开发云南矿产资源、促进经济贸易的作用，而且通过移民垦荒，增加耕地面积，提高了粮食产量，为日后的赈灾发挥了不小的作用。在鼓励内地汉民移民云南的政策中，其中“摊丁入亩”是一项非常实用的举措。清朝实施的“摊丁入亩”源于明朝，后来转变为“摊丁入地”。雍正三年户部议准巡抚杨明时所奏“滇省民丁照直隶例，摊入田粮完纳”[③]的条奏，并于

① 钱穆：《国史大纲》，商务印书馆 1996 年版，第 450 页。
② 《马克思恩格斯全集》（第 8 卷），人民出版社 1975 年版，第 217 页。
③ 尹继善：乾隆《云南通志》卷九《户口》。

雍正四年推行。

“云贵总督仍管云南巡抚事杨明时疏言:‘通省丁银,请与通省成熟田地内,按亩摊征,自雍正四年为始,永为定例’。”[①]这一制度由于云南境内多为少数民族居住,且位于边疆地区,故有别于内地。总体上讲,云南“摊丁入地”的份额分为三等,每等摊丁均照顾了种地者的利益。如临安府,“上则地每亩摊丁银五厘五毫,中则田六厘六毫,下则五厘六毫”。[②] 与此同时,随着移民大面积开垦土地,特别是垦荒垦山更有利于当时的农业发展,清朝作出了“续垦地亩不再均摊丁银”的决定[③],从而激励更多的中原汉民移居云南,迅速增加了云南的农业劳动人数,为文教制度和儒学教化以及文化同化奠定了主体性的社会基础。

在个别地区,土司是汉人,这就更有利于儒学的传播。比如,云南东山土司。东山土司是历史上少见的由汉族来管理少数民族的土司。东山土司镇守滇中,管辖当时新兴州东、南、西、北四山 49 个彝寨,防御蛮寇叛乱,世袭 207 年。[④] 至于东山土司的统治为什么这么长久,有学者认为,这与东山土司“屡有军功”[⑤]有关系。东山土司的文化水准,在云南众多土司当中也是数一数二的。比如,《峨山县志》中收录了王潮的一首古风《留饮赠别》[⑥]。无论是从文笔上还是从意境方面,都说明作为东山土司的王潮所具有的文化程度。文化是民族的文化,教育则是国家主导下的文化继承过程。提升土司地区文化水平不能离开官方教育,而在偏远地区或者毗连土司地区的汉人聚居区,鼓励乡绅贤达自办义学,作为官方教育的补充,不仅有效地扩大了受教育面,而且将官方教育与民间教育通过国家科举考试有机地融为一体,这就进一步刺激了以儒学文化为教学内容的广泛传播。教育设施建设过程中民间资本的注

---

① 《清实录·世宗实录》卷四三,台北,华文书局总发行 1989 年版,第 644 页,“雍正四年四月丁亥”条。

② 江濬源:嘉庆《临安府志》卷六《丁赋》。

③ 参见郭松义:《清代赋役、商贸及其他》,天津古籍出版社 2011 年版,第 53 页。

④ 参见陈宝贵:《东山土司》,云南人民出版社 2013 年版,第 67 页。

⑤ 对于东山土司的历史,地方史专家梁耀武先生有一段妙评:玉溪为滇中腹地,土官制度延续至民国初年,几次改土归流,均未废除,这是否与王氏土司多次参与镇压其他地方人民起义和土司叛乱有关,这是个值得进一步探讨的问题。参见陈宝贵:《东山土司》,云南人民出版社 2013 年版,第 50 页。

⑥ 参见陈宝贵:《东山土司》,云南人民出版社 2013 年版,第 46~47 页。

入与民间师资的参与，既节约了国家教育成本的投入，又充实了国家教师队伍的数量。

义学与官学在国家统一的择优录用的标准下形成了竞争，如“其应袭者年十三以上令赴儒学学习礼，起送承袭族人子弟，准就试州县。”①早在顺治十八年“滇省土酋既准袭封，士官子弟应令各学立课教诲，俾知礼义。地方官择文理稍通者开送入泮应试”②。同时，支持义学的乡绅贤达也由于国家对这种行为的道德认可与褒奖而逐渐成为稳定基层社会秩序的主流力量。“据刘秉恬奏……御书扁曰‘南弧垂采’。”③“据潭尚忠奏……特赐御书扁额，并亲制诗章，以昭荣宠。”④“……济宁州原任云南布政使李承邺，……著加恩赏给‘七叶衍祥’匾额字样，……嗣后遇有续行奏到者，该部即照例录题，一体颁赏扁额。”⑤五世同堂与亲见七代都是大户人家的代表，一般普通人家的经济生活条件难有长寿之人，也就不存在几代同堂的愿景。大户人家或者是土司，或者是土司的幕僚或者土司的亲属，封授大户人家道德匾额，在引领土民社会道德秩序的同时，也赋予大户人家日后必须履行的道德义务。这一看上去具有怀柔之策的道德褒奖实质上是一种刚性的约束。如果说国家法律仅仅控制了有限的行为维度，那么道德则可以无限地调控行为，甚至进行思想的道德审判。

国家主导下义学与官学并行共生的教育运行格式，一方面，为推行国家官方文化打通了不同民族之间的文化观念藩篱，推进了民族间的互相认同，最终形成国家认同；另一方面，以科举作为检验教育成效的垄断性手段为文化教育的进一步推广提供了十足的动力，也为中下层贫民子弟通过接受教育进入国家权力集团打开了大门。而乡绅贤达在办学过程中的介入，则为稳定基层社会秩序强化了社会动员力量。儒学教育的兴起，通过校舍书院的数量，即可得到反

① 《清史稿·蔡毓荣传》。

② 《清实录·圣祖实录》卷二，台北，华文书局总发行1989年版，第61页，“顺治十八年三月甲戌”条。

③ 《清实录·圣祖实录》卷一二二二，台北，华文书局总发行1989年版，第17872页，“乾隆五十年正月乙卯”条。

④ 《清实录·圣祖实录》卷一三四六，台北，华文书局总发行1989年版，第19968页，“乾隆五十五年正月乙卯”条。

⑤ 《清实录·圣祖实录》卷一三九四，台北，华文书局总发行1989年版，第20727～20728页，“乾隆五十七年正月壬申”条。

映。自“雍正元年,允云南土人、四川建昌番夷、湖南水绥等处建立义学,嗣是改土归流,塞外荒区渐次惧设儒学”[1]修建书院276所之多。[2] 不仅内地儒学教育欣欣向荣,而且偏远地区的子弟也逐渐能够选择义学、官学或者书院作为接受教育的场所。“至东川府教职诸事,向系知府兼摄,请添设教授一员,专司学校,岁取文武童生各十名。”[3][4]添设教授专司学校,一方面,专职专人专责的存在足以能够说明清朝对待教育的重视程度,另一方面,也能反馈中原儒学对于满清贵族的实质性影响。

对于一个外来的异族,自己未能为被侵占民族带来先进的文化,反倒降服于被侵占民族的文化,并通过维护被侵占民族文化来巩固自己的统治。对于中原礼教之学,“圣人之道,如日中天,讲究服膺,用资治理。尔师生其勉之”[5]。并称赞“天德王道。备载于书。真万世不易之理也”[6]。因此,福临主张“治平天下莫大乎教化之广宣,鼓动人心,莫先于观摩之有象”[7]。十二年口谕礼“朕惟帝王敷治,文教是先,臣子致君经术为本”[8]。“今天下渐定,朕将兴文教崇经术,以开太平,尔部即传谕直省学臣训督士子,凡六经诸史,有关于道德经济者,必务研求通贯,明体达用”[9]。在“自古平治天下莫大乎孝”[10]思想指导下,顺治九年敕封关羽为“忠义神武关圣大帝”,并谕“命诸王宗室内有孝友义顺及守节贞烈者,宗人府核实具奏,礼部照例旌表”[11]。对明末殉难官员责令礼部“详

---

① 《清史稿·职官三·儒学》。

② 参见蔡寿福:《云南教育史》,云南教育出版社2001年版,第252页。

③ 《清实录·世宗实录》卷五九,台北,华文书局总发行1989年版,第927~928页,“雍正五年七月辛巳”条。

④ 《清实录·世宗实录》卷五九,台北,华文书局总发行1989年版,第927~928页,“雍正五年七月辛巳”条。

⑤ 《清实录·世祖实录》卷六八,台北,华文书局总发行1989年版,第805页,“顺治九年九月辛卯”条。

⑥ 《清实录·世祖实录》卷七二,台北,华文书局总发行1989年版,第856页,“顺治十年二月壬戌”条。

⑦ 《清实录·世祖实录》卷八八,台北,华文书局总发行1989年版,第1080页,“顺治十二年正月辛亥”条。

⑧ 《清实录·世祖实录》卷九〇,台北,华文书局总发行1989年版,第1080页,“顺治十二年三月壬子”条。

⑨ 《清实录·世祖实录》卷九〇,台北,华文书局总发行1989年版,第1080页,“顺治十二年三月壬子”条。

⑩ 《清实录·世祖实录》卷九七,台北,华文书局总发行1989年版,第1147页,“顺治十三年正月癸未”条。

⑪ 《清实录·世祖实录》卷七〇,台北,华文书局总发行1989年版,第824页,“顺治九年正月甲申”条。

访确察死节职名并实迹具奏”[①],“给谥赐祭”[②]。并追谥崇祯帝朱由检为“庄烈愍皇帝”[③],彰显了“使尽忠者以为劝,不忠者以为戒”[④]的忠义观念。应当说,一系列的忠义礼教不仅树立了清朝捍卫传统道德的形象,有利于消除广大汉族人民对清统治者心理上的隔阂,而且对缓和民族矛盾,特别对争取、安定汉族地主阶级的人心产生了积极的作用。[⑤]

福临的忠义仁政思想,也体现在对待抗清斗争的处置态度上面。“朕思各处土寇本皆吾民,或为饥寒所迫,或为贪酷官吏所驱,年来屡经扑剿,荡平无期。皆因管兵将领纵令所部杀良冒功”,“真贼未必剿杀,良民先受荼毒,朕甚痛之”。故“不得轻动大兵,使玉石俱焚”[⑥]。不仅允许投诚的汉人回乡探亲,而且规定“其父母兄弟妻子有愿投入旗下同归一处者,准其完聚。以示朕满汉一视之仁”[⑦]。谕户部:“数年以来投充汉人生事害民,民不能堪,甚至有为盗、窝盗者,朕闻之不胜痛恨。”因此,“今后各该地方官,如遇投充之人犯罪,与属民一体,从公究治”[⑧]。改变了多尔衮在世时凡因抗拒后来降者多被诛戮的做法,而“大开生路,许其自新”[⑨]。

与清军初入云南境地开科取士不同,开科取士是满清贵族基于统治云南内地急需大量官员的现实而作出的应急之策。在土司地区实施文教则是统治者以征服边地民族为目标的统治手段,文教的目的不在于多民族文化融合,而是通过文教能够使土司地区民众懂得清朝的威德内涵,增强土民的皇权认同。不过,在这个过程中,以儒家文化为核心的中原文化在文教实施的过程中产生了

---

① 《清实录·世祖实录》卷七〇,台北,华文书局总发行1989年版,第825页,“顺治九年正月甲申”条。

② 《清实录·世祖实录》卷七六,台北,华文书局总发行1989年版,第899页,“顺治十年六月辛亥”条。

③ 《清实录·世祖实录》卷一三〇,台北,华文书局总发行1989年版,第1543页,“顺治十六年十一月甲申”条。

④ 《清实录·世祖实录》卷一四一,台北,华文书局总发行1989年版,第1670页,“顺治十七年十月庚戌”条。

⑤ 参见白寿彝:《中国通史》(第10卷),上海人民出版社2015年版,第797~798页。

⑥ 《清实录·世祖实录》卷五四,台北,华文书局总发行1989年版,第634页,“顺治八年二月丙寅”条。

⑦ 《清实录·世祖实录》卷五五,台北,华文书局总发行1989年版,第650页,“顺治八年三月癸卯”条。

⑧ 《清实录·世祖实录》卷五八,台北,华文书局总发行1989年版,第678页,“顺治八年七月辛卯”条。

⑨ 《清实录·世祖实录》卷一〇二,台北,华文书局总发行1989年版,第1204页,“顺治十三年六月癸巳”条。

亘久的影响,推动了民族文化的传播与融合。从这个附加意义上讲,清朝在土司地区实施的文教有利于中华民族文化历史性地融合发展。

"夫以威服人,何如以德服人之为愈也"[①]的思想,在对待郑成功与孙可望的问题上表现得最为充分。[②] 顺治十三年,都察院左副都御使魏裔介上书表达了人民百姓不安的缘由主要是来自逆贼孙可望和前朝的抗清官员郑成功。那么,如果想要人民安居乐业必须要使他们归顺朝廷,归顺朝廷的基础就是赐予他们新的差事并且不追究他们从前的所作所为。"天下民生所以不安者,以云、贵有孙可望,海上有郑成功也。孙寇所借兵力,洞蛮为多,今欲招徕远人,但宜给以新命,不必追其前朝旧敕。……庶荡平有期矣。"[③]魏裔介所提建议,实则是希望当局者能够通过宽容、仁爱的手段使那些令百姓不安、对社会发展不利的人主动归顺朝廷,其实这对于社会和谐稳定、巩固政权、促进社会发展都是具有重要意义的。

郑成功是否归顺,决定了清朝招降策略的技术质量。因此,清朝承诺郑成功"许以赦罪授官,听驻劄原住地方不必赴京"[④]。事后,福临特地差官专程往闽海"赍赐郑成功海澄公印一颗、敕谕一道"[⑤]。并勉励郑成功:"尔膺此宠嘉,受兹信任,务殚心竭力,以图报称。""山河带砺,垂于永久。"[⑥]虽然郑成功没有因为清朝的招抚而放下自己的主张,但福临对于招抚攻策的运用和效果仍然坚定不移[⑦],这足以反映了福临受到中原仁政文化影响至深的一面。福临的仁政思想也同样体现在对待孙可望的态度上面。对于走投无路而前来投降的孙可望,福临感到"殊可嘉悦"[⑧]。面对满汉大臣的质疑,福临表现出"王以孤踪疑畏,控

---

① 《清实录·世祖实录》卷一二〇,台北,华文书局总发行 1989 年版,第 1419 页,"顺治十五年八月丙子"条。

② 参见白寿彝:《中国通史》(第 10 卷),上海人民出版社 2015 年版,第 800 ~ 801 页。

③ 《清实录·世祖实录》卷一〇〇,台北,华文书局总发行 1989 年版,第 1182 页,"顺治十三年四月辛未"条。

④ 《清实录·世祖实录》卷六九,台北,华文书局总发行 1989 年版,第 812 页,"顺治九年十月丁未"条。

⑤ 《清实录·世祖实录》卷七五,台北,华文书局总发行 1989 年版,第 892 页,"顺治十年五月壬午"条。

⑥ 《清实录·世祖实录》卷七九,台北,华文书局总发行 1989 年版,第 936 页,"顺治十年十一月戊戌"条。

⑦ 参见白寿彝:《中国通史》(第 10 卷),上海人民出版社 2015 年版,第 801 ~ 802 页。

⑧ 《清实录·世祖实录》卷一一三,台北,华文书局总发行 1989 年版,第 1351 页,"顺治十四年十一月癸未"条。

辞册印,理亦宜然。但封爵出自朕裁,孰敢陵侮;虽系孤踪,不必疑畏"[①]的坚决态度。或许,正是这个原因,雍正在《大义迷觉录》中特别强调"夷汉"之分的观念不应存在,夷汉本为文化一体。

云南地区儒学教育覆盖面广,如不设专职官员,令现有官员行政之外兼理教育,势必影响教育质量。显然,云南儒学教育发展的速度对教育专职管理提出了新的需求。这就反映出儒学自身所具有的普适性、人文性与生活性,特别是儒学中关于人伦方面的规范性教育,是人类共有的良知。否则,很难解释云南地区儒学的发展势头,尽管从鄂尔泰的奏疏中难以对土司地区儒学教育的发展状态给出恰切而准确的描述,但是,从专司教育官员的设立,特别是从鄂尔泰作为力主改土归流的主要人物来分析,云南土司地区的官学与义学的发展,比不上内地的数量质量,然而,国家推动文化传播与文化动员的行动逐渐朝着清朝以土固边的政治目标前进,其重要性非常突出。顺治十五年"土司子弟,有向化愿学者,令立学一所"。显然,儒学教育早在顺治年间便已经在某种意义上被纳入日后大一统的法制格局中了。

清朝在云南地区推行教育取得了值得肯定的成效。陈鼎在《滇游记》中说:云南"楚雄、姚安、开化三郡……诸生皆伤恫儒雅,敬慕中国"以至于发出"甚矣,文教之重也,虽蛮箱之乡,诵读诗书之人,皆知敬其类,而文物之邦,其能若是也邪"的感叹。[②] 配合儒学教育,清朝从社会道德层面强化儒学文化中等级秩序思想的生活化、实践化与榜样化。如果说学校教育有利于增强受教育者的感性认识,那么,现实生活中实实在在的榜样教育则强化受教育者的理性认知,并把这种理性的观感转化为效仿的动力。家族等级秩序的稳定是以被国家认可为道德榜样的基础,道德榜样不仅为家族带来了令人羡慕的荣誉,而且为家族后辈从事经商、步入仕途开辟了便利的通道。国家权力对道德榜样的高度认同,统一了各种家族势力争夺社会权威的标准,并产生了共同的权威。对于那些世代

---

① 《清实录·世祖实录》卷一三六,台北,华文书局总发行1989年版,第1612~1613页,"顺治十七年六月庚寅"条。

② 参见陈鼎:《滇游记》。转引自方国瑜主编:《云南史料丛书》(第11卷),云南大学出版社2001年版,第380页。

忠诚于清朝,家族兴旺同时又具有一定影响力的大户人家,清朝通过各种的授封方式,树立道德典型,从而引导社会秩序的方向。

文化是不同的人得以成为群体的凝聚剂,也是群体之间对外表达群体符号的象征。我们很难讲是群体的形成生发了文化,还是文化的存在促使了群体的形成。如果从文化是一种生活习惯来讲,那么,是具有相同生活习惯的人构成了一个群体,这个群体当中奉行的同一类的生活习惯便成为这个群体的文化。文化是群体当中某种意识的共识反映,并随着群体的外拓而传播。传播文化的方式途径很多,然而,最为有效的则是通过教育的传播以及国家自上而下推动的传播,这两种文化传播方式在中国历史上尤为突出。历朝历代伊始,文化教育与经济发展往往同步而行,特别是在中央王朝与周边藩属国之间的关系维持上,文化所具有的同化作用是经济、军事所不能匹敌的。清朝作为明朝的藩属地区,深深受到中原文化的熏陶和影响,反过来,他们也深深理解先进文化对于落后地区在维护统治上所发挥的巨大作用。乾隆三年复"滇省从前出师乌东、镇沅等处病亡各弁难瘾监生,自幼在营食粮,弓马可观,文义未谙者居多"。[①] 因此,清朝大军一进入云南之后,便着手建立学校体制,实施文化教育。

自元朝开始,随着云南设立行省,就任命赛典赤为云南参知平章事,主管文化教育的建设和发展,"使南方之人,举知风化"。[②] 文化是无形的存在,离开具体的展示文化的有形存在,文化是无法被感知和传播的。因此,类似学校、祭祀以及各种文化设施必须先于文化传播得到建设,才能传播文化,而建设文化设施的过程本身就体现了文化存在和传播。赛典赤通过"创建孔子庙明伦堂,购经史,授学田"的方式,以物化的形态营造了"由是文风稍兴"[③]的效果。经过系统的学校建设,土司地区的学校教育得到了建制化的发展。如《嘉靖云南通志》记载:"澄江府儒学,旧在金莲山麓,元大德间,路总管魁纳建。"[④]邓麟《止蕃王

① 《清实录·高宗实录》卷七二,台北,华文书局总发行 1989 年版,第 1187 页,"乾隆三年七月甲子"条。

② 赵子元:《赛平章德政碑》,载方国瑜:《云南史料丛刊》(第 3 卷),云南大学出版社 1998 年版,第 266 页。

③ 《元史》卷一二五,《赛典赤传》,中华书局 1976 年版,第 13065 页。

④ 万历:《云南通志》卷八,《学校·澄江府·庙学》,转引自杨世钰、赵寅松:《大理丛书·方志篇》(第 1 册),民族出版社 2007 年版,第 405 页。

公墓志铭》中记载永昌、丽江、鹤庆、姚安、威楚诸路也设立学校:“充云南诸路儒学提举,董治大理、永昌、丽江、鹤庆、姚安、威楚诸路学库,所至庙宇圣像一新,复学田以前四百九十双,皆摩崖纪么。”[①]故《元史·选举志》有这一说:“至元十九年夏四月,命云南诸路皆建学庙祀先圣。”[②]天启《漠志》中记载的内容,则更是赞扬有加:“滨学做于汉,自后递有兴废,至元而诸路建学几遍。”[③]元代云南行省诸路建立学校几乎实现了全覆盖,而每个学校均以儒学教育为主体文化传播内容,这对于土司地区民众文化水平的提高有着很大的作用。“土人子弟入学,择蜀古之贤者,迎为子弟师,岁时率诸生行释菜礼,人习礼让,风俗稍变矣”。[④]可能当时的历史记载有所夸大,然而,通过教育改变少数民地区的风俗是一个不争的事实。元朝时期不仅在云南地区建立学校,而且建立庙宇祭祀之设施,以更好地配合学校传播儒学。“至元二十二年,创庙学于建水路”。[⑤] 双管齐下的文化教育,对于开发土司地区的民智,推进生产发展所起到的作用是不可估量的。而随着民众的文化教育水平的不断提高,也促进了中央王朝各种律例的贯彻与实施。

明朝在云南代替元朝统治之后,明太祖命“府州县学松宜加兴举,本处有司选保民间儒士堪为师范者,举充学官,教化子弟,使知礼仪,美风俗”。[⑥] 实行文化教育的目的是“武功定天下,文教异化边人”。明代推行文化教育的目的是教化少数民族。明代云南的文化教育体系由府州县学、土司学、卫学等构成。洪武十五年置云南、大理、临安、楚雄、元江等府学,蒙化等州儒学。永乐年间增楚雄星、镇南州、武定府、寻甸府、广西府学。对于土司子弟,采取单录制度,体现出明朝对于土司子弟选拔的重视,而儒学则是核心的教育内容。洪武二十八年明太祖晓谕礼部,“其云南、四川边夷土官,皆设儒学,选其子孙弟侄之俊秀者以

① 邓麟:《止龟王公墓志铭》。转引自方国瑜主编:《云南史料化刊》(第3卷),云南大学出版杜1998年版,第172页。

② 《元史》卷八一,《选举制一》,中华书局1976年版,第12030页。

③ 刘文徵:天启《滇志》卷八《学校志》,古永继校点,云南教育出版社2002年版,第275页。

④ 《元史》卷一六七,《张立道传》,中华书局1976年版,第3917页。

⑤ 《元史》卷一六七,《张立道传》,中华书局1976年版,第3917页。

⑥ 张统:《云南机务抄黄》。转引自李春龙:《正续云南备征志精选点校》(下编),云南民族出版社2000年版,第190~191页。

教之”。[①] 明朝规定:“卫所多独治城者,特设卫学,教授一员,训导二员。官舍曰武生,俊秀曰军生,不给廪。其卫所与府州同治,不另设学,一体食廪,岁贡与民生同。”[②]从卫所设置卫学可见,卫所与土司各有所职,各有所治。作为独立的军事机构,卫所几乎等同于一个自给自足的军民一体化单位。这说明明朝派设云南官员与土司之间呈现并存状态,同时,在发展待遇上,卫所与土司地区享有基本上同等的安排。卫所特设卫学,一方面,说明明朝非常重视臣民子弟的文化教育;另一方面,也说明封建统治者的威德辐射离不开文化教育的实施与传播。明朝对于土司地区文教的重视,在官员设置上亦能得以体现。

正统十二年“设景东卫儒学,置教授一员,训导二员”。景泰二年云南按察司提调学校副使姜竣对云南卫学提出了新的要求,“各卫所军生,多有人物聪俊,有志于学。禄,不得补。藤,无人养赡,难于读书。乞不拘常例,军民生员相兼廪膳,庶使生徒向学,不负教养”。[③] 由此可见,云南卫学逐步健全和普及。云南儒学教育设立于洪武年间,并对乡试作出了相应的规定。这样明代在云南的文化教育构成了完整的学校体系化考试体系。

明代云南府学共计 14 个,州学总计 28 个,县学总计 30 个,卫学众多。明代文化教育体系已经深入到云南民族地区的每个角落,云南文化教育得到空前的发展。明代规定,府学和州县、县学分别有 40 人、30 人、20 人定额。卫学 4 所以上为 20 人,3 卫以上为 60 人,2 卫、1 卫以上为 60 人,有司儒学军生 20 人。以此计算,明代云南儒生有近 3000 人。[④] 数量庞大的儒生群体对云南民族地区的文化事业具有重要的推动作用,有利于儒家文化和价值观在云南民族地区的传播。清朝取代明朝在云南的统治之后,在明朝原先建立的学校教育基础之上,继续加大学校基础建设,配置主管教育的官员,并且推行学校教育的策略至始至终贯穿清朝统治云南的全过程。从顺治伊始到光绪年间,体系化派设教育

---

① 《明太祖实录》卷二三九,“洪武二十八年六月壬申”条,台北,“中央研究院”历史语言研究所校勘影印 1962 年版。

② 查继佐:《罪惟录·学校志》卷二六,浙江古籍出版社 2012 年版。

③ 《明英宗实录》卷一九二《景泰附录十》,台北,“中央研究院”历史语言所校勘影印 1962 年版。

④ 王瑞平:《明清时期云南的人口迁移与儒学在云南的传播》,中央民族大学 2004 年博士学位论文,第 53 页。

官员已然成为一种成例。顺治初期,云南设置了按察司佥事和提调学政各一员;康熙五年,将云南府学训导改为府学教授,随后于六年,改设云南开化府教授和训导各一员,接着于八年将云南寻甸府改为州,三十一年在云南设立师宗。三十三年,在云南诸如曲靖、楚雄、元江、寻甸、新兴、昆明、定远、保山等多达十五处州县分别增设训导一员。随后在康熙三十四年、三十七年、四十二年、四十四年等时间段对云南学校体系和制度更加细化和系统化。后经雍正、乾隆、道光、咸丰、光绪时期,云南学制基本健全。光绪七年,设云南安平、思茅、他郎、龙陵四厅复设训导各一员,文山、宝宁二县复设训导各一员,巧家、威远二厅、会泽县训导各一员。[①] 到光绪年间,云南除设置初等小学教育以外,还有中等学堂。光绪二十八年普洱府创办最早的中等学堂,翌年,云南地方政府允许全省办新式学堂。光绪三十四年滇省各府厅州皆办新式学堂1所。[②] 至光绪二十九年云南开始创办高等学校,至宣统二年全省总计有初等和高等小学堂749所。[③] 同时,清政府在永昌、顺宁、普洱府及镇边厅,设立"土民简易识字学塾",数量达到128所。[④] 从清朝设置中等学府的过程不难看出,先汉后土,逐步推开,形成了文化蚕食。

至光绪年间,云南土司地区已经基本上属于流官管理,其间可能存留只有封号而无实权的土司,然而,光绪年间还有土司称号的地方头人在其实质上可能已是流官了。与流官不同的是,土司享有可以承袭的权利。然而,同时也能看出,土司地区推行基础教育尚可,但是,接受学校教育的人数虽然有所增加,然而,与内地相比,能够为清朝所用不多。其中,主要的原因在于开科取士的名额配置,云南整个地区偏少,更不用说土司地区。首先,中原内地的文化底蕴高于云南地区,在清朝眼里,中原地区教育质量明显高于云南地区。其次,云南作为边地要塞,如果全部采用云南户籍官员,难免以后不会重演吴三桂事件。最

---

① 《学校》(学校设官)(卷三六六·礼部77)。转引自方国瑜:《云南史料丛刊》(第8卷),云南大学出版社2001年版,第246~247页。

② 古永继:《清代云南官学教育的发展及其特点》,载《云南社会科学》2003年第2期。

③ 参见刘光智:《云南教育简史》,贵州人民出版社1993年版,第74页。

④ 参见古永继:《清代云南官学教育的发展及其特点》,载《云南社会科学》2003年第2期。

后，清朝实行异地做官，其目的在于防范地方势力成长和权力腐败。因此，清朝一方面重视土司地区的文教，另一方面土司地区不是人才选拔主要来源地。

文化教育不仅需要行政管理和师资力量，而且不能离开开展文化教育的各类物质条件。重视文化教育的传统，往往隐含在教育设施数量、质量、规模与外观和内部的设计上。应当说，清朝在云南推进文化教育的力度无论是在学额分配上，还是在录取名额上，都给予了特别照顾。[①] 云南开科取士涉及的州县越来越广，选拔人数越来越多，文教体系建设取得的成果一目了然。文化教育系统经过数年经营逐渐走向完备，通过科举考试从云南地区选拔的各类生员，不仅成为清朝官僚队伍的新鲜血液，而且成为云南地区特别是土司地区拥护清朝统治的忠诚干将。他们通过自己接受清朝规范的文化教育所获得的各种利益，鼓励了更多的有条件的一般民众，选择了接受清朝文化教育，从而接受清朝官方认可的正统思想。一旦普通民众以接受国家正统思想作为谋取家族出路的选择，那么，此前旧有的与国家正统思想不一致的传统就会被替代，思想改造在文化教育的过程中完成，而人也随着思想改造的完成走向归顺和服从。

土司所拥有的传统权威不仅由于自己的后代子女接受清朝的文化教育而遭遇颠覆，而且土司历史上统治土民的正当性与合法性在土民子弟接受国家文化教育的过程中受到质疑。“没有谁应该被仅仅当作另一个人享福的工具”，[②] 这种质疑直接导致土民选择了流官作为自己利益的保护者，并通过配合流官管理来否定土司的管理，实现自己想要彻底地脱离土司的朴素心理。

孔子作为圣人所创的儒家思想，被历代封建统治者视为神圣的尊崇，因此，满族对待孔子的态度不仅反映出他们接受儒家思想的程度，而且成为与汉族官员结成共识的观念基础。所以，清统治者清醒地意识到汉族地主阶级“只要尊孔而崇儒，便不妨向任何新朝俯首”[③]的心理，尊孔不仅拉拢了地主阶级，并且为以后在土司地区施行儒教提供了历史经验。随后开科取士的科学考试，则进一

---

① 学校（云南学额）云南永广学额（卷三八〇・礼部91）。转引自方国瑜：《云南史料丛刊》（第8卷），云南大学出版社2001年版，第248～253页。

② ［英］伯特兰・罗素：《权威与个人》，储智勇译，商务印书馆2015年版，第63页。

③ 《鲁迅全集》（第5卷），人民文学出版社1981年版，第416页。

步强化了汉族地主阶级及其知识分子的归顺。经过这些尊崇儒教,去其心志的尊孔举措,不仅选拔了一批精英人才,而且直接参与镇压各地的起义队伍。如洪承畴在湖广、江西、云南、贵州等地被誉为"西南底定皆其功也"①。

清朝在云南地区大力推行文化教育不能不说与清朝的统治者有着一定的关系,特别是与主政的最高统治者对文化教育认知的高度有着直接的关系。比如,康熙帝重视文化,倡导并率先学习各种知识。康熙曾谈到自己的学习情况:"朕御极五十年,听政之暇,勤览书籍,凡四书五经通鉴性理等书,俱经研究。每儒臣逐日进讲,朕则先为讲解一过,遇有一句可疑,一字未协之处,亦即与诸臣反复讨论,期于义理贯通而后已。"②康熙学习的知识内容之繁多,被学者认为"可以称得上是一位学贯中西的学者"③。在康熙所学的知识体系中,最受到康熙重视的是儒学。康熙对于儒学的重视以及在生活实践中的表现,曾被法国耶稣会士白晋称为中国"儒教的教祖"。④ 康熙的做法,无疑带动了中原文化的发展,然而,康熙垄断了从西方传入的科学技术,未能转化为现实的生产力,因此,并"没有给中国的生产发展带来益处"。⑤ 尽管如此,在政治运筹帷幄方面康熙一以贯之的儒学发挥了极大的作用。"朕平日读书穷理,总是要讲求治道,见诸实行,不徒空谈耳",⑥表现为务实的政治风格⑦。康熙帝务实的风格,作为当朝皇帝的统治品性,体现在施政的方方面面。

为了进一步开化土司,便于土司地区上层人士与清朝形成利益共识,文化教育作为一种强硬有力的手段被采用。雍正三年"增云南省各学取进文童额数"⑧,同时,作出规定,采取自上而下强制推广儒学教育的方式。清朝要求土司

① 赵翼:《簷曝杂记》卷二。

② 《清实录 · 圣祖实录》卷二四五,台北,华文书局总发行 1989 年版,第 3273 ~ 3274 页,"康熙五十年正月辛巳"条。

③ 白寿彝:《中国通史》(第 10 卷),上海人民出版社 2015 年版,第 857 页。

④ 白寿彝:《中国通史》(第 10 卷),上海人民出版社 2015 年版,第 858 页。

⑤ 白寿彝:《中国通史》(第 10 卷),上海人民出版社 2015 年版,第 858 页。

⑥ 《清实录 · 圣祖实录》卷四三,台北,华文书局总发行 1989 年版,第 601 页,"康熙十二年八月癸亥"条。

⑦ "学习愈深透,求治之心愈切。同他的学习态度一样,康熙六十余年如一日,为政毫无懈怠之时,可概括为一是勤,二是实,即勤于政事,讲实际,求实效,不尚空话,饰虚文。"参见白寿彝:《中国通史》(第 10 卷),上海人民出版社 2015 年版,第 858 页。

⑧ 《清实录 · 世宗实录》卷三三,台北,华文书局总发行 1989 年版,第 502 页,"雍正三年六月壬午"条。

子弟必须入学习礼,接受汉化,从而达到"明知礼义之为利,则儒教日兴,悍俗渐变矣"①。文化在其形成的过程中,有其自身逐步进化的一面,也有人为主动建构的一面。无论是文化的进化,还是文化的建构,都是人基于客观存在的主观认识,并在物质条件成熟的情况下主观客观化的实现。尤其是在文化建构的过程中,具有影响力的人对于文化的认识往往起到了文化改造的示范作用。从文化的传承来看,模仿以及强制下的遵从在多数情况下是文化建构的主要途径。

在土司实施文教的过程中,土司占有的经济基础决定了土司对于文化认知的高度。儒学教育的核心是秩序观念,秩序在封建社会时期表现为日常生活中的形态。所以,儒学教育的实施,首先被改变的对象是土司家族,然后缓慢地被土人接受,继而改变了周围旧有的传统。应当说,文化教育改变土司子弟礼教的同时,也改变了云南土司地区少数民族传统的风俗。

有些少数民族经过文化教育之后,其当中的有一定经济实力的人,能够与汉人一样读书认字,"白人,迭西诸郡强半有之。习俗与华人不甚远,上者能读书"。② 文化程度的提高,首先表现在移风易俗上面,"定远么民有撒摩都者,即白罗罗之类。今年以来,稍变其俗,而亦有中科第者"。③ 文化教育的成效不仅体现在风俗的改变上面,而且也对生产力的改变产生影响,"白罗罗,在澄江者,渐习王化同于遍之民,新兴者力田为主"。④ 文化的传播是无界的,对人的影响往往是从心里深处开始的。"蒲,……今近城居者,咸慕汉俗而吉凶之礼,多变其旧"。⑤ 文化教育的过程也是文化传播的过程,文化传播实际上就是移风易俗,因此,接受的文化教育往往可以从风俗的改变上看到文化教育的效果。永胜地区纳西族"婚配亦通媒约",⑥而丽江府纳西族则"求婚,请人至女家致辞宴酒,即位允诺,以尺帛银饰为定"。⑦ 这些朝与汉族风俗一致性方向改变,并非生

---

① 《清史稿》(第33册)卷二七三《赵廷臣》列传60,中华书局1977年版,第1030页。

② 刘文徵:天启《滇志》卷三〇,《羁縻志·种人》,古永继校点,云南教育出版社2002年版,第998页。

③ 陈文修:《景泰图经志校注》卷四《风俗》,李春龙、刘景毛校注,云南民族出版社2002年版,第206页。

④ 刘文徵:天启《滇志》卷三〇《羁縻志·种人》,古永继校点,云南教育出版社2002年版,第995页。

⑤ 杨世钰、赵寅松:《大理丛书·方志篇》(第1册),民族出版社2007年版,第268~269页。

⑥ 乾隆《永北府志》卷二五《土司》,载《故宫珍本丛刊》(第229册),海南出版社2001年版,第147~148页。

⑦ 丽江县县志编委会办公室编印:(乾隆)《丽江府志略》,1991年版,第207页。

产力发展使然,而是文化的力量。这一风俗的改变意味着文化认同,文化认同的背后是对国家统治的认同,因为清朝推送的文化教育不是别的科学教育,而是统治者自上而下认同的中原儒学思想。

清朝在土司地区推行文化取得了一定程度的成效,然而,这些成效的取得除了清朝为推行文化教育所作出的努力,民间义士付出的捐献之外,还有一个很重要的现象,即土司之间竞相攀比文化程度与运用儒学取得成就的高低,这就使得本来以文化教育作为开化工具的政治策略,转变为土司之间互为竞争的政治效仿。如"澄江府,郡多僰人,而汉人杂处其间,初不知学,今以岁久,渐被文教,有以科第挤臓仕而封及其亲者。于是闾里翕然向学,相率延师训子,而家有诵读之声,皆乐于化非复昔之比矣"。[①] 通过读书,中举之人已不在少数,姚安府彝族"今士类之盛,科不乏人"。[②] 与姚安府相比,大理府"举子恒胜他郡"。[③] 土司之间也已彼此之间能够运用汉文作为美誉,如丽江木氏土司,"木增延纳儒流,所著作为一时名士称赏"。[④] 而"姚安、蒙化二王府,且以诗文自命"。[⑤] 文化教育不仅开启民智,而且促使改祖,以示自己的汉族祖籍,从而强化自己出身的正统性,由此可见汉化深入人心的程度。

"有自从汉俗定汉姓者,如景东土司,其先俄陶,遂娃陶氏。其他如左猛、阿昂、那安、禄奉、吾海诸土司,皆以明时始著姓"。[⑥] 此类现象在彝族、哈尼族、纳西族等民族中都存在。包括南甸土司和滇西各傣族土司,他们对外宣称自己是汉人后代,而实际上则是原先土著民族的后代被汉化的结果。[⑦] 土民后代子孙的汉化程度之高,显而易见,而所谓的少数民族在文化上"少数"内涵则越来越

---

① 陈文修、李春龙、刘景毛校注:《景泰国经志校注》卷二《澄江府》,云南民族出版社 2002 年版,第 106 页。

② 陈文修、李春龙、刘景毛校注:《景泰图经志校注》卷四《姚安军民府》,云南民族出版社 2002 年版,第 225 页。

③ 陈文修、李春龙、刘景毛校注:《景泰图经志校注》卷五《大理府》,云南民族出版社 2002 年版,第 216 页。

④ 道光《云南志钞》卷七《土司》(上)《丽江府》条,道光九年刻本第 8 册,第 51 页。

⑤ 刘崑:《南中杂说》。转引自方国瑜主编:《云南史料丛刊》(第 11 卷),云南大学出版社 1998 年版,第 355 页。

⑥ 龙云、卢汉修,周钟岳:《新纂云南通志》卷一《族姓考一》,李春龙、牛鸿宾点校,云南人民出版社 2007 年版,第 615 页。

⑦ 江应樑:《傣族史》,四川民族出版社 1983 年版,第 142 页。

弱,从人口上的少数逐渐演变为文化上的少数,而文化上的少数恰恰是民族特色。应当说,清朝文教制度在土司地区的实施既有融合民族文化的积极性作用,也有消解民族文化特色的消极性作用。

在土司地区文教实施的过程中,还有一种现象值得关注,即相当一部分土著寻根问祖,其结果都是源自中原。尽管实际上因为明朝实施内地居民迁移云南而形成了非原始的土著,然而,寻祖这一特别的行动并非为了认祖归宗,而是一种态度的表明。土著竞相改祖,一方面,说明以儒学文化为代表的汉文化在土司地区的传播得到了民众的认可,土司所产生的巨大力量具体表现为土司为了能够进一步服众而不惜假借祖上原属汉人的说法,这就至少能够证明土司地区对于汉文化的认同具有普遍性,而且汉文化被广为接受也证明了国家权力在土司地区得到了一致认同,土司伪托其先祖为汉人是对土司臣服中央王朝最有利的证明。另一方面,说明文化传播不仅开启民智,提高民众的认知水平,而且促使民众辨别统治权力的正当性与权威性。正是由于文化具有识别族群的功能,所以,文化一致性促成权力的正当性,即同一文化下族群内部成员彼此认同达成了标准,而文化水平较高的则顺理成章地成为其他成员效仿或者跟随的对象。

基于相同的文化而形成的向心力促成了文化的凝聚力,并进而转化为主体的权威。文化教育的投入对于清朝强化中央王朝在云南土司地区的国家统治所产生的辐射作用,远比军事镇压更有实效。国家推崇的儒学文化不仅统治了土著民众的内心观念,而且弱化了土司仰仗本族传统文化对抗国家权力的意志。站在统一多民族国家的立场,清朝在云南土司地区推行的文化教育,不仅稀释了当地少数民族贵族统治的势力浓度,而且在各少数民族之间、少数民族与汉族之间建立了文化共识,从而为民族之间的交流融合打通了一条族际通用符号,这一举措对于统一多民族国家的稳定与发展具有不可磨灭的历史贡献。

清朝对于土司的影响,也通过土司传递给土司管辖地域的下层社会,这就从清朝到社会底层借助土司的中介开通了自上而下的权力下沉通道,同时,沿着这条通道一并输入的还有文化、教育、商业、经济等帝国希望的全要素。比如,傣族和德昂族都是德宏州的土著民族,两个民族之间持续的相互交往历史非常悠久。自明朝开始,傣族土司逐渐在两个民族中占据了统治地位。进入清朝统治时期之后,两个民族的土司虽然了有个高低之分,但是各自土司中的上层贵族却依然拥有很大的权力。

两个民族土司的亲近交往,特别是土司贵族之间的交往,在傣族土司长期的统治下,傣族与德昂族之间的文化得到前所未有的融合。在融合的过程中,各自的文化也有不同的改变。处于附属地位的德昂族,在两个民族文化融合的过程中,其族语言、文化习俗发生了很大变化。[①] 因此,清朝与土司之间的各种来往,如同一个巨大的管道,把各种各样的有利于统治的元素混成一股洪流,源源不断地注入到土司地区,对于土司地区的各种社会意识形成了绝对性压力,土司地区社会意识中能够被清朝汲取的优秀成分由于政治性选择而始终处于微乎其微的态势。最终,统治阶级的文化占领了主流文化阵地,而主流文化一旦成为民众生活的普遍意识,地区性权力及其权威则必然因为其社会基础的中央化而被清空。

权力认同往往以外在的具体的存在为表现形式,主要是以物化的形式为表达方式。权力外在的象征,在绝大多数情况下采用了符号形式,这些符号指向的意义具有一致性,然而,符号外在的形式表现又是多样的,哪怕仅仅是外形上的差别,符号传达和表示的意义就发生了变化。通过符号的改变,可以探知符号主体内心世界的价值倾向和主流意见的偏好。与此同时,符号的旁观者,可能会对符号的变化产生过一定的疑问,然而,面对改变的符号,其内心此前对于符号的认知能力推动了内心世界对于新的符号产生了新的理解与接受。

土司统治地方时期所兴建的工程是一种权力的符号,而在其后残留的土司建筑中又能体现清朝中央权力逐渐取代地方土司权力的历史展开。[②] 如果说土司王城被府州县城替代后,土司被动接受了中央权力的下沉,表现了权利认同,那么,对于土民而言,土司王城被府州县城替代后,土民主动接受并支持中央权

① 赵金萍:《傣族土司制度对德昂族的影响——以陇川县户弄村为例》,载《云南民族大学学报(哲学社会科学版)》2008 年第 2 期。

② 参见郗玉松:《改土归流与清代湖广土家族地区城市的重建——从象征王权的土司城到象征皇权的府州县城》,载《湖北民族学院学报(哲学社会科学版)》2016 年第 2 期。

力的下沉。新的制度体系总是在其实施的最初阶段,给社会基层民众带来最充满希望的期待,这种期待不仅成为中央权力控制社会的力量源泉,而且成为加快土司王城瓦解的打击力量。符号的被替换,也意味着符号代表的权力的没落。

清朝对于基层官吏的管理十分严密,实行一级审一级,逐级审核,最终皇帝裁决的请示复核制度,外加监察史的巡检与例检等制度。对于土司的日常工作,特别是土司审判断狱内容,不仅允许土民可以因为土司裁断不公而上诉流官,而且要求土司必须详实记录裁断过程与内容。特别是清中期以后,土民状告土司的常态化更加弱化了土司的司法裁判权,如乾隆十八年的《电察奸诬事》。[①] 可以看出,乾隆年间类似这种霸占民女、侵占财产的案件可以直接申诉到高级的朝廷命官,说明清朝对于土司权力监察的力度与广度。一方面体现了清朝对于基层社会秩序稳定的重视;另一方面也通过这样的规定考验土司的忠诚与办事能力,而最根本的目的在于可以通过土司记录的内容发现土司违例之处,从而借机削弱土司势力。嘉庆十九年的《那振兴在万德衙内日行号簿》记载了土司那振兴,于万德土司衙门内的日常事务,其中有这样的记载:"(七月)二十二日,蒙母着沙怀德来说,要审李小二,具控文望天逐婿嫁女一案。振兴回言,业已具结,""二十七日蒙母将李小二等解来老家与余审讯,""二十八日将李小二等领回万德当面询问。望天情愿将女交于李小二回锁锁卡,另招哈富为子。李小二情愿媳妇领回,不敢复争家产等语。可否俯从民便,着沙国相示谕。尚准从民辄具二比甘结在案"[②]。此文不仅详细记录了案件的来龙去脉、审讯过程、判决结果,而且反映出那氏土司家族的文化底蕴,能够用如此流畅的用汉语表达案件始末,足以证明嘉庆年间云南地区部分土司的文化素养,体现了汉儒教化的成效。清朝接受中原儒家文化,既有此前明朝设置建卫带来的历史影响,也有入主中原之后不得不先接受再改良的无奈。文化作为社会意识,不能

① 参见楚雄彝族文化研究所:《清代武定彝族那氏土司档案史料校编》,中央民族学院出版社 1993 年版,第 125 页。

② 楚雄彝族文化研究所:《清代武定彝族那氏土司档案史料校编》,中央民族学院出版社 1993 年版,第 225 页。

脱离具体的物质社会条件,更不能脱离以现实的生产力和生产关系为内容的生产方式。

清朝以强大的军事实力达到了入关建立统一政权的目的,然而,“清代虽以少数民族入主中原,然它所接受过来的生产方式仍是以小生产者为基础的自然经济”①。与这种小生产者为基础的自然经济相匹配的文化形态则是传承两千年之久的儒家文化,因此,清朝一方面通过吸收中原文化实现以汉制汉的统治目的,另一方面,又要充分借助中原文化所具有的同化功能实现对少数民族的文化征服,从而建立自上而下贯通一致的文化观念基础。清朝是当年明朝在关外推行中原文化的被同化者,也是入关之后在少数民族推行中原文化的统治者。正是深刻意识到中原文化对于强化统治权力所具有的融贯整个社会的作用,再加上自明朝在云南就已经开始的中原文化启蒙教育所取得的成就,可看出,清朝在云南地区推行普及教育,并强化土司及其子弟接受中原文化的本质是强化文化统治的地位。

土司以及其子弟接受中原文化之后所表现出来的文明以及清朝采取的科举制度及其带来的政治权利都驱动了土司积极主动自觉接受中原文化的内心动力。特别是丽江木氏家族与清朝之间的政治联系,其中文化同构带来的巨大影响作用直接推动了土司接受中原文化的学习、熏陶与内化,这些潜移默化的文化影响为清朝通过儒学作为立法指导思想的国家法律实现对土司的控制,奠定了无形的心理基础。

清朝统治者在其统治过程中,不断深化对于人才教育和人才重要性的认识,虽然通过各种强制或者镇压,但是,“长治久安,茂登上理,盖法令禁于一时,而教化维于可久”。② 观念上的革新,有利于维护清朝的统治,因此,清朝推行文化教育的形式与投入是多元化的,不仅有官办的学校,也有民间自办的学校,并且特别鼓励民间投资兴办义学。雍正三年议准:“云南威远地方,设立义学,令彝人子弟有志读书者,人塾诵习。五年议准:云南省东川府土人设立义学,择本

① 傅衣凌:《明清社会经济史论文集》,人民出版社1982年版,第117页。
② 《清实录·圣祖实录》卷三四,台北,华文书局总发行1989年版,第641页,“康熙九年十月癸巳”条。

省贡生生员，熟习风土、品学兼优之士，令其实心教诲，候教化有成，其教习贡生生员，该督抚酌量奖赏。"[①]鼓励私学既有利于文化传播，而且能够减少国家教育投资，最有价值的地方在于文化传播的民间化发展更有利于提升文化凝聚力和国家认同感，这对于法律宣传与形成国家正义观具有基础性功效。

乾隆时期，陈宏谋为云南布政使，设"立义学屯百余所，令苗民得就学，教之书"。[②] 乾隆二十六年"云南省各府、州、县每年将义学师生姓名、馆谷、脩金额数，有无教习成效，各于年终汇报学政，以凭查核。……其教习文理优长而又董课有成效者，亦听学臣随棚量加奖赏，以示鼓励。其别途初学之辈，不许延请"[③]。严格的教学考核既符合教育规律，也是文化建构进程中不可缺少的强制。教育过程中的激励与强制，为通过科举制度进入仕途之后的文化人继续秉承这一教育模式的发展，起到了共同维护制度的共识作用。

以国家各种荣誉授予为主、物质奖励为辅的义学促进方式，其所取得的效果不只是拓展了普通民众受到文化教育的范围，也不只是在基层社会特别是少数民族地区形成了好学的社会风尚，更是通过国家鼓励民间兴办义学推动了统治思想打着文化教育的名义实现了在边疆地区的浸透。除此之外，在不同民族之间实施同样内容的文化教育，不仅疏通了民族之间认知交流存在的藩篱，改善了不同民族之间传统的自发隔阂，而且建立了在同一种文化下形成国家认同合力的心理基础，实现了各民族之间相安和睦的并存状态，这对于日后统一多民族国家的建立和发展奠定了无形的心理认同基础。

第二节　文教作为法律观念性塑造工具的展开

在中国古代封建历史的记忆中，朝代更迭的手段最初都是依靠武力。然

---

① 刘锦藻：《清朝文献通考》，浙江古籍出版社 1988 年版，第 495 页。

② 《清史稿》卷三〇七，《陈宏谋传》，中华书局 1977 年版，第 10809 页。

③ 学校（各省义学）（卷三九六·礼部 107）。转引自方国瑜：《云南史料丛刊》（第 8 卷），云南大学出版社 2001 年版，第 255 页。

而，武力征服之后在休养生息的过程中，历朝历代都在积极从事文化教育。通过各种各样的途径传播文化，建立各种崇尚文化的榜样，激励民众接受朝廷认可的官学。文德服人不仅是封建王朝对内统治的路径，而且也是封建王朝处理周边关系的交往形式。即便是在盛唐时期，通过文化交流增进中原与周边其他民族之间的关系也成为首选。军事力量起到的威慑作用，是为了确保文化传播安全而显现。在清军进军云南之后，主要依靠军事镇压和安抚政策，当时，持久的军事行动与系列安抚并没有起到彻底降服的效果。

清军马踏云南，其强大的军事力量帮助清朝在很短的时间内占领了土司多年经营管辖的地盘，有的地方旋即设置了流官。然而，流官的设置既不能说明清朝中央权力的控制半径，也不能说明军事武力对于土地的占领具有征服土司的必然性和长久性。对于世代经营、拥有根深蒂固社会基础的土司而言，归顺之后基于利益博弈而出现反水的现象时有发生。“土司反覆无定，惟有及时进兵，早收大局，诚使外孽一净，则边境无伺隙之虑，土司无簧惑之端，降人无观望之意。”[①]显然，土司反复不定与境外势力有着直接的关系。土司在其本质上属于地方群体的头人，从其根本上讲是地方群体利益的集中管理者与代表者，维护自己自身利益并确保利益最大化是土司和清朝共同的主张。因此，只要有外界势力的存在，云南土司特别是边地土司就有可能因为利益权衡而出现左右摇摆的状态。所以，只有迅速占领云南，阻断境内外联系，才能断绝土司与境外势力的联系，从而断绝土司的后路，接受清朝统治是其唯一的选择。“三藩之乱”之前，云南土司在强大的军事实力压制下，虽然归顺清朝，然而，并没有从根本上顺服清朝的统治。

至雍正年间，鉴于部分云南土司难以驾驭的现状，同时，清朝周边战事也日渐稀少，统治实力逐渐增强，中央权力的统治半径日益增大且稳步向边远地区延伸，云贵总督高其倬奏疏，提议改土归流，并辅助于里甲制度，从而加强土司地区社会秩序的统辖。一方面，完善行政管理系统，在内地设置流官，形成完整

---

① 《清实录·世祖实录》卷一三四，台北，华文书局总发行 1989 年版，第 1594 页，“顺治十七年四月丙午”条。

的军民行政管理体制;另一方面,调整行政机构权力配置,目的在于保持强大的军事压力与反应快速的军事行动;另外,将中原地区里甲制度用于土司地区,建立户籍管理制度,并在夷人聚居区设置出入境检查关口,实施通行证制度。“云南苗倮,……并将所属村赛,编立里甲户口,以凭稽察。”①里甲制度、关口通行制度确保了土司地区基层社会人口流动的监控,而行政军事系统的调整则为随时进行武装打击提供了便利。这些制度的制定与实施,也足以说明土司与清朝之间存在的紧张关系。从这段上疏上不难看出清朝关于社会治理的保安律例规定,可以反映出清朝在云南土司地区的制度化管理往往是借鉴中原经验,这就意味着国家法律的普适性与统一性,在云南土司地区是因保安需要而开启了调控土司势力的法门。

云南多山林密的地理地貌,以及群山与平坝相倚而生的构造,为大大小小土司的分布提供了自然的分界,而广阔的面积则为众多土司的形成提供了土壤,同时基于自然环境则形成的自然经济条件,则又导致土司之间的实力各有差别。土司之间实力的不均等为清朝采取灵活多变的策略指明了方向,根据距离内地的远近、统辖面积的大小、顺服中央王朝的态度作为区分的标志,清朝虽然因俗施治,然而,却又因人而异。在众多的土司当中,有针对性地采取了不同的措施。区别对待体现了别族而治的统治策略,并在这个过程中,激起土司面向清朝争宠的竞争,而争宠必然产生矛盾,土司之间的矛盾越大,越有利于清朝驾驭土司。特别是对实力强大,与中央权力能够形成对抗的土司,清朝为了确保绝对的统治,先是安抚,然后大兵临近,其目的在于清朝时刻防范土司可能出现的反抗。如普洱土司,普洱地区经济发达,人口众多,土司统辖时间历史悠久。

对于清朝来讲,普洱地区土司是滇西南地区非常具有影响力的土司,不仅在军事上拥有强大的地方武装,而且普洱地区所种植的普洱茶也关系到清朝对外贸易与国库收入,经普洱进入西藏转向印度的茶贸易经济带就是一个最为显著的证据。因此,普洱土司是否顺服中央王朝既能体现清朝的统治能力,又能

---

① 《清实录·世宗实录》卷三一,台北,华文书局总发行1989年版,第477页,“雍正三年四月乙未”条。

对普洱地区之外的土司带来威慑作用。同时，普洱地区在云南版图上特殊的地理位置，决定了清朝统治云南腹地之后继续南下然后左右拓展的军事便利。所以，清朝对待普洱土司的态度，不仅刚柔相济，而且处处体现军事威胁。

雍正年间，清朝对于普洱地区的统治已经具有绝对的控制权，"云南普洱府车里宣慰司刀召遍猛故，请以其子刀召金保承袭，下部知之"①。从车里宣慰使司之子提请承袭来看，既然土司权力的接替需要通过清朝的政治许可，那么，清朝对这一地区的权力配置已经具有了直接的控制力。然而，尽管清朝依据承袭制度统一普洱土司承袭的申请，体现了清朝柔性统治的一面；但是，对于军事要地，特别是关系到清朝边境安全的土司，清朝并未因为土司的顺服而表现出绝对的信任。

康熙二十年"云南土司龙天佑迎降，请身率士兵、防守要隘。命以龙天佑为都督佥事，管领土司总兵官"②。根据史料记载及各界人士的评定，龙天佑是清朝初期彝族杰出的政治家和军事家，从小深受儒家教育，他爱好和平，以人民群众的利益为重；重视团结，以民族共同繁荣为重，尽心尽力维护区域稳定发展，维护中央王朝权威，拥护统一。这段文字所描述的事件发生的时间为康熙二十年正月，而龙天佑于康熙十八年归顺清朝，说明距离他归顺清朝实则才两年不到。但就当时而言，无论是清朝所做决定还是清朝的大臣所做决定，都表现出了他们对于土司的不信任。

土司制度在当地根深蒂固，清朝想要实现真正的统一，并且做到让土司地区的土民们也服从中央王朝的管辖，就不得不依靠土司。为了确保这种依靠具有稳定性，一方面，让土司们真正地感受到清朝的诚意与优厚待遇（这里指封官加爵、加赏一类）；另一方面，时刻确保军事压力是清朝对待土司的常态。康熙二十年正月，定远平寇大将军等人上书说道，云南提督桑峨招抚到前朝总兵徐朗庆，刘大寿及前朝文武官员罗银凤等人，前行至军前缴获了前朝官印以及投诚的兵器。康熙二十年定远平寇大将军固山贝子章泰等疏报："云南提督桑峨

① 《清实录·世宗实录》卷四八，台北，华文书局总发行1989年版，第731页，"雍正四年九月丙申"条。

② 《清实录·圣祖实录》卷九四，台北，华文书局总发行1989年版，第1254页，"康熙二十年正月辛酉"条。

招抚到伪总兵徐朗庆、刘大寿及伪文武官员罗应凤等，俱至军前缴伪印、札投诚。"[①]前朝的总兵及文武官员都被招抚了，一方面说明了新的统治者给予他们的优厚政策是真的非常诱人的；另一方面，将此事通报出来，引起的社会影响一定是非常大的，对于加速推进土司群体的归顺也是非常有利的。"言云南镇沅府附近之威远，系新辟地方，而普洱乃沅江府旧属，流官所辖，皆须设兵弹压。"[②]显然，普洱地区设置流官并未起到应有的行政管理作用，而鄂尔泰疏言则表明流官失去了强大的军事力量作为后盾，其在土司地区的行政管理只能是流于形式上的管理，而非实质上的管理。同时，土司可能一直保持着争取独立的意识，只要清朝的军事力量不足以对自己产生威胁，那么，土司就会与流官争权夺利，特别是军事斗争刚结束的地区。因此，清朝在土司地区保持一定的军事威慑，其目的在于压制土司脱离清朝统治的主观意识，这就进一步证明了中央权力控制社会的能力与控制距离存在反比关系，如何寻找忠实的权力代理人来破解距离产生的权力弱化，在雍正时期的主要作为是军事威慑。

对于封建王朝中央权力而言，地方势力只是封建王朝皇权的延伸，在中央权力军事力量所及之处，也就是中央权威所在之处，无论地方势力多么强大，都是中央权力统治的对象，而非与中央权力平等的地方权力。二者之间是统治与被统治的从属关系，因此，中央权力与地方势力之间博弈的最后结果是地方势力接受中央权力的直接控制，并被纳入中央权力统治的范围之内。而标志中央权力的符号包括国家官僚的官员主体、以服饰建筑为代表的器物，以及议事规程用语的非物质形态等，因此，清朝安抚土司与征剿土司的目的具有唯一性，就是派任流官实施国家统治，即便允许土司存在，土司也仅仅是配合流官行政管理的助手，而非此前土司"一言堂"的地方割据。清朝安抚土司的总的路线可以理解为文武齐下，即前文所述，安抚为文，军事为武，文武兼治的目的在于为设置流官腾出空间，通过弱化甚至取消土司的方式，把土司地区的社会管理纳入国家统一的官僚体制管理框架之内，最终实现国家大一统的皇权统治。

---

① 《清实录·圣祖实录》卷九四，台北，华文书局总发行1989年版，第1255页，"康熙二十年正月癸酉"条。

② 《清实录·世宗实录》卷五九，台北，华文书局总发行1989年版，第920页，"雍正五年七月癸亥"条。

清朝统治云南200多年间，针对土司分布、变更、归流的调整，无一不是为了清朝最终能够完全统治云南这一终极政治目标的实现。除安抚与征剿的举措之外，清朝希冀通过文化熏陶改变土司及其后代对于清朝统一国家的认同，从而为清朝的长久统治建立普遍的心理基础。“滇省建置事宜……新设之普洱府应建立学校。”[①]从云南版图上看，元江位于昆明之南，普洱位于元江西面，也就是说，清朝越过昆明以北的土司地区，率先在元江地区设置流官，不仅贯彻了清朝盐课，而且办起学校。从军事角度来看，清朝倚仗武力在滇南实现了中央权力对土司势力的控制，相当于军事上迂回包围，将云南揽入怀中。那么从经济角度而言，相当于切断普洱地区与境外的经济往来，元江普洱两地区设置盐课足以证明普洱和元江地区的盐业对于清朝所具有的重要意义。对于普洱和元江这样重要的军事重地和经济相对发达地区，清朝不断调整流官权限配置，增加军事威慑，从而保障流官治理土司地区的国家支持。

“雍正七年闰七月……调……云南临元总兵官邱名扬为云南普洱总兵官。”[②]与此同时，通过行政管辖范围的调整，在强化流官治理土司地区能力的过程中，清朝又弱化流官实力，防止出现此前类似吴三桂在云南拥兵自重的叛乱现象。“普洱镇原辖之元江营归临安镇管辖，其元普沅威镇改为普洱沅威镇，临安徵江镇，改为临元徵江镇。”[③]然而，清朝驻守云南毕竟要消耗大量的后勤补给，中央王朝的军饷拨付不够士兵日常生活开支的现象频频出现。“户部议复云南巡抚张允随疏言……阿迷、宁州、路南、云龙……元谋等处额徵秋米，每石折收银一两。其普洱、攸乐、威远、镇沅等处，以一两折给兵丁不敷买食，请酌量增给。”[④]“兵丁不敷买食”的困境并非清朝国库收入不能满足军费开支所致，根本的原因是因为普洱元江距离中原内地遥远。一些军需可以通过具体的物质生产得到满足，然而，普洱元江地区的军需只能通过国库支付货币，以购买方式

---

① 《清实录・世宗实录》卷八四，台北，华文书局总发行1989年版，第1299页，“雍正七年七月丁酉”条。

② 《清实录・世宗实录》卷八四，台北，华文书局总发行1989年版，第1301页，“雍正七年七月壬寅”条。

③ 《清实录・世宗实录》卷一一六，台北，华文书局总发行1989年版，第1748页，“雍正十年三月庚辰”条。

④ 《清实录・世宗实录》卷一二六，台北，华文书局总发行1989年版，第1870页，“雍正十年十二月癸酉”条。

来维持普洱元江地区的军需。实际上,明朝洪武年间中原汉人整体外迁至云南的目的就是减少国库支出,通过军屯方式,实现军队自我供给,在减少中央王朝军费开支压力的同时,仍然能够保持戍边军事组织的各项军需消耗。但是,由于普洱元江地区远离云南腹地,一切经济来源只能依靠土司社会的供给。

赋税成为土司归顺的标志之一,也是清朝想尽一切办法控制土司的目的。可以这样讲,清朝保留土司是为了让土司更好地服务清朝,一旦清朝具有足够的国家实力控制土司地区,土司的消亡也就指日可待。保留土司是为了日后消灭土司,然而,清朝在长达267年的统治时间里,地主经济阻碍了社会生产力的发展,以至于云南与北京之间的漫长距离始终阻却着清朝控制云南的能力向纵深迈进,天然的物理空间成为清朝终不能完全掌控云南的障碍。满清贵族入关之后,不仅遇到强烈的军事阻击,而且迎来了历史久远的蛮夷观念冲突,特别是后者,不仅是中原有志之士为复明而起来抗击清军的口号,也是满族贵族入关之后必须改变的传统意识①。明朝流亡人员带着华夷观念在云南成立南明,李闯王兵败北京之后南下云贵的部分将士,以及早年迁居云南各地的中原汉人,在清朝统治云南初期曾经组织强有力的抗清运动。所以,云南境内各种力量交织在一起威胁着清朝的统治,不仅存在着土司为了维护家族权威而进行的反清斗争,而且也有一些为了活路而自发起来的民间组织。这些组织难以被定性为反动还是革命,但是,这些带有一定武装力量的组织对清朝在云南的统治制造了不利的影响。

这些有组织的抗清运动在清朝镇压的过程中,由于云南复杂的地理地貌,往往需要当地人的引导与信息支持,土司及其自建的地方武装在清朝组织的历次镇压抗清运动中,发挥了一定的作用。“云贵广西总督尹继善奏报:官兵进剿普思逆夷大捷情形,得旨。普思一带,土贼猖狂……”②土贼就包括当地少数民

① 雍正皇帝曾经在《大义觉迷录》中发问:“夫我朝既仰承天命,为中外臣民之主,则所以蒙抚绥爱育者,何得以华夷而有更殊视?而中外臣民,既共奉我朝以为君,则所以归城效顺,尽臣民之道者,尤不得以华突而有异心。”雍正:《大义觉迷录》,中华书局1983年版,第8页。

② 《清实录·世宗实录》卷一四一,台北,华文书局总发行1989年版,第2005页,“雍正十二年三月己亥”条。

族土著,也包括一些窜入这些地区的汉人。清朝称为土匪的游兵散勇或者盗贼流犯,在一定程度上的确对于社会秩序的稳定和经济的发展带来一定的破坏性影响。然而,也正是这些土贼的存在,为清朝在土司地区增强驻军,绥靖治安提供了客观理由。雍正十二年八月,中央王朝对云南、贵州等处实行了汉、土官兵并剿元江、临安、普思一代的逆贼与反叛之人,军队所过之处都变得安定、和平,至此,也算军务告一段落了。朝廷在普思、元江、新平等处都留下了士兵,进行暂时的管理,其余的军队随大部队回到朝廷。① 朝廷调兵攻打元江、临元、普思一带还没有归顺的或者说还动荡不安的地方,打完之后又留下一部分的士兵在那里管理,目的是防止他们反叛、并且将满人逐步开始融入到他们当中去,知悉他们的文化、风俗、习惯、宗教、政治等,便于统治。此外,能够看出当时的中央王朝对于暂时平定的云贵地区仍然是心怀戒备的,担心其突然出现叛乱又或者说出现其他一系列不利于中央王朝统一的其他因素。

显然,"以夷制夷"隐藏着一条本地文化认同的逻辑。而本地文化认同只会强化土司的统治权威,为此,只有把本地文化重构,将国家正统文化通过传播融入到土司地区,经过持久发酵的融合,将本土文化转化成为以国家正统文化为主要成分的化合物,这就能在文化上实现国家文化认同,从而影响到国家法律的认同,进而形成支持国家法律的文化基础。

第三节 土民文化与中原文化对抗性法制融合

不同文化之间的对抗由来已久,不同民族之间的冲突根源均可以在文化内核中找到。归根结底,文化是一个民族的基因。一个民族越小,文化的自保意识越强。反之,一个民族越大,文化的融合意识越强。民族之间的交往,往往也是因为文化上的差异而制造了某一层面上的困难。文化虽然没有外在的强制

① 《清实录·世宗实录》卷一四六,台北,华文书局总发行 1989 年版,第 2048 页,"雍正十二年八月乙丑"条。

力,但是,文化一旦深入内心必然产生内在的震撼力,并由此而彻底改变人的外在表现。人类的发展史,既是文化的发展史,也是文化对抗的发展史,更是一部文化融合的发展史。文化的融合,历来都是在对抗中交错,在交错中生成了融合。

数千年中国封建史的阶级矛盾史主要表现为中原统治者与边疆少数民族之间的矛盾冲突,既有因为文化不同而引起的斗争,也有因文化相通引起的融合。从中原统治者的经验史来看,汉文化与少数民族文化之间以主体性融合而体现出包容与同化的能力。相对汉文化而言,少数民族文化属于客体性融入而体现出吸纳与接受的态度。即便元朝与清朝两朝是少数民族作为统治者,但最后其民族的文化还是被汉文化给予吸收、演变,最终混合发酵为中华民族文化。在不同民族文化接触的过程中,由于各个民族的传统认知和固有思维而导致文化之间发生了摩擦,或者融合,或者冲突,或者交织,或者存异求同。然而,对于统治者而言,实现主流文化的统一也是其统治的内容之一。因此,统治者会通过各种方式实施文化覆盖,最终实现文化统一。其中,教育是最为直接有效的方式。

云南地区土司基本上是由土著少数民族构成,元朝以后,随着元朝羁縻制度的实施,后历经明朝卫所制度的贯彻,尽管土司地区逐渐出现汉人聚居区,但是,就文化发展轨迹来看,土司地区的文化基本上处于自我封闭状态。诸多土司统辖的少数民族缺少文字,其中,文字比较发达的少数民族当属傣族。不过,在可阅读的文献内,云南土司地区基本上是以宗教为主的文化传承,鲜有类似内地系统的教育体制。即便是在傣族地区,也是以诵读经书为主要形式的教育。

在那些靠近边界的边地土司地区,以及滇西、滇西南地区,系统的教育基本上都是雍正大规模推进改土归流之后兴起的。土司掌管的边地民族多达二三十种,不仅在语言上各有不同,而且在生活习俗上也是各不相同。大部分边地民族没有文字,或者有些民族有文字,然而,由于识字的机会曾被宗教僧侣所控制,“故虽有文字,亦直等于无文字。既无文字,当无教育之可言”[①]。那些靠近

① 李庄生:《云南之边务杂纂·边地教育之我见》,云南省立昆华民众教育馆 1933 年版,第 4 页。

内地的土司地区，由于和内地文化交流比较频繁，基本上流官设置的学习教育能够为土民提供基础教育。远离内地的土司地区，清朝也为之提供了教育设施。如澜沧“地广人稀，夷多汉少，在清光绪十二年改治前后，直等于夷蛮世界，除摆夷之宗教教育外，全无正式教育之踪迹可寻。清末开办沿边土民学塾，县属各土司地均有设置，始开新教育之基”①。显然，元朝与明朝统治云南期间，在土司地区可能未曾投入基础教育建设，引入内地教育制度，以至于延续数百年之后类似偏远土司地区教育处于自我启蒙阶段。

对于有条件接受内地教育的土司地区而言，为了巩固自己的统治地位，往往采用愚民方式，只允许土司家族的后代可以接受教育，垄断教育资源，隔断土民接受教育资源的通道，剥夺土民子女接受教育的机会，从而堵塞了土民的信息知情权，维护了土司深不可测的封建权威。而对那些没有文字的少数民族而言，土民的教育是以物语的方式传承的，即通过日常生活中简单的语言与实物的独照形成了一些最为常用的符号式交流，而对人心智的开发基本上没有任何实际的意义。比如在怒江地区生活的怒民，他们没有文字，何来所谓的教育。代际之间的交流与文化传承，只是日常生活中的个别概念的传记，没有国家支持的教育设施作为教育的基础，“至于正式的社会教育，不用说也是没有的了”。② 在这些地区，清朝通过流官宣传的各种制度、发布的各类告示，以及伦理说教等都因为土民没有接受一定程度的文化教育而毫无用处。

摆夷地区因为摆夷文字只是在僧侣阶级中间用来记述经典而已，因此，摆夷这个民族虽有文字，然而，识字者并不多。“一般平民记事仍用木刻。上层人物则用摆夷字，其识汉字者并一汉字记录。公牍往来则大抵用汉文”。③ 一方面，说明土司注重教育，特别重视汉语的学习以及汉语和摆夷语之间的转译，因为这关系到土司与清朝之间的政治理解和公文往来；另一方面，说明土司对于

① 彭桂宁：《边地之边地》，云南省立双师发行，云南开智公司印刷 1933 年版，第 135 页。

② 王家宾：《怒江人民生活状况》，载云南省立昆华民众教育馆辑：《云南边地问题研究》，云南省立昆华民众教育馆 1933 年版，第 29 页。

③ 李生庄：《云南之边务杂纂 · 云南第一殖边区域内之人种调查》，云南省立昆华民众教育馆 1933 年版，第 35、45 页。

民间教育持压制态度，反映了土司担心土民接受教育之后可能出现不利于自己统治的反抗行为。而土司的这种担心，恰好又是清朝在土司推行教育的政治目的。从《滇黔土司婚礼记》可以看出，土司在经过族群认同、汉籍认同、文化认同、语言认同，构成儒家文化秉持和汉族语言操守，[①]最终形成了以儒家文化为核心的国家法律认同。根据马克思主义经典论断，法律认同与国家认同是同时出现的，而这种出现的根本性表征体现在文化与语言的接受与遵循。

土司地区落后甚至是缺失文化教育，从清朝的角度来看，实施教育开启民智是大清国繁荣昌盛的任务，而从土司的角度来看，则认为清朝在土司地区开展教育的目的虽然有利于提高土民的文明程度，推进社会发达，然而，土司多年来深不可测的权威就会因为土民认知水平提高而遭受质疑，最终可能因此而失去土司家族世代的统治家业。所以，对于清朝在土司地区推行的教育制度，土司对之表现出极为强烈的抵触情绪。如云南威远土州“向来土官不容夷人应考，恐其入学，与之抗衡”。[②] 与此同时，数百年来土民从未进入学堂，也未接受过文化教育，只是从父母那里接受了可以交流的简单词汇。

面对清朝推行的教育制度，出现“沿边人民不知学校为何物，入学为何事，召集生徒，难于拉夫”[③]的怪象也就不足为奇了。在滇西南靠近藏族地区的土司统治地区，藏传佛教的经书是其生活中主要的文字载体，教育的途径过少，只有进入寺庙才能有机会学习。其中，比较典型的如傣族，几乎寨子里所有的男性在未成年之前都要进入寺庙进行经书诵读或者做杂役。“古宗所用文字乃藏文，惟只行喇嘛中，用已述经典，故除喇嘛而外，一般平民，仍为不识字之愚民。盖凡知书识字之辈，必其人稍具几分聪明，而古宗之略为聪明者，又皆已入籍喇嘛，此亦其文字不能普遍流行之所由来也”。[④] 教育的重要性不言而喻，土司深知其对于统治的重要意义。

---

① 参见张云燕：《从〈滇黔土司婚礼记〉看陈鼎的族群认同》，载《昭通学院学报》2019 年第 2 期。

② 光绪《普洱府志稿》卷四八，《艺文》，高其倬：《筹酌鲁魁善后疏》。

③ 云南省立昆华民众教育馆辑：《云南边地问题研究》，云南省立昆华民众教育馆 1933 年版，第 77 页。

④ 李庄生：《云南之边务杂篆 · 云南第一殖边区域内之人种调查》，云南省立昆华民众教育馆 1933 年版，第 93 页。

通过史料来看,土司作为地方统治阶级,云南地区大大小小的土司对于后代子女的教育非常重视,然而,却尽可能剥夺土民接受教育的机会。如葫芦王地“境内人性野蛮,不知教育为何物,仅有班洪王境内贵族的几个少爷太子,由边地土司地方请来和尚,教授几句经书而已”。[①] 正是因为土司意识到了教育对于沿袭统治权力的重要作用,才有了抵制清朝推行教育的行动。

清朝与土司之间的文化矛盾,集中表现为教育的推行与反制。清朝在土司地区推行教育,传播的内容不只是文字,而是在文字传播过程中携带着以中原文化为主、夹带少许满族文化的新风尚。随着教育进入而潜移默化的风尚则悄无声息地稀释了土司地区土著民族数百年甚至数千年的传统习俗与宗教迷信,特别是汉文化的仪式对于土司地区宗教仪式的冲击直接化解了土司的统治权威。因为正是在各种宗教仪式上,土司通过各种各样神秘的法事强化自己统治的正当性。一旦这些宗教仪式为中原内地的汉文化仪式所替代,那就意味着清朝在土司地区推进的教育,不只提高了土民的文化教育程度,也不仅仅是把中原内地的纲常伦理以及其他封建仪式输入到土司地区,而是在土民中颠覆了此前对于土司神秘的认知,这对于土司统治的社会基础起到了釜底抽薪的作用。因此,清朝与土司之间不仅存在文化矛盾,而且存在文化反制。文化矛盾的下面掩盖着清朝与土司之间心知肚明、谁也不说破的政治意图。

儒学在土司地区的广泛且深入的传播,站在满清贵族利益的立场来看,通过借助汉族文化实现了对异族的统治;站在国家利益的角度来看,清朝在土司地区实施文教建设,对于促进中原文化南下、推动南北文化融合发展作出了历史新贡献;从中华民族文化发展的眼光来看,以少数民族为主体的地方文化与以汉族为主体的正统文化之间的冲突和对抗,虽然在国家统一过程中出现了短暂的障碍,但是,后来证明这种短暂的障碍经过历史的检验转化为统一多民族的凝固剂。正是由于土司地区普遍文化水平的不断提高,才能够为国家律例的下乡铺好了理解意义上的进路,并为接受、评价和支持国家法律正义建立观念上的共识。土民经过文化启蒙形成的国家律例认同,在一定程度上对于清朝通

---

① 李景煜:《葫芦王地概况》,云南省立昆华民众教育馆1933年版,第24页。

过国家法律监控土司起到了叠加作用。

随着国家法律意识逐渐将土司习惯法意识从土司地区原有的规范意识中排挤出去，土司依托习惯法抗拒清朝的最后一道屏障随着土民认同国家法律意识的日益强化而轰然倒塌。儒学的推进与在土司子弟中增加科举名额，吸收土司子弟进入国家官僚体制的举措相辅相成。通过儒学教育，特别是儒家君臣道义规范的学习与灌输，不仅有力地替换了土司地区旧有的传统观念与领主意识，而且将土司土民的优秀子弟通过科举方式吸收到国家官僚体系中。这样一来，清朝统治的权力半径在社会底层优秀子弟成为国家职官之时悄然地延伸至社会最底层。与其说社会基层优秀子弟通过儒学科举成为国家管理人才并获得了机会平等的正义，倒不如说清朝正是借助这种形式上的正义实现了将统治权力深深植入社会底层的统治目的。

第四节　小　结

文化从生活习惯的立场来讲其本义上是进化的，然而，文化作为历史的存在，又是可以通过人为建构为其塑型，使之存在和发展符合建构者的主观意志。一旦文化发展能够步入建构者主观设计的范式之中，就意味着生活于文化之中的社会主体不仅受制于文化的暗在影响，而且社会主体对于接受文化建构者在其他社会改造方面的主张会产生自然而然的心理，从而不自觉地接受社会行为的建构。借助先进文化的力量实现周边民族关系和睦相处的政治实践，在中国古代封建社会发展史上已被有效证明。清朝满族既是中原先进文化的被融合对象，也是积极仿效学习的受教对象。文化对于推动、实现天下一统的政治抱负以及融合各民族之间关系所具有的内在作用，清朝深有体会，并在管理云南地区土司的过程中建设学校、鼓励义学，不仅提高了云南土司地区土民的汉字水平，在文化上起到了鼓励土司的作用，而且加速了民众接受国家律例意识的形成，并在土民中间建立了运用国家律例监控土司行为的社会力量，从而更好地提升了清朝运用法律监控土司的力度、深度与广度。

儒家文化的核心是封建法制的文明表现，遵循儒家文化的实质是认同封建礼法，而封建礼法是支撑清朝国家法律体系的脊梁。因此，从云南地区土司认可、接受、研习儒学可以作出这样一个判断：儒学或者儒家文化的传播在治理的意义上起到了“软法”的作用。同时，清朝国家法律的核心法理渊源是儒学，所以，传播儒学的实质是国家法律的传播，认同儒学的实质等于认同了国家法律。《德宏历史资料·土司山官卷》载：“土司对于秘书极为重视，重金聘请外地汉族文人充任，地位很高。”[①]南甸土司的建筑风格、内部摆设、包括“为我边陲”的牌匾，都能够说明中原儒家文化对于云南边陲土司的深邃影响。也正是看到此点，清朝始终把自己看作中原儒家文化的继承者、传承者与主张者，并大力在土司地区推广文教规模化建设。一系列的文教制度与物化建设，有力地支持了国家法律在土司地区获得认同的文化基础，从而为法律监控土司赢得了法律意义上的民意。

① 德宏州史志办公室：《德宏历史资料》（第10集），德宏民族出版社2012年版，第351页。

第十章　土司地区法律认同的实践困境

清朝通过监控土司，取得了一系列的成效。然而，由于语言差异、传播手段落后、地方流官与土司在法律适用过程中有可乘之机。同时，清朝在适用法律监控土司的过程中，又有建立“仁政”的政治考虑。法律的刚性与仁政的柔性，导致惩治土司刚而不足，流官统治柔而有余。这就形成土司可离不可舍、流官可用不可重的困境。首先，撤设并分之策凸显土司存在的两难性，清朝边撤边设土司进一步证明土司的价值与意义，为土司与清朝溢价提供了心理基础；其次，土司权势法律监控策略实施的两难性，清朝一边通过土司制度的法律化缩减土司权能，一边则又通过具体案件的处理维护土司的权势，为土司见缝插针增强个人权威提供了社会基础；最后，改土之后土司法律主体地位的两难性，清朝虽然在土司地区设置流官，然而，土司制度依然生效，土司面临随时被取缔而得不到土司制度保护的境地反映了土司法律主体地位的不稳定。通过法律监控土司的困境，折射出土司存亡与边疆治理之间的内在逻辑，土司制度应当被视为具有国家关于地方组织法律属性的法律制度。

第一节　撤设并分之策凸显土司存在的两难性

土司这一概念的存在并不长久，但是，土司这一概念指向的具体对象却有着悠久的历史。不是土司这一概念决定了云南地区出现了土司，而是云南地区本就存在的地方势力成就了土司这一概念以及土司制度的发生、完备与最终的消失。土司是历史现象，是封建历史时期云南特殊的地理位置与自然环境，特别是中原统治者的华夏观成就了土司的存在。因此，土司的历史性取决于当时的社会物质条件以及该物质条件决定的皇权统治半径的有限性。

当时落后的物质生产能力造就了土司形成的土壤，也同时形成了土司权力的基础。物理能力的拓展困难，为土司长久地统治本地区提供了短期内难以克服的技术屏障。在以农业生产为主的小农社会，通过技术变革弱化技术屏障的周期长度为土司统治从偶然性转变为必然性提供了正当性的土壤，以至于技术革新的缓慢成就了土司权力的社会基础，且这种基础在长久单一的农业生产时代被封闭的自然环境演绎为不可违背的权威。随着人口的逐渐繁衍，土司个人统治能力的不断提高，从群落的社会发展成为具有一定管理层次的族群组织。土司权力的基础也由以往单纯的合作转化为体现出一定系统性的统治体制，随着统治能力的增强，土司统治的范围、社会规模与地域影响亦日渐外露。

土司力量之大，在明朝期间也已凸显。在沐天波激变土司的过程中，土司不仅表现出直接对抗的意志，而且喊出“已无朱皇帝，何有沐国公”①的口号。这表明土司内心具有个人认同国家的帝皇情节，然而，可以杀官员而占据城池的军事行动足以让清朝感受到土司力量给清朝统治带来的威胁。在吴三桂攻占滇南的过程中，云南石坪洲龙世荣土司起到的帮助作用②，实际上也可以看作是将来对清朝统治带来威胁的前期证明。土司作为地方利益代表者，理应积极参

① 计六奇：《明季南略》，任道斌、魏得良点校，中华书局 1984 年版，第 341 页。

② 参见计六奇：《明季南略》，任道斌、魏得良点校，中华书局 1984 年版，第 481 页。

与清朝剿匪，以求得一方安宁。实际上，清朝调遣土司参与围剿土匪，不仅用来探查土司对于中央王朝的忠诚程度，而且可以假借抗旨而名正言顺地通过职官制度处罚土司，从而削弱甚至废止土司，可谓是一箭双雕。

通过清朝在土司地区的设防安排，不难看出，土司地区的自然环境为少数民族反抗清朝统治提供了便利。少数民族不仅反抗清朝的统治，而且反抗的力度也足够强硬。面对土司地区强硬的反抗，清朝除了武力镇压之外，继续以论功行赏的形式安抚土司，并逐渐将中原经济管理制度引入土司地区，通过经济制度的逐渐渗透，潜移默化地控制了土司的权力。当然，其中也有不少体现皇恩浩荡的仁政之策。"夷民生计不赡，应将盐课银两照数豁除。"[①]通过前后疏言的对比，可以发现，清朝调控土司的手段越来越复杂，越来越系统。从当初的武力征缴到文化教育与武力征缴并行，再到雍正十三年武力征缴、文化教育、官职承袭、流官入驻、官员监察等政治、经济、文化、律例手段多管齐下，形成了全包围、整体性的统治系统。而这些软化手段的运用，并非清朝发自内心的华夷一家人之说，而是因为军事力量难以施展。与其说清朝试图通过国家制度实现对土司的控制，不如说是清朝军事力量难以在云南少数民族地区发挥情况下的无奈选择，云南的自然地理环境造就了清朝的"无奈"。

雍正年间实施改土归流之后，一些土司地区设置流官，但并未废除土司。雍正之后，进入乾隆年间，虽然清朝社会经济文化得到了很大的发展，但是，面对云南这块远离京城的偏远地区，保留土司是保证边境稳定的无奈之举。即便通过承袭过程中擢降土司职衔，也得保留土司这一地方性官职的存在。"土备弁刁细闷纳等，虽非世职可比，但普洱府管辖之普藤、猛遮、思茅、六困、猛腊、猛乌、易武、整董等处地方，大小不同，均属边要……仍给土把总职衔，承顶管事，从之。"[②]显然，土司对于清朝治理云南地方而言，虽然可以不配置很高的职衔和很大的权力，但是，无论如何，缺少土司参与治理，清朝难以实现云南全境的稳定。

---

① 《清实录·高宗实录》卷四，台北，华文书局总发行1989年版，第328页，"雍正十三年十月甲戌"条。

② 《清实录·高宗实录》卷一〇七，台北，华文书局总发行1989年版，第1650页，"乾隆四年十二月庚寅"条。

云南与缅甸、老挝、安南（今越南）接壤，西部与印度毗邻，这些原先属于清朝的藩属国随着英国、法国等西方势力的侵入与干扰，慢慢地与清朝脱离藩属关系。然而，在西方势力的扶持下，特别是西方势力对于云南境内土司的接触，不仅为土司反清统治提供了一定退路，而且导致清朝版图中云南地区的流失。在雍正年间征讨土司的过程中，已经出现了土司逃亡境外的先例。“逆目刀正彦等昌乱，用兵讨平……著令思茅土千总刀辅国等前往相机擒拏。”①虽然清朝对待外逃土司持有强硬的态度，然而，由于这些土司与境外乃至西方势力有着千丝万缕的关系，所以，清朝也只能自我约束，望洋兴叹。“云南普洱边处猛勇夷目，……不得出境多事。”②如果说清朝初期统治云南采取武力镇压土司是一种最为直接的手段，那么，到雍正年间后期，清朝治理云南土司不只是清朝与土司之间的统治与被统治关系，而是触及与境外势力的微妙关系。这对于自诩为大清朝但是又胆小怕事的清朝来讲，或许，保留边境的土司是尽可能减少国际外交争端的最佳选择。

云南是亚热带雨林气候地区，土司统辖地区出现的匪患，往往成为土司奏请清朝给予国家支持的理由，而靠近边境地区的恶劣环境，导致流官“身在曹营心在汉”，土司实际上仍然把守着地方治理优势。“云南普洱一府，地处极边，时有莽匪沙匪出没，兼之水土恶劣，烟瘴盛行，官斯土者，势难久居。”③因此，乾隆年间增设土司实属必然。外源性压力与土司地区恶劣的自然条件，促使清朝在面临流官派设难以成行的前提下，只有启用土司，除此之外别无选择。这也从侧面说明，土司的存在是从国家利益的总体考虑而言的选择。“以夷制夷”从当时实施统治的物质条件来看，与其说这是一种策略，倒不如说这是经过利益衡量之后不得不接受的选择。

---

① 《清实录·高宗实录》卷二五五，台北，华文书局总发行1989年版，第3706页，“乾隆十年十二月丁卯”条。

② 《清实录·高宗实录》卷三三一，台北，华文书局总发行1989年版，第4986页，“乾隆十三年十二月己酉”条。

③ 《清实录·高宗实录》卷七四四，台北，华文书局总发行1989年版，第10605页，“乾隆三十年九月乙酉”条。

"请于普洱府添设迤南道一员,……并归管辖。"[①]由于流官的懈怠,土司亦不会忠诚于清朝。一旦遇到匪患,土司多半采取求救于清朝的措施,而清朝为了维护统治,不得不先整饬流官,后武力征讨。"九龙江一带隘口,为边境藩籬,岂容贼匪竄入滋扰,自应即速督率兵弁,悉力剿逐,勿使稍侵内地。……统俟明瑞到后,于秋冬厚集兵力,克其大举,以张挞伐,再整欠土司叭先捧……"[②]不难看出,清朝乾隆年间土司依然存在着如此大的实力,那么,流官的懈怠实际上是对土司势力的纵容。"询之千总,俱不能辨悉。"[③]显然,流官的本来作用并没有得到有效发挥,反倒成为土司壮大势力的契机。清朝不仅以强大的军事实力作为土司主动归顺的依靠,而且通过在减免贡赋的同时安抚土司的手段,获得来自土民的社会支持。比如,西双版纳土司尽管与缅甸有着一定的血缘关系。"九龙江橄榄坝等处,九龙江土司那古之车里,系缅甸分支。"[④]但是,面对这些归顺的土司遇到的现实困难,清朝还是给予了人道主义的关怀。"该处夷民,……数年来未据该督抚等奏及。"[⑤]一方面,说明乾隆年间在云南地区存有大量的土司,另一方面,说明清朝采取这些措施背后的深层原因就是流官统治的这些地方难以实现社会稳定,这足以说明土司势力在地方影响的深度与力度。

土司与清朝之间的斗争从未停止过,经过雍正年间大规模的改土归流之后,遗存下来的土司依然没有完全与清朝保持绝对的一致,经常因为承袭、土司之间纠纷而与清朝抗衡。"据称刀永和因系旧宣慰之子,不得承袭,……如果能设法将刀永和擒献,所有猛笼土弁缺,即当奏请将召斋翁顶补,自必踊跃从事,易于弋获也。"[⑥]然而,由于土司往往与境外有着联系,甚至发生围绕土司归属的

---

① 《清实录·高宗实录》卷七七一,台北,华文书局总发行1989年版,第10935页,"乾隆三十一年十月壬戌"条。

② 《清实录·高宗实录》卷七八二,台北,华文书局总发行1989年版,第11092~11093页,"乾隆三十二年四月辛丑"条。

③ 《清实录·高宗实录》卷七九一,台北,华文书局总发行1989年版,第11205页,"乾隆三十二年七月丙辰"条。

④ 《清实录·高宗实录》卷八一一,台北,华文书局总发行1989年版,第11487页,"乾隆三十三年五月甲辰"条。

⑤ 《清实录·高宗实录》卷八四〇,台北,华文书局总发行1989年版,第11990页,"乾隆三十四年八月辛酉"条。

⑥ 《清实录·仁宗实录》卷一一五,台北,华文书局总发行1989年版,第1595页,"嘉庆八年六月辛卯"条。

争执。土司与境外的联系，对于清朝而言并非大事，关键在于这种暗中往来对于清朝造成的最大危害就是国土国界的收缩，并同时惹上外交上的麻烦。“并将九龙江土司所辖十三版纳地方，俱是内地所管，历年土司出缺，俱由内地拣选承袭等词宣示，措词俱为得体。”[①]国防外交上的大事往往逼迫清朝不愿意直接面对冲突，保留土司在军事上具有缓冲战争危险的作用，在政治上具有斡旋争取军事准备时间的作用。“车里土司被缅国头目诱往孟艮……该处土司刀绳武向与各外藩礼文往来，……边疆重地最关紧要，该督等务当督饬土司土舍多派练勇，将各要隘严切堵御，并令官兵于烟瘴较轻之处，镇静防范，以靖边圉。”[②]类似这种情况，经道光、光绪延续至宣统年间，征缴云南土司的战事依然是清朝统治云南的内容之一。“宣统二年八月……电寄李经羲，电奏悉，剿办猛遮叛夷，瘴险交困，以致用兵钝滞，自系实情。”[③]战事之艰苦显而易见。从清朝进入云南之后，到 1911 年，云南地区土司始终作为一种特别的历史现象存在，并对地方社会产生极其重要的影响。从清朝统治土司的过程中可以看到土司设置变化的原因，也能看到清朝设置土司的一般规律。其中，能够完整地体现清朝统治期间土司流变轨迹的地区，莫过于普洱土司与西双版纳土司了。前者反映了靠近内地的土司的变化，后者反映了靠近边境地区且与境外有着一定关系的土司的变化。通过这两个典型地区土司的变迁，可以得出清朝统治云南期间土司设置的变化路线。

纵观整个清朝在云南的统治历史，清朝与土司之间的主要利益关系包括清朝与土司之间种种的政治、军事、经济乃至文化教育的关系。可以认为，清朝有设置流官委以重任统治云南的想法，但是，“三藩之乱”使清朝意识到，云南地处偏远之地，倘若设置流官，万一流官与土司联合起来反叛，那么，清朝设置流官加强中央集权统治的目的就会落空。反之，如果土司能够顺服，并且听从中央调遣，就可以在土司之间利用各种利益，任意操作土司关系，实现边境稳定。如

---

① 《清实录 · 仁宗实录》卷二〇六，台北，华文书局总发行 1989 年版，第 3013 ~ 3014 页，“嘉庆十四年正月乙丑”条。

② 《清实录 · 宣宗实录》卷三九，台北，华文书局总发行 1989 年版，第 731 页，“道光二年八月戊申”条。

③ 《大清宣统政纪》卷四〇，“宣统二年八月乙酉”条。

此一来,既可以防范汉族官员反叛于未然,又能利用流官压制土司,同时也可以借助土司的存在缓冲边境冲突,最终达到边疆治理稳定的统治目的。

第二节　土司权势法律监控策略实施的两难性

权力的控制力随着权力的控制半径的扩大而不断减弱,权力是统治的工具,实施统治必须要有权力。统治的对象从来不是自然世界,而是人以及人组成的群体。因此,统治从其最根本的意义上讲是人与人之间的命令关系。命令被贯彻的程度反映了统治效果,而统治效果则是权力控制力大小的体现,权力控制力的大小则直接反映出权力对象对权力主体的降服程度,这种降服程度即是权威的体现,而权力与权威则构成了统治的全部内容。由于权力的实施是通过人来体现的,每个人总是有彰显自己权威的欲望,权力主体与权利对象之间的距离构成了权力半径,距离权力中心越远,权力对象自我行动的主观愿望越强,而对应的则是权力主体的控制能力就会得到削弱。因此,权力半径与权力实际控制力存在反比关系。

中国古代历史上诸多封建王朝长达数千年的封建统治均没有哪一个封建王朝能够破解边疆之乱这一历史难题,尽管也有诸如唐朝贞观之治时期中央权力与边疆权力之间达到短暂的和睦相处,然而,这种独特的历史现象在整个中国古代封建历史的长河中是少有的。中国封建王朝历史上的中央权力中心多数选择北京、西安、开封、洛阳、郑州、南京等城市。边疆之乱主要集中在环绕中国陆路的半圆,即从东南沿海沿着云南、西藏、新疆、内蒙古至朝鲜半岛,虽然数千年来中原封建统治者总是面临着同样的问题根源,但是,每个朝代建都的选址由于距离周边边疆的距离不同,也就是中央权力与边疆权力之间的权力半径不同,每个朝代面临的边疆之乱的压力方向不同,压力大小也不同。

建都北京的朝代,往往是南方边疆作乱,而北方边疆则相对安静。由于历朝大部分时间把中原城市作为建都之地,所以,与西苑毗邻的边疆地域始终是乱地。云南地处偏远,与清朝权力中心北京所在地相隔千里,皇帝的权威要通过多层官僚的传递才能到达最底层的官僚,而最底层的官僚则深信天高皇帝远,底层百姓深信县官不如现管的实用主义进一步助推了底层官员自我权威的欲望。这就更加弱化了来自京城的中央权力及清朝期待的权威。因此,在遥远的云南地区,即使部分土司迫于清朝强大的军事压力而接受劝降或者主动归顺,并不意味着土司内心认可清朝的权力,也不愿意帮助清朝在自己统治的地方建立中央权力的权威,从而减损自己的既得利益。

在物理距离的自然条件帮助下,土司无论存在与否,都对清朝中央权力控制云南的稳定性具有直接的消解影响。如果通过武力强行取消土司,设置流官,那么,元明两朝在云南土司地区出现的问题将会重演,何况清朝初入云南土司地区,也没有必要采取这种过激的方式,毕竟如何统一中国在顺治初期尚未形成一个具体而系统的长久策略;反之,如果保留土司,那么,南明残余势力与土司是否会基于守护疆土而形成联盟,另外,汉人之中也有诸多仁人志士存在抗清思想,一旦云南土司与南明势力、汉人抗清组织联合起来,那么,对于清朝建立全国统一性政权将是一个难以克服的障碍。

清朝权衡利弊,借鉴明朝土司制度中积累的经验,在武力征讨难以短期取得战果的条件下,通过形式上的政治荣誉,以授封的形式,认同土司地方权力的存在,实质上继续容忍土司的地方统治,即便设置流官,也要暂时保留土司的既得利益。待到时机成熟,即清朝中央权力半径能够扫描整个云南土司地区,再实施武力平定。事实证明,顺治初期清朝对待土司鞭长莫及的纠结基本上是清朝主要官员的普遍认识。

中原地区的生产力与生产关系发达于云南土司地区,已被当时的历史记载所证实。清朝进入云南亦看到了云南与中原之间在文明发展上的差距。在新的制度尚不能被土司民众完全接受的情况下,先维持旧有的社会秩序习惯,要比旧有的社会秩序习惯尚未被打破而新的社会秩序习惯又未建成而产生巨大冲突要好得多。因此,通过沿用旧俗维持土司地区社会秩序的稳定,不失为良策。“滇黔土司宜暂从其俗,俟平定后,绳以新制也。”[①]无论是从历史经验来看,

---

① 《清实录·世祖实录》卷七六,台北,华文书局总发行1989年版,第900页,“顺治十年六月乙卯”条。

还是从当朝官员思虑来说,统治云南土司地区的策略在顺治时期宜安抚而不宜使用武力。其背后的原因并非清朝宽宏大量,也并非军事力量不足以剿灭土司。之所以朝中上下一致认同先安抚后平定的策略,既有现实的经验,即清朝征战西南过程中付出的军事代价,特别是黎民百姓遭遇生灵涂炭的境遇非常不利于清朝统一的生产恢复;也有自然的地理环境所带来的天然屏障,云南多民族的民风民情与恶劣的地理环境,也让清朝有所顾虑,个别明朝归顺大臣提出的征战云南的建议也被清朝吸纳,这也从侧面说明顺治初期清朝治国策略的形成具有一定的封建民主性。

云南在清朝建立大一统全国政权过程中的重要地位不言而喻,其山川险峻与幅员辽阔是短期内依靠军事实力难以彻底征服的客观性障碍,而洪承畴提出的疏奏恰是明朝统治边疆地区的经验所在。"先是经略辅臣洪承畴疏奏:云南山川峻险,幅员辽阔,非腹里地方可比,请敕议政王见勒大臣密议,三路大兵,作何分留驻守……嗣经兵部议,留拨大帅官兵,镇守滇南,事关重大,请旨定夺……命平西王驻镇云南。"[①]作为入主中原的满清贵族,在自己作为明朝藩属国时期,深深感受到明朝统治者对建州时期采取羁縻策略带来的利弊。与其耗费难以估量的人财物实施占领性统治,不如通过政治性授权实行委托性统治,一来中央王朝的权威得以建立,二来中央王朝减少了统治成本。顺治十五年时,西南地区还未平定,顺治皇帝示意以吴三桂为首的大将军们进军西南地区。

当时的湖南、四川、贵州、云南等地都有土司一类的地方官和他们所统领的军民,天下贼寇并起,当地的人民百姓所遭受的苦难也是让人悲悯的。等到大军进到当地时,对已经归顺的采取安抚的方式,并对他们过往的所作所为既往不咎,让他们重新开始安定、和谐的美好生活。对大将军们要求他们一定要严加看管自己的士兵,不要发生抢劫夺略人民百姓之事。如果当中有能力强的,可以加爵加禄,表示鼓励。因此,清朝采纳了大臣们的建议,在实施武力占领的

---

① 《清实录·世祖实录》卷一二四,台北,华文书局总发行 1989 年版,第 1471 页,"顺治十六年三月甲寅"条。

同时,尽可能通过安抚实现土司的主动归顺。“所有土司等官,……使土司等众知朕轸恤遐陬臣民至意。”[①]顺治皇帝派军队进入西南地区,一方面在表面上是如信上所说让归顺的土司土官得到良好待遇,让还没归顺的土司土官能够主动前来归顺,对人民百姓加以安抚;另一方面实则是对已归顺和未归顺的土司都不放心,担心他们再次反叛,造成动乱,干扰民心,所以决定派大军驻守,以便随时能够进行管理并且对当地的土司们也起到震慑、立清朝之威的作用。希望派军驻守能够悉知土司对当地人们所采取的管理方式,也让当地的人民百姓熟悉、接纳新王朝的统治。

安抚土司的措施采取了有区别对待的态度,主动归顺的加以安抚,归顺且能辅助清朝征战的给予高官厚禄,以示清朝轸恤遐陬之仁政。反过来,对于那些敢于负隅顽抗的土司,清朝则是毫不留情地予以武力消灭。“大军攻取沅江,阵歼土司那松、伪将军高应凤等……”[②]由此可见,清朝采取的安抚是以强大的军事实力为后盾的软化,一旦安抚不能起到作用,军事征剿立刻就替代了安抚。清朝恩威并施的策略,起到了一定的作用。顺治十七年时,中央王朝一方面在大方向上严防云南各地土司不可以轻易听反叛逆贼的逆言,也不准自立王位,小方向上对于之前没有归顺但是现在来投诚的,也可以原谅他们,并准许他们在原来的领地内依照原来的规章制度、习惯承袭,此外,如有抓逆贼前来进献的,可以得到丰厚的奖赏;另一方面,对于已经归顺的土司,凡是曾经立过功,但没有授予官职的,准许上奏并加以论功行赏。顺治十七年“各处土司,原当世守地方,不得轻听叛逆招诱。……已归顺土司官,……论功升授”[③]。中央王朝明确提出对已经归顺、未归顺的土司采取表面上看似不同,实则相同的待遇,实质上是为了使土司能够从心底感受到归顺清朝是一种正确的选择,至少要比自立山头,天天过着不安定的,甚至有可能会遭受内部动乱、人民起义、动摇自己的

① 《清实录·世祖实录》卷一二二,台北,华文书局总发行 1989 年版,第 1450 页,“顺治十七年正月辛巳”条。

② 《清实录·世祖实录》卷一三〇,台北,华文书局总发行 1989 年版,第 1544 页,“顺治十六年十一月丙戌”条。

③ 《清实录·世祖实录》卷一三一,台北,华文书局总发行 1989 年版,第 1556 ~ 1557 页,“顺治十七年正月辛巳”条。

统治地位要好得多,是一种促进土司归顺、促进和平与统一的手段。感化的行动发挥了一定的作用,“云南车里宣慰司土司刀木祷投诚”①;四个月以后,即“铸给车里军民宣慰使司印”②。在清朝强大的武力威慑与利益诱惑下,云南土司基本上选择了归顺,暂时放弃了以武力对抗清朝强大军事力量的反抗,而走上了至少从形式认可清朝统治的道路。

“云南土司,倾心向化,大则抒忠献土,小则效职急公,勤劳既著,劝励宜先。查滇志可据,忠悃有凭者文职五十六员,武职十六员,请敕部给与号纸。”③尽管吴三桂的疏言由于其日后反水清朝而导致内容的真实性受到质疑,但是,至少清朝采取的恩威并用在云南土司地区夺取的战果值得肯定。清朝的统治者是从经济、文化、政治等角度,全方位地让土司们感受到大清的优待和好处,使他们发自内心地臣服于清朝,服从清朝的统治。康熙十五年六月,据史料记载,云南土司的总领率领其所属的众官兵相继前来投降,其中有人上书表态很后悔自己从前的所作所为,非常感激清朝的优厚待遇以及不计前嫌的态度,从此以后希望自己可以戴罪立功,能够得到清朝统治者的接纳。廉熙十五年:“有功人员一并议叙具奏。王辅臣既感戴国恩,悔罪投诚,著复其原官,加太子太保,擢靖寇将军,立功赎罪。部下官弁照衔给劄,兵民酌量安插。”④说明清朝之前所实施的招安、怀柔等一系列的手段,随着时间的推移慢慢开始生效了,越来越多的土司开始主动来投诚,而不是被动地必须要依靠军事力量才能解决。康熙十五年六月“命优升投诚云南土司总兵陆道清,为左都督兼太子少保,投诚参将黄九畴劄委参议道周昌等,俱为布政使,往湖南招抚”。⑤采取招安政策,吸引各土司前来投诚,实质上是维护国家统一的一种手段。给予土司们官职,也是为了赢取土司们的信任,消除他们的顾虑。

① 《清实录·世祖实录》卷一三九,台北,华文书局总发行1989年版,第1648页,“顺治十七年八月丙申”条。

② 《清实录·世祖实录》卷一四三,台北,华文书局总发行1989年版,第1691页,“顺治十二年十二月癸卯”条。

③ 《清实录·圣祖实录》卷七,台北,华文书局总发行1989年版,第130页,“康熙元年八月丙戌”条。

④ 《清实录·圣祖实录》卷六一,台北,华文书局总发行1989年版,第839页,“康熙十五年五月戊寅”条。

⑤ 《清实录·圣祖实录》卷六一,台北,华文书局总发行1989年版,第840页,“康熙十五年五月己卯”条。

清朝进军云南土司地区,占领的不只是土地,并且夺走了土司在当地实施统治的权威。对于内地土司而言,是放弃故土选择逃亡还是对抗,抑或是通过臣服保全既得利益,清朝军事实力在征服云南过程中的表现已经给出了答案。但是,对于云南地区靠近边境的边地土司来说,与中原内地交流的稀少,与境外常年保持的边境贸易,使得这些土司对于是否接受清朝的安抚具有了可选择性。恶劣的自然环境为边地土司提供了易守难攻的天然屏障,能够阻止清军的有效进攻。即使清军通过武力获得了胜利,也无法在边地持续自己的统治,后勤保障如粮食供应就是一个突出问题。

此外,边地土司远离云南内地,距离边境很近,且熟悉地形,稍有风吹草动便可越境逃离,这对于清朝而言非常不利。同时,常年的边境贸易活动与自主的民间交往,使得边地土司对于独立于国家统治的意识更加强烈,再加上与境外的便利接触和历史的利益交织,边地土司不仅具备了拒绝清朝安抚的强烈意识,而且拥有外逃甚至还可能存在联合外界势力反清,从而维护自己利益的意识。“据车里宣慰使刀木祷报称:伪晋王李定国逃奔景线地方,染病身死。”①李定国虽然不是土司,但是,李定国的出逃恰恰能够证明远比李定国更加熟悉边境环境的土司,逃跑境外的概率更高。种种迹象表明,清朝对待投诚境外势力的土司,一方面,严令禁止,防止境内外相互勾结,导致边境不安稳,影响清朝统治施政;另一方面,不计前嫌,无条件地给予归顺土司享受照旧袭职的待遇。所谓听从叛逆招诱,是指南明残余势力与明朝起义军在云南地区继续坚持复明斗争的部分武装力量,这份诏书也是恩威并施,既有安抚之策,又有威胁之意。土司对于清朝采取何种方式监控自身权力有着较为清醒的认识。对于清朝而言,如何统治云南土司地区是建立天下一统过程中面临的新问题,而对于云南地区土司来讲,如何对付清朝统治自己则是生存过程中的老问题。但是,存在流官针对土司违法乱纪而敷衍了事的现象。

针对偏远地区土司是否提出清剿对策,流官保持缄口能够说明清朝统治偏远地区土司的困难。流官之所以不愿意奏疏清朝提出清剿对策,原因在于“间

---

① 《清实录·圣祖实录》卷七,台北,华文书局总发行1989年版,第135页,“康熙元年八月己未”条。

有建议征缴者,非以为好事,又指为喜功"①。其深层次的原因在于流官需要土司配合才能获得准确信息,而土司及其手下往往可能又是违法者的利益分享者,同时土司及其手下也是地方流官管理地方的重要力量。即便流官明知道土司提供了各种虚假信息,但是往往装作不知道,一是可以维护自己辖区的社会秩序,二是借此上报规避国家法律责任。如果提出清剿意见,结果清剿不利,反倒会因为清剿不利而有遭受革职的可能性。出于各种利益衡量,流官对于该地区土司存在的违法乱纪行为,选择了隐瞒。

历史为清朝如何统治云南土司提供了借鉴,尤其为云南土司如何应对来自千里之外的皇权统治提供了更多的经验。如果清朝一味采用法律监控土司,那么,首先,派设流官并不能够不折不扣地执行国家律例,严格维护满清贵族利益;其次,流官特别是州县流官与土司之间难免不沆瀣一气,达成谋利共识;最后,严格依照法律监控土司,必然影响到土司对皇权的忠诚和服从,这对封建集权统治的观念是一个生死挑战。法律监控土司的实质,归根结底还是清朝皇帝个人的主观判断。由于法律裁处的最终裁判受制于皇帝个人的判断,所以,流官养成了与其严格监控土司,毋宁双方和睦相处,任期一到就可走人的消极意识。因此,清朝监控土司的法律手段陷入两难困境的根本原因在于皇帝集权下法律权威的虚置。

第三节　改土之后土司法律主体地位的两难性

纵观清朝统治云南的历史,保留土司从初入云南的一时之策,到中后期的固边需要,清朝从统治云南的立场转变为国土安全的立场,有利于土司制度的长久保留和发挥土司固边功能。尽管清朝在中后期尤其是英法外国势力的介入,使得土司在固边方面的价值得以体现,然而,在清朝军事实力能够打击且不

① 《云贵总督鄂尔泰为窝泥既靖、规画宜周、敬陈管见、仰祈睿鉴奏事》(雍正六年正月初八日),《朱批谕旨》鄂尔泰折五。转引自方悦萌:《明末至雍正朝改土归流之前云贵土司地区的法治》,载《地域文化研究》2018年第1期。

影响边地安全的情况下,对于部分土司实施了改土归流。改土归流的历史性贡献不仅在于“对今日中国疆域的形成作出了重要贡献”[①],而且对于中华民族命运共同体的牢牢凝聚起到了开创性作用。

在研究土司制度的学界视野下,改土归流一直是作为清朝统治土司的极端措施被纳入研究视域,因此,改土归流在现有关于土司研究的成果中被认为是一项举措,而非一项制度,更不能上升到国家法律的地位。的确,改土归流在清朝官方正史的记载中并未取得与土司官职、议处、处分、承袭制度平等的地位,只是散见在奏疏、朱批之中。认为改土归流是一项制度的理由,从清朝律例效力的渊源来看,改土归流是地方大员提出的奏疏,经由皇帝奏准而得以实施。

改土归流不是单纯的武力镇压,也不是彻底根除土司主体的军事行动,而是一场剥夺土司统治权,树立流官权威合法性的国家行为。其目的不是从肉体上消灭土司及其宗族,而是将土司社会的话语权从土司手上转到流官手上,土司从以往的统治者转变成统治者的辅佐者。当然,对于个别严重危及清朝统治的土司,绞杀才是最后的手段,而不是仅仅被制服。改土归流并不适用所有的土司,而是有针对性地实施,这就意味着某一土司地区实施改土归流要达到一定的条件,清朝经过地方大臣奏疏,皇帝才会批准实施改土归流。按照清朝国家法律的形式渊源,皇帝的口谕或者朱批都是法律渊源。所以,改土归流不能因为其国家行动的内容具体化而忽略这一概念的制度属性。

雍正四年雍正皇帝接受了鄂尔泰改土归流的建议,在西南地区展开了一场大规模的有目的、有计划、有步骤、有组织的改土归流运动。在云南,雍正时期的改流采取剿抚并用,以剿为主的方式先后在滇西北、滇东北、滇南的广大区域进行,涉及丽江、广西、镇沅、临安、东川、曲靖、鹤庆、乌蒙、镇雄、大理、普洱、开化、元江、广南、永昌、姚安等 16 府,而“云南时有 23 府,改流涉及其府数的 70%”,可见改流规模之大。从革除土司的数量来看,“这一时期共革除了云南土司 17 家,17 家土司中除自请改流的者乐甸长官司和因号纸遗失被革除的剑

---

① 习近平:《在全国民族团结进步表彰大会上的讲话》,载新华网,http://www.xinhuanet.com/politics/leaders/2019-09/27/c_1125049000.htm,最后访问日期:2020 年 3 月 14 日。

川州土州判外,其余均为因罪武为革除"。[1] 因罪而被革除恰进一步证明改土归流是罪罚的一种,是职官责任的惩罚内容。

改土归流,就是废除西南各少数民族地区的土司制度,改由中央政府委派流官直接进行统治,实行和内地相同的地方行政制度。流官的任免、升迁、调遣均由中央政府决定,不能世袭。明代已经在西南地区部分地方施行"改土归流",但大规模地在西南地区推行"改土归流"是在清代雍正年间。[2] 地处边隅的土司更是"无事近患腹心,有事远通外国"。土司代表了分裂割据势力,阻碍了少数民族地区社会政治、经济、文化的发展,日益成为多民族国家统一的障碍。清初土司叛乱屡有发生。[3] 云贵总督鄂尔泰奏疏改土归流,雍正四年委派鄂尔泰在西南地区推行改土归流。军事上,国家军队替代了土司武装,经济上实施国家统一的税收标准。[4] 因此,清朝改土归流始于康熙朝,盛于雍正朝,收于乾隆朝。雍正四年到雍正十三年(公元1726—1735年)是清廷在西南地区实行大规模改土归流的集中时期。[5] 这一长达十年的跨度,不只有西南土司的改土归流,还穿插着新疆、蒙古与西藏地区等伯克、羁縻制度的改革与完善。

经过雍正朝大规模的改土归流后云南基本实现了鄂尔泰提出的"江外直王不宜流,江内宜流不宣王"[6]主张。"滇边西南,界以澜沧江。江外为车里……诸土司。其江内之滇沅、威远、元江、新平、普洱、茶山诸夷,巢穴深邃,出没鲁魁、哀牢间,无事近患腹心,有事远通外国。自元迨明,代为边害。论者谓江外宜土不宜流,江内宜流不宜土。此云南宜治之边夷也。"[7]推动改土归流的直接原因在于"土属相安,在我俨若藩篱之卫,万一出此入彼,则祸变即在肘腋之间",[8]边夷土司是改土归流的重点对象,对于其他土司,清朝对此摇摆不定。《德宗实录》中载:光绪三十四年七月谕军机大臣等认为"土司暴虐,惨无人理,请改土归流,

① 李世愉:《清代土司制度论考》,中国社会科学出版社1998年版,第61页。
② 参见白寿彝:《中国通史》(第10卷),上海人民出版社2015年版,第163页。
③ 参见白寿彝:《中国通史》(第10卷),上海人民出版社2015年版,第163~164页。
④ 参见白寿彝:《中国通史》(第10卷),上海人民出版社2015年版,第164页。
⑤ 参见白寿彝:《中国通史》(第10卷),上海人民出版社2015年版,第164~165页。
⑥ 魏源:《圣武记·雍正西南夷改流记》,中华书局1980年版,第285页。
⑦ 翦伯赞、郑天挺:《中国通史参考资料》(古代部分·第8册),中华书局1966年版,第24页。
⑧ 谭钧培:《谭中丞奏稿》,清光绪二十八年,湖北粮署刻本。

救民生”[①]。光绪年间的这份记录表明：改土归流是一项长期性的制度性规定，这与土司制度被编排在清朝律例之中或者作为则例具有直接的关系。如果把“土”理解为地方势力的代词，那么，改土归流的土就涉及整个边疆的政治权威建构。从这个方面讲，“改土归流的影响，是显而易见的”，[②]特别是在云南土司地区实施的改土归流，其影响延伸至中华人民共和国成立初期。

土司制度是“我国中央集权的封建王朝对西、南部少数民族聚居地区实行的一种特殊的政治制度”，[③]佘贻泽先生所著《中国土司制度》[④]，被马大正先生称“此书为土司制度研究成为一门专业学问打下了坚实的理论基础，是为真正意义上的土司研究专著”。[⑤] 江应樑先生所著《明代云南境内的土官与土司》[⑥]，整理出了明代云南设置的335家土司。龚荫先生称“此书是解放后研究土司制度出版的第一本专著，对后来的土司制度研究有一定的影响”[⑦]。不过，“江先生只收录了明代一代的土司线索，清代的土司设置并未涉及，明代也仅注意土司(包括土官)的姓氏职衔、授职时间、司治地域三项，而对土司问题至关紧要的族属、传袭世次等问题未予考论”。[⑧] 吴永章先生所著《中国土司制度渊源与发展史》认为，“土司制度在清雍正改土归流后，则逐渐衰弱”[⑨]。龚荫先生所著《中国土司制度》[⑩]揭示了土司制度走向衰落的必然性。李世愉先生所著《清代土司

① 云南省历史研究所编：《〈清实录〉有关云南史料汇编》卷三，云南人民出版社1984年版，第643页。

② 作为西南地区政权体制上的一次改革，改土归流的历史作用仍然是应当肯定的。首先，改土归流有利于多民族国家的统一，有利于多民族国家内部的经济、文化的交流，从而部分地消灭了长期以来存在土司政权的割据状态，稳定了西南地区的政局。其次，改土归流在某种程度上调整了生产关系，促进了西南少数民族地区社会经济的发展。过去那种刀耕火种、与世隔绝的状况，由于汉族地区先进的生产技术、耕作技术、优良的作物品种传到了西南地区，对闭塞落后的西南地区的农业发展起了促进作用。最后，改土归流后，由于政权体制的一致，有利于兄弟民族之间的渗透和交融，对于中华民族大家庭的巩固和发展起了积极的作用。参见白寿彝：《中国通史》(第10卷)，上海人民出版社2015年版，第165页。

③ 林荃：《云南土司制度的历史特点及分期》，载《云南民族学院学报(哲学社会科学版)》1993年第1期；吴永章：《中国王司制度渊源与发展史》，四川民族出版社1988年版。

④ 佘贻泽：《中国土司制度》，正中书局1944年版。

⑤ 马大正：《深化中国土司制度研究的几个问题》，载《云南师范大学学报(哲学社会科学版)》2011年第2期。

⑥ 江应樑：《明代云南境内的土官与土司》，云南人民出版社1958年版。

⑦ 龚荫：《我国土司制度研究概况》，载《民族研究动态》1994年第2期。

⑧ 龚荫：《明清云南土司通纂》(序言)，云南民族出版社1985年版，第2页。

⑨ 吴永章：《中国土司制度渊源与发展史》，四川民族出版社1988年版，第2页。

⑩ 龚荫：《中国土司制度》，云南民族出版社1992年版。

制度论考》[①]把清雍正改土归流作为土司制度由盛转衰剧烈变化的切入点。在上述研究土司制度的专著中，都提到了改土归流这一改革土司制度的行动。然而，由于对于“土司”“土官”“土职”等内在具体指向上的不同理解，也导致改土归流这一概念先天地带着模糊，以至于改土归流始终被作为一种举措，而不被认为是一种制度，从而导致土司制度和改土归流的研究图景中缺失制度学研究。

“‘土司’一名的由来，是从当时在少数民族地区所设置的特殊职官名称发展演变而来的。据文献记载：宣慰、宣抚、安抚、招讨各司职名称，在唐宋时已开始在封建王朝的一股职宫中出现当时只是‘一时田事而设’，是一种临时性的一般流宫的职称”。[②] 少数民族地区本民族管理者称谓的历史变迁及其称谓具指，可以通过云南地区土司的分布以及官职称谓得以管窥。[③] 从上述官职称谓与职级关系可以看出，土司既可以是宣慰、宣抚、安抚、招讨各司职名的统称，也可以涵盖土巡检、土驿丞、土典史在内的统称。杜玉亭先生认为：“从严格的科学意义上讲，土官与土司有一定的区别。”[④]同时认为土官土司并不分文武职，他们都是各少数民族中集军、政大权于一身的民族头人。在这一问题上，白耀天也否定了“文职为土官，武职为土司”的观点，并提出“作为制度而言，应以‘土司制度’为名”[⑤]。

张永国则从官职名来区分土官与土司，认为“土官泛指针对封建王朝在边远少数民族地区分封当地‘王苗’的世袭之官”[⑥]。史继忠提出“土司只是土官的一种形式，因土官掌管各司或此种土职以司名之，故曰‘土司’”。[⑦] 此外，韦文宣将前期的研究归纳为“土官”“土司”差异说、“土官”“土司”同一说、“文官武职分司”说、“府司相异”说、“官职制度”说、“时间差异”说，基本将前期对这

① 李世愉：《清代土司制度论考》，中国社会科学出版社1998年版。

② 龚荫：《明清云南土司通纂》（序言），云南民族出版社1985年版，第8页。

③ 方国瑜：《云南史料丛刊》（第8卷），云南大学出版社2001年版，第122页。

④ 杜玉亭：《土官土司两类说考疑》。转引自中国社科院民族研究所主编：《中国民族史研究》，中国社会科学出版社1987年版。

⑤ 白耀天：《土官与土司考辩》，载《广西地方志》1999年第3期。

⑥ 张永国：《关于土司制度研究中的几个问题》，载《贵州文史丛刊》1987年第4期。

⑦ 史继忠：《略论土司制度的演变》，载《贵州文史丛刊》1986年第4期。

一问题的研究作了一个全面的梳理,并认同土司与土官在概念上可以互通互用。[①] 比较全面而中肯的界定土司与土官区别的是成臻铭先生,他认为“土司土官的区别在于土司是独立拥有自己衙口和自署职官系统的土官”[②]。根据上述学者的研究可见,改土归流的对象是那些有条件“入流”的土司,而作为土司地盘上的土司或者土司管辖的土司,则在土司受改土归流之际一并随着土司而成为贫民百姓,或者担任某个村落的土目,类似村庄管事的。

研究改土归流不能绕开土司制度与羁縻州制之间的区别,否则,很难说清楚为什么清朝在西南推行改土归流,而在其他地区则没有这一行动。张永国认为“土司制度是土官制度的成熟阶段”[③]。也就是说,作者认为羁縻、土官、土司是土司制度的发展历程,显然,土官与土司是有区别的。胡绍华认为,土司制度是行之有效的统治制度[④],这就把土司制度纳入羁縻制度,是羁縻统治的一种形式,然而,却未能解释土司究竟的具指对象。田玉隆认为:土司制下中央王朝根据其需要和能力所及,可废除土官,实行改土归流。[⑤] 从这个角度出发,土司是可控的地方势力,而羁縻往往是不可控的,然而,这种可控与不可控往往取决于清朝的统治力量,而不是由土司或者羁縻的称谓决定了可控或者不可控。吴永章先生认为“土司制度是在南方少数民族聚居和杂居处采取一些有别于汉族地区统治措施的一种制度”,[⑥]显然,这种追溯的定义难以满足土司制度与羁縻州制二者之间有何区别的追问。

林埜先生认为土司制度是元、明、清时期被纳入中央政权系统内有一定权力的地方政权或各族地方势力的制度。[⑦] 这种总结概括式的定义,也未能从本质上回答二者之间的区别和联系。成臻铭认为“土司制度是羁縻制度归流官制

---

① 韦文宣:《土官与土司》,载《广西民族研究》1987 年第 4 期。

② 成臻铭:《清代土司研究:一种政治文化的历史人类学观察》,中国社会科学出版社 2008 年版。

③ 张永国:《关于土司制度研究中的几个问题》,载《贵州文史丛刊》1987 年第 4 期。

④ 胡绍华:《羁縻郡县制度与土司制度的对比研究》。转引自《民族史研究》(第 2 辑),中央民族大学出版社 2001 年版。

⑤ 田玉隆:《土司制与羁縻制、土官与流官的关系和区别》,载《贵州大学学报(社会科学版)》1988 年第 3 期。

⑥ 吴永章:《中国土司制度渊源与发展史》,四川民族出版社 1988 年版。

⑦ 林荃:《云南土司制度的历史特点及分期》,载《云南民族学院学报(哲学社会科学版)》1993 年第 1 期。

度过渡的地方行政制度”,[①]尽管这一理解以土地所有制为存在基础开辟了新的理解,然而,土司制度与羁縻州制的本质区别仍然处于模糊状态。由于学界对于土司制度及其指向对象有一定的共识和分歧,自然在研究改土归流上面亦未尘埃落定。

目前,明清时期云南改土归流的研究主要集中在以改土归流的对象及其实施的过程。策略实施的渐进性与土官流官化是其主要的特征,并在其中配合文化输入,推动科举制度在土司地区的实施。[②] 有学者认为改土归流可以从政治、经济和文化三个方面来理解,政治上意味着中央集权在归流地区即西南边疆的最终实现;社会经济上意味着在归流地区封建地主经济取代了封建领主经济;文化上意味着在归流地区兴办起儒学,并在此基础上推行科举制度。[③]

李世愉先生认为雍正朝改土归流的手段为撤抚并用,并提出改土归流的阶段论。[④] 也有学者从改土归流的理由论证了这一举措背后的原因,认为鄂尔泰当年是以土司有无过犯,土民是否相安为改土归流的依据,同时区别对待。[⑤] 而林建曾先生从历史进向的线性论证了改土归流的朝代特性。从改土归流分为宋元代改土归流政策的产生阶段,明代改土归流政策的形成、完善阶段,清代全

---

① 成臻铭:《清代土司研究:一种政治文化的历史人类学观察》,中国社会科学出版社2008年版。

② 改土归流是一场剥夺土司特权的行动,改土归流的过程是逐步进行的:一是改掉大土司,改武职土司为文职土司,并使小土司归附;二是在边沿地区新设小土司,实行土司区内的土吏流动;三是迁土官及其土舍、族舍于外地居住,由外地流官到原土司区为官;四是取消土司区的自治权,革除土司时期的陋规弊端。从职官方面看,就是流官替代土官,由外地人到本地为官,其实质是“土官的流官化”,或者是改世官制为官僚制、世禄制为薪金制、世袭制为任期制。它是国家权力下沉的产物,使属地、属民的总体归属权发生变动,从而也使朝廷完成羁縻统治向直接统治彻底过渡。从行政区来看,就是以流官区的行政体制替换土司区的行政体制,设置、府、州县等。它取消了土司区的自治权,同时也革除了土司时期的陋规弊端。指出土司区由内地逐渐向边疆地区消融主要归因于改土归流。成臻铭:《清代土司研究:一种政治文化的历史人类学观察》,中国社会科学出版社2008年版。

③ 李恩军:《评清朝“改土归流”民族政策》,载《满族研究》1990年第2期。

④ 撤抚并用,以撤为先。雍正朝的改土归流过程分为三个阶段。分别为雍正四年前、雍正四年至九年、雍正九年以后。雍正朝改土归流的规模超过了以往任何时期,这可从革除土司之多,新设流官之众,涉及地区和民族之广来看。参见李世愉:《清代土司制度论考》,中国社会科学出版社1998年版。

⑤ “审时度势,顺情得理”采取灵活的策略,对不同地区,不同土司使用不同的策略方法,并认为鄂尔泰“江外宜土不宜流,江内宜流不宜土”的提法在其改土归流中并未实践过。参见刘本军:《论鄂尔泰改土归流的原则和策略——兼对“江外宜土不宜流,江内宜流不宜土”说质疑》,载《思想战线》2001年第2期。

面推行改土归流政策阶段等3个阶段进行了详细的考察。[①] 此外,张蠹昌、李兴福两位学者采用了系统的方式论述了鄂尔泰改土归流的方案、策略与措施。[②] 学者杨炳垫以各个阶段改土归流的变化比较为逻辑,梳理了土司自明清到民国时期直至其最后消亡的过程。[③] 改土归流是清朝治理中国过程中的一个局部策略,然而,这个策略的作出、实施与收尾不是孤独的事件,与同期整个清朝统治全国具有一盘棋的内在联系。因此,分析改土归流背后的原因对于理解这一政治行动具有直观的意义。

改土归流的原因有很多种,范同寿先生认为清代前期改土归流是经济体制变革所致[④],李世愉先生认为雍正时期改土归流的原因是多重的,其中,雍正皇帝个人起到了非常重要的作用,[⑤]曹相先生认为社会经济的极大发展是推动改土归流的根本原因,[⑥]林建曾先生认为清朝统治权力的下沉与文化经济的互通往来促进了土司的瓦解,同时助推了改土归流的实施,[⑦]龚荫先生认为持续的改流既与土司残酷的统治有关,也与少数民族地区社会生产力的发展对土司制度的冲击有关,而封建经济的产生则起到了决定性的作用,[⑧]关汉华先生则认为与明代被动改土归流不同,是清代全盛时期的到来具备的条件得到了雍正皇帝的首肯。[⑨]

---

① 林建曾:《试论"改土归流"政策形成、推行的几个阶段》,载《广西民族研究》1988年第2期。

② 如鄂尔泰提出的调整疆界,归并事权;整顿厂务,筹措军饰;清查土地,清理财粮;选拔官吏,推进改土归流。安置土司,根除后患的五项改土措施。参见张鑫昌、李兴福:《鄂尔泰奏折与云南改土归流》,载《档案学通讯》2008年第1期及《鄂尔泰奏折与云南改土归流》(续),载《档案学通讯》2008年第2期。

③ 杨炳堃:《土司制度在云南的最后消亡》,载《贵州民族研究》1994年第2期。

④ 因为封建地主制经济逐步替代了领主制经济,一旦封建地主经济的生产关系完全确立,这种区域性特殊统治形式的存在,就不仅没有必要,也不再是可能的了。范同寿:《西南各族土司制度的瓦解与清代前期的改土归流》,载《贵州社会科学》1983年第2期。

⑤ 这些原因包括西南地区与内地的联系更加密切、土民与土司的矛盾日益激化、中央政权与土司的矛盾日趋尖锐、改土归流的呼声越来越高、清朝也完全具备了改流的可能性、雍正皇帝本人对改流的态度也起了重要的作用。李世愉:《试论清雍正朝改土归流的原因和目的》,载《北京大学学报》1984年第3期。

⑥ 新的封建地主经济的产生和发展,为雍正时期土司地区改土归流创造了内部经济条件。另外,中央王朝对云南的统治更加巩固和深入;经济上在云南实行变革,增加了财赋收入;军事上汛塘制度普遍实施,这些为改土归流提供了政治保障、物质基础和军事保证,为归流创造了有利的外部条件。曹相:《清朝雍正年间滇西南地区的改土归流》,载《云南师范大学学报(哲学社会科学版)》1997年第1期。

⑦ 林建曾:《试论"改土归流"政策形成、推行的几个阶段》,载《广西民族研究》1988年第2期。

⑧ 龚荫:《试论土司制度和"改土归流"》,载《昆明师范学院学报(哲学社会科学版)》1983年第2期。

⑨ 关汉华:《论明清两代的改土归流》,载《华南师范大学学报(社会科学版)》1990年第3期。

学者黄秀蓉以比较的方法，认为满清皇帝“华夷一体”的民族团结、平等观念是推动改土归流的直接动因[①]，学者王春玲、于衍学从国家统一的角度提出改土归流是为了防止国家被土司割据而主动为之的举措[②]，学者李恩军从条件结构角度论证了社会条件特别是封建制经济优越于领主制经济的条件决定了这一举措的实施，而统治阶级的统治经验则为这一举措注入了可操作性[③]，美国学者约翰·E.赫尔曼认为“雍正废除土司制度的根本原因在于消除西南民族地区土司间和土司内部的暴力事件，加强中央集权”[④]。学者程昭星认为地主经济的萌发能够满足清朝的政治建设，而土司的领主经济则阻碍了这一政治目标；同时汉文化在土司地区的深入广泛传播打破了土司独擅一方的文化格局[⑤]；学者顾霞选择局部作为论证支点，论述了改土归流对云南昭通经济文化发展的影响，以先后两个阶段的事实证明改土归流的必要性和现实性[⑥]。显然，改土归流的原因仁者见仁。不仅如此，基于改土归流原因的多元化分析，针对改土归流效果及其这一过程的评析也是智者见智。

学者王文成认为：改土归流是一个与边疆问题紧密相连的思考，不同的方式带来了不同的效果，而这些效果与清朝面临的国内外局势、云南土司地区经济发展、民族间隔阂等因素有着直接的关系[⑦]；也正是上述原因的持续存在，才有了云南地区长期存在土流并治的格局，并推动改土归流方式从军事进攻、武力削除土司转变为和平改流、存土置流，完成了从“外延式”改土归流向“内涵

---

① 黄秀蓉：《“夷夏变迁”与明清“改土归流”》，载《广西民族研究》2007年第3期。

② 参见王春玲、于衍学：《清代改土归流成因分析》，载《西北民族大学学报（哲学社会科学版）》2005年第4期。

③ 参见李恩军：《评清朝“改土归流”民族政策》，载《满族研究》1990年第2期。

④ [美]约翰·E.赫尔曼：《西南地区的土司制度及清代早期对其进行改革的原因》，田明新译，载《贵州民族研究》2001年第1期。

⑤ 参见周琼：《从土官到缙绅：高其倬在云南的和平改土归流》，载《中国边疆史地研究》2004年第3期。

⑥ 参见顾霞：《改土归流后昭通社会经济发展概述》，载《思想战线》2008年第6期。

⑦ 改土归流与近代特有的边疆问题紧密相连、改土归流的方式发生了尤为显著的变化，随着改土归流方式的转变，近代来云南边疆改土归流的内容和结果也与前迥异。形成这些特点的原因有：近代以来国际国内形势已不允许在边疆地区大规模武装改土归流、近代云南边疆民族地区社会经济虽然有了一定的发展，但大多数地区仍未超越封建领主制、农奴制经济的水平，尚未从根本上摧毁土司制度赖以存在的经济基础、很深的民族隔阂为土司制度的存在提供了相当广泛的群众基础。参见王文成：《近代云南边疆民族地区改土归流述论》，载《民族研究》1993年第1期。

式”改土归流的转变[①];也有学者认为,改土归流是对云南民族关系的再调整,并通过文化学习和科举考试等辅助方式增强了国家认同。[②]

改土归流是历史进程时间表上必须发生的事件,无论土司多么强大,面对外来的先进生产力与生产关系,与其说清朝拥有昌盛的实力而对改土归流产生了具有决策意义的影响,倒不如说是中原内地先进的文明促进了改土归流的发生。清朝特别是雍正皇帝的决策无非使改土归流的到来提前,也正是由于清朝急于建立稳定的大一统政权而忽略了对社会文明发展的考察,以至于改土归流并不彻底。同时,随着土司地区与中原内地交流的逐步深入,反倒缩小了二者之间在各个方面的差距,这就增加了改土归流的难度。

土司享有特权,这是不争的事实。然而,有些流传的特权,是不是当时土司的真实写照,值得商榷。改土归流的真正目的是强化政权的全国统一,而不是针对土司特权实施正义之举。因此,在评价改土归流功过是非的过程中,必须回到清朝一统天下的政治主张,不能因为讹传的民间编排、偏解而遮蔽清朝改土归流的统治意图。比如,“初夜权”传说就是在“改土归流”语境下产生并被流传下来。因此,可以说“初夜权”的传说就是意识形态中进行的另一种形式的改土归流,它是改土归流的重要组成部分,也是改土归流这一发生在土家族地区重大社会变革的延续,更是改土归流这一“历史真实”保留至今的社会记忆。[③]这个例子虽然不是发生在云南地区土司身上,但是,类似这样的传说,同样会在云南土司身上发生。所以,发生在云南土司地区的改土归流从来不是为了土民的利益而展开的,即便土民享受到改土归流带来的好处,也不能因此就认为改土归流的出发点是为了土民的利益。

归根结底,改土归流是清朝通过法律监控土司的特殊形式,意味着国家法律监控土司一旦失灵,动用武力是不得已的最后选择。这也说明土司与清朝之

---

① 参见王文成:《土流并治在近代云南边疆的全面确立》,载《云南师范大学学报(哲学社会科学版)》1993年第4期。

② 参见杨林兴:《云南民族关系的历史形成与现实发展》,云南大学2015年博士学位论文。

③ 参见田清旺:《“初夜权”:一项污名化的所谓土家族土司特权》,载《中央民族大学学报(哲学社会科学版)》2015年第4期。

间的权力博弈始终处于动荡之中，一旦震荡的幅度超过了清朝的预期，那么，国家法律的监控就改变为国家武力的征讨。

总体上来看，清朝改土归流的主要动力大致有 5 点：(1) 扼守藏彝走廊，防止蒙藏势力与西南土司势力合流；(2) 剪除割据势力；(3) 保证滇铜供应；(4) 增加赋税；(5) 减轻内地人口压力。[①] 这五项措施集中到一点，就是需要把内地大量的汉人迁移至云南土司地区。这样一来，粮食生产与人口规模之间必然发生供需矛盾，而首先要解决的就是农作物的种类。因此，在元明两朝的基础上，清朝不仅推广耐高寒、耐瘠土且高产的美洲农作物种子进入云南，而且迁移大量的中原农民进入云南从事农业生产。一方面，内地人带来的现金农耕技术促进当地土民的种植热情，改变了生活水平，收获民心；另一方面，通过内地汉人的加入，稀释了土民的密度，消解了土司在土民群体之间建立的地方权威，并且有力地加快了土民的汉化，使之更容易接受来自流官的教化与管理。

云南土司数目最多，并非清朝重视的结果，而是云南在明朝设置土司的省份中，其数量最多。明朝有 7 个省设有土司，其中云南最多，“共设土司、土官 1608 家”。[②] 清朝统治云南之后，改土归流之前，在云南设置的土司数目虽然有所变动，但在数量上依然多于其他设置土司的省份。英国工业革命以后，依仗发达的工业制造，先是侵略印度，借着进入缅甸，随后又想通过云南进入清朝统治的腹地。与此同时，西北面临着沙俄的侵占，西南与东南面临着英国、荷兰、葡萄牙、西班牙、美国等国家的侵占，东面则是明治维新之后的日本。这一时期清朝周边国际环境和政治关系发生了极大的变化，从过往的以手工业、农业为基础的关系转向了工业进程下商品资本输出和武力示强的丛林关系。与此同时，中原地区城市经济逐渐发展，而各民族在长期发展过程中形成的杂居，驱动了各民族之间的联系，然而，也造成了各民族之间的关系更加复杂化，引发矛盾爆发的各种原因深度交织。

清朝在云南土司地区采取的改土归流，不仅触及土司的利益，而且触动了

① 参见于逢春：《“泛中原农耕文明板块”视域中的西南边疆及土司研究》，载《民族学刊》2012 年第 5 期。

② 张晓松：《论元明清时期的西南少数民族土司土官制度与改土归流》，载《中国边疆史地研究》2005 年第 2 期。另据乾隆《云南通志》卷二四《土司》载：明初云南有土司 320 家。

外来人员的利益。特别是实行改土归流的土司地区,汉人、蒙人、满人到土司地区担任地方官职,虽然将清朝统治的权力下沉至土司地区,但是,汉族、回族的大商人也随之进入土司地区,从事高利贷行为,采用中世纪经商法加剧了边疆地区土民、外来移民与统治阶级的矛盾。① 在这种情况下,如果继续深入云南土司腹地采取改土归流,其难度可想而知。同时,得天独厚的地理位置很有可能激发反清运动。在西方工业革命影响波及清朝边境地区之前,已是如此,那么,随着周边国际环境的巨变,特别是鸦片战争之后,清朝外患胜于内忧,这就导致了清朝拥有强大的国力,却不能在云南土司地区推行彻底的改土归流之策。

如果说清前期清朝保留云南边地土司是为了更好地建立边疆防御缓冲地带,推行以夷制夷,那么,在西方工业革命影响波及清朝边境之后,保留土司并非清朝的治策之为,而是无奈之举。实际上,云南地区改土归流绝非易事。云南北面与四川接壤、东北与贵州搭接,也就是说,在迪庆、丽江、楚雄、昭通等地区实施改土归流,必然涉及四川、贵州的整体统治。"土司取子妇,则土民三载不敢昏;土民有罪被杀,其亲族尚出垫刀数十金,终身无见天日之期。东川虽已改流三十载,仍为土目盘踞,文武长寓省城,膏腴四百里,无人敢垦。若东川、乌蒙、镇雄改隶云南,俾臣得相机改流,可设三府一镇,永靖边氛。"②被适用改土归流的土司与周边的土司按照阶级论来分析,属于同一个利益集团。因此,土司之间看不见的联系形成了一张巨大的跨地区的利益网,改土归流实际上是牵一发而动全身的系统动作,稍有不慎,就会引发区域性反抗。如曲靖、文山地区的改土归流则牵涉广西,而广西的北部又于贵州毗连。

"广西土府州县峒寨等司五十余员……余皆土目横于土司。"③而在广西与云南接界地方,苗蛮与土司交织一起。"云贵大患,无如苗蛮。欲安民必先制夷,欲制夷必改土归流;而苗疆多与邻省犬牙错,又必归并事权,始可一劳永逸。"④云南境内改土归流必然直接或者间接触动广西境内土司的切身利益,而

① 参见吕振羽:《中国历史讲稿》,人民出版社 1984 年版,第 395 页。
② 翦伯赞、郑天挺:《中国通史参考资料》(古代部分·第 8 册),中华书局 1966 年版,第 23 ~ 24 页。
③ 翦伯赞、郑天挺:《中国通史参考资料》(古代部分·第 8 册),中华书局 1966 年版,第 24 页。
④ 翦伯赞、郑天挺:《中国通史参考资料》(古代部分·第 8 册),中华书局 1966 年版,第 23 页。

贵州作为广西北上朝贡的必经之路，成为广西土司联络的对象，广西则是贵州南下外出的关隘，因此，广西则成为贵州拉拢的对象。这样上下互利的关系，把广西与贵州两地的土司紧密地联系起来。“贵州土司向无钳束群苗之责。苗患甚于土司。”[①]综合云、贵、川土司和蛮夷治乱，因此，“土司无革职削地之罚，直至事大上闻，行贿详结，上司亦不深求，以为镇静，边民无所控诉。若不铲蔓塞源，纵兵、刑、财赋，事事整饬，皆治标而非治本”[②]。不难看出，改土归流从对象上看达到了限制土司权力的目的，而实际上流官的懈怠以及过于注重武力处理蛮夷的单一策略所引起的土司之乱，要比土司本人引领的动乱更加不利于清朝的统治。由于督抚管理下的各区域相互之间互不隶属，而土司之间却联系密切，这就增加了改土归流带来的联动性和连带性，对于清朝大一统的政治秩序有着非同小可的影响。

有学者认为，“‘改土归流’政策的实行，是各民族同汉族及内地通过经济联系、文化交流相互间关系日益发展的结果”[③]。改土归流之策在清军入关之后就开始了。改土归流的具体措施既有土司主动归顺而设置流官，也有武力征服之后设置流官，还有徒流并设，流官权限大于土司权限等三种形式。特别是在云南地区，土司地区土民同汉族和内地进行大面积深度的经济、文化交流是在大量移民进入云南之后才开始的，改土归流早起清军占领云南之后就开始了。

雍正年间，随着内地移民的增多，土司地区少数民族与汉族以及其他民族的交往日益紧密起来，经济、文化上的紧密联系为清朝推行改土归流提供了策应。然而，改土归流终归是清朝治边、加强统治的策略，应是清朝主动为之的结果，各民族间的经济、文化交流则为之提供了有效的物质条件。实际上，改土归流是康熙年间未对云南实施乘胜追击建议的续接。康熙三十年正月，议政大臣们表态，如果当初反叛逆贼逃往云南的时候，朝廷就乘胜追击，相信今天云南早就已经被平定，如今乘着逆贼们身处困境、危在旦夕一同剿灭，也算是能够还给云南一个安定。且很多大将军都布兵在云南周围，就等着皇上下令攻入云南，

---

① 翦伯赞、郑天挺：《中国通史参考资料》（古代部分・第8册），中华书局1966年版，第24页。
② 翦伯赞、郑天挺：《中国通史参考资料》（古代部分・第8册），中华书局1966年版，第24～25页。
③ 吕振羽：《中国历史讲稿》，人民出版社1984年版，第406页。

只要皇上一声令下,就迅速攻入,如有逗留、回旋者将被从重处罚。即"不疾驰进定云南,旋师日从重治罪。"[①]云南提督桑峨疏言:"鸡公背、铁索桥,乃险要重地,悉为我有,滇省荡平,可立而待。"[②]议政大臣们的表态,说明清朝想要统一云南属于历史的必然,清朝的大臣们或者说百姓们也希望云南快点被统一,快点消除这个不稳定的因素。

清朝"以土施政""以土治政""以土固边"的成功,离不开汉臣的真知灼见。在众多奏疏中,尤以清初蔡毓荣《筹滇十疏》为代表。《筹滇十疏》中第二、三、九疏基本上可以视为清朝治理云南土司的方案。在《筹滇第二疏制土人》中,蔡毓荣认为:"滇省汉土交错,最称难治。治滇省者,先治土人,土人安而滇人不足治矣……各照旧袭职衔……土司各有土地、人民,而其性各不相下,往往争为雄长,互相仇杀……今日之土司,非尤夫承平日久之土司……而夷俗之身心交戢矣。"[③]根据《筹滇第三疏靖逋逃》中的表述,清朝运用国家法律限制土司的司法权,张扬了国家法律的司法正义,对土司权威最大的冲击在于替换了土民长期遵守土司的习惯法而不知国法的传统观念。因此,剥夺土司的司法权首先要通过严惩土司不法行为作为开端。"臣遍谕诸土司,各令清查境内,悬首报之赏,严容隐之罚,亦既各分责成……稍知禁令矣。"[④]通过国家法律替代武力讨伐,虽然有利于镇压土司个人,但是,在这个过程中土司的抵抗需要组织土民参与反抗,所以,国家对其采取的行动必然对土民群体带来了不可估量的伤害。掌控土司的目的是更好地施行国政,蔡毓荣在当时已经认识到文化认同对于国家统治的辅助作用,因此,革民心树儒学则成为兴教化、敦实政的重要途径。《筹滇第九疏敦实政》中提出:"一在兴教化……则所以革民心,兴民行者之力行宜亟也。"[⑤]通过文教争取民心,在云南官员看来远比武力更加有利于云南施治。而

---

① 《清实录·圣祖实录》卷九四,台北,华文书局总发行1989年版,第1254页,"康熙二十年正月丙寅"条。

② 《清实录·圣祖实录》卷九四,台北,华文书局总发行1989年版,第1254页,"康熙二十年正月丙寅"条。

③ 蔡毓荣:《筹滇十疏》。转引自方国瑜:《云南史料丛刊》(第8卷),云南大学出版社2001年版,第427页。

④ 蔡毓荣:《筹滇十疏》。转引自方国瑜:《云南史料丛刊》(第8卷),云南大学出版社2001年版,第428页。

⑤ 蔡毓荣:《筹滇十疏》。转引自方国瑜:《云南史料丛刊》(第8卷),云南大学出版社2001年版,第437页。

剥夺土司的权力则是云南大治的前提。早在清初，如何治理云南土司在当时已经成为备受关注的问题。清初王宏祚所奏《滇南十义疏》，其中第8、9、10条分别针对土司安置、新例宽严适度和职官经纶三个方面提出自己的见解。特别是新例宽严适度、职官经纶两条关于律例制度实施和建设的意见，足以表明，在云南土司地区实施清朝律例之治，从而形成"军民知法纪之可守"秩序的制度化。

"庶土司安，百姓亦安矣。"[①]除王宏祚所奏《滇南十义疏》，清初高其倬也在《筹酌鲁魁山善后疏》中针对云南施治提出了自己的看法。与王宏祚不同的是，高其倬自身就是割据一方的土司。与其他流官的建议相比，高其倬因其自身就是土司这一特别身份而使得其提出的意见更加具有针对性和普适性。"庶倮俗自变，文明日启矣。"[②]高其倬在奏疏中提出了改土归流的重要地位和作用，同时提出区别对待的策略，并针对土司地区统治提出了长远考虑，其核心内容是文教。从高其倬奏疏中的内容来看，晚于王宏祚的奏疏。也正是两篇奏疏存在时间差，恰好反映出土司势力针对清朝统治的反抗表现。除了利用权力造生事端，还利用权力阻止土民子弟读书，其目的在于防止土民子弟因读书开化而与之抗衡。土司的这个恐惧，正好说明文教在土司地区所起到的巨大作用，即通过开民智的方式，格式化土民内心里对土司权力的恐惧，动摇土司统治的基础。清初针对云南实施的奏疏得以保留的还有尹继善上书《筹酌普思元新善后事宜疏》，在奏疏中尹继善强调除土司管辖区域的重要性不同需要区别对待之外，更主要的是建议通过严明律例，奖惩土司及其他土职，既可以防范大土司拥兵自重，又可以控制小土职仗势欺人。"普洱地方辽阔，宜慎选土弁管束……地方文武失于觉察，并行参究，则土弁目无权可操，实属防范之要道也。"[③]

雍正年间的改土归流对加强国家的整体性，对国家当时出现的进一步统一

① 王宏祚：《滇南十义疏》。转引自方国瑜：《云南史料丛刊》（第8卷），云南大学出版社2001年版，第386页。

② 高其倬：《筹酌鲁魁山善后疏》。转引自方国瑜：《云南史料丛刊》（第8卷），云南大学出版社2001年版，第446页。

③ 尹继善：《筹酌普思元新善后事宜疏》。转引自方国瑜：《云南史料丛刊》（第8卷），云南大学出版社2001年版，第452页。

的政治局面的巩固,对我们多民族国家内部的统一和经济、文化交流是有积极作用的。[①] 与此同时,由于云南边境与国外陆地边界犬牙交错,一些土司往往与国外不法分子甚至外国殖民主义者相互沟通,对于云南境内正常的生产状态造成了骚扰与掠夺,不利于国家安全。清初之后,西方殖民者千方百计试图经云南进入我国境内,建立他们的东方殖民基地。经过云南土司的改土归流,中央政府加强了对云南与国外接壤地区的管理和防守,并将一些不法土司迁到内地,使其不能为所欲为,特别对于防范境内土司与境外殖民者相互勾结,侵蚀我国领土完整,打击那些妄图利用土司染指我国领土的殖民主义者,不能不是一个有力的策略。[②]

土司兼并土地的现象时有发生,且规模巨大。"云南姚安府大姚县所属苴却、十马地方,四周三百余里,民户极多,土田饶衍,现今土同知高厚德之祖高奣映为吴逆川东道时始行侵占,至高厚德又贿嘱流官将地方断归伊管,钱粮断令伊征,于康熙四十七年以进京费用为名,派苴却、十马银五千两,民不能措,遂捏写卖照,令土目带众持械压民照写,各民畏威,吞声写给。"[③]土司的豪强兼并,与清初期实施更名田的安定群民策略是抵触的,非常不利于清初期建立大一统国家政权的天下观,更有损于清朝在云南实施稳定的统治。同时,土司对于土地的规模兼并造成了蓄奴。按照清朝当时的法律来讲,蓄奴是常态,清朝《逃人法》的立法精神就隐含着蓄奴的合法性。然而,土司蓄奴与满人蓄奴对于清朝统治所产生的危害不可相提并论。

在清朝看来,土司蓄奴从表面上看是家奴成群,但是,这些家奴在土司世代的统治之下成为土司的兵源。比如,云南丽江木氏土司家中的家奴竟然高达2340人。[④] 一旦土司反叛,这些家奴就必然转变为土兵。这些家奴的数量不仅具有反映土司的生活起居奢侈程度的意义,而且反映了其割据一方的政治意

---

① 张捷夫:《论改土归流的进步作用》,载中国社会科学院历史研究所清史研究室编:《清史论丛》(第2辑),中华书局1980年版,第205页。

② 张捷夫:《论改土归流的进步作用》,载中国社会科学院历史研究所清史研究室编:《清史论丛》(第2辑),中华书局1980年版,第206页。

③ 《硃批谕旨》第86册,雍正三年十二月初二日高其倬奏。

④ 《清朝文献通考》卷一九《户口一》。

义，不利于清朝统一国家政权的基层下沉。雍正四年至九年，云南境内的土司有的被撤销，有的代之以流官。到雍正十三年，云南境内共有12个土司被改土归流[①]。但是，改土归流的过程中基于统治的需要，清朝增设了新的土司，而新的土司随着情势的变化又被改土归流，形成了政治策略的循环。

大军过后，休养生息至关重要。这是发展国力的需要，也是体现征服者施以仁政的政治道德要求。总结前朝弊端，尤其是前朝的苛捐杂税给黎民百姓带来的巨大痛苦，往往为新朝发布新政提供借鉴，也是体现新朝仁政的必要条件。清朝占领云南的过程中，就着手通过减轻民众田赋，并对各级官员给出了严格的奖惩规定。"至于前朝[②]弊政，历民最甚者……如有官吏朦胧混徵暗派者，察实纠参，必杀无赦；倘纵容不举，即与同坐。"[③]税赋制度的规范化，开启了经济制度的新规定，为日后通过国家法制调整土司地区经济关系奠定了理念基础，并在具体措施中表现为田亩税赋的改革。云南的改土归流，从经济上讲，确立了清朝在云南地区的赋税田亩政策，有利于国库公帑的增加，[④]调整了农奴制的生产关系与发达的封建生产力需求在土司地区的紧张关系，促进了土司地区社会生产的发展，也就为清朝在云南的统治奠定了厚实的经济基础和社会基础。改土归流的地区，清朝按照田亩标准重新丈量土地，在清理户籍的基础之上，规范了钱粮口赋与统一的税收政策，从而减轻了土民身上的田赋负担，对于促进生产发展起到了一定的作用。

清朝流官根据每户每家人口的多少重新核实分配了土地，在满足家庭生产需要的前提下调整了土地所有制关系，鼓励开荒，这就从根本上解决了云南土

---

① 乌蒙土府雍正四年平定，设置乌蒙府；镇雄土府雍正四年平定，该土府为镇雄州；东川土府雍正四年平定，设置东川府；丽江军民府雍正元年改为丽江流官知府，降土知府为土通判；邓川土知州雍正四年革职，土知州安置江西；姚安府土同知雍正五年革职，安置江南；沾益州土知州雍正四年裁，改设流官；思茅等六版纳雍正七年改设流官；永平县土县丞雍正五年裁；镇沅土府雍正四年裁土知府，改设流官；威远土州，雍正四年裁土知州，改设流官；者乐甸长官司，雍正三年裁。参见张捷夫：《论改土归流的进步作用》，载中国社会科学院历史研究所清史研究室编：《清史论丛》（第2辑），中华书局1980年版，第203～204页。

② 指明朝。

③ 清世祖章皇帝实录，计144卷，康熙六年巴泰等纂修，雍正十二年改订，卷6页9上～10下。转引自翦伯赞、郑天挺：《中国通史参考资料》（古代部分·第8册），中华书局1966年版，第2页。

④ 张捷夫：《论改土归流的进步作用》，载中国社会科学院历史研究所清史研究室编：《清史论丛》（第2辑），中华书局1980年版，第208页。

司地区耕地面积短缺的问题。土地作为农业生产发展的第一要素,私人拥有少部分的土地激发了土民的生产热情,土地生产力得到了释放。土地生产力的释放,意味着剩余产品的增加,以物易物与不断发展的商品贸易促进了各族人民互相往来的频率的增加与广度的提升,各民族在经济上的商业往来推动了先进的生产技术在土司地区的交流传播,特别是汉族的农作物与农耕技术在云南地区得到了有力的推广和播种,促进了农业生产和粮食供给能力。“肯开荒山,广种济食”[①]成为发展生产的动力,也大大提高了清朝国家在各种自然灾害面前实施以粮食为主的赈灾能力。

随着农业的发展,各种农副产品也随之增多,剩余产品的增多也为少数民族人民提供了加工手工业产品的闲暇时间。农副产品与手工业产品的增多,为各民族间进一步的商业往来提供了交易的多选性,特别是清朝废除了土司自设的各种苛捐杂税与商业壁垒,更是进一步推动了云南与内地之间的经济往来,以农业产品为主的贸易逐渐发达兴旺。途经盐津关进入云南联系川藏的茶马古道,就是云南土司地区与内地通商的很好例证。因此,改土归流相当突出的历史贡献在于,消弥了土司之间为争夺势力范围而发生的战争,解放了一大批农奴使之成为有效的规模的劳动生产力。社会环境空前的安定,生产力得到解放,云南地区稳定的态势日益增强,不仅有利于清朝的统治,而且有利于边疆安全和国土完整。

改土归流采用的策略是“计擒为上,兵剿次之,令其自首止,勒献次之”。[②]采用战争方式实现改土的土司主要有东川、乌蒙与镇雄三家土司;以武力威胁,因罪名而被革职的主要有邓川州土州、沾益土州、镇沅土州。改土归流过程中强势的军事压力,不仅起到了使过程短平快的作用,而且弥补了通过法律实施监控的软效应,同时也增强了法律监控的实效性。对于同期或者后期清朝继续实施法律监控起到了开路、强化和推进的作用。至清末时期,川藏的联防联治与改土策略的推进,能够体现清朝“整体性的建设筹谋与边区联防与联治”[③]的

① 吴光汉:乾隆《镇雄州志》卷五《物产》。

② 魏源:《圣武记》卷七《雍正西南夷改流记上》。

③ 周智生:《清末川滇边区的联防与联治》,载《历史研究》2019 年第 6 期。

统治观念。基于这一研究结论，能否如此推测，清朝当时的统治观体现出“大一统”的国家观，清朝推行的一切举措都为基于国家认同的基础形成的国家整体观。进一步讲，清朝在云南地区采取法律监控土司的长期运用，既能够实现清朝国家观下的法制统一追求，也能够实现国家大一统下兼顾各边地民族发展的统治思考。

云南改土归流过程中，一方面通过军事战争强制改土，另一方面，又新设土把总16个，土千总4个，土千户1个[①]，实行“以土目管土人，以流官管土目”[②]的统治方式。其原因在于“凡有征傜，必传头目敛派，辄顷刻集事，流官号令不如头目传呼也”[③]。由此可见，土司统治的地方习惯性与观念历史性对于中央权力的统治具有很大的抵触性影响，而这个方面可以归结为文化的力量。

清朝在改土归流之后以及整个清朝统治云南期间，不断加大汉族文化的输入，从意识形态上改变了土司历来的社会基础，从而为中央权力的下沉和民众接受建立了文化对接的通道。以法律惩治敢于对抗清朝或者扰乱地方社会秩序的土司，在鄂尔泰主张改土归流的过程中，作为配合改土归流的辅助措施运用。即便对于那些比较凶悍的大土司来讲，按律惩治是武力弹压之后不可或缺的措施。在鄂尔泰与雍正的“君臣对话”之中，针对刀瀚、安于蕃两人的行为，鄂尔泰提出“对此二人绝不能姑息，必须按律惩治”[④]的奏疏。按律惩治的意义，不仅仅在于对改土归流起到强化作用，而且更加表明清朝以法监控土司的法律意识与法律行为。从这一点可以看出，运用法律惩治土司已经成为军事讨伐之后的必备措施，说明通过法律监控土司已经常态化了。否则，军事弹压之后没有按律惩治的必要。而选择按律惩治的目的在于，针对土司监控形成国家观念与法律意识。此外，针对如何通过法律管理土司地区，鄂尔泰提出“抚彝之法，须

---

① 参见张捷夫：《论改土归流的进步作用》，载中国社会科学院历史研究所清史研究室编：《清史论丛》(第2辑)，中华书局1980年版，第214页。

② 师范：嘉庆《滇系》，《艺文》，尹继善：《筹酌普思元新善后事宜疏》。

③ 赵翼：《瓯北全集》，《苍曝杂记》卷四《黔中倮俗》。

④ 陈维新：《鄂尔泰与雍正对云南改土归流的“君臣对话”——台北故宫博物院所藏朱批奏折选件》，载《思想战线》2018年第4期。

以汉化，以彝治彝”的奏疏，雍正朱批“甚是”。[①] 此处“法”，既可以做方法意义上的理解，也可以做土司地区习惯法意义上的理解。通过上下文，“须以汉化”表明此处的“法”应该是指土司地区“习惯法”意义上的“法”。

有学者研究认为，从明末至雍正朝改土归流之前云南土司地区存在大量违背国家法律的行为，对此，清朝采用法治方式，对之进行惩治，改土归流则是全面惩治违法土司和恶夷为施行的重点，其目的在于将土司地区的管理纳入法治轨道。[②] 就上文可以判断，改土归流过程中鄂尔泰与雍正非常注重国家法律的土司化，以及土司习惯法的国家化。从中也能看出另外一点，即汉化在雍正时期等同于国家化，中原文化对清朝的影响至深不言而喻。这也是清朝为什么极力在土司地区开设文教的深层次原因，中原文化的代表者是儒家文化，也是汉化过程中的灵魂所在。

第四节　小　结

自天子封侯以来，至秦朝建立郡县制之后，封建统治集团与地方官僚之间形成了两种关系。一种关系是服从和博弈，即执行封建统治集团的政治命令是地方官僚的天职；另一种关系是合作与互利，即地方官僚与统治集团合作是双方各取所需的固定模式。由于封建集团注定了封建统治集团的唯一性与地方官僚的多样性，因此，在地方官僚之间还存在合作与竞争的关系。地方官僚的合作，极可能是为民谋利，也可能是联合起来与封建统治集团博弈，还有可能是彼此相互掩盖不法行为。地方官僚之间的竞争，在封建社会体现为争宠，获得宠幸的地方官僚，不仅可以到京城皇帝身边任职，而且还可以享受到皇帝朱批

---

① 参见陈维新：《鄂尔泰与雍正对云南改土归流的“君臣对话”——台北故宫博物院所藏朱批奏折选件》，载《思想战线》2018 年第 4 期。

② 该学者认为，改土归流之前严重违法的地区可以划分为三类：一是多省地界毗连的土司地区；二是未曾设置土司的恶夷、生苗、野贼地区，如云南的元江、新平等地区；三是与缅甸、越南等国接壤的云南南部边疆地区，如澜沧江两岸的土司地区。参见方悦萌：《明末至雍正朝改土归流之前云贵土司地区的法治》，载《地域文化研究》2018 年第 1 期。

的特殊上谕。无论统治集团的族别,封建中央集权体制下统治集团与地方官僚之间必然存在服从、博弈、合作、竞争等多重关系。特别是满族贵族统治下的清朝,统治集团与地方官僚之间存在的族别观念,服从与对抗形成了清朝特殊的官僚统治形态。土司尽管不是国家官僚体制中的正式成员,然而,作为地方传统势力的代表者,维护个体利益的需要往往驱使土司与地方官僚达成既得利益联合团体,成为地方官僚与封建统治集团博弈过程中不可忽视的地方性因子。

第十一章　土司地区法律认同的多维影响

清代西南地区不仅毗邻越南、缅甸、老挝、印度等国家，而且以英国、法国为代表的西方殖民主义者不断通过政治许诺、商业利益输送以及其他手段拉拢地方势力，其间交织着宗教输入，在清朝与地方势力之间造成天下一统与地方自统的政治紧张。整个西南地区的稳定取决于土司稳定，西藏宗教势力与境外势力往往借助宗教往来干涉清朝统治，然而，由于当时世界范围内提供的物质条件尚不能够出现压倒性优势，再加上西藏地区特别的地理地貌与恶劣气候，以至于凸显了西南土司在西南地区稳定局势的重要地位。特别是云南地区土司，由于民族成分多、土司数目多、与境外联系密切而对西南边疆稳定具有釜底抽薪式的基础性作用。对于任何一个国家而言，边疆发展与国土安全是统治集团的最高利益，而对于多民族国家，民族间矛盾往往又是激发边疆失稳的主要原因。特别是在外部势力觊觎国内反动势力并通过利益输送获得内部支持的情况下，无疑对于一国稳定的施治将产生整体性的影响。清朝施治云南采取的措施体系中，经济手段起到了共同发展、赢得民心的作用，军事手段起到了维护安全、保卫国家的作用，文化手段起到了民众教化、建立文化一体的作用，而法律手段则把经济手段、军事手段、文教手段融为一体，以国家法制的形式将经济、军事、文教等手段转化为更为文明、公平的表现形式,以国家正义的形象赢得了土司地区民众的支持,从而为后续系统的流官行政系统发挥国家管理职能奠定了民意。清朝通过法律监控土司的过程也是收获封建利益的过程,体现出政治联合、经济共生、文化融合的系统效应。

第一节　法制认同促进云南土司国家认同

古代云南民族关系是由历史上的王朝国家与云南地区各民族之间的互动形成的,各民族相互之间基于政治、经济、文化、社会诸因素的趋同和趋异是民族关系的发展趋势。[①] 即便是到了今天,作为中华人民共和国不可分割的一部分的云南的民族问题,仍然直接或间接地不同程度地影响着国家的治乱安危和中华民族的前途命运。[②] 毕竟,统一多民族概念的整体性不能替代多民族实质存在的个体性。

清朝是以满族贵族为中心建立的,其统治的社会基础是由多民族构成的,而当时的满族人数很少,在客观上限制了其统治的社会基础,这就决定了清朝统治者必须有意识、有目的地协调好与其他民族之间的关系,不断扩大其统治的社会基础。蒙古族、汉族、藏族在清朝的建立和发展过程中发挥了非常突出而又广泛的作用。因此,满族与蒙古族、汉族、藏族等民族的关系成为清朝民族关系格局的主干层次。而满族与其他少数民族的关系(不包括蒙古族和藏族)、汉族与其他少数民族的关系等则成为清朝民族关系格局的非主干层次,这是由不同民族关系在该格局中的地位和作用不同所决定的。[③] 结合明清两朝在云南施治取得的成效以及明朝在山海关之外民族关系的稳定性来看,特别是“从两个王朝的民族政策以及命运的对比分析来看,民族关系状态对国家稳定具有重

① 参见杨林兴:《云南民族关系的历史形成与现实发展》,云南大学 2015 年博士学位论文。
② 参见郭家骥:《云南民族关系的历史格局、特点及影响》,载《云南社会科学》1997 年第 4 期。
③ 参见余梓东:《论清朝民族关系格局的特点》,载《内蒙古社会科学(汉文版)》2003 年第 3 期。

要意义”。[①] 民族关系状态是否稳定的实质是地方与中央的政治关系是否处于稳定状态，这种稳定不是制度性的静止状态，而是在动态中不断调整而呈现出的相对稳定状态，体现了变动中的不变。

在统一的封建王朝统治下，地方势力的发展离不开中央王朝的支持，中央王朝统治的稳定有赖于少数民族地区的稳定，在中央王朝和地方之间存在互助共存、共同发展但同时又彼此制衡、共生共存的嵌套关系。清朝统治早期，尽管没有“中华民族”这一定论性称谓，然而，国家民族一体已经形成一般意义上的潜意识。也正是这种潜意识，推动了“中华各民族的发展始终是在你中有我、我中有你的互动发展中实现着各民族间和谐共生、共存共荣式的经济社会文化的大发展”，[②]并推动国家法制与国家政治的发展。

中央与地方的关系，自郡县制之后始终贯穿着中国古代社会的全部历史，造成这一事实存在的根本原因是多民族统一于一个封建政权。针对边疆地区与边界邻国，中央王朝历来的政治技艺表现为羁縻策略。羁縻的形式多种多样，但目的具有一致性，即通过羁縻，将政治、经济、文化上存在的差距转化为共同建设的目标，从而起到了稳定民族间关系的作用。

随着边疆少数民族与中原地区民族之间的差距越来越小，依靠传统的羁縻之策来“调节相互关系的接受程度也就越来越受到限制”。[③] 这种限制往往可能被归结于双方各自实力的对比悬殊发生了转化，而实际上却可能是由于羁縻之策本身包含的不平等所致。从羁縻的形式上可以看出，羁縻是有条件的软化与臣服，而非建立在制度上的平等认同，更多地以形式上的认可掩盖了实质上的

---

① 许安平：《从元清两代民族政策对比看民族关系状态的重要性》，载《吕梁学院学报》2011 年第 4 期。

② 马喜梅：《爨氏统治时期云南民族关系的演变——基于“二爨”碑的研究》，载《学术探索》2016 年第 1 期。

③ 所谓羁縻就是维系的意思，羁縻术即维系方法，用在民族问题上，即王朝维系少数民族之术，它始于西周，汉代加以发展，而唐代趋于完善。羁縻术的内容是多方面的，有通好、互市、册封、盟誓、和亲等，最主要的是册封、盟誓及和亲。还有就是汉族与少数民族之间的政治经济发展不平衡，中原汉族先进，但边疆少数民族的社会也在发展，从分散到局部的统一，从部落到民族政权的建立。唐代的突厥、吐蕃、回鹘、南诏、渤海就是这样，他们各自雄据一方，对中原的唐王朝除了奉藩称臣之外，总想发展其势力，扩大地盘，矛盾斗争是客观存在的，当唐王朝由盛而衰的时候，也正是这些边疆民族政权发展较快之时。参见王可：《律和羁縻术是唐代调节民族关系的工具》，载《中央民族学院学报》1990 年第 1 期。

敌对。历史地看,“信任和谐的民族关系是国家民族团结与社会稳定发展的基础”。[①] 信任和谐的基础不是关照与恩惠,而是主体性平等这一自然的权利要求。国家认同也非暴力强制的结果,而是内心里与国家形成了利益共识,这是个人与组织能够得到意志一致性发展的根本基础。

云南境内自然屏障无处不是,对于西南国防起到保障的作用。一旦云南边境发生战争,云南境内的地理环境为后方争取了充足的时间准备战争。云南与国外陆路相邻,居于边界的云南土司因为历史上的往来而形成了土司跨界的态势。一般而言,土司跨界对于双边贸易、文化交流具有促进作用,然而,土司政治心理的倾向性不只是影响皇权认同,而且影响皇权统治国土面积的变化。

清朝非常注重从明朝统治云南土司的历史中吸取经验,从而避免重蹈覆辙。应当说,明朝对于云南边区采取设置土司的方式是极为有效的。否则,自洪武二十一年(公元 1388 年)设立八百宣慰司以降,明朝不会继续不断地在云南边区设置土司,并在明永乐初年进入高峰状态直至明万历十三年,蛮莫安抚司作为最后一个设立的土司宣告了明代在云南边区设置土司历史的结束。在此期间,共计设置了宣慰司 11 个(后合并为 8 个)、宣抚司 1 个、安抚司 1 个、长官司 6 个、土府 1 个。然而,到明嘉靖末期以后,明朝精心布局的云南边区土司体系不断走向瓦解。

从云南边区土司制度实施的历史条件、边区土司制度实施的不完整性和不彻底性、明后期王朝未能很好认识边区土司局势并巧施控驭三个层面来考察。第一,明朝未能有意识地改善云南边区的社会历史条件,从而不能巩固对边区土司的统治。第二,在边区土司区统治基础较弱的情况下,明朝对各土司的抚治政策却江河日下,呈倒退之势。第三,在“治以不治”“以夷治夷”的思想指导下,明朝及云南地方政府对边区土司的管理制度具有较为明显的不完整性和不彻底性。另外,在边区土司的袭职方面,明朝也多变通苟且。[②] 特别是万历四年莽瑞体进兵腾越,金腾兵备副使罗汝芳联合“近缅诸夷,如景迈、猛巩诸酋”与缅

---

① 尚大超、金炳镐:《试论信任和谐民族关系的理论和实践——以云南省文山壮族苗族自治州为例》,载《黑龙江民族丛刊》2015 年第 3 期。

② 参见秦树才、辛亦武:《明代云南边区土司与西南边疆的变迁》,载《中国边疆史地研究》2013 年第 1 期。

军对峙于戛撒一带,形成了很好的作战态势,但为云南巡抚“驰檄亟止”。[①] 最终,明朝并未很好利用云南边区土司局势,巧施联合,挫败洞吾的进攻,莽氏洞吾势力通过逐个击破的方式瓦解并占据了云南边区各土司地。

清朝对于云南境内土司的态度是因地制宜的,就边地土司而言,他们的稳定与人心向背与清朝之间存在影响国家边境是否安全的政治利害关系。边地土司与中央王朝之间关系的稳定与否,既是清朝建立统一全国政权的需要,也是维护全国政权稳定的需要。雍正十一年三月,朝廷对云南临安、元江、楚雄、景东4个与普思、新平交界的地方开始重新招募身体素质良好的士兵,借以充实军队,哪里有缺就补哪里。[②] 这是一种招兵买马的手段,以备不时之需,且希望能够对当地的逆贼、还未归顺的土司起到一定的震慑作用。显然,清朝没有足够的兵力满足其统治土司地区的需要。即使招募足额的士兵,但要从普通的青壮年转变为具有作战能力的士兵,仍然需要一定的训练周期。面对这种情况,允许土司拥有一支可以应急的土兵,既可以弥补清朝固边力量不足的短板,又可以满足土司自卫的需要,同时允许土司保持有限的土兵也体现了清朝的政治信任,这对于维系中央王朝与地方势力之间的政治共识具有一定的积极作用。并且,清朝经过连年征战,国防开支逐渐捉襟见肘,不得不裁减兵员。

历代以来,从士兵到军队都是离不开国家财政补贴的,调兵、增兵、裁兵更是要花费巨大的人力和物力,但对于云南这样的西南偏远地区,从时间上看,万一出现动乱,朝廷从首都派兵到云南也来不及;从空间上看,云南远离中央王朝,地域广阔,难以排除会有“立山为王”状况的出现;从历史上来说,云南地区自古以来多为少数民族聚居,充分体现了中华民族“多元一体”的文化特点,可少数民族数量过多恰恰就增大了该地区人民由于生产、生活、居住、宗教、礼仪、习俗等方面的差异所形成冲突的可能性,再加之世居民族群落由于历史上的原因早就形成了相对封闭和独立的生存状态,凡此种种都是云南地区的不稳定因素,这也难以让当朝统治者安心。

---

① 参见刘文徵:天启《滇志》卷三〇,古永继校点,云南教育出版社1991年版。

② 参见《清实录·世宗实录》卷一二九,台北,华文书局总发行1989年版,第1889页,“雍正十一年三月壬午”条。

云南地处偏远,云南地区内部大多蛮夷之人,外侧多邻近边界,无论是地形,还是政治都非常险要,一旦出现紧要之事(如暴乱之类的),需寻求援助都非常困难。并且云南地区由于地处金三角,实属军政要地,不得不加强(国防)建设,但至于具体的方案一时之间难以达成共识。国家经费是固定的,国家财政赤字很大,所以需要地方官员自行决断、见机行事,但必须要做到士兵不能减少,从大局思考,这样确实有利有弊。在云南地区重新增建营地,并在镇、协、营处增加士兵,但要注意由于其地处重要地区,人们又来自不同的民族,生活习惯、宗教信仰等都不同,如若裁兵过多恐怕会无法控制局势。

前文所提到的要增添新士兵的,其新增士兵由原来的旧营调拨,而并不是全都是新兵。至于调拨老士兵也要注意调拨的人数,不要出现调拨过多人数而导致出现边防力量薄弱的状况。对于士兵的工资、补贴等,也根据实际上的士兵人数来均摊。非常值得一提的是,在云南等地设置的普通官员"弁",不纳入裁兵范围。"遇事故缺出,渐次开除,停其募补。至原设员弁,无庸议裁。"[①]"弁"的保留,并不是因为"弁"具有制度上的特殊地位,而是因为"弁"属于土民中具有一定领队作用的小官,相当于现在军队中的上士军衔。"弁"作为下级土职,与土司一样不领取朝廷俸禄,不需要朝廷为之支付养兵成本,自然也就不在裁减范围。"弁"的存在,不仅可以减少清朝国防费用的支出,而且可以保留一支稳定的边防力量,满足清朝戍边的需要。裁减兵员为土兵的存留提供了空间,也显示了土司作为管辖地方的势力保留的必要性。军事武力不足以起到戍边的作用,势必启用土兵,这就在对立的清朝与土司之间形成了可以商谈的政治机缘。清朝与土司之间的政治关系在边地转变为军事互利关系,从侧面反映了清朝怀柔土司的真正目标之一,是巩固大一统的封建国家,无形中促进了中华民族的形成与稳固。

由于边地土司距离皇权中心很远,且其特殊的地理自然环境不适宜动用大规模军事讨伐,即便是取得了短期的军事胜利,然而从长远的执政效果来看,暂时的武力征讨基本上属于无收益的成本投入,并且还会进一步激化边地土司与

① 《清实录·高宗实录》卷一七三,台北,华文书局总发行1989年版,第2560页,"乾隆七年八月丁未"条。

清朝之间的紧张关系，甚至带动土民反抗清朝，可能会从社会基层动摇清朝的边疆统治。因此，清朝统治云南之后，特别看重云南西部边地土司的稳定，这既是清朝统治的需要，也是处理边境关系的需要。

雍正元年九月，云南地区地处偏远，官员缺乏，即便有能够到达上任并履行管理职能的官员，他们对于云南的风土人情、风俗习惯、形势政治等也是非常不熟悉的，一时间也很难找出很有效的办法，那就依照从前的旧惯例来施行，要是有熟悉当地情况的、优秀的人才也能够破格提拔，加以任用。因为云南地处边远，通过越衔提拔将熟谙边地民族社情的官员派驻到土司地区[①]，显然，对于收复时间并不是很长的云南地区来说，清朝政府没有足够的满洲官员赴任。即便有足够的满洲官员派任云南，由于关外与云南的社会风俗习惯大不相同，对于统治者来说，知悉当地的并且服从于朝廷的、又有能力的将士能够成为朝廷与云南的“枢纽”，那是再好不过的了。

云南中甸地区是云南西面与其他地区接壤的边疆地带，总长度为两千多公里，所以应当设立士兵，借以控制。中甸虽然地方非常广大，但天气寒冷，粮食之类的农作物非常难种植，但维西一带气候适宜农作物生产，且连接军政要地，与西藏相同，对于处理西藏与云南之间的行省关系具有非常紧要的战略价值。雍正五年四月乙巳（公元 1727 年 6 月 8 日），议政王大臣等遵旨议覆：“中甸一区……实紧要之区。”[②]中甸地区，地处偏远，属于边界地区，类似于现在的“边防线”一样的存在，又与西藏相通，这对中央王朝来说是一大隐患，所以中央王朝决心派遣士兵驻扎，便于管理。对于清政府来说，云南、西藏地区都是非常远，放入国际地缘政治图景之中，清朝采取隔离政策实现了云南与西藏之间可能建立的军事联系。云南西部边地土司是指明清以来中央政府以潞江为界，在潞江以西地区设置的土司。在明中后期以后，随着明朝中央控制能力的下降，潞江以西的边地土司一分为二，部分土司归属明朝，部分土司隶属缅甸，还有部分土

---

① 参见《清实录·世宗实录》卷一一，台北，华文书局总发行 1989 年版，第 185 页，“雍正元年九月癸巳未”条。

② 《清实录·世宗实录》卷五六，台北，华文书局总发行 1989 年版，第 876～877 页，“雍正五年四月乙巳”条。

司跨界存在。清前期潞江以西归于清朝版图的土司有南甸宣抚司、干崖宣抚司、晚川宣抚司、猛卯安抚使司、芒市安抚使司、盏达副宣抚使司、遮放副宣抚使司、猫江安抚使司,以及乾隆年间设置的户撒、腊撒二长官司等土司,也就是后来学界定义的滇西土司。

由于缅甸在边境不断地骚扰与侵犯,致使边地土司在"内属"与"外奔"中反复跳槽,这一现象直至乾隆五十五年清朝正式册封缅甸,清缅藩属体系确立,持续 20 多年的清缅冲突宣告结束,边地土司的内外之分也逐渐消失。[①] 然而,随着清朝与英国签订《缅甸条约》后,云南西部边地的外地土司区域被纳入英国殖民统治范围之内。光绪二十年,中英签订续议滇缅界务条款,最先划定了滇西土司段的边界,中缅之间首次出现了近代意义上的国界,标志着近代滇西边界的形成。但是,由于清朝未能及时有效把握边地土司的政治倾向,为英国殖民主义者逐步将云南西部边地的外地土司区域纳入其殖民统治范围提供了历史的机缘。

乾隆三十年清缅战争爆发。在清缅战争中,清朝滇西边界意识日益明显,清朝对清缅之间的云南西部边地土司亦有了更深的了解,并将其作了内外的划分,云南西部边地土司的内外格局最终形成。内外的指称和划分是对明末以来在云南西部边地土司地区逐渐形成的内外格局的承认,是清朝受"天下一统""守在四夷"等观念的影响以用来区别滇西等边地土司与缅甸未成为清朝属国前其所属土司而出现的,更是清朝"中国属内以制夷狄,夷狄属外以奉中国"的华夷秩序的根本理念与原则[②]的体现。

乾隆五十五年,缅甸再次入贡,乾隆册封孟云为缅甸王,准许开腾越关禁,定例十年一贡,清缅之间进入了和平相处的年代,土司之争,边界之争亦告结束。自此,"缅事粗定,边衅不开,彼此相安,遂有相沿之定界"[③]。当木邦、蛮莫

---

① 参见王春桥:《边地土司与近代滇西边界的形成》,云南大学 2015 年博士学位论文。

② 参见何芳川:《"华夷秩序"论》,载《北京大学学报(哲学社会科学版)》1998 年第 6 期。

③ 《滇督王致薛叔耘星使书》,光绪十八年七月,黄诚沅编纂:《滇南界务陈赎》(卷下)《西界陈赎》,云南大学图书馆馆藏抄本。

等土司袭职时,清朝便以这些土司是缅甸所属土司为由,不再干涉其袭职等问题。[①] 应当说,清朝对于边地土司重要性的认识来自缅甸被殖民以后面临的危机。一方面,反映出清朝当时控制云南境内土司的能力在逐渐降低,另一方面,反映出清朝与边地土司之间的政治关系并非仅仅是国内统治的内容,还涉及当时国际环境下国际殖民主义扩张带来的诸多地缘政治问题。

云南土司中特别是靠近边境的边地土司,对于保境安民具有直接的统领作用,他们不仅有力地维护了国家领土的完整,而且也对本地区社会经济发展和社会稳定起到了流官难以替代的作用。比如,德宏沿边傣族土司就是例子。在1874 年“马嘉理事件”发生之前,德宏沿边傣族地区就“联络土司,齐团堵防”“联络土司同御外侮。”1890 年英帝以探险为名派遣间谍妄图侵入德宏等地,但由于傣族土司“不予合作,不派人领路”,使其阴谋未能得逞。此外,云南沿边傣族土司还起了“保境安民”的作用。“云南近缅甸、安南各边,防守事宜,亦责土司(主要是傣族土司)派兵负责。土司之职责,重在保境安民。保境者,禁止外人盗匪逃犯汉奸等入内为非,集民者,治其所属,不使为乱。”[②]对于今人而言,我们很难断定傣族土司这一系列爱国爱民行为的出发点,但是,至少有一点可以断言:土司在整个国家版图的完整性上来说,无论他们抵御外辱出于何种利益考虑,最终的结果是有利于国家版图完整的。

清朝监控土司的目的,就是通过强化自己的封建集权统治,建立大一统的天下。如何推动土司能够主动履责维护版图完整的义务,实际上不只是清朝的政治目的,也关涉土司本身的利益。土司敢于主动起来抵抗外国势力,其根本目的在于维护自己的地方利益。然而,土司也明白自己势单力薄,若是能够得到来自清朝中央政府的支持,对于自己利益的维护大有裨益。同时,土司也可以借助外敌入境这一事实而向中央政府索取更多的政治利益、经济利益。对于

---

① 按:乾隆五十八年,蛮莫土司孟千请给袭职印信,乾隆按木邦例给予印信(该印信为“乾字一万六千四百七十号”,曰:“蛮暮宣抚司印,礼部造。”参见《上王制军说帖一》,姚文栋:《云南勘界筹边记》下卷,台北,成文出版社年 1967 版,第 87 页),但明确提出,蛮莫和木邦土司仍为缅甸所属,并传谕颁甸国王。到嘉庆八年,清朝明确下旨不再干涉蛮莫等土司袭职事。详情参见《清高宗实录》卷一四三四,“乾隆五十八年八月乙亥”条;《清仁宗实录》卷一一一,“嘉庆八年四月壬申”条。

② 佘贻泽:《中国土司制度》,正中书局 1944 年版。

清朝来说，即便明知道边地土司有这种想法并且付诸行动，从国家整体利益考虑，清朝不得不满足土司的要求，从而获得土司主动维护版图完整的行动。因此，清朝与土司之间的政治关系，如果纯粹的从国内而言，就是一个驯服与反抗的对立，而在国际地缘政治视野下，清朝与土司之间存在驯服与反抗的对立关系，在更大的利益衡量中转为互相利用的政治双赢关系。

土司作为地方势力的代表，虽然土司之间彼此存在势力大小之分，但是，每个土司在其领地上都是至高无上的统治者。自明朝建立系统的土司制度以后，土司之间基于规模、人口、宗族大小、经济实力等实质性差别被明朝贴上了官职作为统一尺度的标签。清朝在明朝土司官职制度的基础之上，建立了更加系统的土司官僚体制。虽然土司的官职自成一体，但是，为了能够表明清朝对土司的重视，土司这一带有官僚性质的称呼逐渐成为一个概称，即所有被清朝授封的少数民族头目都是土司。他们之间的区别在于，每个土司在清朝官职谱系上的称谓、官秩与待遇是不同的。然而，其官职称谓与国家正统官职称谓逐渐统一。土司官职与地方流官官职在官位名品上的一致性，是清朝消除满汉官员隔阂，化解官员之间矛盾的经验挪用。

顺治十年，“朕自亲政以来，但见满臣奏事。大小臣工，皆朕腹心。嗣（后）凡章疏，满、汉侍郎、卿以上会同奏进，各除推诿，以昭一德”①。显然，清朝对于汉官在其统治过程中所能发挥的重大作用有着清醒的认识，因此，为了能够调动汉官维护清朝统治的积极性，实施官品改制，不仅统一了满汉官员在官僚系统中的谱系，而且促进了满汉官员之间的平等，对于满汉官员破除隔阂，增进共识，强化清朝的统治具有统治者视野下的积极意义。清朝占领云南土司地区以后，逐步整饬，最终形成了一整套规范的同名不同运行机制的土司官职体系。

土司作为云南少数民族地区的头人，其享有世世代代的特权。在清朝保留土司的思考中，只有保留土司享有一定的特权，才能确保土司为清朝服务。因

① 《清史稿》卷五，《世祖本纪二》（第 2 册），第 131 页。转引自龚荫：《中国民族政策史》（下册），云南人民出版社 2014 年版，第 855 页。

此,有条件地允许土司的一些特权,减少清朝在云南土司地区的施治成本是清朝保留但不保全土司特权的前提。乾隆四年九月,朝廷开始商议要调拨临元、广罗等地方的士兵,调拨所产生的军需费用都按照土司原来的惯例进行补贴,并给地方官兵赏赐银两,对副将、参、游、都、守、干、把、外委、土目分发打仗所需的衣服与装备。当时恰好处于盛夏时期,准许预借一个月的工资,由于吃饭、马匹产生的劳务费,也照价付给工人们。乾隆四年九月,"汉、土官兵每日盐菜、口粮、锣锅、帐房等巩项,给马匹驮载,抬炮工人夫,日给工价"[①]。增强军务需要,为军队提供后方支持,为建设强军做准备,这也是巩固国防的一种表现。由于清朝不堪重负的军事开支,才使得边地土司得以被重用,其中的奥秘并非信任土司,而是因为土司及其有限武装力量的存在为清朝节约了大量的国防费用,这为清朝实施有效国土防御保有了缓冲的余地。与此同时,乾隆五年九月,以前在沿边各地都有土备、土千、土把各衔,对此清朝不仅派任流官,而且设置负有专门监督职能的官员。对有功绩的且遵守大清律例的人员,进行嘉奖;对不安分的人员要采取责任追究的手段。

乾隆五年,这一时期对土司依然采取依法奖惩的法律监控。"其著有劳绩及奉法安静者,咨部奖励;不安本分者,分别革究。"[②]一改之前的土司管理方式,实行满洲官员入驻管理、并定期有专门人员核查的方式,对做得好的、做得不好的采取区别对待,奖罚分明,促进了大家生活、工作的积极性,这表明革究的手段已从武力转向法律,对土司的规范性调整已经在实施之中。边地土司不仅在清朝统治时代对于维护边境安全、国土完整起到了不可替代的作用,而且在后来的抗日战争中同样起到了不可磨灭的作用。从明、清开始至民国时期潞江安抚司一直面临被废除的危险,滇西抗战的爆发,怒江天险的形成,使潞江安抚司得以在风雨飘摇的政治环境中幸存下来,并发展和延续。滇西抗战不仅是中国全民抗战的重要组成部分,而且对滇西各民族的社会政治产生了深刻的影响。[③]这种影响对于国家统一的重要性往往只有在民族危难面前才能得到凸显,历史

---

① 《清实录·高宗实录》卷一〇〇,台北,华文书局总发行1989年版,第1560页,"乾隆四年九月辛亥"条。

② 《清实录·高宗实录》卷一二七,台北,华文书局总发行1989年版,第1930页,"乾隆五年九月丁酉"条。

③ 参见朱进彬、刘义马:《滇西抗战与潞江安抚司土司制度的延续》,载《保山学院学报》2010年第1期。

与现代都用事实证明了边地土司对于维护国家领土完整所具有的重要地位。从这个意义上讲,维护国土完整是中华民族一体化发展的基础。因此,土司制度即便从现在来看,其在当时起到的影响以及对后世国家统一的影响都具有历史的价值和意义。

尽管清朝与云南边地土司的关系始终贯穿整个清朝历史,但是,清朝对待边地土司的态度并不是一以贯之的,而是体现出不见棺材不落泪的应急主义。特别是清中叶以后,云南土司地区基本上实行流官管理,土司作为地方势力处于辅助的补充地位。1840 年鸦片战争以后,清朝统治权威与社会控制力明显弱化,但是由于英法殖民者在云南边境的出现,边地土司治理与边疆稳定问题重新成为清朝必须应对的现实问题。从光绪朝实录来看,当土司的"管治"牵涉外国时,清廷尤为慎重;对土司的滋事与反叛,清廷则是"剿""抚"兼施。清廷在应对突发事件的同时,也努力从制度上对土司的"管治"进行规范。[①] 云南地区"马嘉理事件"的出现,则进一步凸显边地土司的重要性。清廷对英国政府代表威妥玛将派兵入滇的通牒极其重视。尽管"滇省野人"对于内地而言并无大用,然而他们居住种植的土地属于中国。该事件"事关中外交涉,不可稍涉含混"[②],因此清朝上谕:"借弹压土司为名,……不可过事张皇。"[③]随后明示:"虚实虽未可知,亟应先事绸缪,豫为防范。"[④]要求军机大臣:"仍一面派兵严密防范,先事绸缪,并檄饬该督等勿得轻开边衅。"[⑤]并针对英国以"野人杀害为词"派兵滋扰之事,除责令岑毓英迅查此事,同时又派出李翰章专程赴云南督办。中央与边地土司之间平稳的政治关系,不仅体现在社会稳定发展上面,而且体现在国际争端外交处理上面。尽管这一事件之后是以清朝签订《烟台条约》作为句号画上了一个悲伤的结尾,[⑥]但是,云南土司在其中起到的重要作用以及清朝对土司

---

① 参见雷平:《光绪朝〈实录〉所见清廷土司管治述略》,载《三峡论坛(三峡文学·理论版)》2016 年第 4 期。

② 《德宗实录》卷一〇,《清实录》(第 52 册),中华书局影印本 1985 年版,第 196 页。

③ 《德宗实录》卷四,《清实录》(第 52 册),中华书局影印本 1985 年版,第 129 页。

④ 《德宗实录》卷六,《清实录》(第 52 册),中华书局影印本 1985 年版,第 154 页。

⑤ 《德宗实录》卷七,《清实录》(第 52 册),中华书局影印本 1985 年版,第 164 页。

⑥ 1876 年 7 月,清廷将所谓"凶犯"正法,同年 9 月 13 日李鸿章与威妥玛在山东烟台签订中英《烟台条约》,向英国赔款、道歉,并允许英国人开辟印藏交通,开放宜昌、芜湖、温州、北海为通商口岸。

的态度显而易见。当然,"马嘉理事件"也促成了1880年清朝进入国际大家庭这一新的国家外交关系格局①。而云南土司在这个事件中所起到的缓冲作用、牺牲作用、斡旋作用为清朝判断局势发展、制定最符合清朝利益的对策以及避免事态的扩大发挥了内地流官所不能替代的作用。

第二节 法制认同推进土司地区经济发展

云南虽然地处我国西南一隅,但是,在整个世界版图上,特别是东亚版图上云南属于比较适宜人类居住的地区。考古学研究发现,云南地区是现今发现的人类生存的最早栖居地之一。在清军全面入驻云南之前②,云南是一块尚未被清朝以国家力量正式介入发展的半开发地区,不仅存有大片可耕地未被开垦为农业用地,而且大量的地下资源亦没有得到经济开采。随着清朝开始在云南设置省级政权机构,初置经略,寻改总督,调整了一系列全面的统治政策,从而使云南农业生产、手工业作坊、商业交流、矿山实业、盐业、茶业等都得到了长足发展。

云南经济的长足发展,在充盈清朝国库财政收入的同时,也凸显了云南经济的重要地位。而土司管辖地域在云南经济中的比重,又确立了云南土司与清朝之间存在着经济上的互利关系。一方面,云南土司的经济发展需要清朝提供先进的生产力和一定的国家财政投入;另一方面,清朝也需要

---

① 参见[美]费正清、刘广京:《剑桥中国晚清史:1800－1911》(下),中国社会科学院历史研究所编译室译,中国社会科学出版社1985年版,第83页。

② 当清朝康熙皇帝决定撤藩的时候,吴三桂于康熙十二年(公元1673年)十一月二十一日在云南昆明发动了反清叛乱,广东的平南王尚可喜、福建的靖南王耿精忠起兵响应,史称"三藩之乱"。1678年3月,吴三桂在湖南衡州"衡阳"仓促登基称帝,国号"周",年号"昭武"。同年秋,吴三桂病死,其孙吴世璠继其皇帝位。康熙二十年(公元1681年),吴世璠服毒自杀。达8年之久的"三藩之乱",终于结束。清朝在云南统治的建立应是在"三藩之乱"平定后。顺治十六年(公元1659年),清军进入云南,全面开始统治云南,设置省级政权机构,初置经略,寻改总督,云贵两省互驻,设云南巡抚一人,驻曲靖府。参见张巨成:《清代时期的云南》,载《社会主义论坛》2017年第1期。因此,清朝真正在云南实施统治的时间应当从"三藩之乱"被平定之后起算,所以,顺治十六年即公元1659年是清朝正式全面统治云南的肇始。此前,可视为汉人治滇。

从云南土司那里获得国家需要的生产资料或者其他内地难以满足清朝消耗的工业制品与农业产品。经济上的互利，自然强化了清朝与云南土司之间的亲和。

《诗》云："邦畿千里，唯民所止。"在17世纪的农业中国，没有一定的人口数量，也就不可能存在繁荣的经济发展。而在云南边疆，人口繁衍规模不仅意味着经济社会的发展，而且决定了国家边境的稳定，特别是边境发生军事冲突，在当时的交通运输能力十分低下的情况下，就地取材确保军事后勤保障是决定战争胜负的关键环节。经过顺治、康熙的励精图治，到乾隆、嘉庆、道光三朝年间，云南人口数量获得了前所未有的增长。当然，云南人口增长不仅含有云南土著人口的增长数量，而且包括从内地以及其他边疆地区迁往云南定居，从事生产发展外来迁移人口。(见表11－1)

表11－1　清朝(1661～1851年)人口统计　　单位：人

年份	顺治十八年(公元1661年)	乾隆五十一年(公元1786年)	嘉庆二十四年(公元1819年)	咸丰元年(公元1851年)
人口	小于200万[1]	341.3万	600万	740.3万

数据来源：章青琴：《清代云南经济的发展》，载《云南财贸学院学报(社会科学版)》2007年第5期。

[1]　路遇等：《中国人口通史》，山东人民出版社2000年版，第755页。

人口的增长，自然不能离开农业耕地的开发与利用。在农耕社会，云南虽然获得了来自内地生产力的传输与支持，但是，即便生产技术推进了农业发展，其基础仍然是土地。在人口增长的过程中，土地开发利用是不可忽视的基础性保障。在清朝统治的二百多年间，内地人口不断增多，在土地可用面积不能满足供应以及其他产业诸如商业发展需求的前提下，有一部分内地人口前往云南从事农业生产。在外来移民与当地土著居民的共同劳作下，许多未被开垦的土地得到了开垦。农业用地面积不断扩大，养活了更多的人口，也刺激了人口增长速度加快。反过来，不断增长的人口，又激发了众人开垦荒地的热情。

表 11－2　云南省登记人口(1741～1850 年)

年份	人口	年份	人口	年份	人口	年份	人口
1741	917, 185	1769	2, 176, 356	1797	4, 174, 586	1825	6, 349, 680
1742	917, 812	1770	2, 191, 139	1798	4, 264, 835	1826	6, 388, 131
1743	933, 459	1771	2, 207, 650	1799	4, 353, 738	1827	6, 427, 095
1744	942, 912	1772	2, 224, 234	1800	4, 455, 309	1828	6, 465, 972
1745	953, 185	1773	2, 239, 586	1801	4, 538, 431	1829	6, 508, 884
1746	962, 442	1774	2, 255, 666	1802	4, 632, 974	1830	6, 553, 108
1747	971, 085	1775	3, 083, 499	1803	4, 733, 013	1831	6, 602, 645
1748	1, 964, 173	1776	3, 102, 948	1804	4, 833, 894	1832	6, 653, 925
1749	1, 960, 934	1777		1805	4, 934, 367	1833	6, 688, 073
1750	1, 967, 837	1778		1806	5, 033, 351	1834	6, 730, 264
1751	1, 974, 031	1779		1807	5, 127, 424	1835	6, 777, 308
1752	1, 980, 631	1780		1808	5, 222, 175	1836	6, 825, 580
1753	1, 987, 427	1781		1809	5, 313, 194	1837	6, 870, 917
1754	1, 994, 198	1782		1810	5, 405, 710	1838	6, 916, 330
1755	2, 000, 772	1783	3, 294, 147	1811	5, 488, 658	1839	6, 971, 630
1756	2, 007, 349	1784	3, 328, 875	1812	5, 561, 320	1840	7, 018, 621
1757	2, 014, 483	1785	3, 367, 170	1813	5, 628, 960	1841	7, 060, 915
1758	2, 022, 252	1786	3, 413, 163	1814		1842	7, 105, 503
1759	2, 030, 369	1787	3, 460, 695	1815		1843	7, 146, 314
1760	2, 069, 171	1788	3, 510, 280	1816		1844	7, 148, 957
1761	2, 078, 802	1789	3, 564, 815	1817		1845	7, 220, 852
1762	2, 088, 746	1790	3, 623, 691	1818		1846	7, 254, 135
1763	2, 099, 417	1791	3, 689, 434	1819		1847	7, 283, 050
1764	2, 110, 514	1792	3, 758, 670	1820	6, 067, 171	1848	7, 312, 723
1765	2, 125, 597	1793	3, 833, 044	1821	6, 131, 668	1849	7, 342, 178
1766	2, 136, 855	1794	3, 913, 474	1822	6, 194, 557	1850	7, 375, 503
1767	2, 148, 597	1795	3, 999, 218	1823	6, 255, 753		
1768	2, 162, 324	1796	4, 088, 252	1824	6, 315, 624		

数据来源：[美]李中清：《明清时期中国西南的经济发展和人口增长》，载中国社会科学院历史研究所清史研究室编：《清史论丛》，中华书局 1984 年版，第 63～64 页。

从雍正二年开始，至嘉庆十七年，农屯田地净增加20,000多顷。（见表11－3）与同时期全国耕地面积相比，不难发现，云南耕地面积的扩张在全国耕地面积中的比例呈上升趋势。耕地面积的扩张，必然带来田亩税负的增加，这就直接影响到清朝国库收入。而随着云南耕地面积的增加，全国耕地面积却逐渐减少，这就进一步强化了云南农业赋税在全国农业赋税中所占的比例。对于清朝而言，农业赋税是国库主要来源，因此，这就意味着云南的经济地位是逐渐升高的。而土司又掌控者云南大部分的耕地面积，所以，清朝与土司之间以赋税为基础的互利关系是建立在人口与土地上的。反之，清朝大力扶持云南人口增长与耕地面积扩张在获得大量赋税的同时，也间接地推高了云南土司的经济地位，并影响到清朝与云南土司之间的认同观念。

表11－3　清朝（1724～1812年）农田规模

	康熙六十一年（公元1722年）	雍正十二年（公元1734年）	乾隆十八年（公元1753年）	乾隆四十九年（公元1784年）	嘉庆十七年（公元1812年）
全国耕地/万顷	784.37[1]	820.35[2]	677.58[3]	700.97[4]	727.08[5]
	雍正二年（公元1724年）	雍正十年（公元1732年）	乾隆元年（公元1735年）	乾隆三十一年（公元1765年）	嘉庆十七年（公元1812年）
农屯田地/顷	72,176	88,389	90,638	92,537	93,151

数据来源：章青琴：《清代云南经济的发展》，载《云南财贸学院学报（社会科学版）》2007年第5期。

［1］《清世宗实录》卷2。

［2］《清世宗实录》卷150。

［3］《大清会典》（乾隆）。

［4］《大清一统志》（乾隆）。

［5］《大清会典》（嘉庆）。

耕地是田亩赋税的来源基础，人口则是田亩税赋的来源动力。清朝统治云南之后，通过田亩税赋制度改革，激励云南经济发展。云南经济发展不仅为清朝国库丰盈注入了满额的资本，而且为发展云南境内交通设施、稳定社会秩序、加强边境驻军力量提供了有力的支持。特别是田亩税负制度的改革，在云南土司地区人民中间慢慢建立了国家认同的观念，这就为日后清朝加强控制土司提供了社会基础。清统治者进入云南之后，虽然在蠲免赋税方面给予很大的考量，免征“地亩银”“人丁银”“历年旧欠”3 项①。但是，由于“一则科差太急，而富民以有田为累；一则招徕无资，而贫民以受田为苦；二则考成太宽，而有司不以垦田为职”。② 对此，康熙十年曾有规定：“贡监生员民人，垦地二十顷以上，试其文意通者，以县丞用；不能通晓者，以百总用。一百顷以上，文义通顺者，以知县用；不能通晓者，以守备用。”③

除此之外，康熙十二年修改了顺治年间的《垦荒条例》。经过 30 余年的苦心经营，至康熙五十一年，云南一带“人民渐增，开垦无遗。……而山谷崎岖之地，已无弃土，尽皆耕种矣”④。经济生产的恢复、人民生活的稳定一方面提高了清统治者的统治权威，另一方面，对于清统治者监控土司权力提供了民意基础，而民意基础往往是国家镇压行为获得正当性的源泉。从耕地面积与人口规模的双变量同向增加可以做出这样的判断，云南在田亩税赋上的贡献无疑占据清朝国库收入总量中的绝对比例。土司管辖地区的耕地面积占据了云南绝大部分耕地面积的比例，说明了土司地区在田亩税负上面的贡献之大是毫无疑问的。

云南虽然耕地面积不少，但是，由于山地居多，农作物产量较低。随着云南人口的不断增长，对于农作物产量提出了越来越高的要求。因此，引进产量高，适宜于山地种植的农作物成为首选。尽管在明末清初内地汉人曾经通过携带种子的方式将玉米、马铃薯移植云南，但是，大规模的种植则在康熙年间。逐渐取代了低产的山地传统粮食作物燕麦、荞子等，而成为偏僻山区农民的“终岁之粮”。⑤ 玉米、马铃薯的传入，改变了农业结构的同时，满足了云南地区不断增长的人口需要。同时，也进一步使原来不适宜种植水稻、小麦等低产量农作物的丘陵山区与荒地沙地得到了垦荒和利用。农业的发达，不仅改变了云南地区的社会面貌，而且促进了底层社会的稳定。

---

① 参见戴逸：《简明清史》，人民出版社 1980 年版，第 297 页。

② 《清实录·圣祖实录》卷二五，台北，华文书局总发行 1989 年版，第 374 页，“康熙七年正月辛卯”条。

③ 《清文献通考》卷二，《田赋考》，第 4865 页。

④ 《清实录·圣祖实录》卷二四九，台北，华文书局总发行 1989 年版，第 3328 页，“康熙五十一年正月壬午”条。

⑤ 参见章青琴：《清代云南经济发展的特点》，载《思想战线》2008 年第 1 期。

作为清朝督抚一级的云南，依靠自身力量是难以在短时间内通过农作物引进、移植实现农作物结构的改变，只能依靠清朝统治的国家力量来实现这一发展目标。而土司作为清朝官僚体制上的下层官职，不可能在清朝作为中央权力机关给予的利益之外。所以，在清朝通过国家行动实现云南农业普遍结构改变的同时，云南土司地区农业生产水平也水涨船高。土司地区农业结构的改变，不仅改变了土民的生活水平，而且改变了土民内心世界里的政治观。如果说清朝通过政治上的授封可以实现律例上的土司监控，那么，主动改变土民生存条件则是从社会意识凝聚民心，对土司统治构成了釜底抽薪的效用。因此，从表面上看，云南土司与清朝之间的经济互利表现为地方发展支持中央王朝的财政收入，中央王朝的国家行动支持保障了地方经济社会发展。然而，从云南土司而言，他们通过经济互利希望得到统治正当性的政治符号，而清朝则通过经济互利实现了对土司的看不见的监控。

按照现代地理学研究，云南地下应当蕴藏着大量的矿产资源，事实上也是如此。在云南丰富的矿产资源当中，其中，铜、铅、铁不仅储量巨大，而且对于清朝统治时期经济发展具有直接的影响。铜是制造钱币的基础性材料，铅则是辅料，而铁则是农具、武器、船只等一切重工业发展的基础。尽管当时冶炼技术不甚发达，但是，巨大的矿石储量意味着云南矿产资源对于国家经济命脉具有扼要的作用。矿产资源蕴藏在山区地下，因此，矿山所在位置多半位于土司管辖地区，也有横跨多个土司管辖地区，也有紧紧毗邻土司管辖区域的。

总体上讲，云南矿山的矿藏种类对于清朝经济发展至关重要，而铜又是国家铸造货币的主要原材料，土司地区铜矿资源丰富，故云南采矿业的发展兴衰，既能够反映云南土司与清朝之间的经济联系，又能够折射清朝对云南土司在经济上的依赖性。而如何和谐保持经济上的依赖与政治上的统治，在采矿业方面制定颁布的制度上可以管窥其中的端倪。

康熙中期以前，由于吴三桂统治云南时期实行了沉重的苛捐杂税，民间资本难以积累。同时，加上吴三桂自封为王，铸造钱币，这就使云南采矿业被限制在官办手里。这种官方主办的方式，无论是从资本集中上讲，还是从从事采矿业人数而言，其规模都是偏小的。加上吴三桂统治期间的聚敛民脂民膏，特别是吴三桂自我封闭的占山为王心理,阻碍了内地先进的采矿工具和从业工人进入云南,这就导致云南采矿业一直处于奄奄一息状态。“三藩之乱”被平定以后,经过一段时间的休养生息,康熙中期以后,云南采矿业进入发达时期。

某个行业发达与否,行业技术与行业工具是判断这一行业发达程度的“晴雨表”。行业技术是行业自身发展史的表征,而行业工具的发达与否不仅显示了行业之外其他行业的发展程度,而且显示了这一行业对于其他行业发展所起到的带动作用,并凸显这一行业的龙头地位或者其在整个经济体系中所占据的重要位置。采铜所用工具便可窥见其技术的发达程度。

“有槌、尖、凿、风柜、亮子、龙”[①]等工具,而探矿技术更是具有现代地质学的特征。[②] 云南铜矿采取了官借工本,官收余铜的政策,矿场经营权属于私人而非清政府。“资本雄厚、产量很高、生产规模最大的是云南的铜矿。”[③]“从前大厂动辄十数万人,小厂亦不下数万,非独本省穷民,凡川湖两粤力作功苦之人,皆来此以求生活。”[④]但是,随着清政府“放本收铜”的政策在价格上的倒挂[⑤],导致矿主入不敷出。“夫矿民开采铜斤,其费甚大,有油米之费,有锤凿之费,有炉火之费;其运至省店也,有脚价之费,所费甚大,而官价不足以偿之。”[⑥]尽管清政府通过“时而增加铜价,时而减免厂欠,时而放宽通商铜的限制”,[⑦]但是,随着清政府的日益腐朽,国库无力支持巨额作为铜本的资金,最终,“云南之铜,年年缺产”。[⑧] 云南境内开采铜矿鼎盛时期,吸引了大量的各地贫民前往云南务工。据记载,乾隆嘉庆时期在云南从事开采铜矿者“不耕而食者约有十万余人,日糜谷二千余石,年销八十余万石”。[⑨] 显然,如此众多的人力资源,也意味着云南铜的产量达到了一定的规模,否则,矿主无法支付矿工的工资。如果工资低于矿工

① 戴逸:《简明清史》,人民出版社 1980 年版,第 371 页。
② 参见吴其濬:《滇南矿产图略》,附《浪穹王淞矿厂采炼篇》。
③ 戴逸:《简明清史》,人民出版社 1980 年版,第 383 页。
④ 《清朝经世文续编》卷四九,岑毓英:《奏陈整顿滇省铜政事宜疏》。
⑤ 参见戴逸:《简明清史》,人民出版社 1980 年版,第 384 页。
⑥ 李绂:《穆堂初稿》卷四《与云南李参政论铜务书》。
⑦ 戴逸:《简明清史》,人民出版社 1980 年版,第 384 页。
⑧ 梁章钜:《退庵随笔》卷七。
⑨ 《滇系》卷二一《职官》,倪蜕:《复当事论厂务书》。

的预期而捉襟见肘,那么,就不会有大量的开矿人员从事采矿,矿主的开矿投资如果没有大额回报,那么,也就没有人到云南投资矿业了。

云南铜业的发展,是清朝、矿主与矿工三方共赢的结果。乾隆三年始从云南每年运往京城的滇铜数量高达 6,331,440 斤,[①]足以预见云南铜业的发达,以及由此可以想象当时从事采矿职业的人口数量。如此多数量的人入住云南,对于云南粮食供应提出了巨大的挑战。因此,仅仅依靠云南本地产量是远远不够的,只能在全国范围内调拨或者放开粮食贸易。巨大的粮食缺口促进了土司地区粮食贸易和其他生活日用品的采购,既为其带来了无限的商机,同时也对土司地区带来了一定的冲击。其中,最大的冲击就是土民可能会为了获得更高的收入而将粮食卖给那些采矿的人以及他们的家小,与此同时,铜矿上的热闹生活也会吸引土民加入采矿队伍,这就实际上等于缩减了土司管辖的人口数量。而依靠土地人身依附权获得统治物质基础的土司,人口的外流自然消解了土司统治的社会基础。

随着文明程度的不断提高,土司也日渐明白商贸带来的利益,并积极运用自己的统治权参与并试图垄断与外界的商贸往来。这就主动地打开了土司封闭的大门,从而为中原汉人进入土司纵深地区提供了便利。土民与汉民之间的文化交流不仅成为可能,而且中原文化吸纳土民文化的现实条件也已解决。也正是由于云南土司地区周边居住的汉人越来越多,设置学校成为清朝义不容辞的责任,系统的儒学教化标志着土民融入清朝统一政权的开始。

清朝开发云南的矿产,多数研究认为是为了满足财政收入。的确,不能否认,根据研究者的研究,云南矿物中铜的产量很大。然而,任何一个事件,包括清朝的选择,都应当放入当时的整个大环境中分析,才能得出一个比较中肯的初步判断。其中,"海禁"应是不该忽略的一个政策。清初在短时间内沿袭明朝实施"海禁",其目的不是闭关锁国,而是减少台湾与大陆的贸易,同时强制福建、广东沿海居民内迁,也就是"海禁迁界"。从顺治十七年至康熙二十二年收复台湾,这一执行了 23 年的海禁政策虽然对广东、福建的经济发展产生了不小

① 参见道光《云南通志稿》卷七六,《食货志》卷八三四,《京铜》。

的打击，然而，最终收复了台湾，保全了领土。[①] 东南沿海的海禁，实现了政治宏图，那么西南陆地虽然在历史上没有出现"陆禁"这一说，但是，从清朝开发云南也能看出其如出一辙的政治思路。

"海禁"是主动为之，通过断绝经济往来制造台湾的孤岛效应，而开发云南则是通过经济发达营造清朝繁荣昌盛之势，从而在西南地区保持经济贸易的绝对优势，不仅如此，开发云南也是促进云南经济发展，为在当地建立强大的军事力量而提供经济基础。这符合清朝扩张领土的思维，就清朝在领土扩张过程中，除台湾之外，主要的扩张方向是大陆。[②] 特别是收复新疆之后，清朝为了维持新疆稳定而支付的巨额军费，已经超过了新疆上交的税收。[③]

清代对于盐业实施官办，即榷盐制度。其中，最为典型的两种制度是官运官销和官督商销。在所有的省份中，唯有云南实施单一的官运官销制度。云南盛产井盐，官运官销的制度运行路线看似简单，然而却包含着清朝国库财政收入的强制性。"欲顾考成，不得不分派里甲，勒令领销，此门户盐之所以不能禁绝也。"[④]在井盐生产的过程中，由于云南"煎烧无煤炭，无荡草，全以木柴供烧，则工本重"[⑤]，可见，薪本是工本的构成内容，而薪本是由官府定额发给，其数量之少往往令投资者入不敷出。"每百斤垫发薪本数钱至一两不等"[⑥]。与此同时，井盐销售又是官府强制性销售，井盐的利润几乎都被官府拿去，并且实行按户派盐，久而久之，这种强制性的榷盐制度不仅引发了井盐生产者的破产，而且导致了云南地区土民的反抗。嘉庆二年(公元1797年)"先是滇省按户派盐，谓之门户盐。……虽深山穷谷之老妇孺子无不曰：今活我，今活我。至今犹受其赐云。"[⑦]

军粮筹备事关边疆安全，云南是清朝最南端与境外势力陆路接壤距离最长

---

① 参见梁柏力：《被误解的中国——看明清时代和今天》，中信出版社2010年版，第28页。

② 参见梁柏力：《被误解的中国——看明清时代和今天》，中信出版社2010年版，第41页。

③ 参见[美]费正清、刘广京：《剑桥中国晚清史：1800－1911》(上)，中国社会科学院历史研究所编译室译，中国社会科学出版社1985年版，第37页。

④ 《皇朝经世文编》卷四九《户政》二十四，屠述濂：《请改云南盐法议》。

⑤ 《皇朝政典类撰》卷七六，王守基：《云南盐法议略》。

⑥ 彭泽益：《中国近代手工业史资料》(第1卷)，三联书店1957年版，第294页。

⑦ 黄炳堃：光绪《云南县志》卷四《食货志》。

的地区,从北京出发的军队所携带军粮不到云南就已经用完,到了云南之后如果离开当地支持,就难以维持这支强大的戍边力量。乾隆三十三年云南巡抚鄂宁奏:"运粮脚价,……请每石每站加银一钱,以示体恤。"[①]主要是要给依靠劳力赚钱的工人多些银两,因为当时刚刚经历过祸乱,最遭殃的还是老百姓,朝廷这样的做法是体恤民情的做法,也是促进社会稳定,促进国家统一的手段。

云南土司与中央王朝之间存在经济上的互补关系,这种经济上的互补关系,既体现在经济上面,又体现在政治上面。明朝时期,云南土司与中央王朝之间围绕互补互助,通过纳赋朝贡的方式,维系了土司与中央王朝之间较为稳定的关系。成臻铭学者在对明早期、明中期、明晚期西南边疆土司贡纳制度的变化态势进行观察的基础上,得出明早期的土司侧重于纳赋,明晚期的土司侧重于朝贡,明中期处于土司纳赋与土司朝贡的过渡期的结论。纳赋制度形成于明早期地方卫所制度形成之际,主要是以一种补充卫所屯田收入不足的面目出现的。而朝贡,则是在土司进京袭职、升迁、述职甚至是控诉过程中逐渐形成的一种行为准则。[②] 实际上,无论是"入籍输赋"、定其赋税、免其赋税、还是折纳,在卫所监控土司的格局形成以后,卫所屯田收入难以维持戍边开支保障的情况下,明中央政府出于救急而开始对土司地区实行"定其赋税",以解决卫所生存窘态,为边疆防卫提供物质保障。

为了体现皇恩浩荡,深化土司安抚,每逢土司地区遇到天灾人祸,明朝中央政府通过对土司"免其赋税"或者折纳税粮来表示双方并存的政治利益。与纳赋不一样,土司朝贡制度是明朝中央政府考察土司对中央忠诚度的手段。然而,由于土司朝贡绕不开流官保持的各种核准程序,于是朝贡的过程中便形成了土司与流官勾结、土司与土司之间竞争、土司与中央王朝之间各有心事的利益图谋。特别是朝贡制度,土司们为了在中央王朝面前表达自己的忠心,必须要让自己的贡品具有不可替代性,数量与质量上均是独一无二的贡品,才能表现自己归顺清朝的信念。同时,自明朝开始,税负采取了一地一策,对于土司地

---

① 《清实录·高宗实录》卷八〇三,台北,华文书局总发行1989年版,第11365页,"乾隆三十三年正月戊午"条。

② 参见成臻铭:《论明朝时期西南边疆的土司贡纳制度》,载《青海民族研究》2016年第3期。

区多遵从了因地制宜、适地适策的经营模式，因而也维护了当地的生态安全。加之这些产品能与当地环境相互兼容，不但维护了生态环境的稳定，进而也促进了当地经济的发展。[①] 而土司为了让本地生产出比其他土司地区更好的贡品，实现缴纳更好税赋的政治目的，则进一步强化了土司地区的经济生态。

在清朝统治云南土司地区之后，清朝与土司之间的经济关系应了一句古诗：今人不见古时月，今月曾经照古人。虽然统治者更替，但是土司没有更替。云南土司应对清朝的策略要比清朝如何统治土司更有招数。因此，如何在云南土司地区推行清朝的税赋政策，从而稳定清朝与云南土司之间的政治关系就成为清朝首先考虑的内容。这不仅关涉土司地区的经济发展，而且还与通过税赋政策实现平衡土司力量的统治目的有关。

土司对于其管辖区域亦非经营不善，在云南土司当中，有些土司管理的地区特别看重环境建设，从而对经济发展起到一定的正面影响。如武定土司那氏曾作《造报暮连乡四至并蓄养杂树清册》，将其土司辖区分为公有林、风水林、水源林、风景林等，并制定具体措施，严加管理。内容包括不得随意砍伐林木、在一定季节不得放牧牛羊、进行咒语管理等。查阅那氏土司领地，其中涉及实施这样管理的山场就达50余块。[②] 那氏土司的上述规定，从国家层面上属于地方法规建设，然而，其所起到的作用却有利于整个国家建设，不仅仅只是有利于边疆稳定。那么，那氏土司如此善于尽心管理自己所辖地区，既可能是因为那氏土司自身具有的政治素养，也可能是那氏土司与清朝之间和谐的政治关系。但是，无论出于何种原因，土司对于其辖区的妥善管理，满足了清朝设立土司的政治意图。从侧面也能反映出清朝对于土司监控起到了一定的作用，只有安心与忠心合一的土司，才有可能兢兢业业地管理自己的领地，尽管在事实上是为了清朝代理权力。

---

① 参见马国君、杨庭硕、李红香：《论元明清时期土司区贡赋与环境的兼容——以贵州及其毗连地带为中心》，载《中央民族大学学报（哲学社会科学版）》2015 年第 1 期。

② 参见楚雄彝族文化研究所：《清代武定彝族那氏土司档案史料校编》，中央民族学院出版社 1993 年版，第 67 ~ 72 页、第 93 ~ 95 页。

第三节　法制认同催生民族文化多元融合

当一个少数民族的帝王文化修养不亚于汉人鸿儒的时候，所谓的“蛮夷”对华夏礼仪的占有也就自然被合法化了。从清朝对于“夷”使用的变化，可以很清晰地看出清代华夷观念的变化，以及清朝为消除自身为外来“夷狄”的身份所作出的努力，这影响了民族之间互相往来的关系。在外来侵略势力的介入下，化为了近代新形势下的民族，即中华民族。[①] 在中华民族形成的过程中，各民族文化也在民族融合的过程中逐渐发生融合，并在融合中保留着自己本民族的特征。这种保留本民族文化特征的意识与行动，包含着民族的自我尊严。

本民族文化特征的传承，是一个民族固守的尊严。如同自然界一样，数千年改变了不少自然物的外形，然而最为本质的特征是不会被改变的，维护这种本质特征的动力源于尊严。各民族融合的过程中，往往携带着不平等的武力征服，弱势民族最为坚强而持久的抗争就是文化特征的保留，以符号的意义宣示本民族的存在。随着民族融合之后带来的统一，各民族拥有了公共的文化特征，形成文化共识的同时强化了各民族自身的文化特征，这种强调是对平等意识的回答，经历文化上“守望尊严、护守尊严”[②]之后，各民族走进了维护尊严的一体化时代。

清朝在入关之前既是汉儒文化的受教者，又是汉儒文化的传播者，同时还是汉儒文化的受益者。“满汉一家”口号的提出，除却政治上表明满族贵族宽容的统治态度，总体上讲是对汉儒文化的认同。因此，在云南土司地区推广汉儒文化，不仅是实现自上而下贯通清朝与基层社会民众之间共同接受汉化的措施，而且是稀释土司统治辖区内土司文化的有力武器。清朝在云南推广汉儒文化有其特有的土壤，一是明朝在云南设置卫所制度过程中所推行的汉儒教育为

---

① 参见杨卓翰：《清代华夷观念与民族关系的变化——以“夷”字的使用为视角》，载《沈阳大学学报（社会科学版）》2017 年第 4 期。

② 焦学振：《从“守望尊严”到“互守尊严”：民族关系态度的新转向》，载《广西民族研究》2018 年第 3 期。

后期深化汉儒教育奠定了一定的人群基础和传播基础，二是明朝为加强戍边而从内地迁往云南的大量汉人，也为后期清朝推行汉儒教育提供了受众的基础。元朝虽然占领云南，但是，并未通过移民的方式经营云南。

在明代以前的官方记载中，云南地区是一个包括彝族、白族、傣族等少数民族以聚居、杂居甚至散居为主要特征的“边夷”地区。但是，这并不能阻止内地汉人自秦汉以来因为逃荒、躲避战乱或者经商贸易而进入云南地区。这些先入云南地区的汉人，虽然在事实上已经入乡随俗，被“夷化”成为云南人，但是，汉儒文化的传承并没有因为“夷化”而中断。明朝占领云南之后建立的广泛的土司制度，自此以卫所为官方代表的一级政府机构广兴学社，卫所周边的各族弟子有机会“举充学官，教养弟子，使知礼仪，以美风俗”①。明洪武年间曾经明确要求“其云南、四川边夷土官，皆设儒学，选其子弟侄之俊秀者以教之”②。

整个明朝期间推行的内地汉民迁入云南政策，即便在清军入关过程中，南下的南明朝对于汉人移民云南亦有着促进作用。随着汉人数量在云南地区的增增减减，云南这一地区逐渐演变为中国传统文化与地方民族文化兼容且保持强烈地域特征的新“云南文化”。明成化年间（1465 年至 1487 年），云南布政使周正曾提笔作对联，“文风不让中原盛，民俗还如太古醇”，③鲜明地反映了云南土司地区汉儒教育的普遍与成效。

光绪《大清会典事例》中《田赋 · 开垦一》记载，二十九年议准：川省荒地甚多，流寓之人情愿在川居住垦荒者，将地亩永给为业。三十二年议准：陕西招民垦荒，准予叙议。又题准：云南明代功庄田地照老荒地招垦，免其纳价。同时实行“滋生人丁永不加赋”促进了云南人口繁殖，特别刺激了移民的生育。康熙四十八年“百姓俱享太平，生育日以繁庶。户口虽增，而土田并无所增，分一人之产供数家之用，其谋生焉能自足”④。一家人口的增长，迫使家庭中长者必须领

---

① 尤中：《云南民族史》，云南大学出版社 1994 年版，第 364 页。

② 龚荫：《中国土司制度史》（上编），四川人民出版社 2011 年版，第 157 页。

③ 尤中：《云南民族史》，云南大学出版社 1994 年版，第 365 页。

④ 《清实录 · 圣祖实录》卷二四〇，台北，华文书局总发行 1989 年版，第 3209 页，“康熙四十八年十一月庚辰”条。

着家人耕种更多的土地,否则,难以维持家人的生活。同时,随着家中成年人口的不断增加,劳动力也在增加,不仅增强了开荒种地的能力,而且剩余劳动力甚至为家庭经济的多种经营提供了更多的想法与实践。人口规模的扩大,在农业经济时期,必然带来对土地需求的扩张。中原移民就将他们的开荒方向从靠近内地的云南逐渐向云南腹地延伸,并慢慢接触土司地区,最终形成了与土司争夺土地的局面。移民开荒至土司管理地区边界的过程中,不仅把中原的农作物带入了土司地区,而且也把土司地区的农作物传入了中原地区,推动了整个国家农业的大融合,这对于提高清朝的粮食产量,以及提升国力具有不可估量的影响。

在交换农作物的过程中,农业技术的交换也在同步进行。中原地区先进的农耕文明与土司地区落后的狩猎采集文明在开荒的大背景下相遇,尽管土司地区也有一定程度的农耕技术,但是,与中原相比,其程度远远落后是不争的事实。农耕文明是中原儒学的物质基础,反映并内蕴着儒学中关于伦理纲常的内容。中原农耕文明在土司地区的传播,不能离开语言的交流、文字的书写,特别是中原农作物传入土司地区,必然附带着传入历法节气等知识,而这些知识又与儒家伦理等贯通。因此,中原农耕文明的传入,不仅起到替代土司地区原始落后农耕文明的作用,而且直接将中原儒学通过农耕文明的传入而融入土司地区的社会生活中去。因此,普及的汉儒教育和既有的汉化基础,为清朝统治云南期间实施汉儒教化,促进云南土司地区的文化教育发挥了基础性的作用,为进一步强化和发展土司地区的汉儒教化提供了一条未曾中断的传承之路。

在半封闭的大陆环境中,各种族群虽然生活在不同的地区,但是,基于资源的自然配置而展开的商业贸易,不仅促进了人口的交叉繁殖,而且推动了族群文化的融合传播。在不同族群文化融合的过程中,必然会产生文化共识,这种文化共识不一定反映人类普适性价值观,但是,至少在相互融合的族群中具有局部的地域性的普适性价值。对于多民族国家而言,特别是民族文化历经数百年交融之后形成的国家,往往对于某种模式的权力认同“在民族国家出现很久以前就存在着总体化的、自觉的政治共同体"[1]。这种总体化且自觉的政治共同体的核心往往是以某种国家正统文化为表现形式的,清朝建构的封建集权体制与推行的汉儒文化教育相辅相成,构成了封建集权为体,汉儒文化为用的权力共识。

经济交流推动文化的相互融合,而文化的相互融合则又为经济交流扫清了习俗的障碍,进一步促进经济交流的深入合作。随着经济、文化的互为渗透,相互来往密切的各民族会因为经济、文化的共识而逐渐衍生出"一家人"的观点,并在经济、文化不断深入交融的过程中得以被强化并转化为民族意识。这种自发的民族意识在各民族上层人士的积极带动下发展成为自觉的民族意识,产生了超越各民族自身的主体性认同。如以茶为载体的经济文化交流,就是一个明显的例子。如"清代,傈僳、怒、独龙、藏、普米、白、汉等族,在政治上对中央王朝及其代理人木氏土司的长期隶属关系和各民族间经济上的相互交流,文化上的相互影响,积淀为对国家民族的认同心理。当发生边境危机时,更激发了这种认同感"。[2] 虽然在经济、文化交融的过程中,可能存在文化替换。满清贵族在云南是以儒家文化绝对为主,满族文化绝对为辅传播文化的,产生了替换土著文化的效果。文化中共同的成分促进甚至起到增强文化认同的作用。

文化的认同与占统治地位的文化具有了一致性,便为文化上的精神统治提供了可能,由此强化满清规则的封建统治。云南境内各少数民族经过数代人的演化、发展,在先人原始文化的基础之上演绎了丰富多彩的各民族独特文化。特别在云南与内地打通经济、文化交流的障碍之后,云南各民族在与内地交流的过程中不约而同地具有了共同的文化元素,这些元素构成了云南各民族文化互为认同的格局。"这一格局的形成与发展,对云南的民族团结与边疆稳定产生了重大而深远的影响",[3]其形式表现为各民族融合,其内容则"展示着一幅幅

---

① [美]杜赞奇:《从民族国家拯救历史》,江苏人民出版社2009年版,第7页。

② 高志英、徐俊:《元明清"藏彝走廊"西端滇、藏、缅交界地带民族关系发展研究》,载《甘肃社会科学》2008年第6期。

③ 郭家骥:《云南民族关系的历史格局、特点及影响》,载《云南社会科学》1997年第4期。

民族差别、依存、吸收、互补，共求生存发展，相互联络渗透的历史画面”。[①]

云南各民族文化的交融不能离开自明朝以来推行的移民政策，尽管汉族移民的规模拓展了移民在云南的定居范围，出现了移民不仅占据良田，而且依靠相对发达的生产技术而驱赶原先土著的现象，以至于造成所谓“‘汉到夷走’‘兄弟民族挤到边远寒苦地区’”[②]的负面影响。然而，正是由于移民从当初的外来人员转变为本地的土著人员，在经济文化上逐渐地由外来分子转化为本土资源的核心，并发挥着引导落后朝向先进发展的作用。土司地区虽然没有移民的进入，但是，学校文化教育的普及以及儒学文化与国家文化形成的政教合一，则把儒学文化推崇为正统文化，而移民文化与正统文化保持着一致性。清朝在云南包括土司地区实施文教策略，不仅包容了土司地区本地文化的传承与融合，而且为后期在包容中与外来文化共存夯实了民族文化根基。

至光绪三十年十二月，云南境内共有大大小小的教堂高达 81 所。[③] 这些教堂分布在云南各州县，包括毗邻土司地区或者直接建在土司地区，民教均属相安反映了中华民族文化的包容与独立，也从侧面折射土司地区各民族与其他地区各民族之间在文化上认同中华民族这一文化族群的根本历史观。土司地区的本土文化随着儒化的渗透而不断体现国家民族文化的特征，尽管各民族文化仍然体现其最为本质的文化特征，但是，以国家民族文化为主体的文化格局“使云南各民族从此稳固地成为中华民族多元一体格局中不可分割的一部分”，[④]这是文化交融不可否认的历史贡献。对于当下来讲，文化的“多样性的宽容和多样性的并存，是构建和谐社会的重要因素”，[⑤]这个认识是当下的，而其内容却是传统的。

文化上的宽容与多样是一对辩证存在的形态，文化的宽容必然导致文化的多样，而文化的多样必然驱使文化朝宽容的方向发展，否则，文化冲突将成为最

① 李和：《滇东南民族关系史格局探微》，载《贵州工业大学学报（社会科学版）》2007 年第 5 期。

② 《周恩来选集》（下卷），人民出版社 1997 年版，第 251 页。

③ 参见《清代档案史料选编》，上海书店出版社 2010 年版，第 761 ~ 775 页。

④ 郭家骥：《云南民族关系的历史格局、特点及影响》，载《云南社会科学》1997 年第 4 期。

⑤ 伍雄武：《对多样性的宽容——论云南民族关系的历史经验之一》，载《思想战线》2005 年第 6 期。

后的解决方式。然而,文化冲突的结果不只是文化之间的你死我活,还有新的文化在冲突中得以生成。这种经历过冲突的新生文化不再是原先的文化,而是基于文化冲突基础之上的再选择,冲突的因素被共生的因素所替代,新的文化与旧的文化相比,由于含有了两种文化共生的因素,因而体现了宽容的一面,同时也体现了多样性的共生。

外来文化对于本地文化所具有的变革作用,最直接地体现在人们对待权力的态度上面,而人们对待权力的态度又直接影响到权力掌握者的政治观点与行动。清朝在云南推行汉儒教化,对于土司的统治产生极大的影响。一方面,土司自己通过汉儒教化慢慢地从自发接受清朝管理到自觉接受清朝统治,另一方面,土民通过接受汉儒教化之后,激发了反抗的精神,敢于通过流官向土司提出自己的要求。对土司不利的地方,可能就是有利于清朝统治的地方。然而,并非所有的土司对于清朝在本地区推行的汉儒教化都持有异议。其原因在于土司的固有出身,决定了汉儒教化的可欲性。

根据历史记载,云南土司当中的相当一部分土司并非云南土著中的大户。有不少土司的先人就是从内地追随元朝将领攻打云南的汉人,因军功、留守或者其他原因而留在云南,慢慢地经过世代经营,成为了管辖一方的土司。《白山司志·土司世系》中有一份关于清代土司王言纪家谱的记载:“王青,江南江宁有上元县(今南京)矮驼里沙街人。于皇佑四年(公元1052年),随枢密副使狄青征侬智高,有功授丹良堡世袭土舍。子二:润、泽。青卒,子润袭……润卒子受袭(时为王青的二十四世)。嘉靖七年(公元1528年),晋堡为司,授受为白山巡检世袭。受卒,无嗣,弟珍袭;珍卒,子言纪袭(时为王青的三十六世)。”[①]从这份家谱中可以推测,云南境内特别是靠近内地的土司,有可能其祖先就是当年征战云南的汉人。如果这个推断随着日后考古、档案、碟谱特别是家谱的发现得到证据支持的话,那么,对于清朝在云南土司地区推行汉儒教化得以成功就可以给出一个比较贴切的人类文化学解释了。

在这个过程中,如何实现文明对于土司的驯服,清朝采取了多管齐下的“齐

① 张道贵、顾吉辰:《“土司”问题》,载《辞书研究》1981年第2期。

政修教"[1]。清朝授权云南土司治理边疆的政策本质是延续和发展中原王朝文化治边的策略。之所以选择这种方式,与满族此前曾经是明朝的藩属对象有着一定的关系。入关之前满族是明朝运用文化治边的对象,入关之后满族则把这一亲身经历的统治策略运用到云南土司地区。解构与重构云南土司地区的少数民族文化,建构新的以汉文化为核心的多元民族文化融合,既能在心理上实现对于土司地区的文化吸引,又能在保留土司地区原有文化的基础上实现文化稳定。

在以汉地文化为中心的教化及凝聚意识主导下,中央王朝利用土司治理边疆采取的手段是贱其所有、贵其所无的政策。[2] 在云南地区有些土司保留的时间很长,国家正式制度在这一地区的贯彻实施,对于建立统一的大清朝帝国具有着不可磨灭的历史贡献。这种类似西方近代以来民胞物与、一视同仁的"国家政权建设",虽然没有达到预期的社会目标,但根本上削弱了土司的地方统治基础,并最终推动完成了这些地区的国家化进程[3]。最终,土司地区尽管保留了土司,然而,国家官僚体制已经通过土司完全浸入到土司社会的方方面面与各个层次了,土司从地方的统治者转变为国家权力的代理者,且是纳入体制内的代理者。"这种政治措施的本身,也随着边疆少数民族地区社会经济文化的变化和封建中央王朝集权统治势力对地方的深入程度而发展",[4]土司这一称谓不过是形式意义上的符号而已。

第四节　小　结

权力的掌握者之间与大街上相邻两间商铺之间一样,都有自己的经营范

---

① 参见李良品、葛天博:《齐政修教:明清时期土司地区国家治理方略》,载《中南民族大学学报(人文社会科学版)》2017 年第 4 期。

② 参见孔含鑫、吴丹妮:《论土司治理边疆中西南少数民族宗教文化的作用》,载《青海民族研究》2016 年第 3 期。

③ 参见张江华:《民胞物与、一视同仁——清代广西土司地区的"国家政权建设"与国家化》,载《西南民族大学学报(人文社科版)》2016 年第 10 期。

④ 尤中:《云南民族史》,云南大学出版社 1994 年版,第 348 页。

围,如果相邻两家商铺经营着同样的商品,那么,价格的统一就是两家商铺各自的界限。权力的掌握者亦是如此,权力的边界也就是权力主体与相邻权力主体之间引起利益争端的共同地域。针对土司实施的贡赋制度,在土司与土民之间建立了可存在的紧张关系,而在土司之间则建立了政治符号的竞争;土兵制度既保留了土司自我保护的能力,又为消灭土司提供了国家建制内的力量;文教制度在改良土司地区传统文化的同时,起到了同化土司以及土民的重要作用。土司制度的整体实施,实际上稳定了土司之间的权力关系,消除土司之间争夺地盘的军事行动。土司之间的和平存在,为各民族的和谐相处提供了土著基础,而这一切都是围绕土司制度展开的理性实践,"客观上维系了大小土司之间的相对团结的民族关系"。[①] 总体上看,清朝实施的土司制度,核心的价值在于清除了土司之间互相兼并的欲望,并保证了土司家族的切身利益,从而稳定了土司地区的社会秩序。实际上,我们今天习以为常的"土司制度"本身就是清朝国家法律体系中的构成内容。

清朝统治关内长达260多年,这一跨越两个半世纪之久的统治历程足以说明清朝统治阶级的坚固与国家的稳定,然而,清朝并未采取完全废除土司的极端措施。与此同时,云南地区土司却始终显现出不服从清朝统治的独立意志。一方面,可以从中华民族政治文化中的"仁道"寻到初步的解释。中华民族文化中最值得全人类共同维护的核心内容是"仁",不仅中国古代封建国家的统治者认同仁政,而且平民百姓也以仁政作为统治评价,各级官员则以"为官一方,造福一片"为仁。尽管清朝统治者可以在盛世阶段采用军事手段荡平云南地区土司,但是,这种强制性的武力文化与传统的仁政文化格格不入,影响清朝统治阶级的仁政形象。清朝统治阶级之所以能够接受仁政文化的约束,恰恰反映了中华民族内在的文化魅力。另一方面,清朝保留云南地区土司是为了平衡汉族流官的势力,同时由于云南距离清朝权力中心遥远,边境发生突变往往面临远水不解近渴的困难。因此,土司出于考虑自己的家族利益也要暂时与流官达成对外一致的共识。特别是经过儒学教化之后,家国文化对于土司的影响已经内化

① 杨林兴:《云南民族关系的历史形成与现实发展》,云南大学2015年博士学位论文。

为土司作为中国人应有的民族精神。尽管保留土司存在流官难以治理的困境，但是，在整体上符合清朝仁政、平衡与戍边的统治利益，而依靠法律监控土司实际上依然不能解决流官地方利益与土司地方性利益之间的“共谋”，并借此导致清朝借助法律监控土司实现云南稳定的意向存在一席不可能的空间。

第十二章　结　论

“在广阔的版图内，中国各民族的统一进一步加强，封建的政治、经济、文化发展到了高峰。”[①]对外，形成了一个巨大的清朝帝国，对内，建成了缜密无缝的封建统治。清朝的政治经验是丰富的[②]，清代前期的历史地位及先民的贡献，是应该加以肯定的。[③] 其面对内外压力而采取的“因应调整”，消极意义大于积极意义。[④] 然而，从清朝最后遗留的版图来看，或许，又有着积极的价值。清朝与西方在生活水平、科技知识和军事力

---

① 戴逸：《简明清史》（前言），人民出版社1980年版，第1页。

② 清室以异族入主中国，统治极难驾驭的汉人，其国祚能长达268年，更能造成100年以上的盛世，这种成就，决不是偶然的。满族是一个具有颇多优点的民族，它的最大长处，是勇武善战而又有政治才能，并有高度的模仿能力，肯虚心吸收外来的文化和人才。中国历史上促成改朝换代的内在因素，不外四端，即外戚、宦官、权臣和藩镇，但满人能使这四种因素的危险性，减到最低的程度。参见傅乐成：《中国通史》（下册），大中国图书公司印行1977年1月增订12版，第673页。

③ 满洲以边疆部族入主中原，一方面接受儒家文化，承袭传统的政治制度，另一方面积极整理边疆，增进边疆与中原的政治、经济及文化等各种关系，加强少数民族对中央的向心力，而具备近代世界各国公认的关于领土主权所包含的基本内容，经过清代长期的统治，满汉畛域，逐渐消弭，各部族之间，日益融和，汉满蒙回藏以及其他少数部族都成为中华民族的成员，终于奠定版图辽阔多民族统一国家的基础。参见庄吉发：《清高宗十全武功研究》，中华书局1987年版，第1页。

④ 在19世纪的中国，政治制度、社会结构和经济体制与过去的两千年基本上没有什么变化。但因鸦片贸易所引发的军事对抗却在烟硝之间改变了中国传统的自我形象。中国人由怀疑而犹豫、由犹豫而自省、由自省而拟定对策。所以，用改革或现代化来形容这种因应过程，有极大的被动含义。参见赵中孚：《近代中国军事因革与现代化运动》，载《近代史研究所集刊》1983年第12期。

量的差距，在18世纪不是太大，重大差距应该是在19世纪才出现的。[①] 不过1840年与1864年两次鸦片战争，对于拉大清朝与西方特别是欧洲国家的整体发展水平具有一定的影响，但是，这种差距的现实存在与打开国门之后提升的眼界，也促进了清朝经济社会在封建经济社会发展方面的进步。清朝通过法律针对土司实施的监控，其本质是一场关于权力权威合法性的争夺。土司制度的存在，以及清朝围绕土司展开的一系列举措，一方面反映清朝既希望能尽用土司，又希望能控制土司的政治策略，另一方面折射出清朝"循土施政""借土治民""驭土固边""以土掣土"的政治图谋。

第一节 法律确权实现"借土治民"

国家利用社会公众认为完善的制度一定会带来公平的竞争的心理，通过制度体系的建构实现国家对于社会资源的控制。制度承诺的正义永远是静态的表达，离开了制度执行者的正义观念，制度不过是机会平等的承诺，在通往实质平等的道路上，掌握制度的阶层主要是官僚阶层，他们决定了实质平等的兑现。所以，对于掌握国家权力的利益集团来讲，通过制度控制官僚，再通过官僚落实制度，最终实现社会的整体性控制。因此，在这个控制系统中，建立一套完整的官僚系统与建立一套控制官僚系统的制度系统是相辅相成的制衡体系。

对于清朝来讲，统治云南地区要一分为二，对于土司地区要建立针对土司监控的制度体系，实现土司地区的社会控制；对于土司之外的地区，要建立流官体制，实现流官管辖区域的社会控制。因此，控制了土司就控制了云南大部分地区，实现土司控制的手段是多样的。如上述分析，通过制度控制是最有说服力的，也是最能遮掩中央集权统治意图的。那么，要实现通过制度主要是通过法律的土司控制，其前提条件是土司必须接受国家法律牵制。国家法律是国家权力的产物，接受国家法律必须认同国家这一主体性存在，国家认同与法律认

① 梁柏力：《被误解的中国——看明清时代和今天》，中信出版社2010年版，第11页。

同之间的关系体现了“皮之不存毛将焉附”的因果关系。

不仅如此，国家法律要有体系化、完整性，且实现了国家法律的地方化，唤起民众对于国家法律的偏好，倒逼土司不得不通过国家法律实现自己管辖区域的社会控制。如此一来，土司、土民、社会秩序在国家法律的范围内接受权力的调整，而这个最有权威的权力则集中在清朝。与控制土司相生的结果则是控制了土司地区的一切资源，这就强化了国家控制土民的能力，从而钳制土司谋反的想法与行动，遏制土司抗清行为的出现也威慑了土民中间可能存在的反抗心理。随着土司与土民不断地被纳入国家法律调控的范围内，形成了服从统治的马太效应，最终实现控制社会的政治目的。

经过千年国家官僚体制熏陶的汉族精英，其心目中的国家官僚意识与国家权力下地方治理的官僚制度化意识要比清朝的满族贵族认识深刻。地方治理的官僚化管理已经成为汉人官员的文化意识，而初入云南的满族贵族还停留在奴役他人获取劳动产品的简单社会关系层面。满族律例中刑法的严酷让汉人官员深感畏惧，正是因为恐惧满族刑法的残酷而主张土司管理采取国家法律，实际上等于为汉人官员建立了一道免除因管理不善而可能承担责任的防火墙。对于流官而言，上言奏疏清朝按照国家法律管理土司，一方面，汉人官员深得官僚文化赋予的各种利益；另一方面，汉人官员不希望在自己管理云南地区土司的过程中因为没有明确的制度而让自己处于风险之中。随着清朝逐渐认识到土司管理制度化发挥的作用，法律监控土司慢慢登上清朝统治国家的舞台，并逐渐系统化、体制化、法制化。

对待明朝官吏，“官仍其职，民复其业，录其贤能，恤其无告”①，“各衙门官员，俱照旧录用……其避贼回籍隐居山林者，亦具以闻，仍以原官录用”②。“凡文武官员军民人等，不论原属流贼，或为流贼逼勒投降者，若能归服我朝，仍准录用。”同时，为了显示清统治者的大度与皇恩，各地方官应“凡境内隐迹贤良，逐一启荐，以凭徵擢”③。随着清统治者的统治逐步巩固之后，对待汉族官僚的

① 《清实录·世祖实录》卷四，台北，华文书局总发行1989年版，第41页，“顺治元年四月辛酉”条。
② 《清实录·世祖实录》卷五，台北，华文书局总发行1989年版，第52页，“顺治元年五月庚寅”条。
③ 《清实录·世祖实录》卷五，台北，华文书局总发行1989年版，第63页，“顺治元年五月乙酉”条。

态度一日三变。顺治三年“将前代乡官、监生名色,尽行革去,一应地丁钱粮,亲泛差役,与民一体均当,朦胧冒免者,治以重罪①”。清朝通过法律控制土司的目的与通过其他手段控制土司的目的具有一致性,即维护清朝的统治权,而清朝的统治权能否稳定又与其推行的封建经济制度有着直接的关系,封建土地所有制是清朝统治权的统治基础。

第二节 依法管理实现“驭土固边”

通过法律实现的社会控制,就社会秩序而言,是中央集权通过法律实施实现社会关系的调整,从而实现社会秩序的自由与规制在国家规范上的统一;从控制手段而言,是中央集权通过激励奖惩甚至刑法制裁等一套完整的官僚管理体系推动各级官僚对于自己所属社会层级或者管辖社会区域的分片控制,通过整个官僚体制的纵向结构与横向结构的体系化设置,构建了官僚控制社会的权力网络。与此同时,由于重要资源的分配需要仰赖于制度分配,任何国家的人都希望自己通过获得资源的途径得到制度的保障,却忽视了制度是由国家制定。因此,国家通过制度体系建立了一套人人在资源面前享有平等机会的正义镜像,然而,由于每个人获得资源能力的差异,以至于这种机会平等转化为实质平等的几率是很小的,只有极少部分人通过与官僚体制的联系,继而通过制度赋权获得资源占有的合法性权利,实现资源的享用。

在阶级社会,“取得从属阶级的认同和被动顺从,是比制裁和强迫更为有效的阶级统治方式,这才是霸权的关键意涵”②。然而,统治阶级也面临着一个悖论,既想长久地占据统治地位,又想获得被统治阶级发自内心的顺从。即便被统治阶级有所反抗,统治阶级也试图通过比较文明的方式来获得、巩固自己实施统治的合法性。然而,合法性倘若离开了被统治阶级的反抗,也就失去了存

① 《清实录·世祖实录》卷二五,台北,华文书局总发行 1989 年版,第 302 页,“顺治三年三月壬寅”条。
② [美]詹姆斯·C. 斯科特:《弱者的武器》,郑广怀等译,译林出版社 2007 年版,第 382 页。

在的意义。合法性并非源于法律和民意基础，而是由于有针对支配权的争夺，才有了合法性这一结果的判断。法律、民意基础无非是合法性固化的土壤。简而言之，没有对立的一面，便不会产生矛盾的另一面。

尽管满族贵族有着饱满的建立天下一统政权的政治抱负，而实际上他们进入关内初期对于建国的意识，可能还停留在关外建州那种能够奴役他人的观念上。这就会造成这样一种认识，即对于云南地区土司的统治，满族贵族极有可能在服从这个层面上得到满足，即土司只要归顺、忠诚清朝即可，至于如何管理土司并未产生官僚体制化的思考和方案。因此，这就是清朝进入云南初期对于土司采取安抚政策，而随着以汉人为主体的官僚体制逐渐恢复和健全，对于土司管理则渐渐参照官僚体制给予制度性管理的原因。从清朝管理云南土司的历程来看，流官对清朝针对如何管理土司提出的建议起到了非常重要的作用。在流官（主要是州县一级的汉人官员）眼里，管理土司不能满足于土司归顺、服从和忠诚清朝这一目标，更重要的是要针对土司设计良好的管理制度，从而维护国家利益。

清朝在云南地区针对土司建立了一套完整的官僚政治的"法"体系，利用这套有别于国家官僚体制的特别官僚体制，实现了通过土司对云南非汉人（主要是少数民族地区的土著民族）的统治，基本上达到了类似满族统治汉人的程度。[①] 除开一套"法"的体系之外，清朝利用一切可以争取民心的手段，尽可能消解土司在土民心目中的影响，增强国家在土司地区的深度影响。

在阶级对立的封建社会，统治阶级与被统治阶级的对立存在是被统治阶级得以拥有统治权力的基础，"因为被压迫阶级的存在，就是每一个以阶级对抗为基础的社会的必要条件"。[②] 统治阶级既要对被统治阶级实施统治，又要为被统治阶级的存活创造一定的条件并为被统治阶级的社会地位、政治地位、经济地位的转变提供一定的机会。与此同时，在统治阶级内部由于社会地位的差别又构成了各种不同的等级。这些不同的等级虽然都处于统治阶级纵向上的某一

---

① 参见［美］费正清、刘广京：《剑桥中国晚清史：1800－1911》（上），中国社会科学院历史研究所编译室译，中国社会科学出版社1985年版，第31页。

② 马克思：《哲学的贫困》，载《马克思恩格斯全集》（第4卷），人民出版社1975年版，第197页。

个层级,并且有着共同的利益,然而,在最高的统治利益面前,处于统治阶级越低层次的等级,与被统治阶级的利益越接近,被统治阶级的利益实现就越遥远,但是,“一切已死的先辈们的传统,像梦魇一样纠缠着活人的头脑”。[①] 为了维护自身利益,这些位于统治官僚底层的统治阶级既是统治阶级实现统治的一员,同时也是统治阶级实现内部秩序管理的对象。

对待土司与中央的关系,在清皇太极平衡“汗权与王权、集权与分权”的过程中就已经积累了丰富的政治经验,以及娴熟地运用法律的技艺。皇太极的改革十分成功,原因在于“不是大刀阔斧地除旧立新,而是对旧制度加以限制、改造,再另立新制度,与之平行,分享其权力”[②]。在推动成功的道路上,在树立国家权力方面中原儒学起到的作用可能会比国家法律发挥出更大的作用,与其说国家法律的地方律化,实现了土司的权力监控,不如说儒家思想的地方汉化,推动了土民的国家认同,从而否定了土司沿袭统治土民的历史的说法。“当时的汉化,实质上即是满足的进一步封建化”,[③]即抽取儒学思想中的君臣等级秩序学术来维护清朝满族自上而下的权力集中。从公元 1644 年清军入关建立起全国性的统治政权之时,整个中国当时还是一个处于封建社会后期的独立的封建国家。经过几代皇帝的励精图治,历经 100 多年的持续统治,在 18 世纪中叶清朝的统治达到了鼎盛。

第三节 依法赋能实现“因俗施政”

实现可控的社会秩序是国家的基本任务,若没有稳定的社会秩序,不仅影响国民利益的增长与生活的幸福感,而且影响执政集团掌控国家权力的程度。控制社会不能离开三个条件,第一个条件是拥有一套体系完整的,分布在社会

---

① 马克思:《路易·波拿巴的雾月十八日》,载《马克思恩格斯全集》(第 8 卷),人民出版社 1975 年版,第 121 页。

② 戴逸:《简明清史》(前言),人民出版社 1980 年版,第 82～83 页。

③ 戴逸:《简明清史》,人民出版社 1980 年版,第 250 页。

各个层级结构但又是自上而下绝对服从中央权力的官僚体制;第二个条件是通过制度体系建构形成了中央权力对于社会资源特别是战略性资源的绝对分配权,比如铁路、邮电、石油、金融、贸易等方面的绝对处置权;第三个条件是在整个社会中存在一个强有力的文化机制,比如中国传统社会中被奉为神明的儒家思想文化,就是这样一个从官方到民众被普遍认同的文化机制。

"从政治生活的根本理念上来讲,民众不参与政治是不利于合法性的构建的。"①而要想民众参与到政治生活中来,就必须要让民众生活在政治生活之中。其中,法律、文化与经济是维系民众参与政治的基本要件。法律输出民众的权利边界,驱动民众争取合法性的行动;文化输出民众的历史记忆,刺激民众争取合法性的热情;经济输出民众的权利实现,制造民众争取合法性的条件。清朝在云南地区与土司争夺统治合法性的过程中,突出了国家法律的正当性、发达经济的先进性以及文化教育的渗透性,从而全方位获得了解释合法性的优势,最终在国家政治格局中将土司转变为支持清朝合法性统治的代表者与实践者。

如农业生产方面,云南盛种番薯、玉米,其中,玉米种植要早于内地。玉米从国外传入我国的两条路线中的一条是由印度、缅甸传入云南的西南线,而另一条则是经波斯、中亚到达甘肃的西北线。② 所以,就玉米传入的路线而言,云南种植玉米的时间早于内地,且种植技术上可能也要领先于内地。但是,由于云南地处偏远,再加上其铁器制造业的欠发达,所以,其玉米产量并不大。因此,云南种植玉米这一农业特点并未对内地发生很大的影响。反之,清朝统治云南之后,随着对土司地方势力的限制,云南与内地交流的不断深入,内地先进的农耕器具的传入,推进了云南农业生产的规模,这就为清朝进一步限制土司势力获得了民众支持,奠定了社会基础。所以,清朝通过法律的土司监控,不只是国家法律的力量,也包括其他一些客观条件的助推。

"如果允许地主无限制地剥削农民,是会破坏地主阶级的稳定性,而对地主

① 王海洲:《合法性的争夺——政治记忆的多重刻写》(作者的话),江苏人民出版社 2008 年版,第 197 页。

② 参见郭松义:《玉米、番薯仔中国传播中的一些问题》,载中国社会科学院历史研究所清史研究室编:《清史论丛》(第 7 辑),中华书局 1986 年版,第 200 页。

不利的。通过惯习，让农民在饥饿线上挣扎，这是地主经济的目的，也是封建土地所有制的主要任务”。[①] 因此，清朝通过国家法律实现土司的监控，一方面，可以缓解土司与土民之间的阶级矛盾，并从二者关系的缓和中获得阶级内部与阶级外部对本阶级统治的支持；另一方面，可以实现统治阶级内部的政治秩序，通过惩罚统治阶级内部破坏政治秩序的同阶级分子，能够有效整合统治阶级内部力量，更好地强化统治力量，从而实现清朝贵族统治全国的目的。土地封建所有制不是维护清朝统治的唯一基础，在社会控制的体制上还需要一个稳定而牢固的官僚层级体制，而适度吸收被统治阶级中的优秀人才到统治官僚体制中则是被统治阶级期待翻身而不自觉支持统治制度的一个暗门。

“通过科举制度和捐纳制度把全国各地区、各民族的地主分子，把土司权力、商业资本、高利贷资本三位一体的代表人物，其中也包括有一部分被统治阶级中最优秀分子，吸收到中央政府来以‘补强’中央专制政府的统治。”[②]清统治者入关之后对待汉族官员的态度与措施同样用到了土司身上，如果说清军入关是满汉之间的权力博弈，那么，清统治者统治云南之后与土司之间的权力博弈早已在满汉权力博弈的过程中埋下了历史的种子。

从清朝对外政策所维护的首要对象来看，可以判断清朝在云南土司地区施政的基本立场。清朝制定对外政策的过程中，特别是外贸政策方面，政治、国防和治安方面的考虑要超越经济、财政方面的考虑，这与同时期的西方国家制定外贸政策的优先经济、财政考虑恰好相反。[③] 这种优先政治、国防和治安的考虑，恰是统一多民族国家在发展过程中的首要问题，政治因为要建立发展一个完整的统一多民族国家，所以要在政治上为中央统一行使国家权力提供稳定的官僚队伍，这是确保边疆处理突发事件、维护国内稳定，从而在短时间内凝聚举国力量应对国际政治、经济危机的最有效选择。基于国家领土完整的角度，客观讲，“清朝对于中国的贡献，特别是对于统一多民族国家的建立以及国家版图

---

① 傅衣凌：《明清社会经济史论文集》，人民出版社 1982 年版，第 111 页。

② 傅衣凌：《明清社会经济史论文集》，人民出版社 1982 年版，第 112 页。

③ 参见梁柏力：《被误解的中国——看明清时代和今天》，中信出版社 2010 年版，第 25 页。

的力建,具有前世不可比拟的地位”[①]。

总体上讲,清朝在云南土司地区实施的多重法律手段,可以归纳为三个方面:第一个方面是对于权力的法律之治;第二个方面是文化制度的实施;第三个方面是生产技艺传授。前两个方面都有明确的法律制度作为支持和保障,第三个方面虽然没有看到明确的法律制度作为支持和保障生产技艺传授学习的对象,但是,文化教育、税赋制度、经济制度等其他影响生产技艺传播的法律制度起到了一定的作用。从这个角度来说,生产技艺的传授学习也是法律制度支持和保障的内容。清朝实施的羁縻制度、土司制度以及伯克制度,都是针对边疆少数民族地区施政的具体方式方法,随着社会主义制度在上述地区的执行与建设,民族区域自治制度以其制度的先进性和过程的现代化替代了上述以封建土地私有制为经济基础的落后制度。然而,这并不意味着民族区域自治制度与上述制度之间毫无联系,制度上的优越并不能完全替换制度针对的相对行为人。所以,必须吸取、总结历史上曾经导致国家发展、社会秩序、主权博弈过程中存在的不利因素,古为今用,才能让我们更好地为后人祛除历史积病,提供更多的可借鉴经验。

---

① 清代是中国历史上传统王朝的殿后朝代,如果吾人把构成中华民族的各族摆在平等地位,而不以汉族本位主义观点来看中国历史的话,那么清代毫无疑问的是中国历史上的伟大王朝。有清一代的最大贡献,以及对边疆的经营,使近代中国的广大版图得以真正巩固而确定。虽清季衰世,列强交侵,尤其是俄国在1850年至1881年间,对我东北、西北边疆鲸吞蚕食,但至1912年2月清帝退位之日,其遗留给中国的领土,仍广达1120余万平方千米。此一对我民族的丰功伟业,即以汉唐盛世版图相况,亦不能与之比拟。参见吕士朋:《清代的理藩院》,载《中国史学论文选集》(第3辑),第623~624页。

第十三章　启　示

清朝通过法律监控云南地区土司的历史过程，在“大一统”这一政治抱负的背景下，一方面，体现了中华民族大一统观念的历史使命；另一方面，体现了中华民族共同体意识的传统继承。仅从国家与地方这样纯粹的法律关系来看土司制度，不难发现，土司制度从最初单纯的安抚逐渐转向国家治理的地方实现。土司制度也从如何统治土司的制度转变为如何统治土司与如何安稳边疆相融合的国家制度，这一制度在诸法合一的清朝时期以附则或者其他形式逐渐转化为国家法律制度。清朝与土司之间的关系不再是占领者与被占领者的关系，而是基于国家法律形成的中央与地方关系。虽然土司并非清朝官僚体系意义上的地方行政主体，然而就土司依据法律取得的权责利来看，土司发挥了基层流官难以实现的基层治理作用。在清朝通过法律监控土司的过程中，不难看出，配合法律监控的手段还有政治、经济、文化等举措。在多管齐下的措施体系中，其中，多民族之间的关系法制化是保障、文化融合是核心、经济促进是基础。在国家治理能力现代化与治理体系现代化背景下，多民族统一国家通过历史经验的现代化，推进国家总体安全与一体发展，实现富强“中国梦”。

第一节 民族关系法治化是中华民族共同体视野下的不二选择

现实中的民族关系,在人民代表大会制度中的意蕴,更多是一种政治目标的追求,而非规范构造的结果。如何处理民族关系之所以始终是中华人民共和国建立以来民族工作的主要内容之一,并非民族之间的族性紧张所致,而是“中华民族自始本非一族,实由多数民族混合而成”[①]之果。“加强中华民族大团结,长远和根本的是增强文化认同,建设各民族共有精神家园,积极培养中华民族共同体意识。”[②]在文化认同的内容中,法文化是滋养、维系、发展文化认同不可或缺的意识。作为一种社会意识,法文化的生成基础受制于产生法律关系的时代所能提供的社会物质生产条件。现实的社会物质生产条件不仅决定了社会单个主体之间的社会关系,而且也决定了通过族群形式表现的各民族关系,并在国家政治构造图景中以规范构造的稳定性而形成民族团结的合力。民族个体之间的“接触是民族关系得以产生的前提条件,也是影响民族关系的客观变量”[③]。在中央权力依宪执政理念下,民族共同体作为各民族的认同共识,转化为各民族统一起来为民族复兴梦而共同奋斗发展的法律关系。在法治国家、法治政府、法治社会“三位一体”建设的法治化进程中,将推动民族关系从中华人民共和国成立之后实施民族政策、法制单行的探索性实践转向法治化建构,并发育为中华民族复兴的认同基础。民族关系法治化是当代中国通过解放生产力实现民族大团结的必然结果,体现了生产力与生产关系、经济基础与上层建筑两对哲学范畴的理性判断。2014 年 5 月 26 日,中共中央提出“推动建立各民族相互嵌入的社会结构和社区环境,促进各民族交往交流交融,巩固平等团结

---

① 梁启超:《历史上中国民族之观察》,载《饮冰室合集》(第 31 册),中华书局 1916 年版,第 6 页。

② 《中央民族工作会议暨国务院第六次全国民族团结进步表彰大会在北京举行》,载《人民日报》2014 年 9 月 30 日,第 1 版。

③ 徐黎丽、孙金菊、夏妍:《影响西北边疆少数民族地区民族关系的变量分析》,载《云南师范大学学报(哲学社会科学版)》2009 年第 3 期。

互助和谐的社会主义民族关系”①。对于我国这样一个由五十六个民族组成的统一多民族国家而言，在社会主要矛盾转变之后于国际秩序重构的历史环境中，民族关系从政治构造转向规范构造，尽管对民族政策实施会有短期的阻却作用，但是，对于稳定边疆治理、促进周边关系和谐、消除国际争端不利于我国改革开放的影响、化解政治体制生态内“西化”因素发酵都具有持久的内力作用。

一、注重规范：民族关系法治化构造的价值

中华人民共和国成立之后，民族关系所表现出来的主体地位是政治伦理的折射，体现政策性倾斜与民主性协商在政治图景中的重影。随着《宪法》的颁布实施，民族关系的政治伦理则被转化为规范合意，从而关闭了政治权力随意剪裁民族关系的通道，体现了全体人民当家作主的权力观和宪法意义上的关系法律化。虽然民族关系的法律化可以由抽象的规范构造表现出来，但是，各民族之间不平衡的社会生产力发展程度往往在实质上腐蚀民族关系规范构造所具有的平等性。因此，民族关系的法制化表现形式并不代表民族关系的法治化，倘若法制正义的裁判权不能被民主掌握，至多可以说是规范化。民族关系法治化是现代治理背景下各民族利益在法律规范意义上的反映，而规范构造集中反映了法是“谁的意志”。“生产力方面的革命也是革命，而且是很重要的革命，从历史的发展来讲是最根本的革命。”②民族关系法治化受制于生产力水平发展程度，随着生产力每一次革命性的发展，民族关系都会发生革命性的变化，并最终表现为规范构造上的固化。从规范形式上看，民族关系的规范固化并不必然决定民族共同体的呈现，但是，法律关系内在的义务认同从实质上建立了民族共同体在规范意义上的存在。由于“法律不是抽象社会的附属物，而是与建立在

---

① 《中共中央政治局召开会议研究进一步推进新疆社会稳定和长治久安工作》，载《人民日报》2014 年 5 月 27 日，第 1 版。

② 《邓小平文选》（第 2 卷），人民出版社 2008 年版，第 311 页。

私人利益冲突基础上的特定社会环境相应的历史范畴"①,所以,规范构造中的法律关系总是与生产关系相联系,并抽象地反映出现下生产关系的发展程度,间接管窥生产力各方主体利益的结合度或者分散度。在生产力与生产关系互动的过程中,抽象的法律关系转化为具体的法律权利与法律义务,每一个主体都在用法律意义上的利益标准来决定经济关系的距离,这一带有运动属性的利益半径变化决定了静态的法律关系,并强化了民族关系的规范构造,催生了民族关系法治化的必要性与紧迫性。

"以灵活性见长的政策当然不是无所作为的,但它只能在法律制度范围内补苴罅漏,或是在不违背法治精神的前提下,对社会生活中某些处于不利状态的特殊群体或事项作倾斜性照顾"。② 政策的灵活性及其带来的效果的确符合民族关系在政治图景中的合目的性,然而,也正是这种很容易掌控的权变,导致了在解决民族关系的思维和行动过程中,存在路径依赖,即以一种固定的方式方法作为处理一切问题的铸件,既不做纵向的历时性分析,也不做横向的共时性分析,最终的结果必将在民族关系发展中导致"脚疼医脚,头疼医头"的系统性顽疾。政策实施过程中,由于对政策理解和执行存在一定的偏差,违背了《宪法》关于各个民族之间平等的规定。实际上,民族政策不仅是处理少数民族之间关系的依据,而且是处理汉族与各少数民族之间关系的依据。而要想落实民族政策,就必须坚持各民族平等的宪法精神。然而,对于民族识别遗留下来的"民族"概念在使用上造成的歧义以及这些歧义带来的政治风险,民族政策不仅不能应对这些风险,而且由于政策在被贯彻过程中出现的地域性差别,以至于被民族分裂分子假借不平等图谋宗教革命。通过民族关系规范构造,建构法治认同,从而形成中华民族认同,进而建构民族共同体,起到了依法确保民族政策实施过程中各民族一律平等的作用。

民族关系法治化既不是主张一部《宪法》下的联邦结构设计,也不是"民族—国家"这一西方理论的中国化,而是用发展的眼光来检视如何推动多民族

---

① [苏联]帕舒卡尼斯:《法的一般理论与马克思主义》,杨昂、张玲玉译,中国法制出版社2008年版,第26页。

② 胡平仁:《法律政策学:平衡权与权力的科学》,载《当代法学》2001年第3期。

共同发展这一时代主题的法治化。“多民族是我国的一大特色,也是我国发展的一大有利因素。”[①]历史证明,民族区域自治制度是符合中华民族发展的制度,也是在实践摸索中走出来的实证性结论。“党的民族理论和方针政策是正确的,中国特色解决民族问题的道路是正确的”。[②] 一方面,处理民族关系要继续坚持民族区域自治制度,另一方面,“要在确保国家法律和政令实施的基础上,……解决好自治地方特殊问题”。[③] 不仅要依据法律解决好民族区域自治,而且要依据法律解决好各民族区域自治之间的关系。民族关系与民族区域自治是交融关系,处理好民族区域自治问题只是为民族关系规范构造打好基础,而民族关系的规范依据则是从政策走向法律的建构民族共同体的认同基础。随着依宪执政深入到经济、政治、文化、社会生活的方方面面,民族关系法治化必将促进各民族对于中华民族的认同。从这个意义上讲,依宪执政是民族法律关系规范构造的根基。民族共同体这一以命运共同体作为核心精神的结构,正是依宪执政在民族关系法治化过程中的理性实践,注重规范的价值隐含其中,从而确保民族政策的稳步实施。

坚定不移地推进民族关系法治化,就是“坚持在法律范围内、法治轨道上处理涉及民族因素的问题”,既要根据民族政策灵活地处理民族发展与稳定的时代问题,又要根据国家法律依法解决影响民族关系和谐发展的政策性问题,“不能把涉及少数民族群众的民事和刑事问题归结为民族问题,不能把发生在民族地区的一般矛盾纠纷简单归结为民族问题”,[④]归咎到政策上面,也不能因为政策作出的特殊性规定而违背法治精神。民族关系法治化的本质在于保障民族政策的正确实施,目的在于通过政策的法治化贯彻服务于民族关系和谐与民族共同体的建设。

---

① 习近平:《习近平谈治国理政》,外文出版社 2017 年版,第 299 页。

② 习近平:《习近平谈治国理政》,外文出版社 2017 年版,第 300 页。

③ 习近平:《在中央民族工作会议上的讲话》,载《人民日报》2014 年 9 月 28 日,第 1 版。

④ 《于加强和改进新形势下民族工作的意见》,载新华社,http://www.gov.cn/zhengce/2014-12/22/content_2795307.htm(2014-12-22),最后访问日期:2018 年 12 月 11 日。

二、法律至上:民族关系法治化构造的原则

中华人民共和国在民族国家形式与内容上采取了国家统一与民族自治的政体设计,并集中在宪法层面上聚焦为规范共和。民族区域自治制度写入《宪法》之初,考虑了它的特殊政治功能,民族区域自治既是新政权建设社会主义国家实施政治民主的反映,也是各族人民共同建设国家实现发展的愿望。政治上的民主与发展上的目标在政治协商中统一,最终达成兼具政治文件与法律规范统一的区域自治。然而,国家变革与社会转型的双重合力,使民族区域自治始终是政策意义上的作品,而未能上升到宪法规范意义上的权力自治。无论在行使自治权方面,还是在行使一般地方政府职权方面,民族区域自治这一地方政治主体均面临着灵活性与原则性难以调和的困境。在推进国家治理体系和治理能力现代化的背景下,如何把民族区域自治置于《宪法》格局之内,推动该制度朝向法治化转变,不只是涉及民族关系的重新定位,而且是直接发问究竟是依据何种原则作为民族关系法治化的规制边界。在国家主权完整的前提下,遵从《宪法》的至上性无疑是民族关系法治化构造的自然选择。

(一)坚持主体平等是民族关系法治化建构的根本原则

和平共处与互相尊重不仅是民族间交往的法则,而且是民族关系常态化的原则。这一原则在现代国家治理图景中是以《宪法》作为表现形式,替代了国家出现之前民族头人之间的图腾承诺。国家制定《宪法》的目的,不能被简单地理解为限制公权力和实现人民权利的规范宣言,而应当在人类命运共同体的光谱下考虑各民族之间的主体平等关系,以及维持这种关系的内在法绳。《宪法》中规定的各项权利并不因为民族的族别而被区别对待,恰恰正是考虑到各民族在各自发展历程中所表现出来的差异性而给予其一律平等的宪法地位,平等是维系民族关系和睦交往的根本原则,这一根本原则在世界范围内几乎无一例外地被置于一国《宪法》的规定之中。

我国是统一多民族国家,而不是多民族统一国家,更不是西方民族学与政治学以纯粹的民族个性而建构的联邦。统一多民族国家始终是以各民族共同

发展作为国家意志的全部主张,共同发展是各民族在方向上的同步发展,而不是发展幅度上的绝对一致。共同发展是中华民族的根本利益,它既不是以某个民族利益为主、其他民族利益为辅的总体观念,也不是把各民族利益加到一起构成利益拼图的整体观念,更不是借利益概念的概括性而掩盖大民族主义的观念。当代中国主权范围内全民族利益熔铸为中华民族的利益,是各民族利益融合的最大公约数。《宪法》是全体人民共同意志的最大公约数,代表了各民族的共同利益。所以,我国《宪法》是各民族人民利益的宣言书。在维护各民族人民利益共同发展的过程中,民族关系之间的利益紧张在《宪法》规范中得到缓和,而利益共识则凝聚为中华民族的复兴梦。因此,民族关系法治化是《宪法》关于各民族拥有平等权利义务的现实反映和具体实践,体现了各民族利益的共识,是《宪法》中的"大理"所在。

(二)坚持党的领导是民族关系法治化推进的基本原则

中华人民共和国现行《宪法》是中国共产党领导各族人民经过浴血奋战、艰苦卓绝斗争的果实,每个民族作为革命的志同道合之成员,平等地享有《宪法》规定和保障的各项权利,同时履行宪法义务是享受宪法权利的基本要求。在中华民族共同体的环盖下,《宪法》既是各民族基于国家认同的政治承诺,也是各民族表达民族存在的意志象征。遵从《宪法》既是各族人民的权利,又是各族人民的义务。《宪法》既是各民族自觉统一于中华民族的国家认同之基,也是各民族自觉消除民族间对立关系的政治共识。《宪法》是人民意志的规范表现,所以,认同《宪法》是遵从《宪法》的前提。人民意志是国家主权的全部内容,不仅划定了国家疆域的周边关系,而且确定了国家主权范围内引领民族关系发展的执政主体。《宪法》的序言指出:"平等团结互助和谐的社会主义民族关系已经确立,并将继续加强。"《宪法》中社会主义民族关系的架构基础是以人民代表大会制度作为根本政治制度的中国特色社会主义国体,历史证明:"中国新民主主义革命的胜利和社会主义事业的成就,是中国共产党领导中国各族人民……战胜许多艰难险阻而取得的。"因此,中国共产党是推动民族关系在命运共同体中发展的唯一政党,坚持党的领导是《宪法》作为根本原则的应有职责。

进入社会主义建设新时期特别是十一届三中全会召开以来，党把各族人民共同发展作为执政的第一要务。随着生产力的不断解放，民族地区之间经济社会发展从最初的差异到目前的差距，再到人民对美好生活的向往与发展不平衡不充分之间的矛盾，民族关系的逐步融洽集中体现了中国特色社会主义建设所取得的成就。“坚持中国共产党的领导是中国特色社会主义的最本质特征”，作为以中国特色社会主义为主权符号的中华民族，其中的任何一个民族都应当把坚持中国共产党的领导作为遵从《宪法》、处理民族关系的核心原则。中国共产党是中华民族的执政党，她不属于任何一个民族，也不为哪一个民族服务。然而，她却是每一个民族的利益维护者与发展推动者。中国共产党领导中华民族建设社会主义的中国梦，其实质是各民族的中国梦。在中国梦实现的进程中，一切民族关系的处理都应以拥护党的领导为宪法义务，这是各民族代表通过选举认同《宪法》的内在逻辑，表达了民族关系从属于中华民族在党的领导下实现民族共同体的宪法认同。

（三）坚持依法治国是民族关系法治化展开的重要原则

依法治国是《宪法》作为国家根本大法在全部政治生活中一以贯之的理念，是处理民族关系的基本法治思维，体现了执政理念源于人民意志的人民主权精神。依法治国既是执政党领导各民族共同发展的政治承诺，也是尊重各民族意志的“内卷化”行动，这不仅彻底消除了大汉族主义在处理各民族关系中的潜在影响，而且推动了民族关系法治化的民主协商进程。中华民族是统一多民族，中华人民共和国与中华民族统一于中国特色社会主义国家，《宪法》是国家主权范围内一切组织、机构、个人进行各种活动的自由保障。各民族通过《宪法》表达本民族的发展图景，中国共产党作为《宪法》中确定的执政党，依法治国是党的宪法义务，内在规定了执政党执政的合法性与正当性，明确指示了执政党处理民族关系必须坚持的基本原则，即在《宪法》规定的范围内发展各民族平等和谐的社会主义关系。

依法治国是推进民族平等的必然选择，民族关系法治化则是依法治国在建构民族关系过程中的具体实践。就整个国家而言，“法治是治国理政不可或缺的重要手段。法治兴则国家兴,法治衰则国家乱”。[①] 民族关系法治化的实质就是“把《宪法》和《民族区域自治法》的规定落实好”[②],从而把民族关系的处理依据从政策层面上升到法律层面,这是依法治国方略下民族关系法治化的建构性归属。民族关系法治化的具体内容是民族法治建设,因此,民族关系法治化是法治国家的应有之意,也是法治国家建设的内容。法治国家的建设是依法治国的落实,而依法治国又是《宪法》中关于执政方式的政治叙事。所以,民族关系法治化应当以坚持依法治国作为重要原则。

三、路径设计:民族关系法治化的逐级展开

民族关系法治化是政治伦理运用法治思维处理民族事务所表现出来的规范意识,是一个不断建构与沉淀的过程。民族关系法治化在统一多民族国家里,以建构中央与民族自治地方关系的法治化为顶层设计,在民族政策制定、民族事务处理等一“虚”一“实”两个方面逐步健全民族关系的法律制度,同步融入法治思维,推动民族关系法治化的逐级展开。

(一)不断推进中央与民族自治地方关系法治化

民族关系法治化的前提是中央与各民族之间关系的法治化。没有中央与各民族之间关系的法治化,民法关系法治化就失去了法治基础和法治逻辑。因此,民族关系法治化的建设应首先理顺中央与各民族之间的法治关系,而后才能以此为基础推进,实现民族关系法治化,进而生成民族共同体的认同基础。

1. 依据《宪法》规范界定中央与民族自治地方的关系属性。《宪法》是国家根本大法,通过授权方式进一步细化、明确民族自治地方权力的地方特性。通过民族地方自治基本法的制定实施,建立民族地方自治基本法拘束力,固化中央与民族区域自治地方的法治化关系。民族地方自治基本法的规范形式,能够弥补当下民族地方自治条例缺失的法律体系。全国人大及其常务委员会应根据《宪法》关于民族地方自治的基本原则,履行中央机构应当依法负有的立法主

① 习近平:《加快建设社会主义法治国家》,载《求是》2015 年第 1 期。

② 国家民族事务委员会:《中央民族工作会议精神学习辅导读本》,民族出版社 2015 年版,第 83 页。

导责任。针对民族地方自治的职权、职能、职务建立系统的法律规范，将民族区域自治制度上升到国家根本法的高度，使之成为《宪法》规范体系中的必要组成部分，从而以《宪法》的名义保障民族地方自治权的实施，促进民族关系法治化。

2. 依据《宪法》规范划定中央与民族自治地方的事权范围。依据《宪法》关于国家机构权力的概念性规定和 2016 年《国务院关于推进中央与地方财政事权和支出责任划分改革的指导意见》中关于中央事权的划定，民族地方自治机关应在中央统一领导下依法履行地方性事务。根据《民族区域自治法》关于民族地方自治的权限界定，在地方事权的基础上突出民族地方自治的属性。尽管民族区域自治地方享有政治、经济、管理等方方面面的自治权，但是，中央与民族自治地方之间关于公共事权存在交叉地带，中央与民族自治地方在尽可能明晰的原则下，依据《宪法》相对保留一块灵活共建的公共空间，从而确保中央与民族自治地方关系法治化的可塑性。

3. 全面落实《民族区域自治法》，促进民族地方自治法治化。民族自治地方权力机关不是某个民族的权力代理人，而是以中华民族共同体为基础的人民行使权力的代表机关。《民族区域自治法》是依据《宪法》制定的"小《宪法》"，其规定的事权内容是民族自治地方的法律义务，在地方事项中承担着把《宪法》职能转化为具体工作的作用。中央与民族自治地方关系法治化受制于当下的社会物质条件的限制，《宪法》与《民族区域自治法》必然因为地方事务的复杂、国家主权的尊严而发生法理意义上的冲突，这种冲突如何在法治化的前提下得到合法性解决，是法治关系发展进程中不可回避的问题。同时，要对《宪法》和《民族区域自治法》中关于"照顾""帮助""优惠""鼓励""减免""指导""尊重""扶持"等明显带有政治伦理性的非法律性语言进行法律化，并且对之进行法律编撰工作，使之具有法的内涵，从而具有法律规范构造层面上的确定性。

（二）不断推动民族政策工作法治化

所谓民族政策，是指"国家和政党为调节民族关系、处理民族问题而采取的相关措施、规定或政令的总和"[①]。自中华人民共和国成立,我国用"民族"统一了此前"民族"和"国族"混用之后,[②]民族政策也随之成为一项固定的称谓。现阶段我国关于民族法律规范体系遇到的主要问题,是法律规范体系质量难以通过法治方式在协调民族关系的基础上促进各民族交往。[③] 民族政策具有很强的灵活性,因此,将民族政策上升为国家法律,对于推动民族关系法治化具有制度固化的效果。

1. 民族政策制定颁布的法治化路径。民族政策的核心要义在于维护和谐民族关系,促进国家和民族在发展上的统一。"调整民族关系、处理民族问题,应重视民族政策的'法制化',将基本性、长期性的政策纳入立法调整。"[④]为此,"党的政策要经过国家的形式而成为国家的政策,并且要把在实践中证明是正确的政策用法律的形式固定下来"[⑤],这就从根本上解决了民族政策带来的民族自我区别性意识的现实选择问题,也是法治国家、法治政府与法治社会"三位一体"建设在民族政策上加盖的法治印章。

2. 民族政策实施过程的法治化跟进。民族政策基本上是以引导、扶助、鼓励等一些正向激励性措施为主要内容,鲜见惩罚性的政策约束。"制裁作为附属物乃是一个绝对必要的条件,亦即一项法律规范得以存在和得以有效的根本标准",[⑥]适度的制裁不仅是有效拘束民族地方自治机关中权力不当行使的措施,也是有效推行国家管理的必要手段。因此,民族政策的实施过程应以法律规范的同时跟进作为辅助手段,这是确保民族政策逐步转化为国家法律不可缺少的一环。在政策实施过程中,要给予政策解释和设定法律依据,从而实现原则性与灵活性的统一。

3. 民族政策转向规范的法治化程序。民族政策的规范化可以被视作民族

---

① 全国民委系统"六五"普法领导小组办公室,中国政法大学民族法研究中心:《民族法规政策知识读本》,中国政法大学出版社 2012 年版,第 3 页。

② 参见马戎:《对当代中国民族政策的反思》,载《青海民族研究》2013 年第 4 期。

③ 参见田钒平:《通过科学立法促进民族交往交流交融的法理探讨》,载《民族学刊》2020 年第 4 期。

④ 《邓小平文选》(第 2 卷),人民出版社 2008 年版,第 406 页。

⑤ 殷秀峰:《法律政策学视角下的民族政策法制化》,载《理论探索》2017 年第 5 期。

⑥ [美]E. 博登海默:《法理学:法律哲学与法律方法》,邓正来译,中国政法大学出版社 1999 年版,第 342 页。

立法这一概念下的政策法律化过程,“民族立法是对党和国家民族政策的细化、提升,是民族政策的具体化、条文化和固定化,是民族政策得以贯彻落实的保障”①。民族政策转向国家法律是一种立法行为,“从这个意义上说,政策的合法性是法治社会中不可逾越的门槛。法治不仅是法律的准绳,更是政策的紧箍咒”②。民族政策的价值只有被民族自治地方的实践检验证实具有普遍的意义,才能成为立法议案。民族政策的法治化是一项立法行为,因此,遵守立法程序是基本要求。

(三)不断推进民族事务法治化

民族事务的核心任务是保证各民族人民共享改革红利,过上美好的生活。各民族人民的基本生存状况必须得到有力的保障,就人的基本需求而言,解决生存问题是民族事务的根本问题,而满足各族人民对“美好生活”从向往到现实则是民族事务“永远在路上”的奋斗目标。“为了保障人民民主,必须加强法制”③。在现实生活中,各级政府在处理民族事务的过程中,往往忽略了族际人民之间的关系应以法律关系作为调整和处理社会关系的基本规范,通过族际人民关系的法治化建构,能够“有效协调族际公民交往中的冲突和矛盾”④,并且能够在法治轨道上推进民族关系的法治化。

1. 坚持依宪执政推进民族自治。“法律永远是主导力量……政策为法律服务,是辅助力量。”⑤民族事务法治化不仅是推进民族区域自治制度落地的宪法要求,而且是推进民族区域自治制度实现治理能力现代化的宪法精神。要在民族自治地方加强《宪法》宣传教育,将“一族一国”“以族统国”的西方论调从民族关系历史的意识中消除,以《宪法》的名义强化中华民族统一多元的民族关系;进一步加强《宪法》共识的凝聚,强化《宪法》信仰的提升。推动民族地方自治制度的宪

---

① 陈洪波、王光萍:《当前我国民族立法工作中存在的主要问题、成因及对策研究》,载《民族研究》2001年第2期。

② 胡平仁:《法律政策学的学科定位与理论基础》,载《湖湘论坛》2010年第2期。

③ 《邓小平文选》(第2卷),人民出版社2008年版,第146页。

④ 田钒平:《民族自治地方族际公民关系法治化研究》,载《学术界》2018年第11期。

⑤ 郭润生、刘东生:《论行政执法中法律与政策的关系》,载《法商研究(中南政法学院学报)》1999年第2期。

法化,并在《民族区域自治法》的基础上完善民族关系的法律体系建设。

2. 坚持依法治国推进民族协商。深化依法治国是党的十九大报告中的关键词之一,自党的十五大提出“依法治国”之后,依法治国与改革开放像一场革命,成为推动国家管理向国家治理转变的社会革命。在国家治理现代化图景中,民族区域自治制度的执行应当改善此前的主客体的对立思维,向着现代的全要素共同参与的同一思维前进。民族事务是民族关系的具体化表现,民族事务的处理应在依法治国的框架内,推进各项民族事务的民主协商,扩大群众的政治参与,做到依法参与、依法协商,从而贯彻依法治国内在的法治精神。

3. 坚持法治思维培养民族干部。“要彻底解决民族问题……没有大批少数民族出身的共产主义干部,是不可能的。”[①]依法提高各民族权益保障力度与推动民族地区社会经济政治文化等各方面事业的发展,需要能够用法治思维推动民族工作的干部。一要建立少数民族干部法制教育体系,体系化培养少数民族干部的法治思维;二要选拔法治意识强的民族干部,梯队化提高民族工作干部的法治能力;三要强化民族地区法治环境建设,强化“科学立法、严格执法、公正司法、全民守法”的系统化、社会化、生活化建设,从而建立良性的法治生态。

总之,民族关系法治化是我国政治体制改革领域中不能绕过去的环岛。政治体制追求的民主、社会制度保障的自由、法律体系维护的权利,不仅成为政治生活中必须面对的民族意识,而且成为西方反华势力煽动蛊惑民族分裂的理论来源。特别是裹挟着现代民主自由思想的西方资本主导下的经济全球化,传统的政策感化与政治调和将难以应对来自国外反华势力的政治图谋。然而,平等、民主这一集政治伦理与法律正义于一体的价值观,是解决民族分裂主义的道义利器。因此,要把民族关系法治化发展纳入社会主义法律体系的部门法规范之中,不仅充分体现法治思维对于推进民族关系法治化的价值和意义,保障民族政策对各民族发展所发挥的正向推动作用,而且更加有利于巩固党在世界范围内意识形态竞争格局中的话语权,在推进民族共同体发展的过程中实现各民族一律平等的宪法信仰。

---

① 中共中央文献研究室:《毛泽东文集》(第6卷),人民出版社1993年版,第20页。

第二节 系统推进国家主流文化传播、融合促进中华民族文化认同

自古以来,人类传播文明的方式方法有很多种,但是,随着固定族群的出现,民族的形成,民族间文化传播的方式方法似乎一下子变得少了,并为主要传播方式的出现提供了表现的机会。在这些以民族单位作为文明传播主体所能选择的方式当中,"武力征服有利于文明传播,非其他任何一种力量所能及"。[①] 武力征服的情况可能是落后文明民族在作为征服者的过程中被征服者的文化趁着被征服的通道实施反向传播,也可能是先进文明民族在实施武力征服的过程中顺带把本民族先进文明一并带入并伴随武力征服了落后民族。清朝入关之后虽然建立了大一统的国家政权,但从文明的角度而言,其实是一个落后文明民族依靠武力征服先进文明民族的过程。在这个过程中,清朝完成了从落后文明向先进文明的转变。甚至可以说,清朝采用武力征服换取了中原地区先进文明的融合同化。清朝不仅降服于中原文化而且尊之为国家王朝正统文化,保证了中华民族文明源远流长五千年而没有遭受中断,一脉相承。

主流文化是一个民族与另一个民族有所区别的主要特征,对于单一民族而言,主流文化是这一民族的主要文化。然而,对于中华民族这样的统一多民族来讲,由于民族数目太多,人口规模差别较大,主要文化与主流文化同单一民族相比,则有着本质上的不同。汉族文化可以说是主要文化,一是汉族人口众多,人的活动是文化全部内容的载体,人口数量决定了汉族文化表现出突出的位置;二是汉族人口居住地广泛,人口散布在全国各个地区,包括少数民族地区,汉族文化的传播表现出其强劲的生命力。尽管如此,汉族文化依然不是主流文化。一方面,汉族文化不能代表其他 55 个民族文化,虽然其他民族文化与汉族文化有共同之处,但是,这种文化共同在各自文化视域内所占比例很小;另一方

① [英]伯特兰·罗素:《权力论:新社会分析》,吴友三译,商务印书馆 1991 年版,第 26 页。

面,主流文化是民族文化共识,源于各个民族文化又超越各个民族文化,汉族文化不具备这个容量。主流文化是占统治地位的文化,属于上层建筑的核心内容,与政治制度不可分离。社会主义制度是我国的基本政治制度,社会主义制度决定了社会主义国家的主流文化。在我国,社会主义制度在文化领域里集中表现为社会主义核心价值观,即"富强、民主、文明、和谐,自由、平等、公正、法治,爱国、敬业、诚信、友善"。

社会主义核心价值观是中华民族的主流文化,也是中华民族的主要文化。它不仅涵盖了56个民族各自文化中精髓,而且在提取各民族文化共识的基础之上形成了新的文化,并概括为24个字。建设一个富强、民主、文明、和谐的国家,是每一个中华民族子孙为之奋斗的理想和目标,是每个民族作为中华民族的构成部分应当履行的政治道德义务;生活在一个自由、平等、公正、法治的国家里是每个人实现自己全面而自由发展的外部条件,失去这些条件,就失去了一个人自由发展的根本保障,而要实现这些保证,就不能离开一个富强、民主、文明、和谐的国家的存在。因此,建设富强、民主、文明、和谐的国家,是实现我们每个人生活在自由、平等、公正、法治的国家里的前提条件。当我们生活在这样一个自由、平等、公正、法治的国家里,我们个人的自由而全面的发展就会促进国家不断地走向富强、民主、文明、和谐。各个民族都是中华民族的构成单元,每个民族的人民都是中华民族大家庭里的人民,所以,我们要爱护我们共同的中华民族,履行自己的法律义务,形成诚信的社会关系,建构友善的社会秩序。每个中华民族儿女形成爱国、敬业、诚信、友善的良好氛围,就为每个民族造就自由、平等,公正、法治的社会秩序,我们的国家就会富强、民主、文明、和谐,与此同时,每个民族的人民都在中华民族共同体的覆盖下以爱国、敬业、诚信、友善的高尚道德不断完善自由、平等、公正、法治的人社环境。社会主义核心价值观是人类迄今为止站在每个民族的立场,以最广大各族人民的共识为基础的主流文化,也是中华民族推进各民族团结统一,一体多元发展的软实力。

一、建构系统文化教育提升少数民族社会主义核心价值观认同的文化意识

文化自人类发明文字以来,便成为文字表述的目标,文字则是文化得以传

播的载体。文化传播的方式多种多样,并被融合在社会交往的全部内容之中。其中,专门的学校教育是主要的方式。学校教育不仅能够系统地教授国家主流文化内容,而且能够使得国家主流文化在系统的学校教育中生成文化传统并被继承。

主流文化是传统文化在不断继承扬弃的过程中逐渐汇聚而成,既是国家意志的体现,也是社会民众共识的体现,表达了文化选择的主体性和历史性的统一。因此,主流文化教育应从基础教育开始,以启蒙方式开启各民族在繁衍过程中对主流文化的传承教育。所以,在边疆少数民族地区和民族自治地方开展学校教育,尤其是幼儿小学初中三个阶段的主流文化教育,对于塑造中华民族主流文化的共识具有基础性作用。我国《宪法》规定,国家推广普通话,而普通话是以汉字为基础的一套语义体系。同时,每个公民都有接受基础教育的权利和义务,这是《宪法》规定的权利和义务,包括边疆少数民族在内的各民族接受由国家统一实施的初等义务教育是法定义务。在各少数民族聚居区以及民族自治地区施以系统的国家普通话文化教育,既是国家的宪法道德,也是国家构建主流文化传统的路径选择。

文化教育开启一个人的心灵,而心灵的开启就如同早晨的阳光照耀在露水上使其变为自然界新鲜的空气。主流文化教育应当从幼儿教育开始,而文化教育是以文字作为载体的。中华民族是 56 个民族的大家庭,每个民族都有自己的语言,但是,各个民族拥有自己语言的这一族群特征的个性不能否定中华民族主流文化的统一性,更不能阻碍每个民族在中华民族的统领下承担继承发展主流文化的国家责任与法治道德。在保留各民族自身语言体系并使其不断发展的前提下,突破语言障碍是促进各民族主流文化共识的第一道关口。在以汉字作为普通话载体的国家文化教育体系中,系统建构体制化的普通话教育是打通各民族之间文化交流、沟通障碍,促进 56 个民族文化融合、共识的经验理性教育。在少数民族地区开展系统的普通话教育是营造、孕育中华民族主流文化的认知基础,也是推进主流文化成为全民文化过程中不可缺少的一环。在基础义务教育阶段,存在族群语言与国家通用普通话之间需要转译的特殊时期。双语教学的开展应从普通话学习开始,国家应在少数民族地区建立健全基础教育设施的基础之上，配备足够的汉语教师，按照语文学习模式，实施文字教育。同时，在少数民族地区和民族自治地区扩大义务教育周期和义务教育范围，制定各种激励制度，鼓励少数民族家庭接受国家普通话教育。在有条件的地区，比如毗连汉族的民族自治地区，可以以国家免费方式，采取寄宿模式，将达到可以接受义务教育年龄的青少年，施以一定学年周期的文化教育，提高国家普通话识读水平，从而增强国家主流文化的传播广度与深度。

二、建构多层次文化教育体制　促进少数民族地区国家主流文化共识的维度

国家主流文化教育不仅要在义务制教育阶段展开，而且要在不同群体中展开。以普通话教育为内容的义务教育，在少数民族自治地区往往被本民族语言包围，课堂上普通话教育的时间和深度对于接受义务教育的青少年而言远远比不上家庭生活中本民族语言对他们影响的时间和深度。其中，父母与成年兄弟姐妹的影响最为深远。从家庭文化、族群文化与国家主流文化影响的范围而言，上述三种文化呈现递增状态，而从影响内心深处的力度来看，上述三种文化大多数情况下呈现递减状态。这是因为文化对于个人的影响，主要的力量来自生活中的人和事，人际距离与周遭关系几乎构成了个人文化圈子的全部。青少年一方面接受体系化的国家普通话教育，另一方面在现实生活中是以本民族的语言作为文化形成过程中的全部理解成分，这就导致课堂上的普通话教育与生活中的普通话运用形成“两张皮”。而社会生活交往中国家普通话的运用才能推动国家主流文化的日渐生成，“皮之不存，毛将焉附”。

国家要大力在民族自治地区开展成人普通话认知教育，并把成人识读普通话教育与国家学历教育实行等级衔接制度，即普通话达到何种水平，便可以得到某种级别学历的认证，并把这种认证作为国家在少数民族地区提供各种福利的条件之一，通过认证与福利的结合，激励少数民族地区成年人学习国家普通话的热情，从而为青少年从学校返回家庭能够继续延伸普通话教育提供了人际空间。与此同时，对于接受普通话教育的青少年，则由教育部门大力推行各种以普通话为表现方式的亲子文化、家庭文化、邻居文化，这就在不同年龄、不同性别、不同家庭的人当中，围绕国家普通话教育形成了集体氛围，对于国家普通

话的深度普及具有不可替代的作用。随着国家普通话使用范围的不断拓展,以国家普通话为主要载体的国家主流文化也就具备了被宣传、理解、认知的通道,这为国家主流文化在少数民族地区生根发芽提供了文字土壤,并对中华民族一体多元文化背景下促成社会主义主流文化的共识奠定了深入人心的意识基础。

三、建构多种形式的文化教育组织　促进国家普通话的传播与积淀

文化传播的形式是多种多样的,文化教育的形式自然也就是多种多样的。多种多样的文化教育推动了多种多样的文化传播,而文化传播的多样性也引导了文化教育的多样性。明清两朝在少数民族地区实施的官学、义学一方面推动了中央王朝主张的儒学教育,另一方面则推动了民间教育的兴起。无论官学还是义学,不仅使国家文化教育多样化,而且使国家文化传播的渠道多样化,即从此前单一的官方渠道转变为官方民间双管齐下,而最终的结果殊途同归,即不约而同推动了国家文化的传播。文化传播的目的在于让受众认同,认同的基础是理解,理解的前提是受众具有传播某种文化所用文字的识读能力。因此,文化的传播可能会让受众有基于形式美的理解与认同,但是,单单是形式上理解与认同即便借助翻译也无法在内心世界里实现内容上的文化同构。明清两朝在云南兴办教育所取得的成效已经证明:没有系统的汉字教育,就没有日后儒学的推广与认同。特别是清朝在云南土司地区推行教育所取得的巨大成效,倘若没有明朝实施教育奠定的基础,清朝推行的儒学教育至少在成功的道路上还要多走一段路。而早先迁徙至此的汉族移民,则为清朝推行儒学教育奠定了社会基础,并以自己与少数民族交往过程中形成的儒学影响推动了国家教育的发展与效果实现。特别是清朝允许并支持义学的兴办,使当时云南地区以及土司地区在文化上首先认同中原,继而认同清朝这一历史过程中不可忽视的文化教育模式。

少数民族地区特别是自治区域,尤其是乡镇以上的城镇区域,基本上国家义务教育体制已经实现了全覆盖,在边远少数民族地区还存在长期没有得到彻底解决的"上学远、上学难"的问题。一方面,国家义务教育尚未能够下沉到偏远少数民族居住区;另一方面,对于义务教育反馈到国家治理的认识还停留在

经济发展上面,忽略了文化教育对中华民族一体多元共同体凝聚的内在作用。同时,也能够看出非政府组织实施文化教育在国家文化教育图景中的缺失。在国家保证系统性的国民文化教育体制机制的同时,要大力鼓励、支持民间文化教育在少数民族地区的发展。为民间教育在少数民族地区的投资、兴办、管理、监督制定专门性规范,并在资金、工商税务等方面给予政策性扶持和支持,并建立国家考评标准,促进民办文化教育质量的发展,尤其是要建立民间文化教育组织对国家主流文化传播所发挥的积极性作用评价的体制,这是国家鼓励、兴办民间教育的道德义务。通过民间文化教育的发展,一方面,解决了国家公办文化教育难以满足个性化需求的问题,另一方面,可以帮助国家更好地弥补人力资源市场对专门性人才需要的培养缺口,在短平快的专业培训过程中换到一个理解国家主流文化的角度,这就促进了文化理解能力的体系化建设。

第三节 系统建构技能培训体制 促进民族地区社会认同意识提升

明朝外迁中原人口移居云南土司地区,带去了先进生产文明的同时,促进了当地的经济发展,农业、工业与商业由于外来人员与本地土著之间无法拒绝的贸易而得到促进。先进的经济文明推动了文化文明的交融,并在交融的过程中发生外来文化同化土著文化的文化同构;随着生产文明的交流,外来先进的生产技术在改善土著生产文明的过程中又强化了外来文明的替换作用。土著由于学习先进生产技术而在与先进技术掌握者的交流中潜移默化地受到外来文化的浸淫。这种带有"构陷"性质的移民举措,主要的贡献不在于提高了当地的生产力水平,而是为建构全国自上而下的文化共识铺就了地理距离无法提供的通道。随后清朝也仿效明朝实施了一定规模的人口迁移,在人口迁移的基础之上,主要地强化了内地与云南、云南与境外之间的贸易。通过内地与云南的贸易,促进云南土司地区生产力的不断发展,并通过中央王朝的资本扶持与税负征收,促进矿业的规模化开采。这些经由内地人开办的矿业则为当地人出售剩余产品提供了市场,而一定数量的人口也对当地农业生产技术的改进提出了要求,即如何增加粮食产量以满足消耗。源源不断的人口往来也推动了当地少数民族的各种农副产品、手工业的发达,市场的形成则为更多的人提供了交易平台,而交易既是专业商户的就业特征,也是商品生产者充满热情继续商品生产的动力,从而为生产者提供了就业岗位。经济发达的土司地区几乎没有发生过动乱,也未阻碍改土归流之策的实施,怒江以西以及矿业生产不及的滇南地区出现了作乱与艰难的改土归流,两相对比即可做出一个基本的判断:改变经济环境和改善生活水平既是降服土著贵族的有力举措,也是同构主流文化不可缺少的基础性措施。

自清朝被革命的力量推翻已百年之久,边境少数民族地区以及民族自治区域由于客观自然环境的原因,其经济发展生态与内地发达地区经济发展生态相比,既有生产技术上的差距,也有营商能力的差距,关键在于人的就业能力未能通过有效的教育培训得到开发,特别是与当地经济发展相适应的就业能力培训,长期以来处于自然状态,即传统的族群内部的技艺传承,缺乏甚至阻却外来先进技术的传入与学习。一方面,各民族之间特别是先进地区与相对落后地区之间缺少生产力沟通渠道,即先进生产力难以让民族自治地区看到直接的经济效益和对个人以及家庭的直接影响力;另一方面,代表先进生产力的技能与知识未能通过教育培训转化为少数民族地区个人的就业能力,搁置了先进生产力在少数民族地区的实际运用,难以在少数民族地区形成一个良好运转秩序的经济生态和市场生态,并且导致民族文化之间不断疏远,形成文化封闭,从而加深民族隔阂,在中央权力下沉的过程中无形地形成一层起到托底作用的浇筑板。

一、建立实用型技术培训体制　提升个人就业创业能力

少数民族地区相对内地而言,基础教育、中等教育和高等教育经过半个多世纪的建设,无论是在规模上还是接受教育的人口比例上都有了很大的提高。这些体制化的文化教育注重基础知识教育,这些教育对于促进少数民族理解中华民族主流文化具有一定的积极性作用,但同时由于这些文化知识难以转化为实用性技能,受教育者往往半途而废,进入传统的生产链之中。技能是现代社会改善经济能力的基础能力,现代技能的输入是以国家通用语言作为传播载体

的，这就导致固守本民族语言作为学习工具的少数民族难以掌握现代技能，也难以从事以语言交流为载体的商贸活动。因此，建立少数民族地区实用型技术培训体制，提升个人就业创业能力是拆除少数民族地区与内地发达地区之间隔墙的主体性作为。一方面，国家教育主管部门协调东西部资源，以政府名义建立公办技能培训机构；另一方面，鼓励、支持、扶持社会组织在少数民族地区开展实用技能培训业务。双轨制既可以保证按照国家需求培养人才，又可以保证满足市场对人才需求的供应，这就拓宽了就业创业范围。获得经济自足并不断通过技术改善生活水平的劳动者，绝大部分会持安居乐业的态度，维持稳定的生活秩序。一部分人的稳定必然对不稳定情绪产生化解的影响，这对于化解极端宗教势力在普通民众中的宗教传播与组织具有不可替代的作用。

二、建立企业用工性补贴制度 促进少数民族人口内迁

自古以来，中原封建王朝几乎清一色采用了内地人口外迁的模式，实现边疆地区的稳定与安全，同时辅助其他政治性交往推动边境地区发展。时至今日，我国内地与边疆之间基本上解决了交通问题，高速公路与铁路、航路等物理性建设取得了长足的进步，已经实现了天堑变通途。农耕社会时代生产工具的差别也被现代技术、现代观念以及现代精神所取代，特别是内地经过改革开放四十多年取得了巨大的成就，进一步拉大了各民族之间的差距，尤其是边疆少数民族与民族自治地方的之间的差距。因此，可以通过技术人力资源转移内地的途径，增进少数民族具有一技之长的人员进入内地企业工作。通过国家有关部门居中协调，根据内地企业人力资源的需求，在少数民族地区进行针对性的技能培训。采取“订单式”培训模式，一方面，满足内地企业用工需求；另一方面，为技能学习者及时提供了就业岗位，不至于出现学而无用的人才闲置。鉴于国企用工机制，国家通过补贴机制鼓励私企聘用少数民族人员，这就有利于促进国家和社会在少数民族地区开展实用型技能培训，而接受培训的前提首先是学会国家通用语言。因此，培训的过程也是国家主流文化潜移默化熏陶的过程。经过一段时间的沉淀，进入内地务工的少数民族人员如同明清两朝在边疆地区开荒的内地人一样，逐渐就从定居形成群居。在城镇化建设的背景下，进

入内地务工人员就会改善自己的生活，提高生活质量，并在代际繁衍进程中融入国家主流文化。

三、建立企业投资型减税制度　拓宽内地人口规模外迁

明清两朝统治云南的经验之一就是开采矿业，围绕矿山形成规模化的人口村落，形成一个经济贸易、文化交融的多民族共居地，不仅推动了当地文化教育的发展，而且加深了各民族之间的联系，并对流官统治产生了积极的影响。民族自治地区、边疆少数民族地区与内地之间建立联系，从理论上讲比较方便，发达的交通设施为之提供了便利。然而，这种物理上的便捷无非是为旅游提供了方便，对民族间联系的强化并没有起到很明显的作用。即便包括经济联系，也只是提高了民族地区的经济收入，但这并不意味着外在的经商活动强化了民族间内在的认同联系。当年的建设兵团尽管如此大规模成建制地进入新疆，实际上通过集中居住在事实上形成了民族隔离，不利于民族间认同。内地人口密度远远大于边疆少数民族，与此同时，发达的经济则导致人口密度出现马太效应。外迁内地人口既是稀释内地人口密度的需要，也是发展边疆地区经济、驱使人口分布均衡的需要。生计是安置迁移人口的首要条件，虽然明清两朝在迁移人口中存在强制，但是，允许留有私田的田亩制度，给予荒田减免田赋的制度对于吸引、稳定迁移人口发挥了不可小觑的作用。进入工业化时代，人们的生计不再是一口田，而是一份职业。鼓励企业到边疆地区开办企业，以特别社会福利政策鼓励内地人外迁边疆少数民族地区，既促进当地的经济发展，将更多的当地人与外来人融入一起，又减轻了内地人口聚居的压力，均衡了整个国家人口分布，更有利于各民族间的融合。

参考文献

（一）古籍类

1.《明太祖实录》，台北，“中央研究院”历史语言研究所1962年版。

2.《明世宗实录》，台北，“中央研究院”历史语言研究所1962年版。

3.《明神宗实录》，台北，“中央研究院”历史语言研究所1962年版。

4.《明宪宗实录》，台北，“中央研究院”历史语言研究所1962年版。

5.《明孝宗实录》，台北，“中央研究院”历史语言研究所1962年版。

6. 陈子龙：《皇明经世文编》，台北，台联国风出版社1968年版。

7. 宋濂：《元史》，中华书局1976年版。

8. 申时行：《明会典》，中华书局1989年版。

9. 王守仁：《王阳明全集》，上海古籍出版社1992年版。

10.《清实录·世祖实录》，台北，华文书局总发行1989年版。

11.《清实录·高祖实录》，台北，华文书局总发行1989年版。

12.《清实录·圣祖实录》,台北,华文书局总发行 1989 年版。
13.《清实录·高宗实录》,台北,华文书局总发行 1989 年版。
14.《清实录·宣宗实录》,台北,华文书局总发行 1989 年版。
15.《清实录·仁宗实录》,台北,华文书局总发行 1989 年版。
16.《清实录·文宗实录》,台北,华文书局总发行 1989 年版。
17.《清实录·德宗实录》,台北,华文书局总发行 1964 年版。
18.《清实录·高祖实录》,台北,华文书局总发行 1989 年版。
19. 杨锡绂:《四知堂文集》,嘉庆十一年(1806)杨刻本。
20. 戴龄:《钦定户部则例》,同治十三年(1874)校刊本。
21. 谈迁:《国榷》,中华书局 1958 年版。
22. 王鸿绪:《明史稿》,台北,文海出版社 1962 年版。
23. 张廷玉:《明史》,中华书局 1974 年版。
24.《清世宗实录》,中华书局 1985 年版。
25. 昆冈:《钦定大清会典》,上海古籍出版社 1995 年版。
26. 张廷玉等撰:《明史·土司传》,中华书局 1974 年版。
27.《明史》,中华书局标点本,中华书局 1974 年版。
28. 赵尔巽:《清史稿》,中华书局 1977 年版。
29. 赵尔巽:《清史稿》,上海古籍出版社、上海书店 1986 年版。
30. 刘锡蕃:《岭表纪蛮》,商务印书馆 1934 年版。
31. 倪蜕:《滇云历年传》,李埏校点,云南大学出版社 1992 年版。
32. 阿桂:《钦定户部军需则例》,上海古籍出版社 2002 年版。

(二)方志类

1. 刘文徵:《滇志》,古永继点校,云南教育出版社 1991 年版。
2. 允禄、鄂尔泰:《朱批谕旨》,乾隆三年(1738)武英殿朱墨套印本。
3. 鄂尔泰、尹继善:《乾隆云南通志》,乾隆元年(1736)刻本。
4. 鄂尔泰等:《乾隆贵州通志》,巴蜀书社影印本 2006 年版。
5. 罗绕典:《黔南职方纪略》,道光二十七年(1847)罗氏家刻本。

6. 严从简著、于思黎点校:《殊域周咨录》卷九《云南百夷》,中华书局 2000 年版。

7. 袁文揆:《滇南文略》,上海书店出版社 1994 年版。

8. 蓝鼎元:《边省苗民事宜论》,载《小方壶斋舆地丛钞》影印本,王锡祺辑,杭州古籍出版社 1985 年版。

9. 王清贤:《武定县志》,康熙二十六年(1687)刻本。

10. 毛奇龄:《蛮司合志》,西河合集本,清乾隆三十五年(1770)刻本。

11. 陈登龙:《西康省里塘志略》,台北,成文出版社有限公司 1970 年版。

12. 羊复礼、梁平等:《镇安府志》,台北,成文出版社 1966 年版。

13. 黄宅中:《道光大定府志》(点校本),中华书局 2000 年版。

14. 李春龙审定:《新纂云南通志》,云南人民出版社 2007 年版。

15. 云南省地方志编纂委员会:《云南省志 · 军事志》,云南人民出版社 1997 年版。

16. 凉山彝族自治州地方志编纂委员会:《凉山州志 · 军事志》,方志出版社 2011 年版。

17. 刘文徵:《滇志》,古永继校点,云南教育出版社 2002 年版。

18. 丽江县县志编委会办公室:《丽江府志略》,丽江纳西族自治县县志编委会翻印 1991 年版。

(三)参考其他专著类

1. 周琼:《清代云南瘴气与生态变迁研究》,中国社会科学出版社 2007 年版。

2. 方国瑜主编:《云南史料丛刊》,云南大学出版社 2001 年版。

3. 云南省立昆华民众教育馆编辑:《云南边地问题研究》,黑龙江教育出版社 2013 年版。

4. 吴晗:《朝鲜李朝实录中的中国史料》,中华书局 1980 年版。

5. 龚荫:《中国民族政策史》,四川人民出版社 2006 年版。

6. 谭丕模:《清代思想史纲》,上海古籍出版社 2014 年版。

7. 夏家馂:《清朝史话》,北京出版社 1985 年版。

8. 萧一山:《清代史》,辽宁教育出版社 1997 年版。

9. 孟森:《明清史讲义》,商务印书馆 2011 年版。

10. 钱穆:《国史大纲》,商务印书馆 2010 年版。

11. 中国人民大学历史系、中国第一历史档案馆合编:《清代农民战争史料选编》,中国人民大学出版社 1984 年版。

12. 钱穆:《中国历代政治得失》,九州出版社 2014 年版。

13. 白钢:《中国政治制度史》,天津人民出版社、新西兰霍兰德出版有限公司 1991 年版。

14. 萧公权:《中国政治思想史》,商务印书馆 2011 年版。

15. 梁启超:《饮冰室文集点校》,吴松等点校,云南教育出版社 2001 年版。

16. 夏光南:《中印缅道交通史》,中华书局永宁印刷厂 1948 年版。

17. 黄云眉:《明史考证》,中华书局 1979 年版。

18. 吴永章:《中国土司制度渊源与发展史》,四川民族出版社 1988 年版。

19. 王守稼:《封建末世的积淀和萌芽》,上海人民出版社 1990 年版。

20. 龚荫:《中国土司制度》,云南民族出版社 1992 年版。

21. 徐杰舜:《中国民族政策史鉴》,广西人民出版社 1992 年版。

22. 白寿彝:《中国通史》,上海人民出版社 1994 年版。

23. 中国人民政治协商会议云南省德宏傣族景颇族自治州委员会文史和学习委员会编:《德宏州文史资料选辑》,德宏民族出版社 1997 年版。

24. 李世愉:《清代土司制度论考》,中国社会科学出版社 1998 年版。

25. 俞荣根:《羌族习惯法》,重庆出版社 2000 年版。

26. 木丽春:《木氏土司秘史》,民族出版社 2007 年版。

27. 成臻铭:《清代土司研究——一种政治文化的历史人类学观察》,中国社会科学出版社 2008 年版。

28. 向盛福:《土司王朝》,内蒙古人民出版社 2008 年版。

29. 贾霄锋:《藏区土司制度研究》,青海人民出版社 2010 年版。

30. 蓝武:《从设土到改流——元明时期广西土司制度研究》,广西师范大学出版社 2011 年版。

31. 龚荫:《明清云南土司通纂》,云南民族出版社 1985 年版。

32. 何耀华:《云南通史》,中国社会科学出版社 2011 年版。

33. 凉山彝族自治州博物馆等:《凉山历史碑刻注评》,文物出版社 2011 年版。

34. 朱金甫:《清代典章制度辞典》,中国人民大学出版社 2011 年版。

35. 云南省编辑组:《景颇族社会历史调查》,云南人民出版社 1985 年版。

36. 吴永章:《中国土司制度渊源与发展史》,四川民族出版社 1988 年版。

37. 四川省民族研究所:《清末川滇边务档案资料》,中华书局 1989 年版。

38. 王梅堂:《清代武定彝族那氏土司档案史料校编》,中央民族学院出版社 1993 年版。

39. 郭松义等:《中国政治制度通史》,人民出版社 1996 年版。

40. 李治安主编:《唐宋元明清中央与地方关系研究》,南开大学出版社 1996 年版。

41. 马大正、刘逖:《二十世纪的中国边疆研究——一门发展中的边缘学科的演进历程》,黑龙江教育出版社 1998 年版。

42. 方国瑜:《云南史料丛刊》,云南大学出版社 2001 年版。

43. 杨一凡、田涛主编:《中国珍稀法律典籍续编 · 少数民族法典法规与习惯法》,黑龙江人民出版社 2002 年版。

44. 崔永红:《土官与土司》,青海人民出版社 2004 年版。

45. 尹绍亭、唐立主编:《中国云南耿马傣文古籍编目》,云南民族出版社 2005 年版。

46. 朱金甫等主编:《清代典章制度辞典》,中国人民大学出版社 2011 年版。

47. 龚荫:《中国少数民族史》,四川人民出版社 2012 年版。

48. 方铁:《方略与施治:历朝对西南边疆的经营》,社会科学文献出版社 2015 年版。

49. 成臻铭:《土司制度与西南边疆治理研究》,社会科学文献出版社 2016 年版。

50. 李道生:《峡谷深处的土司制》,云南教育出版社 2007 年版。

51. 戴逸:《简明清史》,人民出版社 1980 年版。

52. 吴吉远:《清代地方政府司法职能研究》,故宫出版社 2014 年版。

53. 江应樑:《傣族史》,四川民族出版社 1983 年版。

54. 陆韧:《云南对外交通史》,云南人民出版社、云南大学出版社 2011 年版。

55. 中国史稿编写组:《中国史稿》,人民出版社 1987 年版。

56. 李学勤:《中国古代史导读》,文汇出版社 1991 年版。

57. 傅林祥、林涓、任玉雪、王卫东:《中国行政区划通史 · 清代卷》,复旦大学出版社 2013 年版。

58. [美]巴菲尔德:《危险的边疆:游牧帝国与中国》,袁剑译,江苏人民出版社 2011 年版。

59. 许倬云:《说中国:一个不断变化的复杂共同体》,广西师范大学出版社 2015 年版。

60. 梁柏力:《被误解的中国——看明清时代和今天》,中信出版社 2010 年版。

61. 那思陆:《清代州县衙门审判制度》,文史哲出版社 1982 年版。

62. 张溯崇:《清代刑法研究》,台北,华冈出版部 1974 年版。

63. 吕振羽:《中国历史讲稿》,人民出版社 1984 年版。

64. 戴逸主编:《文津阁四库全书清史资料汇刊》,商务印书馆 2006 年版。

65. 楚雄彝族文化研究所:《清代武定彝族那氏土司档案史料校编》,中央民族学院出版社 1993 年版。

66. 葛兆光等:《殊方未远:古代中国的疆域、民族与认同》,中华书局 2016 年版。

67. 葛兆光:《历史中国的内与外:有关“中国”与“周边”概念的再澄清》,香港中文大学出版社 2017 年版。

68. 傅衣凌:《明清社会经济史论文集》,人民出版社 1982 年版。

69.《马克思恩格斯全集》,人民出版社 1975 年版。

70. 亚里士多德:《政治学》,吴寿彭译,商务印书馆 1965 年版。

71. [英]梅因:《古代法》,沈景一译,商务印书馆 2011 年版。

72. 张晋藩、郭成康:《清入关前国家法律制度史》,辽宁人民出版社 1988 年版。

73. 朱映占:《云南民族通史》,云南大学出版社 2016 年版。

74. 中国社会科学院历史研究所清史研究室编:《清史论丛》,中华书局 1991 年版。

75. 蓝鼎元:《鹿洲全集》,厦门大学出版社 1995 年版。

76. 陈茂同:《历代职官沿革史》,华东师范大学出版社 1988 年版。

77. 张溯崇:《清代刑法研究》,台北,华冈出版部 1974 年版。

78. 马起华:《清高宗朝之弹劾案》,台北,华冈出版部 1974 年版。

79. [法]卢梭:《社会契约论》,何兆武译,商务印书馆 1980 年版。

80. [美]保罗·康纳顿:《社会如何记忆》,纳日碧力戈译,上海人民出版社 2001 年版。

81. [英]伯特兰·罗素:《权利论:新社会分析》,吴友三译,商务印书馆 1991 年版。

82. 林明波:《清代许学考》,台北,嘉新水泥公司文化基金会 1964 年版。

83. 彭孙贻:《客舍偶闻》,北京燕山出版社 2013 年版。

84.《马克思恩格斯全集》,人民出版社 1975 年版。

85. 郭松义:《清代赋役、商贸及其他》,天津古籍出版社 2011 年版。

86. 陈宝贵:《东山土司》,云南人民出版社 2014 年版。

87. 蔡寿福:《云南教育史》,云南教育出版社 2001 年版。

88. 刘光智:《云南教育简史》,贵州人民出版社 1993 年版。

89. [英]伯特兰·罗素:《权威与个人》,储智勇译,商务印书馆 2010 年版。

90. 李庄生:《云南之边务杂纂·边地教育之我见》,云南省立昆华民众教育馆 1933 年版。

91. 彭桂宁:《边地之边地》,云南省立双师发行,云南开智公司印刷 1933 年版。

92. 李庄生:《云南之边务杂纂·云南第一殖边区域内之人种调查》,云南省立昆华民众教育馆 1933 年版。

93. 李景森:《葫芦王地概况》,云南省立昆华民众教育馆 1933 年版。

94. 德宏州史志办公室:《德宏历史资料》,德宏民族出版社 2012 年版。

95.《鲁迅全集》(第 5 卷),人民文学出版社 1982 年版。

96. 翦伯赞、郑天挺主编:《中国通史参考资料》,中华书局 1966 年版。

97. 云南省历史研究所编:《〈清实录〉有关云南史料汇编》,云南人民出版社 1984 年版。

98. 佘贻泽:《中国土司制度》,正中书局 1944 年版。

99. 江应樑:《明代云南境内的土官与土司》,云南人民出版社 1958 年版。

100. 路遇等编著:《中国人口通史》,山东人民出版社 2000 年版。

101. [美]费正清、刘广京:《剑桥中国晚清史:1800—1911 年》,中国社会科学院历史研究所编译室译,中国社会科学出版社 1985 年版。

102. 彭泽益:《中国近代手工业史资料》(第 1 卷),三联书店 1957 年版。

103. 尤中:《云南民族史》,云南大学出版社 1994 年版。

104. [美]杜赞奇:《从民族国家拯救历史》,王宪明等译,江苏人民出版社 2009 年版。

105.《周恩来选集》(下卷),人民出版社 1997 年版。

106. [美]詹姆斯 · C. 斯科特:《弱者的武器》,郑广怀等译,译林出版社 2007 年版。

107. 王海洲:《合法性的争夺——政治记忆的多重刻写》,江苏人民出版社 2008 年版。

108.《邓小平文选》,人民出版社 2008 年版。

109. [苏联]帕舒卡尼斯:《法的一般理论与马克思主义》,杨昂、张玲玉译,中国法制出版社 2008 年版。

110. 习近平:《习近平谈治国理政》,外文出版社 2017 年版。

111. 国家民族事务委员会:《中央民族工作会议精神学习辅导读本》,民族出版社 2015 年版。

112. 全国民委系统“六五”普法领导小组办公室、中国政法大学民族法研究中心编:《民族法规政策知识读本》,法律出版社 2012 年版。

113. [美]E. 博登海默:《法理学:法律哲学与法律方法》,邓正来译,中国政法大学出版社 1999 年版。

114. 中共中央文献研究室:《毛泽东文集》(第 6 卷),人民出版社 1993 年版。

115. [英]伯特兰·罗素:《权力论:新社会分析》,吴友三译,商务印书馆 1991 年版。

(四)期刊类(排序按照参考顺序)

1. 李宗放:《对"土司"名称的出现、内涵、使用范围的考析》,载《民族学刊》2018 年第 2 期。

2. 胡绍华:《李定国实现联明抗清的原因分析》,载《商丘师范学院学报》2004 年第 4 期。

3. 龚荫:《关于明清云南土司制度的几个问题》,载《西南民族学院学报(社会科学版)》1986 年第 3 期。

4. 曹相:《云南土司制度源流》,载《云南师范大学学报(哲学社会科学版)》1984 年第 4 期。

5. 韦文宣:《西南地区土司制度略述》,载《历史教学》1985 年第 3 期。

6. 张永国:《关于土司制度研究中的几个问题》,载《贵州文史丛刊》1986 年第 4 期。

7. 史继忠:《略论土司制度的演变》,载《贵州文史丛刊》1986 年第 4 期。

8. 白耀天:《土司制度确立于元代说》,载《广西民族研究》1999 年第 4 期。

9. 陈庆德:《云南民族经济在皇朝中央集权制度框架中的开发进程》,载《云南社会科学》1998 年第 5 期。

10. 张晓松:《论元明清时期的西南少数民族土司土官制度与改土归流》,载《中国边疆史地研究》2005 年第 2 期。

11. 成臻铭:《"土司学"的提出与推进》,载《吉首大学学报(社会科学版)》2017 年第 4 期。

12. 方铁:《土司制度与元明清三朝治夷》,载《贵州民族研究》2014 年第 10 期。

13. 蔡燕:《论明清时期的土司承袭立法及其特点》,载《贵州民族研究》2019 年第 7 期。

14. 邹建达:《土司研究应避免碎片化》,载《遵义师范学院学报》2015 年第 3 期。

15. 曹相:《土官与土司考辩》,载《云南民族学院学报》1984 年第 4 期。

16. [日]谷口房男:《土司制度论》,杨勇、廖国一译,载《百色学院学报》2007 年第 3 期。

17. 杜玉亭:《土司职称及其演变考释》,载《学术研究》1963 年第 6 期。

18. 罗中、罗维庆:《共识缺失:土司研究泛化的成因》,载《云南师范大学学报(哲学社会科学版)》2015 年第 2 期。

19. 韦文宣、严英俊:《羁縻制与土司制名异质同论略》,载《广西民族研究》1991 年第 3 期。

20. 何威:《家族视域下的西北土司与西南土司比较研究》,载《中央民族大学学报(哲学社会科学版)》2016 年第 5 期。

21. 杨庭硕、彭兵:《对土司制度终结的再认识》,载《吉首大学学报(社会科学版)》2016 年第 5 期。

22. 李良品:《土司制度终结的三个标志》,载《吉首大学学报(社会科学版)》2016 年第 5 期。

23. 杨庭硕:《试论土司制度终结的标志》,载《云南师范大学学报(哲学社会科学版)》2012 年第 3 期。

24. 彭文斌:《近年来西方对中国边疆与西南土司的研究》,载《青海民族研究》2014 年第 2 期。

25. 增:《西南丝绸之路综合考察引起中外关注》,载《中国民族》1988 年第 5 期。

26. 周智生、王玉惠:《边疆与民族之间:近代边疆社会转型中民族商人政治参与的地方性轨迹——以滇西北为例》,载《西南民族大学学报(人文社科版)》2018 年第 9 期。

27. 余汉华:《英法两帝国主义夹攻下之西南滇边》,载《边事研究》1934 年第 1 期。

28. 段金生:《土司政治与王朝治边:清初的云南土司及其治理》,载《民族研究》2019 年第 2 期。

29. 祝国超:《土司时期乌江流域民族关系与社会发展研究》,载《湖北民族学院学报(哲学社会科学版)》2017 年第 2 期。

30. 谢国先:《土司制度的根本性质——论多民族国家民族自治与间接统治的必然性与普遍性》,载《长江师范学院学报》2016 年第 4 期。

31. 尹宁、游俊:《"原官授之"考》,载《贵州民族研究》2020 年第 8 期。

32. 王瑞平:《明清时期云南的人口迁移与儒学在云南的传播》,中央民族大学 2004 年博士学位论文。

33. 古永继:《清代云南官学教育的发展及其特点》,载《云南社会科学》2003 年第 2 期。

34. 胡小安:《从争土到划界:广西土司辖地问题浅议》,载《广西民族师范学院学报》2015 年第 6 期。

35. 李良品、吴晓玲:《论明清时期土司制度的构成——学理层面的诠释》,载《三峡论坛(三峡文学·理论版)》2016 年第 3 期。

36. 宋娜:《论"家国同构"格局下的土司治理方式——以播州杨氏土司为考察中心》,载《长江师范学院学报》2016 年第 2 期。

37. 黄云川:《对 18 世纪清缅冲突的考察——以边境土司、纳贡及和约为视角》,载《历史教学问题》2019 年第 6 期。

38. 马戎:《中华文明的"内"与"外"》,载《复旦学报(社会科学版)》2016 年第 5 期。

39. 葛兆光:《名实之间——有关"汉化"、"殖民"与"帝国"的争论》,载《复旦学报(社会科学版)》2016 年第 6 期。

40. 许新民:《论清咸同起义以来云南土司治策——以承袭与改流为中心》,载《云南师范大学学报(哲学社会科学版)》2013 年第 1 期。

41. 葛兆光:《什么时代中国要讨论"何为中国"?——在云南大学的演讲记录》,载《思想战线》2017 年第 6 期。

42. 王春桥:《明清云南西部边地土司“内外”分际的历史过程》,载《中国历史地理论丛》2019年第1期。

43. 陈维新:《鄂尔泰与雍正对云南改土归流的“君臣对话”——台北故宫博物院所藏朱批奏折选件》,载《思想战线》2018年第4期。

44. 刘艺乒:《论云南土司制度与古代地方法制》,载《思想战线》1994年第6期。

45. 贾霄锋、杨明东:《清代土司地区社会治理法治化路径研究:基于民间法视野》,载《青海民族研究》2020年第3期。

46. 方悦萌:《明末至雍正朝改土归流之前云贵土司地区的法治》,载《地域文化研究》2018年第1期。

47. 陈季君:《清代土司档案所见借贷案例初析》,载《青海民族研究》2019年第1期。

48. 杨永福:《试论云南壮族地区侬氏土司统治时期较长的缘由及其他》,载《文山学院学报》2018年第5期。

49. 李良品、李思睿:《“圈层结构”视域下道光年间滇南地区土司权力结构与运行——以〈滇事杂档〉史料为中心》,载《西南民族大学学报(人文社会科学版)》2019年第6期。

50. 陈一容:《清代官吏惩戒制度及其失败原因初探》,载《西南大学学报》2006年第3期。

51. 贾霄锋:《明清时期土司奖惩制度研究:基于国家治理的制度逻辑》,载《青海民族研究》2019年第1期。

52. 赵金萍:《傣族土司制度对德昂族的影响——以陇川县户弄村为例》,载《云南民族大学学报(哲学社会科学版)》2008年第2期。

53. 郗玉松:《改土归流与清代湖广土家族地区城市的重建——从象征王权的土司城到象征皇权的府州县城》,载《湖北民族学院学报(哲学社会科学版)》2016年第2期。

54. 张云燕:《从〈滇黔土司婚礼记〉看陈鼎的族群认同》,载《昭通学院学报》2019年第2期。

55. 林荃:《云南土司制度的历史特点及分期》,载《云南民族学院学报(哲学社会科学版)》1993 年第 1 期。

56. 田玉隆:《土司制与羁縻制、土官与流官的关系和区别》,载《贵州大学学报(社会科学版)》1988 年第 3 期。

57. 李恩军:《评清朝“改土归流”民族政策》,载《满族研究》1990 年第 2 期。

58. 刘本军:《论鄂尔泰改土归流的原则和策略——兼对“江外宜土不宜流,江内宜流不宜土”说质疑》,载《思想战线》2001 年第 2 期。

59. 林建曾:《试论“改土旧流”政策形成、推行的几个阶段》,载《广西民族研究》1988 年第 2 期。

60. 张鑫昌、李兴福:《鄂尔泰奏折与云南改土归流》,载《档案学通讯》2008 年第 1 期及《鄂尔泰奏折与云南改土归流》(续),载《档案学通讯》2008 年第 2 期。

61. 杨炳堃:《土司制度在云南的最后消亡》,载《贵州民族研究》1994 年第 2 期。

62. 李世愉:《试论清雍正朝改土归流的原因和目的》,载《北京大学学报(哲学社会科学版)》1984 年第 3 期。

63. 曹相:《清朝雍正年间滇西南地区的改土归流》,载《云南师范大学学报(哲学社会科学版)》1997 年第 1 期。

64. 龚荫:《试论土司制度和“改土归流”》,载《昆明师范学院学报(哲学社会科学版)》1983 年第 2 期。

65. 关汉华:《论明清两代的改土归流》,载《华南师范大学学报(社会科学版)》1990 年第 3 期。

66. 黄秀蓉:《“夷夏变迁”与明清“改土归流”》,载《广西民族研究》2007 年第 3 期。

67. 王春玲、于衍学:《清代改土归流成因分析》,载《西北民族大学学报(哲学社会科学版)》2005 年第 4 期。

68. [美]约翰 · E. 赫尔曼:《西南地区的土司制度及清代早期对其进行改革的原因》,田明新译,载《贵州民族研究》2001 年第 1 期。

69. 周琼:《从土官到缙绅:高其倬在云南的和平改土归流》,载《中国边疆史地研究》2004 年第 3 期。

70. 顾霞:《改土归流后昭通社会经济发展概述》,载《思想战线》2008 年第 6 期。

71. 王文成:《近代云南边疆民族地区改土归流述论》,载《民族研究》1993 年第 1 期。

72. 田清旺:《"初夜权":一项污名化的所谓土家族土司特权》,载《中央民族大学学报(哲学社会科学版)》2015 年第 4 期。

73. 于逢春:《"泛中原农耕文明板块"视域中的西南边疆及土司研究》,载《民族学刊》2012 年第 5 期。

74. 张晓松:《论元明清时期的西南少数民族土司土官制度与改土归流》,载《中国边疆史地研究》2005 年第 2 期。

75. 周智生:《清末川滇边区的联防与联治》,载《历史研究》2019 年第 6 期。

76. 郭家骥:《云南民族关系的历史格局、特点及影响》,载《云南社会科学》1997 年第 4 期。

77. 余梓东:《论清朝民族关系格局的特点》,载《内蒙古社会科学(汉文版)》2003 年第 3 期。

78. 许安平:《从元清两代民族政策对比看民族关系状态的重要性》,载《吕梁学院学报》2011 年第 4 期。

79. 马喜梅:《爨氏统治时期云南民族关系的演变——基于"二爨"碑的研究》,载《学术探索》2016 年第 1 期。

80. 王可:《律和羁縻术是唐代调节民族关系的工具》,载《中央民族学院学报》1990 年第 1 期。

81. 尚大超、金炳镐:《试论信任和谐民族关系的理论和实践——以云南省文山壮族苗族自治州为例》,载《黑龙江民族丛刊》2015 年第 3 期。

82. 秦树才、辛亦武:《明代云南边区土司与西南边疆的变迁》,载《中国边疆史地研究》2013 年第 1 期。

83. 章青琴:《清代云南经济发展的特点》,载《思想战线》2008 年第 1 期。

84. 成臻铭:《论明朝时期西南边疆的土司贡纳制度》,载《青海民族研究》

2016 年第 3 期。

85. 马国君、杨庭硕、李红香:《论元明清时期土司区贡赋与环境的兼容——以贵州及其毗连地带为中心》,载《中央民族大学学报(哲学社会科学版)》2015 年第 1 期。

86. 杨卓翰:《清代华夷观念与民族关系的变化——以“夷”字的使用为视角》,载《沈阳大学学报(社会科学版)》2017 年第 4 期。

87. 焦学振:《从“守望尊严”到“互守尊严”:民族关系态度的新转向》,载《广西民族研究》2018 年第 3 期。

88. 高志英、徐俊:《元明清“藏彝走廊”西端滇、藏、缅交界地带民族关系发展研究》,载《甘肃社会科学》2008 年第 6 期。

89. 韦文宣:《土官与土司》,载《广西民族研究》1987 年第 4 期。

90. 张永国:《关于土司制度研究中的几个问题》,载《贵州文史丛刊》1986 年第 4 期。

91. 马大正:《深化中国土司制度研究的几个问题》,载《云南师范大学学报(哲学社会科学版)》2011 年第 2 期。

92. 史继忠:《略论土司制度的演变》,载《贵州文史丛刊》1987 年第 4 期。

93. 古永继:《清代云南官学教育的发展及其特点》,载《云南社会科学》2003 年第 2 期。

94. 李和:《滇东南民族关系史格局探微》,载《贵州工业大学学报(社会科学版)》2007 年第 5 期。

95. 伍雄武:《对多样性的宽容——论云南民族关系的历史经验之一》,载《思想战线》2005 年第 6 期。

96. 张道贵、顾吉辰:《“土司”问题》,载《辞书研究》1981 年第 2 期。

97. 李良品、葛天博:《齐政修教:明清时期土司地区国家治理方略》,载《中南民族大学学报(人文社会科学版)》2017 年第 4 期。

98. 孔含鑫、吴丹妮:《论土司治理边疆中西南少数民族宗教文化的作用》,载《青海民族研究》2016 年第 3 期。

99. 张江华:《民胞物与、一视同仁——清代广西土司地区的“国家政权建设”与国家化》，载《西南民族大学学报（人文社会科学版）》2016 年第 10 期。

100. 何芳川：《华夷秩序论》，载《北京大学学报（哲学社会科学版）》1998 年第 6 期。

101. 朱进彬、刘义马：《滇西抗战与潞江安抚司土司制度的延续》，载《保山学院学报》2010 年第 1 期。

102. 雷平：《光绪朝〈实录〉所见清廷土司管治述略》，载《三峡论坛（三峡文学 · 理论版）》2016 年第 4 期。

103. 赵中孚：《近代中国军事因革与现代化运动》，载《近代史研究所集刊》1983 年第 12 期。

104. 徐黎丽、孙金菊、夏妍：《影响西北边疆少数民族地区民族关系的变量分析》，载《云南师范大学学报（哲学社会科学版）》2009 年第 3 期。

105. 胡平仁：《法律政策学：平衡权与权力的科学》，载《当代法学》2001 年第 3 期。

106. 马戎：《对当代中国民族政策的反思》，载《青海民族研究》2013 年第 4 期。

107. 田钒平：《通过科学立法促进民族交往交流交融的法理探讨》，载《民族学刊》2020 年第 4 期。

108. 殷秀峰：《法律政策学视角下的民族政策法制化》，载《理论探索》2017 年第 5 期。

109. 陈洪波、王光萍：《当前我国民族立法工作中存在的主要问题、成因及对策研究》，载《民族研究》2001 年第 2 期。

110. 胡平仁：《法律政策学的学科定位与理论基础》，载《湖湘论坛》2010 年第 2 期。

111. 田钒平：《民族自治地方族际公民关系法治化研究》，载《学术界》2018 年第 11 期。

112. 郭润生、刘东生：《论行政执法中法律与政策的关系》，载《法商研究（中南政法学院学报）》1999 年第 2 期。

113. 习近平：《加快建设社会主义法治国家》，载《求是》2015 年第 1 期。

（五）报纸类（排序按照参考顺序）

1. 钟义见：《土司研究逐渐成为显学》，载《中国社会科学报》2013 年 10 月 23 日，A02 版。

2.《习近平同希腊总统帕夫洛普洛斯举行的会谈》，载《人民日报》2019 年 11 月 12 日，第 1 版。

3.《中央民族工作会议暨国务院第六次全国民族团结进步表彰大会在北京举行》，载《人民日报》2014 年 9 月 30 日，第 1 版。

4.《中共中央政治局召开会议研究进一步推进新疆社会稳定和长治久安工作》，载《人民日报》2014 年 5 月 27 日，第 1 版。

5. 习近平：《在中央民族工作会议上的讲话》，载《人民日报》2014 年 9 月 28 日，第 1 版。

（六）硕博论文

1. 王强：《明代西南地区改土归流研究》，浙江大学 2010 年硕士学位论文。

2. 许颖：《清代文官行政处分程序研究》，南开大学 2010 年博士学位论文。

3. 杨林兴：《云南民族关系的历史形成与现实发展》，云南大学 2015 年博士学位论文。

4. 王春桥：《边地土司与近代滇西边界的形成》，云南大学 2015 年博士学位论文。

（七）网络资料

1. 习近平：《在全国民族团结进步表彰大会上的讲话》，载新华网，http://www.xinhuanet.com/politics/leaders/2019－09/27/c_1125049000.htm，最后访问日期：2020 年 3 月 14 日。

2.《于加强和改进新形势下民族工作的意见》，载新华社，http://www.gov.cn/zhengce/2014－12/22/content_2795307.htm（2014－12－22），最后访问日期：2018 年 12 月 11 日。